Norbert Teupert
Die Rätsel des Lebens

Norbert Teupert

DIE RÄTSEL DES LEBENS

Energetische Astrologie
und Traumarbeit

*Mit einem Vorwort von
Franz Alt*

Ariston Verlag · Genf / München

Die Deutsche Bibliothek – CIP-Einheitsaufnahme

TEUPERT, NORBERT:
Die Rätsel des Lebens : energetische Astrologie und Traumarbeit / Norbert Teupert. Mit einem Vorwort von Franz Alt. – Erstaufl. – Genf ; München : Ariston Verlag, 1994
ISBN 3-7205-1821-3

© Copyright 1994 by Ariston Verlag, Genf

Alle Rechte, insbesondere des – auch auszugsweisen – Nachdrucks, der phono- und photomechanischen Reproduktion, Photokopie, Mikroverfilmung sowie der Übersetzung und jeglicher anderen Aufzeichnung und Wiedergabe durch bestehende und künftige Medien, vorbehalten.

Gestaltung des Schutzumschlages:
Studio Höpfner-Thoma, GraphicDesign BDG, München,
Umschlagmotiv: The Image Bank, München

Satz: ArtHouse – Eurika GmbH, Marktoberdorf
Druck und Bindung: Wiener Verlag, Himberg bei Wien

Erstauflage: September 1994
Printed in Austria 1994

ISBN 3-7205-1821-3

Inhalt

Vorwort von Franz Alt:
Die neue energetische Kombination! 9

Prolog: Das Leben als Rätsel 13

ERSTER TEIL
Die zwölf Seiten der energetischen Astrologie und Traumarbeit ... 19

1. *WIDDER: Die Geburt der Rätsel* 26
   Die Energetik des Lebens 26
   Die initiatorische Kraft des Anfangs: Initialträume 34
   Die Planeten als Verkörperungen der lebendigen Wesenskräfte ... 38
   Die grundlegende Frage der Motivation 41

2. *STIER: Die Gestalt der Rätsel* 44
   Der Gestaltaspekt des irdischen Daseins 44
   Horoskop und Traum als »Landkarte« 46
   Vererbung, Karma und Besitz 48
   Innerer Besitz und Gestaltentwicklung 49
   Das »astroenergetische Kochbuch« –
   der »Speiseplan der Träume« 50

3. *ZWILLINGE: Die Sprache der Rätsel* 52
   Die Sprache der Astrologie und der Träume 52
   Der astro-»logische« Wissensaspekt (die Theorie) 55
   Das Wissen um die Träume –
   die astroenergetische Traumtheorie 56
   Die Wertfreiheit der Symbole 58
   Die Polarität des Lebens 61

4. *KREBS: Die Symbole der Rätsel* 65
   Die seelisch-energetische Wirklichkeit der Symbole 66
   Wir sind alles auch selbst – die Subjektstufendeutung 73
   Das Wiederfinden der Gefühle 77
   Die Gegenwart der Vergangenheit 82
   Die alltägliche Magie der Dinge 85

5. *LÖWE: Das Zentrum der Rätsel* 88
   Selbstbewußtsein und Individuation 89

Das Traum-Ich 92
Die Traumüberschrift 93
Die Sonnenwanderung durch den Tierkreis
bei der Deutung von Ereignissen und Träumen 94
Die energetische Bedeutung des Geburtstags –
das Solarhoroskop 102
Der kreative Umgang mit Träumen und Astrosymbolen 103

6. *JUNGFRAU: Die Analyse der Rätsel* *108*
Sinn und Unsinn spiritueller Methoden 108
Analyse und Diagnose als Voraussetzung für »innere Arbeit« 113
Energetische Astrologie und Traumarbeit
als »Erfahrungswissenschaft« 118
Die Teile des Ganzen – von der Einheit zu den Tierkreiszeichen ... 125

7. *WAAGE: Rätselhafte Beziehungen* *130*
Beziehungsklärung und Beziehungsfindung –
die Objektstufendeutung 131
Die Energetik der Beziehungen – die astrologischen Aspekte 135
Alles strebt nach Ausgleich – Träume als Kompensation 140
Ich und du – die Umwelt als Spiegel 143
Die astrologischen Häuser als Kulisse der Lebensrätsel 145

8. *SKORPION: Die Rätsel als Quelle der Wandlung* *151*
»Stirb und werde« – Transformation als Lebensaufgabe 152
Wandlung durch Beziehung – das Compositehoroskop 154
Energieübertragung 158
Das Projektionsprinzip 161

9. *SCHÜTZE: Der Sinn der Rätsel* *165*
Synthese des »Lebenspuzzles« –
das Erkennen der Zusammenhänge 165
Traumserien 172
Die astroenergetische Bestimmung von Richtung und Ziel 173
Das Weltbild als Richtungsanzeiger 175
Zukunftsentwürfe in der Traumbotschaft 177

10. *STEINBOCK: Die Ordnung der Rätsel* *179*
Astrologie als Ordnungssystem 180
Die Felderwanderung – ein astrologisches Entwicklungsmodell ... 185
Das Horoskop als Lehrplan des Lebens
und als »Karmagramm« 189
Träume – die Politik des Unbewußten 192

Inhalt 7

11. WASSERMANN: Die Rätsel als Orakel 197
    »Wie oben, so unten« – das Leben als Entsprechung 197
    Alles hat seine Zeit – der energetische Fahrplan der Transite ... 202
    Die Welt als Orakel 208
    Prophetische Träume 211
    Der Kosmos als Hologramm 212

12. FISCHE: Des Rätsels Lösung 214
    Die Rückkehr zur Einheit 215
    Das Baden im lebendigen Fluß des Lebens 217
    Lösungen im Traumgeschehen – Abschlußträume 221

ZWEITER TEIL
Energetische Astrologie und Traumarbeit
und die Lehre von C. G. Jung 224

1. Die Archetypen 225
2. Das kollektive Unbewußte 240
3. Jungs Typenlehre und die vier Elemente 249
4. Die Synchronizität 254

DRITTER TEIL
Die astroenergetische Traumarbeit 262

1. Fallbeispiel: Traum im STIER-Monat 275
   Das STIER-Prinzip in Stichpunkten 275
   Traum vom 23. April: »Mutters Kochtopf« 276
   Die Lebenssituation des Träumers 276
   Astroenergetische Spurensuche 277
   Die Interpretation des Traumes 278
   Nebenaspekte des Traumes 282

2. Fallbeispiel: Traum im FISCHE-Monat 282
   Das FISCHE-Prinzip in Stichpunkten 282
   Traum von Anfang März: »Fahrrad verkehrt« 283
   Die Lebenssituation des Träumers 283
   Astroenergetische Spurensuche 283
   Die Interpretation des Traumes 284
   Nebenaspekte des Traumes 285

VIERTER TEIL
Die astroenergetische (Traum-)Deutung der Seinsbereiche 287

1. Der menschliche Körper in der Astrologie und im Traum 290
2. Tierentsprechungen 292
3. Pflanzenentsprechungen 294
4. Mineralentsprechungen 295
5. Länder, Orte und soziale Umfelder 296
6. Gegenstände 298
7. Sprichwörter und Redensarten 300
8. Zitate, Gedichte, Bücher, Filme, Musik 301
9. Die Herkunft der Wörter 303
10. Das I Ging 303
11. Die Bibel 305
12. Mythen, Märchen und Brauchtum 307
13. Berufliche Entsprechungen 310
14. Bekannte Persönlichkeiten und Charaktere 313
15. Historische Entsprechungen,
    Zeitgeschehen, Alltagserfahrungen 318

Literaturhinweise 324

Vorwort

Die neue energetische Kombination!

Ein junger Mann kam im Traum in einen Laden. Hinter dem Ladentisch stand ein weiser, alter Mann. »Was kann ich bei Ihnen kaufen?« fragte der junge Mann. »Alles, was Sie suchen«, antwortete der alte Weise. »Dann will ich den Weltfrieden, das Ende des Geschlechterkampfes, Gerechtigkeit zwischen arm und reich, Solidarität zwischen Nord und Süd, mehr Liebe auf der Welt ...«

»Moment«, unterbrach der Alte den Jungen: »Sie haben etwas falsch verstanden. Ich verkaufe keine Früchte, ich verkaufe Samen.«

Dieses Buch und seine Folgebände enthalten keine reifen Früchte, aber riesige Kollektionen wertvoller Samen für eine bessere Zukunft – persönlich, beruflich, politisch, ganzheitlich. Immer mehr Menschen sind heute nicht mehr bereit, sich mit den herrschenden Strukturen in Politik, Wirtschaft, Religion und Wissenschaft, mit überholten Lebensvorstellungen, veralteten Weltbildern und dogmatisierten Verhaltensvorschriften zufriedenzugeben. In dieser Krisen- und Umbruchsituation werden viele Menschen, was wir alle durch unsere Bestimmung sein sollten: Suchende. Wer wirklich sucht, der findet auch. Nur: Es ist eine weitverbreitete Illusion zu glauben, daß wir fündig werden könnten ohne intensiv zu suchen, ohne ernsthaft zu arbeiten, ohne uns anzustrengen. Alle Lebens-Meister in Ost und West haben verkündet: Ihr werdet ernten, was ihr sät. Das heißt aber auch: Nichts fällt uns in den Schoß. Von nichts kommt nichts. Kein Meister und keine Meisterin fallen vom Himmel. Und: Wir können »nur« ernten, was wir zuvor gesät haben. Wir müssen einen hohen Einsatz wagen, um die Rätsel unseres Lebens lösen zu können. Dafür winken uns allerdings auch höchste Preise. Darüber forscht, lehrt und schreibt Norbert Teupert.

Er zeigt zwei Wege auf, die zu demselben Ziel führen und sich ergänzen: den Weg der Träume und den Weg der energetischen Astrologie. Von Astrologie verstehe ich noch nicht viel. Aber so viel weiß ich: Ernsthafte Astrologie ist mit viel *Arbeit* verbunden. Insofern ist der Untertitel »Energetische Astrologie« sehr realistisch. Die ernsthaften Leser dieses Buches werden diesen Hinweis bestätigt finden.

Auch das Bedenken und Beobachten der Träume ist mit Arbeit verbunden. Ich habe in den letzten 14 Jahren mehrere Tausend meiner Träume aufgeschrieben und mit ihnen gearbeitet. Deshalb weiß ich, wie realistisch auch der zweite Teil des Untertitels dieses Buches von der Traum-*Arbeit* ist. Durch das Anschauen unserer Träume wenden wir uns an die höchste Macht und fördern zugleich unsere schöpferische Kreativität. Unsere Träume sind die vergessene Sprache Gottes in uns. Wenn wir uns dem Traum zuwenden, wendet er sich uns zu. Träume zeigen uns Wege zur Selbsterkenntnis – nicht nur über unsere verdrängten Krisen, sondern auch über die Chancen in unseren Krisen. »Jeder Traum ist Informations- und Kontrollorgan und darum das wirksamste Hilfsmittel beim Aufbau der Persönlichkeit« (C. G. JUNG).

Da in den neuen esoterischen Zirkeln etwa ebenso viele Illusionen und Sentimentalitäten vorherrschen wie in den alten Religionen, scheint mir der Hinweis auf die Arbeit, die auf diejenigen wartet, die sich auf dieses Einführungsbuch und seine zwölf Folgebücher einlassen, ganz wichtig zu sein. Als astrologischer Anfänger und träumender Laie habe ich auf dieses Buch gewartet und sehr wichtige Anregungen zur Lösung der Rätsel meines Lebens bekommen. Spannenderes und Wichtigeres gibt es nicht.

Die Investition in meine Traumtherapie war die beste Investition meines Lebens. In den letzten 14 Jahren habe ich meiner Krankenkasse und mir viele tausend Mark Kosten gespart. Arzt- und Medikamentenschrank sind teuer und können von außen nur bedingt helfen. Die eigentliche Arbeit kann ich nur selbst leisten. Das ist aufwendig und billig zugleich. Denn: Meine Träume schicken mir keine Rechnung. Traum-Medizin ist zwar arbeitsintensiv, aber kostenlos.

Wer »Die Rätsel des Lebens« mit klarem Verstand, offenem Herzen und suchender Seele liest, ist danach nicht mehr derselbe oder dieselbe. Dieses Buch stellt mehr Fragen, als es fertige Antworten gibt. Es ist kein Lese-Buch, eher ein Lebens-Buch, ein Arbeits-Buch, eine energetisches Kursbuch.

Neu ist die Synthese von energetischer Astrologie und energetischer Traumarbeit. Diese aufregende und anregende Kombination ist mehr als die Summe der bisherigen Einzeldisziplinen. Unser nächtliches Traumtheater erhält nun durch die Konstellationen der Gestirne eine »himmlische Kulisse« (Norbert Teupert) und damit neben der bisherigen Tiefendimension eine neue und zusätzliche Höhendimension. Wenn der alte esoterische Grundsatz »wie oben, so unten« oder die christliche Überzeugung »wie im Himmel so auf Erden« wahr sind, dann gibt es auch eine Beziehung zwischen der Traumsprache unserer Seele (dem Mond-Bereich) und den universellen kosmischen Gesetzmäßigkeiten einer spirituell orientierten Astrologie (dem Sonnen-Bereich). Es ist ein großes Verdienst von Norbert Teupert, diese Verbindung gefunden und in die Sprache unserer Zeit über-

Die neue energetische Kombination!

setzt zu haben. Der Autor deutet einen Quantensprung unseres Bewußtseins an. Die Träume sind wie das Fundament, und die Astrologie ist wie das Dach eines neuen Hauses. Unter politisch Wissenden ist heute unstrittig: Die äußere Energiekrise ist die alles entscheidende politische, wirtschaftliche und technische Krise unserer Zeit. Nur eine solare Energierevolution wird uns ein menschenverträgliches Klima erhalten und einen Fluchtweg aus dem Treibhaus zeigen. Unter den geistig und seelisch Wissenden ist ebenso unstrittig: Die psychische Energiekrise entspricht der äußeren Energiekrise. Wie innen so außen.

Wir haben alle technischen Möglichkeiten zur Ablösung des alten Energiemixes aus Kohle, Gas, Öl und Atomkraft zugunsten eines ausschließlich solaren Energiemixes aus Sonnenkraft, Wind, Wasser und Biomasse. Aber: Ohne Umkehr des Herzens, ohne die psychische Energierevolution wird uns die physische Energierevolution nicht gelingen. Entscheidend, sagte ALBERT EINSTEIN, ist immer das menschliche Herz. Eine solare Technik ist die Folge eines solaren Bewußtseins.

Was Norbert Teupert jetzt vorlegt und noch vorhat, wird ein wichtiger Knoten im Netzwerk der Suchenden, wenn viele daran mitstricken.

Liebe Leserin und lieber Leser: Willkommen im Klub der Suchenden! Laßt uns achtsam arbeiten mit den Samen, die wir mit diesem Werk empfangen. Die Veränderungen in uns führen zu Veränderungen um uns. Dies ist auch ein hochpolitisches Buch. Wir leiden ja heute sehr an einer Unterernährung der politischen Phantasie. In diesem Buch findet sie reichlich Nahrung.

Franz Alt

Meinen treuen Weggefährten gewidmet:
Julia, meiner Frau,
Hildegard, meiner Traumlehrerin,
den Träumen und den Sternen

Prolog

Das Leben als Rätsel

Die Welt mit ihren Erscheinungen begegnet dem Ich-Bewußtsein als buntes und vielgestaltiges Rätsel, für dessen Lösung wir hierher gekommen sind. Ist es nicht so – wenn wir ehrlich sind –, daß uns viele Geschehnisse, Bilder, Träume und Gedanken einfach rätselhaft erscheinen? Machen wir uns nicht etwas vor, wenn wir glauben, wir wüßten meistens, worum es eigentlich geht? Kennen wir den Hintergrund unserer Probleme und Lebensthemen? Sind uns die individuellen Lebensschwerpunkte und zentralen Aufgabenstellungen überhaupt bewußt? Wissen wir, daß jeder von uns Menschen mit einem Lebensplan in diese Welt geboren wird, den es zu erfüllen gilt?

So viele Fragen schon am Anfang! Warum? Rätsel sind Fragen – und erst wenn wir erkennen, daß das Leben ein beständiger Fluß von Fragen ist, beginnen wir nach Antworten zu suchen.

Jede Frage ist ein Rätsel, dessen verborgene Lösung nur darauf wartet, gefunden zu werden. Ob in den Träumen, im Alltagsleben oder im Horoskop – auf jeder Ebene begegnen wir den Lektionen, die wir zu erledigen haben. Warum? Weil wir sie uns einst selbst gestellt hatten. Doch das ist längst vergessen. Gleichgültig, warum! Beginnen wir zu begreifen, daß das Leben, wie es uns begegnet, kein zufälliges Chaos ist, kein blindes Geschick, das wütet. Nur bei vordergründiger Betrachtung erscheint es so, als seien die einen bevorzugt, der größere Rest jedoch benachteiligt.

Alle Ereignisse und Lebensumstände haben ihren individuellen Sinn. Niemand außer mir selbst ist in der Lage, meinen ganz persönlichen Lebenssinn, mein individuelles Sein, zu erschließen.

Warum begegnet uns das Leben als Rätsel, und weshalb erscheinen uns seine Lektionen so rätselhaft? Weil Rätsel unser Interesse dafür wecken, aktiv an der Lösung mitzuarbeiten. Rätsel bringen ein lebendiges Element in unser Dasein. Gäbe es sie nicht, wäre alles vorgegeben, und wir müßten uns nicht bemühen. Sehr schnell würden wir in Langeweile, Lethargie und Stagnation versinken. Entwicklung wäre nicht möglich. Darum bieten auch die Träume keine wohlfeilen Weisheiten, sondern sind vielmehr Bilderrätsel der Seele, adressiert an unser Bewußtsein. Machen wir uns auf die Suche nach der Auflösung, finden wir mehr als die bloße Antwort darauf. Wir entdecken dabei uns selbst – jenseits aller pauschalen Vorstellungen. Unsere Bedeutung werden wir nur durch unsere ureigene Deutung finden. Das gleiche gilt für die Arbeit mit der Astrologie. Statt vorgefertigte Interpretationen zu übernehmen, sind wir auch bei dieser Rätsellösungsmethode gefordert, uns einzusetzen und aus dem Allgemeinen das individuell Gültige herauszufiltern.

Dieses Buch – und die damit verbundenen zwölf Tierkreisbände – wollen dem interessierten Leser ein Werkzeug an die Hand geben, mit dessen Hilfe er die eigenen Rätsel erkennen und effektiv an deren Lösung arbeiten kann. Die Arbeit selbst kann und will es niemandem abnehmen, sondern es will die Lust an der Aufklärung unserer individuellen Lektionen wecken und dazu ermutigen, die Aufgaben selbstbewußt und vertrauensvoll anzugehen.

Horoskop und Träume sind hervorragende Mittel, die Rätsel zu erkennen und zu bearbeiten. Als noch wirkungsvoller erweist sich die Synthese beider Methoden, wie das in dem vorliegenden Buch erstmals der Öffentlichkeit als »*energetische Astrologie und Traumarbeit*« vorgestellt wird.

Gerade die Träume sind es, die uns kontinuierlich, unbestechlich und mit einer positiven Motivation wegweisend durch die verschlungenen Pfade unseres inneren Labyrinths führen. Wie der beispielhafte Traum einer Klientin, die sich seit geraumer Zeit auf den Weg zu sich selbst gemacht hat, zeigt, hat diese innere Reise nicht selten märchenhaften Charakter; das belegt die enge Verwandtschaft zwischen den Volksmärchen und Mythen und den Träumen:

»Ich mache mich nachts mit meiner Freundin Gisela auf den Weg. Es ist eine anstrengende Reise. Ab einem gewissen Punkt müssen wir mit dem Fahrrad weiterfahren. Alles ist recht undurchschaubar, durcheinander. Wir müssen Hindernisse überwinden und dann durch den dunklen Wald hindurch, enge Wege mit Gestrüpp. Es mutet an wie eine Bewährungsprobe, wie der Weg eines Prinzen im Märchen, der mit Rätseln belegt wurde; er muß sie lösen, damit er die Prinzessin bekommt.«

Allnächtlich stellen uns die Träume einen Erfahrungsschatz zur Verfügung, der Raum und Zeit überschreitet und seine Weisheit aus dem *kollektiven Unbewußten* schöpft. Warum? Zum Beispiel, um uns aus dem Sumpf der Unbewußtheit und der Abhängigkeiten oder aus Zwängen und Einseitigkeiten der heutigen Lebensweise herauszuführen. Fügen wir dem Traumtheater die Konstellationen der Gestirne als »himmlische Kulisse« hinzu, ergeben sich ganz neue, bislang ungenutzte Erkenntnismöglichkeiten. Die Erfahrung des Eingebundenseins in größere Zyklen und Zusammenhänge bringt uns das verlorene Urvertrauen ins Leben zurück und läßt die individuelle Sinnhaftigkeit allen Geschehens wieder spürbar werden.

Diese Selbstfindung beziehungsweise Heilwerdung ist nicht umsonst zu haben! Es gilt, den ganzen Menschen, der wir sind, einzusetzen. Tun wir es wirklich? Die Träume werden uns wissen lassen, ob wir den abverlangten

Das Leben als Rätsel

Obolus auch wirklich entrichten, ob wir bereit sind, einen geforderten Eintrittspreis auch tatsächlich zu bezahlen.

Lohnt es sich? Um das festzustellen, müssen wir – wie ein Geschäftsmann in seine Firma – in diesen Weg investieren. Aus eigener Erfahrung kann ich diese Frage nur lautstark bejahen. Die wundervolle Führung, die mir durch die Träume in Verbindung mit der Astrologie zuteil wurde, verpflichtet mich zu höchster Dankbarkeit und einer heilsamen Demut gegenüber den das Ich übersteigenden Kräften. Schrittweise wurde ich im Laufe der Jahre dorthin geführt, wo ich heute stehe und erkenne: »Dies ist mein Weg!« Die äußere Entsprechung dazu war die Entwicklung einer energetischen Sichtweise der Astrologie und deren intimer Verbindung mit der Traumwelt. Beständig arbeitete die Seele vor allem durch die Träume darauf hin, mich zu diesem Buchprojekt zu führen. Lange bevor das Vorhaben vertraglich fixiert wurde, hatte ich einen ermutigenden Traum:

»Ich laufe flußaufwärts einen Bach entlang und gelange in ein Haus. Hier wird gerade eine Veranstaltung von der Verlegerin des Ariston Verlages durchgeführt, die mich auch an die Frau eines mir bekannten Religionsphilosophen erinnert. Sie kommt gleich auf mich zu und präsentiert mir die Verträge für die Bücher. Ich bin sehr positiv überrascht und freue mich, daß es nun doch so prompt ging, nachdem ich längere Zeit nichts gehört hatte. Mir fällt auf, daß die Tierkreisbücher unterschiedliche Formate haben sollen, aber das wird wohl seinen Grund haben. Sie fragt mich auch gleich, wieviel Geld ich als Anzahlung wünsche, und ich entgegne, daß ich wegen der Steuer nicht zuviel auf einmal haben will.«

Dieser Traum im ZWILLINGE-Monat beruhigte das ungeduldige Feuerelement meiner SCHÜTZE-Sonne und des WIDDER-Aszendenten. Ich wartete gespannt auf eine Antwort des Verlages. Passend zur Zeitqualität offenbarte mir der ZWILLINGE-Archetyp, dem auch das Schreiben und die Bücherwelt »unterstehen«, die Richtigkeit meines Vorhabens. Sensibilisiert für das Entdecken von Redensarten in der Traumbotschaft (siehe dazu: »*Das Bilderbuch der Träume*«) erkannte ich, daß mein Vorhaben nicht »den Bach hinuntergehen« würde. Ich war bachaufwärts unterwegs und gelangte in dem Seminarhaus zum Ziel meiner Wünsche.

Auch in der Realität hatte ich einen Weg zwischen Idee und Verwirklichung zurückzulegen, der doch schließlich – wie durch den Traum angekündigt – zum Erfolg führte. Mir wurde durch diesen Traum überdies bewußt, daß das Projekt nicht nur eine Frage meines persönlichen Willens war. Die Seele erteilte mir sozusagen den Auftrag dazu, den ich gerne ausführen wollte. Die Verlegerin, die mich an eine Bekannte erinnerte, die ich als »Seele von Mensch« beziehungsweise als »Erdmutter« empfinde, steht – neben ihrer realen Bedeutung – symbolisch für die Weisheit der Seele.

Die verschiedenen Formate der Bände spiegelten auf bildhafte Weise die unterschiedlichen Dimensionen der Tierkreiszeichen wider, denen ich ja auch gerecht werden wollte. Die »stufenweise« Bezahlung wies bereits Monate vor den konkreten Verhandlungen darauf hin, daß die Bände nicht gleichzeitig, sondern nacheinander erscheinen sollten. Die Seele erkannte darin die passende *Steuer*ung des Vorhabens.

Als es schließlich daranging, das Vertragswerk zu unterzeichnen und mich auf eine zeitliche Bindung einzulassen, plagten mich zuerst doch Sorgen, dem Zeitdruck nicht gewachsen zu sein. In dieser Zeit hatte ich zwei kurze Träume:

Ich fahre mit meinem Auto einen sehr langen und steilen Berg hoch. Es geht relativ langsam, und ich befürchte, stehenzubleiben und rückwärts nach unten zu rollen, doch der Schwung, den ich habe, genügt, um mit dem zweiten Gang schließlich doch heil und ohne Stocken oben anzukommen.

Laut und deutlich höre ich, wie im Traum ein Mann zu mir die folgenden Worte spricht: »Eine solche Chance erhält man nur einmal im Leben!«

Konnte die Seele deutlicher sprechen, um meine Befürchtungen zu zerstreuen und die Bedeutung dieser Gelegenheit zu unterstreichen? Mir wurde gezeigt, daß ich genügend Schwung mitbrachte, um den Berg an Arbeit, der nun auf mich zukam, zu überwinden. Ein kleiner Gang ist dabei angesagt. Statt einem energieraubenden Übereifer nachzugeben, wurde mir gezeigt, daß mich ruhige Ausdauer sicher ans Ziel bringt und kein Grund zur Hektik besteht. Gut Ding will eben Weile haben, wie der Volksmund sagt. Im Verlauf meiner Arbeit an dem Projekt war mir dieses Traumbild immer präsent, wenn Ungeduld aufkommen wollte. Und als die astroenergetische Seite der Medaille führte mir der Zeitpunkt des Vertragsabschlusses und dieser beiden Träume im FISCHE-Monat mein zentrales Thema vor Augen: loslassen, Vertrauen entwickeln, mich in das Projekt »hineinfallen lassen«, offen sein für Inspirationen und mitfließen mit dem Strom der Ideen ...

Soviel gleich vorweg als persönliches Beispiel eines Lebensrätsels.

Im Gegensatz zum vergangenen FISCHE-Zeitalter, als nur wenige Eingeweihte und Mystiker »den Weg« gingen, werden die »Sucher« in der Dämmerung der WASSERMANN-Ära immer zahlreicher. Jeder, der sich nicht mehr mit überholten Lebensvorstellungen, veralteten Strukturen, Weltbildern, Glaubenssätzen, Idealen und Verhaltensvorschriften zufriedengibt, gehört dazu.

Als Begleiter auf diesem Weg wollen dieses Einführungsbuch und die einzelnen Tierkreisbände in Theorie und Praxis zeigen, welche Aufgaben es zu lösen und welche Probleme es zu bewältigen gilt. Irrwege und Umwege bei der Rätsellösung werden deutlich gemacht, Auswege und Lösungswege aufgezeigt. Kurzum: Sie finden eine Gesamtschau der Lebensrätsel, eine Einführung in die Spielregeln und Ansätze zu deren Auflösung.

Wir alle sind einmalige und unverwechselbare Individuen, »ausgestattet« mit einem ganz speziellen Rätselmuster. Wollen wir diesem gerecht werden, müssen wir lernen, individuell zu handeln und eigenverantwortlich zu entscheiden. Das ist gerade heute, wo sich an der Schwelle eines neuen Zeitalters das Bewußtsein wandelt, sicher kein Kinderspiel. Traditionelle Verhaltensgewohnheiten, Denkmuster und Rollenklischees verlieren rasend schnell ihre Gültigkeit. Besonders deutlich wird diese Tatsache am radikalen Wandel des Selbstverständnisses der Geschlechter. Logische Folgen sind vor allem im Beziehungsbereich Unsicherheiten, Kämpfe und Frustrationen, über die wir zu einem neuen Welt- und Menschenbild gelangen sollen.

Wir Menschen des zwanzigsten Jahrhunderts leben in einer markanten Ära des Umbruchs. Das betrifft sowohl die Außen- als auch die Innenwelt, wie jeder bei sich selbst feststellen kann. Die Rätsel solcher Wendezeiten sind anspruchsvoll und meist diffizil – für unser Ich-Bewußtsein eine besondere Herausforderung –, aber für die Lösung winken auch außerordentlich wertvolle Gewinne, zum Beispiel Autonomie, Angstfreiheit, Vertrauen ins Leben, Liebes- und Beziehungsfähigkeit, Schöpferkraft und so fort.

Das Einführungsbuch und die dazugehörigen zwölf Tierkreisbände wenden sich gleichermaßen an den interessierten Laien wie an Menschen, die beruflich mit Träumen und/oder Astrologie zu tun haben. In erster Linie ist das Werk als Begleitung und Impulsgeber für die Suche, Erkundung und Auflösung der individuellen Lebensrätsel gedacht. Darüber hinaus will es den psychotherapeutisch beziehungsweise astrologisch professionell Tätigen neue Blickwinkel erschließen.

Die Tierkreiszeichen werden umfassend dargestellt und ihre vielfältigen Entsprechungen in den verschiedenen Daseinsbereichen aufgezeigt. Eine wesentliche Neuerung und Ergänzung der astrologischen Methode stellt der Brückenschlag zur seelischen Ebene der Träume dar. Dieser Einführungsband vermittelt ein Panorama der Lebensrätsel und zeigt, wie sie sich in Astrologie und Traumarbeit ausdrücken. Jeder einzelne Tierkreisband ist eine reichhaltige Fundgrube für die Deutung und lebensnahe Umsetzung des jeweiligen Archetypen. Der Einführungsband als »Rahmen« und die Tierkreisreihe als dessen inhaltliche Füllung bilden eine Einheit. Dennoch sind die Bände in sich aber auch so weit abgeschlossen, daß sie einzeln gelesen werden können. Verständlicherweise wird sich der Großteil der

Leser zuerst für den Titel seines eigenen »Sternzeichens« interessieren. Mit diesem Werk soll aber auch das astrologische Vorurteil abgebaut werden, mit den restlichen Tierkreiszeichen hätten wir nichts zu tun. Im Gegenteil: Der interessierte Leser erfährt bereits im Einführungsband, wie eng alle zwölf Zeichen beziehungsweise Archetypen miteinander zusammenhängen, sich ergänzen und vervollständigen. Menschsein ist eben nicht nur auf ein Sternzeichenprinzip beschränkt, sondern ein bunter Reigen *aller* Tierkreisenergien.

Der Leser wird hier keineswegs mit einem ausgeklügelten intellektuellen System konfrontiert, sondern soll in erster Linie *Impulse* und *Anregungen* erhalten, durch eigene Beobachtungen und Erfahrungen das Gelesene auf seinen praktischen Wert und die individuelle Gültigkeit hin zu untersuchen. Möglicherweise werden anfangs manche Ausführungen *rätselhaft* erscheinen. Das verwundert nicht. Denn was uns im Leben als Rätsel begegnet, wird auch auf dem Papier zuerst zu denken geben. Der Leser wird feststellen, daß es ihm mit der Lektüre dieses Bandes wie im »richtigen Leben« ergeht: Wir erhalten fortwährend Informationen, die für sich genommen oft keinen Sinn ergeben. Verbinden wir diese einzelnen Puzzlestücke aber miteinander, erhalten wir das »ganze Bild«. Ebenso ergänzen sich die Kapitel in diesem Einführungsbuch. Mit jedem Abschnitt erweitert sich die Sicht, gewinnt das Gebäude an Kontur, das Ganze wird greifbarer.

Dieses Werk reiht sich in die Schar derer ein, die nach einer zeitgemäßen Sprache für einen zeitgemäßen Umgang mit Astrologie und Traumdeutung forschen. Wesentlich zur Realisation beigetragen haben die vielen Seminarteilnehmer und Klienten, die persönliches Material für die Fallbeispiele der Tierkreisbände zur Verfügung gestellt haben. Ihnen allen gebührt ein herzlicher Dank für das über das persönliche Interesse hinausgehende Engagement sowie für den Mut, die eigenen Lebensrätsel und deren Bearbeitung in der Öffentlichkeit vorzustellen. Ich bin sicher, daß der Leser in diesen vielfältigen Beispielen auch sich selbst beziehungsweise eigene Themen entdecken wird.

In diesem Sinne wünsche ich jedem Interessierten viele Aha-Erlebnisse und eine anregende Begegnung mit den Lebensrätseln.

Erster Teil

Die zwölf Seiten der energetischen Astrologie und Traumarbeit

Das von mir entwickelte System der energetischen Astrologie und Traumarbeit beschreibt meinen Weg und Umgang mit der Astrologie und den Träumen. Angeregt durch die Traumarbeit C. G. Jungs, die mir lebendig und kompetent von meiner Traumlehrerin Hildegard Schwarz vermittelt wurde, sowie durch die »Astroenergetik« von Hans Taeger habe ich mich von zwei scheinbar gänzlich verschiedenen Ausgangspunkten her auf ein Ziel zubewegt und eine Beziehung zwischen der seelischen Ebene der Träume (MOND-Bereich) und der geistigen Ebene einer spirituell ausgerichteten Astrologie (SONNEN-Bereich) hergestellt. Für mich begann damit die Einweihung in das »Spiel des Lebens« der »astropsychischen Energien«, die sich in den kosmischen Zyklen, in den Symbolen, im Traum, ja selbst im scheinbar banalen Alltagsgeschehen widerspiegeln.

Meine energetische Sicht und Erfahrung der Astrologie hat sich im Laufe von vielen Jahren, in denen ich die Alltagswelt beobachtete und Träume studierte, vor dem Hintergrund der astroenergetischen Konstellationen entwickelt. In unzähligen Seminaren, Workshops und Einzelsitzungen konnten diese Erfahrungen überprüft, modifiziert und weitergegeben werden. Allmählich entwickelte sich daraus ein neuer, umfassenderer und lebendigerer Blickwinkel der inneren wie der äußeren Realität.

Viele Berührungspunkte ergaben sich mit der Lehre von C. G. Jung, auf die an den entsprechenden Stellen hingewiesen wird und die im zweiten Teil ausführlicher diskutiert werden. Die energetische Astrologie bestätigt, differenziert und erklärt in vielerlei Hinsicht das, was der »Seelenpionier« Jung in seiner »*analytischen Psychologie*« formuliert hat.

Jede Epoche der Menschheitsgeschichte hat ihre eigene, dem kollektiven Bewußtseinsstand adäquate Denk- und Ausdrucksweise, die ewig gültige Wahrheit der Lebensrätsel zu formulieren. Der sich wandelnde Zeitgeist fordert neue, angemessene Modelle und »Sprachen« für die universellen kosmischen Gesetzmäßigkeiten. In der Astrologie der Frühzeit wurden die Planeten als Götter angesehen, die auf die Menschenwelt direkt einwirkten. Der frühzeitliche Mensch fühlte sich ihnen ausgeliefert, weshalb er viel Zeit damit verbrachte, seine Götter durch Opferhandlungen gnädig zu stimmen; er wagte aber auch Versuche, diese höheren Mächte zu überlisten. Zur Zeit der großen Astronomen GALILEI, KEPLER und KOPERNIKUS – die damals gleichermaßen Astrologen waren! – wurden die Planeten als Himmelskörper identifiziert. Nach wie vor sprach die Astrologie ihnen einen direkten, kausalen Einfluß auf das irdische Leben zu. Hatte man sich vormals vor den harten Konsequenzen gefürchtet, die ein Verärgern der rachsüchtigen Götter nach sich zog, schrieb man jetzt bestimmten Planeten solche direkten Wirkungen zu. Die planetaren Einflüsse deutete man als kausale Einwirkungen ominöser Strahlungen, denen die Menschen auf der Erde ausgesetzt waren.

In der modernen Astrologie ist man mittlerweile von der Kausalität der Planeteneinflüsse abgekommen. Der Bewußtseinswandel der heutigen Zeit hat auch die Sicht der Astrologie erfaßt und verändert. Die einst so entscheidende Frage nach direkten planetaren Einflüssen erwies sich als völlig irrelevant für die Gültigkeit des astrologischen Modells. Die Bereitschaft, die Beziehungen der Himmelskörper untereinander beziehungsweise ihren Einfluß auf das irdische Dasein im Sinne der Jungschen Synchronizität als Entsprechungen anzusehen, wächst. Anstatt auf einer direkten und kausalen Einwirkung der Planeten zu bestehen, erkennt man die astrologische »Himmelsschrift« nun als eine symbolische Sprache von Analogien. Die strittige Frage nach den wissenschaftlich unbewiesenen unmittelbaren Gestirnseinflüssen erledigt sich damit von selbst. Den naturwissenschaftsgläubigen Astrologiegegnern wurde somit die Basis ihrer Kritik entzogen.

Vermeintliche Unglücksbringer wie SATURN oder MARS konnten rehabilitiert werden: Man befand sie für »unschuldig« an den Leiden der Menschen. Statt dessen avancierten sie im Gefolge der anderen Himmelskörper zu Repräsentanten des menschlich-irdischen Schicksals und Geschehens. Als »kosmische Uhrzeiger« der Zeitqualität stehen sie jetzt der Menschheit zu Diensten. Indem sie ansagen, »welche Stunde geschlagen hat«, sind die vormals gefürchteten Schicksalsmächte auf die Seite der nach Erkenntnis suchenden Menschen »übergewechselt« und haben wegweisende Funktion.

Alle Erscheinungen der irdischen Welt lassen sich vor diesem Hintergrund als Entsprechungen der astroenergetischen Konstellationen erkennen. Das betrifft sowohl den irdisch-stofflichen Bereich als auch den Kernbereich der seelischen Ebene. Als logische Folgerung daraus beziehen wir in der astroenergetischen Traumarbeit die Gestirnsstände zum Traumzeitpunkt – in erster Linie die SONNEN-Position! – in die Deutung ein. Wir sehen dadurch, in welch großem Maße die allgemeine (kollektive) Qualität der Zeit sich auf das invididuelle Leben und Erleben – auch im Traum – auswirkt, und beginnen zu begreifen, wie sehr wir alle in kosmische Rhythmen eingebettet sind. Dabei spielt unsere Sonne wohl die entscheidende Rolle.

Anhand vieler Fallbeispiele wird gezeigt werden, daß die SONNE nicht nur in unserem äußeren Leben eine zentrale Rolle spielt, um die alles kreist. Durch die Traumbetrachtungen wird deutlich, wie sich ihr (scheinbarer) Lauf durch den Tierkreis in der menschlichen Seele widerspiegelt (siehe Teil I. 5. Kapitel). Wenn wir erfassen, wie entscheidend die *inneren* Konstellationen beziehungsweise unsere seelische Befindlichkeit mit der äußeren Welt zusammenwirken und an deren Erschaffung beteiligt sind, kommen wir der Lösung der Lebensrätsel schon einen großen Schritt näher.

In der *energetischen Astrologie* erkennen wir neben der irdisch-stofflichen und der seelischen Ebene als dritten Bereich die *energetische Dimension* des Daseins. Alle Ereignisse unseres Lebens, alle Träume, Gedanken, Taten lassen sich – im Sinne von Entsprechungen – auf diese archetypische Quelle zurückführen. Wenn wir uns auf die Suche nach dem energetischen Hintergrund der Erscheinungen machen, dann vor allem deshalb, um den unausweichlichen Anforderungen unseres inneren Lebensplans zu entsprechen. Alles, was wir freiwillig bewältigen, muß uns nicht schicksalhaft aufgezwungen werden! Viel *unnötiges* Leid, Schmerzen und Umwege können uns dadurch erspart bleiben. Aber das Hauptziel dabei ist nicht, ängstlich um die Probleme herumzumanövrieren. Es geht vielmehr darum, darauf zuzusteuern und unsere Aufgaben zu bewältigen.

Auch im Bereich der Traumdeutung können wir, parallel zu der Reformbewegung innerhalb der Astrologie, heutzutage eine Weiterentwicklung feststellen. Bei der Interpretation der nächtlichen Botschaften führt die Entwicklung ebenfalls weg von einer festlegenden Symboldeutung und Orientierung an der Außenwelt. SIGMUND FREUD und C. G. JUNG, die Pioniere der modernen Traumdeutung, haben uns den Weg geebnet, die Träume als eine Möglichkeit der inneren Arbeit und seelischen Entwicklung zu sehen und zu nutzen.

Wir sind also dabei, von der starren und auf äußere Einflüsse fixierten mittelalterlichen Schicksalsdeutung abzurücken. Im Gegenzug entwickelt sich allmählich ein Bewußtsein, das der (relativen) Freiheit des Menschen eher gerecht wird und die Priorität der Deutung auf die innere Ebene als der wesentlichen »schicksalserzeugenden« Dimension verlagert.

Damit nun die altehrwürdigen Systeme, Traditionen und Weisheiten des Menschheitskollektivs auch für weitere Generationen ihre Gültigkeit behalten, müssen sie in eine Sprache übersetzt werden, die von den Mitgliedern der neuen Epoche verstanden wird. Eine Sprache, die wir heutigen Menschen gerne benutzen, wenn es um innerseelische Zusammenhänge geht, ist die psychologische beziehungsweise tiefenpsychologische Terminologie. Hinter dieser Ebene verborgen – und in diesem Sinne »esoterisch« – findet sich der Bereich der *Energetik*. Und wie die Psychologie, wenn sie sich als Seelenkunde versteht, die seelische Ebene berührt und diese zu erforschen und zu verstehen sucht, ist die energetische Dimension dem Reich des universellen Geistes zugehörig. Zeichnen sich die Seele und ihre Ausdrucksweisen durch Subjektivität und persönliche Wertungen aus, erscheinen die Phänomene und Ereignisse aus der Sicht der Energetik wertfrei und objektiv. Auf dieser Ebene gilt der Leitsatz: »Es ist, wie es ist«. Und wo stehen wir Menschenwesen? Als *Wanderer* zwischen beiden Welten, dem subjektiven Seelenreich (MOND-Prinzip) und der objektiven Sphäre des reinen Geistes (SONNEN-Prinzip), haben wir die Aufgabe, eine Brücke zwischen den Welten zu bauen.

Die Menschheit steht an einem Wendepunkt. Ein Evolutionsschritt – oder, in den Begriffen der modernen Physik ausgedrückt, ein Quantensprung des Bewußtseins – findet statt. Trotz oder gerade wegen der vielen Sackgassen, in die wir geraten sind – zum Beispiel durch die massive Umweltzerstörung –, haben die Menschen die Chance, eine neue und umfassendere Sicht des Menschseins zu entwickeln. Umwege und Irrwege gehören dabei zum natürlichen Entwicklungsprozeß. Wie das kleine Kind gehen lernt durch Versuch und Irrtum, schreitet auch das Menschengeschlecht langsam voran.

Astrologie und Träume spielen dabei die Rolle von Entwicklungshelfern, wenn sie dem Dunstkreis von Hokuspokus und Wahrsagerei entwachsen und sich als Methoden der Selbsterkenntnis, Lebenshilfe und Bewußtseinserweiterung bewähren. Doch jede Methode ist so gut oder schlecht, weit oder eng, so erlöst oder unerlöst wie eben das Bewußtsein des Menschen, der sich ihrer bedient. Die Erfahrung zeigt, daß wir auch in der Astrologie leicht dazu neigen, uns in allen möglichen Fallstricken zu verfangen. So etwa, wenn wir uns in Vorstellungs- und Scheinwelten verlieren, statt mit beiden Beinen auf dem Boden der (nicht immer erfreulichen) Tatsachen zu stehen. Die Gefahr der Selbsttäuschung ist gerade im »esoterischen« Bereich sehr groß, da sich auf dieser Ebene weder meßbare Nachweise erbringen lassen noch etwas eindeutig zu widerlegen ist. Was aber sind die Illusionen, was die Tatsachen, wenn es um den subtilen Bereich der Seele geht?

Nur allzuleicht wird die Beschäftigung mit der Astrologie in unserer kopflastigen Zeit zu einem »Kopftrip«. Meist, ohne daß man sich dessen überhaupt bewußt ist. Und was erreichen wir dann? Letztlich verstärken wir, was eigentlich durch die astrologischen Studien erkannt und verarbeitet werden sollte: Zwangsverhalten, Unterdrückung der Gefühle und Neurosen. Diesem Dilemma läßt sich mit der Traumarbeit begegnen. Unsere Träume sind die individuellsten und daher besten »Supervisoren«, die uns Nacht für Nacht aufzeigen, wo wir gerade stehen – auch in unserer Beziehung zur Astrologie. Eine Abkehr von der Lebenswirklichkeit quittieren die Träume beispielsweise mit Bildern von Weltraumausflügen oder von der Flucht auf fremde Planeten.

Die zwölf Seiten der energetischen Astrologie und Traumarbeit

Wenn wir ehrlich sind, verbirgt sich hinter dem Interesse an Esoterik oftmals der Wunsch, aus der »rauhen Realität« auszusteigen. Unsere Träume wollen uns hingegen von den geistigen Höhen, in die wir uns dabei leicht versteigen, auf den Boden der Tatsachen zurückbringen. Denn da gehören wir erst einmal hin, hier ist unser Platz! Bevor wir das Dach eines Hauses errichten können, müssen wir zunächst das Fundament dafür setzen. Deswegen sind wir in diese irdische Welt gekommen! Fluchttendenzen angesichts der Widrigkeiten des Erdenlebens entspringen Wünschen und Ansprüchen an das Leben, die infantil geblieben sind. Um erwachsen zu werden, um innerlich zu wachsen und die Verwicklungen abzustreifen, ist die Erdenschule der geeignete Ort. Lassen wir uns auf die Lebenserfahrungen wirklich ein, werden wir den – gerade in Esoterikerkreisen oftmals geschmähten – Planeten Erde als Katalysator der Bewußtseinsentwicklung schätzen lernen.

Die Astrologie bietet sich als ein hervorragendes Ordnungssystem an. Deshalb – und zur praktischen Demonstration – habe ich die Gliederung dieses Buches danach ausgerichtet. Die zwölf Tierkreiszeichen als die Grundstruktur der Astrologie beziehungsweise des Tierkreises legen nahe, daß *jede* Ganzheit aus zwölf Teilen zusammengesetzt ist. In der Bibel beispielsweise findet diese Zahl ihre Entsprechung bei den zwölf Aposteln, die wir symbolisch als die zwölf Aspekte der Ganzheit (des wahren *Selbst* beziehungsweise des *Christus*-Geistes) ansehen. Im Marienkindmärchen sind es die zwölf Türen, die das Marienkind ungestraft öffnen darf. Das dreizehnte Tor, das die Einheit offenbart, ist ihr – wie Adam und Eva das Essen der Früchte vom Baum der Erkenntnis – unter Strafandrohung verboten.

Das archetypische Symbol der Einheit ist der Kreis, dessen astrologische Entsprechung *Tierkreis* genannt wird. Er gleicht einer Kette, dessen Glieder die *Tierkreiszeichen* darstellen. Diese verkörpern die zwölf Aspekte der *ganzen* Wirklichkeit und die verschiedenen Stadien einer jeden natürlichen Entwicklung. Die Tierkreiszeichen bilden die Urbilder oder Urprinzipien, die hinter den Erscheinungen wirken; sie sind die »Archetypen« C. G. JUNGS. Die Realisation der Ganzheitlichkeit eines Menschen, einer Unternehmung, eines Moralkodex oder einer Lebensphilosophie läßt sich daran messen, inwieweit diese zwölf Komponenten integriert werden konnten. Wird ein Aspekt – etwa das Lustprinzip in bestimmten religiösen Dogmen – ausgeklammert und verdrängt, ist das ein Indiz mangelnder Vollständigkeit. Erkennen wir diese Unvollkommenheit als ein wesentliches Rätsel des menschlichen Lebens an, gewinnen wir an Toleranz gegenüber Andersdenkenden und werden motiviert, uns auf die Suche nach der verlorenen Ganzheit zu machen. So, wie im Märchen der Held den Ring der Prinzessin vom Meeresgrund zurückholen soll, ergeht es uns in unserem alltäglichen Dasein: Etwas Wesentliches ist verschwunden und soll wiedergefunden werden.

Anhand des Tierkreis-Ordnungssystems werden in diesem Buch die grundlegenden Lebensrätsel und deren Entsprechungen innerhalb der energetischen Astrologie und Traumarbeit dargestellt. Dabei wird deutlich werden, daß jedes Rätsel seinen Niederschlag im astrologischen System und in den Träumen findet. Durch dieses Vorgehen gewinnt der Leser einen umfassenden Einblick in Wesen, Arbeitsweise, Zwecke und Zielsetzung der Methode und bekommt einen ersten Eindruck davon, wie dieses Modell zur Beschreibung unserer Wirklichkeit praktisch anzuwenden ist. Nützlicher Nebeneffekt: Die Tierkreiszeichen selbst erfahren eine erste Charakterisierung – ein kleiner Vorgeschmack auf die Tierkreisbände.

Eine möglichst vorurteilsfreie und offene Geisteshaltung bei der Lektüre dieser Ausführungen ist sehr von Vorteil, um die Botschaft des Werkes zu erfassen. Bei der Aufnahme geistiger Nahrung gelten die gleichen Gesetze wie bei der stofflichen Ernährung. Die Speise will gut gekaut, geschluckt und verdaut werden. Die physischen und psychischen Informationen, die für den Organismus und die Seele zuträglich sind, werden aufgenommen, der (derzeit) unbrauchbare Rest wird wieder ausgeschieden. Mit den jeweiligen Erfordernissen der Zeit wandelt sich auch der Bedarf an Nährstoffen, auch solchen seelischer Art. Die entsprechenden Buchkapitel oder die Tierkreisbände, die dem aktuellen Lebensrätsel des Lesers besonders nahekommen, werden daher natürlicherweise im Vordergrund des Interesses stehen. Zu einem anderen Zeitpunkt gelesen, mögen sich andere Schwerpunkte ergeben, weshalb sich die Bände vor allem auch als Nachschlagewerk empfehlen.

Wenn wir in der Psychologie von selektiver Wahrnehmung sprechen, dann sind damit im positiven Sinne die unwillkürlich und unbewußt ablaufenden psychischen Auswahlkriterien gemeint, die unsere Aufmerksamkeit auf eben die Erfahrungsbereiche richten, die für unseren derzeitigen Lebensabschnitt wesentlich sind. Vertrauen wir also darauf, daß die Seele die vordringlichen Mitteilungen und Impulse wohlweislich aussortieren wird – wenn wir sie lassen.

Fühlt sich der Leser durch bestimmte Ausführungen innerlich besonders angerührt, dann mag es fruchtbar sein, diese Passagen für einige Zeit sozusagen »im Herzen zu bewegen«. Dadurch können innere Entwicklungsprozesse in Gang gesetzt werden. Wird der Text nur konsumiert, verhindern wir solche seelischen Wachstumsimpulse. Erscheint die eine oder andere Textstelle zuerst unverständlich, geht es uns wie mit fremdartigen Speisen: Um herauszufinden, ob es schmeckt und wohltut, sollten wir mit offenen Sinnen das Wagnis eingehen und die unbekannte Speise ausprobieren. Dieser bildhafte Vergleich will den Leser ermutigen, Urteile, Vorurteile, Vor-Stellungen und Vor-Kenntnisse bei der Lektüre dieser Einführung zunächst unberücksichtigt zu lassen. Die Kritikfähigkeit braucht dabei natürlich nicht »an der Garderobe abgegeben« zu werden. Schließlich kann der Weg zu sich selbst nicht auf blindem Glauben aufbauen. Andererseits sind Entwicklungsanstöße nur möglich, wenn der analytische Verstand vor einer Intervention und Bewertung der Ausführungen zunächst einmal ganz entspannt die Zuschauerrolle einnimmt. Ganz »Gentleman«, wird er der (weiblichen) Gefühlsseite und dem intuitiven Spürsinn den Vortritt lassen, um sich nach der »Aufführung« dann ein umfassendes Bild davon zu machen.

Wenn nun nachfolgend die verschiedenen Seiten und Aspekte der energetischen Astrologie und Traumarbeit aufgezeigt werden, ist es für den Laien nicht erforderlich, diese Zuordnungen sofort astrologisch nachzuvollziehen. Er muß vorerst nicht wissen, warum zum Beispiel das Thema »*Die Sprache der Astrologie und der Träume*« unter der ZWILLINGE-Kategorie rangiert. Andererseits wird durch diese Darstellungsweise bereits ein gewisser Grundstock für das Verständnis der Tierkreiszeichen und Planeten gelegt, der in den Tierkreisbänden durch zahlreiche Beispiele aus der Seminar- und Beratungspraxis beziehungsweise dem Alltagsleben vertieft wird. Wenn der *energetische Aspekt* der Astrologie hier unter der WIDDER-Rubrik eingeordnet ist, kann diese Tatsache als Gliederungsmerkmal zur Kenntnis genommen werden, dient aber gleichzeitig auch als Definition des WIDDER-Archetypen.

Diese Aufteilung in verschiedene Kategorien darf allerdings nicht zu starr ausgelegt werden, denn – wie der Leser im Laufe der Lektüre erkennen wird – die verschiedenen Aspekte einer jeden Sache sind eng miteinander verbunden. Sie stellen vielmehr unterschiedliche Sichtweisen ein und derselben Angelegenheit dar. Wenn wir zum Beispiel ein Haus betrachten, können wir dies von verschiedenen Standorten aus tun: von vorne, hinten, von der Seite, oben, unten, aus der Nähe, größerer Entfernung und so fort. Die Beschreibung dieses Gebäudes wird von unserem jeweiligen Standpunkt abhängen: Von vorne betrachtet, besitzt das Haus eine bestimmte Anzahl Fenster und Türen, einen bestimmten Hintergrund, es herrschen ganz bestimmte Lichtverhältnisse; bei einem anderen Blickwinkel ergibt sich ein anderes Bild. Von oben, aus dem Flugzeug betrachtet, werden wir einen Eindruck von der Lage des Hauses in dieser Landschaft erhalten, während wir im Kellergeschoß uns eher ein Bild vom tragenden Fundament des Gebäudes machen können. So erhalten wir verschiedene Eindrücke und nehmen unterschiedliche Aspekte ein und desselben Gebildes wahr. Diese lassen sich zwar gesondert betrachten und nennen, ergeben aber doch nur im Zusammenhang einen Sinn. Jeder Blickwinkel beschreibt einen Teil der Ganzheit – die *ganze* Wahrheit läßt sich so aber nicht erfassen. Die Einheit verbirgt sich vor der Ratio und kann nur innerlich als Intuition erlebt werden.

Ebenso verhält es sich mit dem »Gedanken-Gebäude« der energetischen Astrologie und Traumarbeit. Ihre unterschiedlichen Seiten sind die verschiedenen Perspektiven, die sich durch wechselnde Standorte ergeben. Es wird deshalb häufig erforderlich sein, über die jeweilige Rubrik hinaus reichende Zusammenhänge herzustellen, um zu vermeiden, daß ein Sammelsurium beziehungsloser Teile aufgelistet wird. Die Überschriften bezeichnen in diesem Sinne den *Schwerpunkt* der jeweiligen Kapitel beziehungsweise einen bestimmten Blickwinkel. Dieser wird durch die anderen Perspektiven ergänzt, steht aber immer auch mit allen anderen Aspekten in Beziehung. Es ist kaum sinnvoll, beispielsweise über die Sprache der Träume (ZWILLINGE-Aspekt) zu schreiben, ohne auch über deren Charakter als symbolische Botschaften des Unbewußten zu reden, was dem KREBS-Bereich zuzuordnen ist. Die holographische Weltsicht (Teil I. 11. Kapitel) macht deutlich: Jeder Teil des Ganzen birgt wiederum das Ganze in sich!

1. WIDDER
Die Geburt der Rätsel

Alle Erscheinungen der irdischen Welt nehmen – wenn die Zeit dafür gekommen ist – ihren Anfang. Die Erschaffung der Welt auf makrokosmischer Ebene und die Ankunft eines jeden Erdenbürgers in mikrokosmischer Hinsicht stellen die Geburtsstunde der Lebensrätsel dar.

Wenn es im Neuen Testament bei JOHANNES heißt: »Im Anfang war das Wort, und das Wort war bei Gott«, dann ist astroenergetisch gesehen damit der grundlegende energetische Zustand gemeint, aus dem die Schöpfung hervorgegangen ist. Das »Wort« – bei Johannes göttlichen Ursprungs – bezeichnet die abstrakte Kraft, die hinter den Formen und Bildern wirkt. Es ist der Bereich der Archetypen, die Welt der rein geistigen Energien der Urbilder – eben die Kraft, welche die Welt erschaffen hat und im Innersten zusammenhält.

Die Energetik des Lebens

Wenn wir Astrologie und Traumarbeit energetisch nennen, tragen wir damit der Tatsache Rechnung, daß sich alle Erscheinungen auf die Grundkräfte des Seins zurückführen lassen. Und diese Urenergien finden im astrologischen Modell und den Träumen ihren symbolischen Ausdruck. Das Attribut »energetisch« signalisiert eine bestimmte Betrachtungsweise und einen bestimmten Umgang mit der Astrologie und den Träumen, die uns hinter die Kulissen des vordergründigen Geschehens blicken läßt. Damit soll nicht irgendeinem Hokuspokus oder Mystizismus das Wort geredet werden. Im Gegenteil: Der Leser wird im Verlaufe der Lektüre dieses Buches feststellen

1. WIDDER: Die Geburt der Rätsel

können, daß der eigentliche Aberglaube in der »Anbetung« der äußeren Seite des Daseins liegt. Wir alle neigen dazu, auf das äußere Geschehen, auf die Mitmenschen oder irgendwelche Dinge das zu projizieren, was in uns selbst gründet. Wollen wir die Lebensrätsel lösen, müssen wir uns dorthin begeben, wo ihr Ursprung liegt: in unsere Seele. Wie wir das bewerkstelligen können, werden wir noch sehen. Doch jetzt sind wir zunächst einmal am Anfang, dort, wo alles, das einmal enden wird, erst beginnt.

Jede Astrologie, gleich, welchen Namen sie trägt, *kann* energetisch sein. Voraussetzung dafür ist vor allem, ob wir Astrologie »betreiben« oder Astrologie *leben*. Ob ein Modell wie die Astrologie als *energetisch* bezeichnet werden kann, hängt ausschließlich davon ab, *wie* es gelebt wird und wie man damit umgeht. Bleiben wir in theoretischen Überlegungen stecken, oder schaffen wir einen Bezug zu unserer inneren und äußeren Lebenswirklichkeit? Ist unser Umgang mit der Astrologie wirklich ein Brückenbau zwischen Symbolsprache und Alltagswelt, zwischen Kopf und Seele, Innen und Außen? Oder reden wir uns das alles nur ein? Betreiben wir unter dem Vorwand lebendiger innerer Arbeit nur weiterhin unsere rationalen Spielchen? Diese »Gretchenfragen« unseres astrologischen Wirkens sollten wir, die wir uns dieser Methode verpflichtet fühlen, regelmäßig stellen. Natürlich prägen unsere gewohnten Lebensweisen und -einstellungen auch den Umgang mit geistig-spirituellen Methoden wie der Astrologie. Haben wir uns von der lebendigen Ebene des Seins entfremdet – heute eher die Regel als die Ausnahme! –, stellt sich die Frage, wie wir dann eine *energetisch* orientierte Astrologie betreiben wollen. Zunächst wird uns das wahrscheinlich nicht in vollem Umfang gelingen. Aber im Umgang damit werden wir allmählich wieder lernen, zum lebendigen Fluß des Lebens zurückzufinden (siehe I.12).

Der Zusatz »energetisch« bezeichnet also erst in zweiter Linie eine astrologische Richtung. Vorrangig ist damit die Einstellung gegenüber der Astrologie gemeint – eine Bewußtseinsebene, die durch den Begriff »energetisch« definiert werden kann. Natürlich ließen sich auch andere Worte dafür finden. Doch ob wir der so bezeichneten pulsierenden Lebendigkeit des Daseins gerecht werden, hängt weniger vom Namen ab, den wir ihr geben, als von unserer Beziehung dazu. Die verschiedenen spirituellen Wege innerhalb der buddhistischen Tradition, auch *Yanas* oder *Fahrzeuge* genannt, sollen beispielhaft verdeutlichen, was damit gemeint ist. Der Buddhismus kennt drei Pfade, die zur Vollkommenheit führen: *Hinayana*, das »kleine Fahrzeug«, *Mahayana*, das »große Fahrzeug« und *Vajrayana*, den »Diamantweg«. Äußerlich betrachtet, bezeichnen diese Erleuchtungspfade Unterschiede in der buddhistischen Praxis und differierende Erleuchtungsmotive. Die eigentliche, innere Bedeutung dieser drei Stufen liegt jedoch darin, daß der Praktizierende verschiedene Bewußtseinsebenen erreichen kann. *Hinayana*, das »kleine Fahrzeug«, bezeichnet die Geisteshaltung des Aspiranten, der für sich selbst nach Erleuchtung strebt – etwa durch Übungen, Askese, Abgeschiedenheit. *Mahayana*, das »große Fahrzeug«, bedeutet einen qualitativen Bewußtseinssprung auf der Suche nach Erlösung. Auf dieser Ebene wird nicht mehr nur das eigene Wohl, sondern Befreiung vom Leid für alle Wesen angestrebt. *Vajrayana*, der »Diamantweg«, geht noch einen Schritt weiter. Auf dieser Stufe macht der Schüler die lebendige Erfahrung der engen Verbindung von Außen und Innen, Welt und Ego, Ich und Du.

Es ist also nur vordergründig eine Frage der willentlichen Entscheidung, welchen der drei Wege der Schüler des Buddhismus gehen will. Je nach Bewußtseinslage wird sein Umgang mit der buddhistischen Lehre einem der drei Wege natürlicherweise *entsprechen*. Ein Aspirant, der offiziell der Hinayana-Richtung angehört, kann deshalb innerlich längst die Vajrayana-Bewußtseinsebene realisiert haben. Was wir nach außen hin repräsentieren und vorgeben, hat häufig eher wenig mit unserer inneren Wirklichkeit zu tun! In der Politik beispielsweise wird diese Tatsache durch den Widerspruch zwischen Parteiprogramm und individueller Einstellung deutlich. Nach außen hin werden bestimmte Bilder vermittelt, werden Werte und Tugenden beschworen, die aber mit der Lebenswirklichkeit des einzelnen Staatsmannes nicht unbedingt übereinstimmen. Die zahlreichen Skandale, Amtsenthebungen und Rücktritte unserer Zeit legen eher das Gegenteil nahe!

Bewußtseinsentwicklung ist alles andere als eine mechanische Angelegenheit. Auf seelisch-geistiger Ebene gibt es eben keinen automatischen Aufstieg, wie das beispielsweise bei der Beförderung der Beamten vorgesehen ist. Die innere Entwicklung ist nicht ausschließlich eine Frage der abgeleisteten »Dienstjahre«. Der Grad der Offenheit, Engagement und das Interesse am psychischen Wachstum sowie der Reifegrad der Seele sind wesentliche energetische Faktoren der geistigen Evolution.

Auch in der Astrologie hängen der Bewußtseinsstand des Praktizierenden und die Ebene, auf der die astrologischen Studien betrieben werden, eng miteinander zusammen. Ob die Astrologie eher »logisch« oder energetisch verstanden wird, ist eine Frage der *inneren* Ausrichtung und nicht der Bezeichnung.

Eine energetisch ausgerichtete Astrologie basiert in erster Linie auf dem *bewußten Erfahren* und der schrittweisen *Integration* der lebendigen Energien beziehungsweise Tierkreisarchetypen. Sie definiert Leben als einen pulsierenden, fortschreitenden Prozeß, dessen energetische Muster in den astrologischen Symbolen erkannt, erlebt und in den Planetenbewegungen lebendig nachvollzogen werden können. Folgendes Beispiel soll den Unter-

1. WIDDER: Die Geburt der Rätsel

schied zwischen einer rein astro*logischen* und einer astro*energetischen* Herangehensweise verdeutlichen: Soll zum Beispiel der MARS im Seminar behandelt werden, so wäre ein methodisches Vorgehen, das die Logik in den Vordergrund stellt, vor allem um eine möglichst ausführliche Vermittlung von Wissen über dieses Symbol und seine Konstellationen bemüht. Für einen vorrangig energetischen Umgang mit dem MARS ist eine theoretische Einstimmung wohl auch sinnvoll, um diese Energie zu definieren. Das eigentliche Anliegen stellt jedoch die Vermittlung einer lebendigen *Erfahrung* dieser dynamischen Energie mit der astrologischen Bezeichnung MARS dar. Ein innerer Zusammenhang zwischen Astrosymbol und Gefühlsebene soll hergestellt werden; das Symbol dient als Brücke. Sollten während der Bearbeitung beispielsweise Aggressionen und Spannungen auftauchen, würde das im Rahmen eines rationalen Lernprozesses als unpassend und störend empfunden. Bei einer rein logischen Betrachtungsweise haben Emotionen selten Platz, wie wir alle während unserer Schulzeit feststellen konnten. Das ist auch der Grund dafür, daß wir an esoterisches Gedankengut so oft »schulmeisterlich« herangehen. Statt locker und offen zu sein, meinen wir, uns anstrengen zu müssen, und verkrampfen uns dabei.

Der energetischen Arbeit kommt das Auftauchen von Emotionen aber eher entgegen. Schließlich sind Aggressionen für jeden Menschen innerlich nachvollziehbare Äußerungen des Prinzips, das wir astrologisch als MARS-Kraft bezeichnen. Von der Energetik her betrachtet, ist es nicht erstaunlich, wenn sich die Kräfte manifestieren und auf der seelischen Ebene in Erscheinung treten, die im Mittelpunkt des Interesses stehen. Durch die Konzentration einer Gruppe von Menschen auf ein bestimmtes Thema wird das »energetisch heraufbeschworen«. Dieser Vorgang ereignet sich in dem Bereich, den C. G. JUNG das *kollektive Unbewußte* genannt hat; eine Tiefendimension unserer Psyche, in der wir – ohne es bewußt erfassen zu können – unmittelbar mit unseren Mitmenschen in Verbindung stehen.

Eine energetisch orientierte Astrologie macht sich das Wissen um die Gesetzmäßigkeit dieser psychischen Abläufe zunutze. Durch die Verbindung der astrologischen Symbolik mit dem realen Geschehen werden Theorie und Lebenspraxis zur unmittelbaren Erfahrung, erweitert sich unser Bewußtsein und trägt zur Lösung der Lebensrätsel bei. *Jede* Arbeit mit der Astrologie, die über das Theoretisieren hinausgeht und ein direktes Erfahren der Kräfte ermöglichen will, ist in diesem Sinne *energetisch*, egal, wie sie sich auch nennen mag.

Kommen wir noch einmal auf unser Beispiel der buddhistischen Erlösungswege zurück: Es ist zweitrangig, für welchen Weg sich der Aspirant rational entscheiden mag. Wie überhaupt ein jeder Mensch ist er bereits auf einem der Wege. Und dieser entspricht seinem momentanen inneren Seinszustand.

Zurück zum Begriff der Energetik. Wie die moderne Physik feststellt – die damit die zweieinhalbtausend Jahre alte buddhistische Weltsicht bestätigt –, ist letztendlich das gesamte Sein auf Energie zurückzuführen. ALBERT EINSTEIN hat mit seiner bahnbrechenden Arbeit über die *Relativitätstheorie* den bisherigen Gegensatz zwischen dem Masse- und dem Energie-Begriff aufgehoben. Masse beziehungsweise Stoff *ist* Energie, nur eben in einer verdichteten Form. *Jede* Erscheinung in unserer irdischen Welt kann demnach als Ausdruck einer bestimmten energetischen Konstellation betrachtet werden. Lassen wir an dieser Stelle einen kompetenten Fachmann unserer Zeit, den Physiker FRITJOF CAPRA, zu Wort kommen. In seinem Buch *»Das Tao der Physik«* baut er eine Brücke zwischen der modernen westlichen Naturwissenschaft und der fernöstlichen Philosophie beziehungsweise Religion:

»Energie ist einer der wichtigsten Begriffe in der Beschreibung von Naturerscheinungen. Wie im täglichen Leben sagen wir, daß ein Körper Energie enthält, wenn er Arbeit leisten kann. Diese Energie kann in vielen verschiedenen Formen auftreten. Es kann Bewegungsenergie sein, Wärmeenergie, Gravitationsenergie, elektrische Energie, chemische Energie und so fort ... In der Physik hängt Energie immer mit einem Prozeß zusammen, mit irgendeiner Art von Aktivität, und ihre fundamentale Bedeutung liegt darin, daß die gesamte an einem Prozeß beteiligte Energie immer erhalten bleibt ... Die Masse eines Körpers ist andererseits ein Maß für sein Gewicht, d. h. für den Zug der Schwerkraft an diesem Körper. Außerdem bestimmt die Masse die Trägheit eines Gegenstands, d. h. seinen Widerstand gegen Beschleunigung ... In der klassischen Physik wurde Masse außerdem mit einer unzerstörbaren materiellen Substanz verbunden, d. h. mit dem ›Stoff‹, aus dem man sich alle Dinge vorstellte. Wie bei der Energie glaubte man, daß diese strikt erhalten bliebe, so daß keine Masse jemals verlorengehen könne. Jetzt aber erwies sich durch die Relativitätstheorie, daß Masse nichts als eine Energieform ist« (S. 199–200).

Mit dem grundlegenden Begriff »energetisch« ist demnach auch im Zusammenhang mit der Astrologie nicht nur die Energie gemeint, die jemand hat, um etwa eine Arbeit zu verrichten oder überhaupt morgens aus dem Bett zu kommen. Vielmehr geht es um die *energetische Qualität,* die einem jeden Moment und jeden Seinszustand – vom Mineral bis hin zum Menschenkörper – innewohnt und die ihm seine spezifische Gestalt verleiht. Es ist die Energie, die einfach da ist, egal, welchen Bezug ich zu ihr habe, ob ich mich ihr öffnen kann und Medium für diese Energie bin, oder mich ihr verschließe.

Die tantrische Lehre des tibetischen Buddhismus (Vajrayana) basiert zu einem großen Teil auf der Erkenntnis einer grundlegenden Seinsenergetik. Der bekannte in den USA lebende tibetische Tantralehrer CHÖGYAM TRUNGPA schreibt dazu in seinem Buch *»Feuer trinken, Erde atmen – Die*

1. WIDDER: Die Geburt der Rätsel

Magie des Tantra« (S. 58/59): »Dann gibt es noch eine andere Art von Energie, die selbstexistierend ist. Selbstexistierende Energie hängt nicht von etwas oder jemand ab: Sie ist einfach ständig da. Obwohl es schwierig ist, die Quelle dieser Energie aufzuspüren, ist sie universell und allesdurchdringend.«

Diese Beschreibung liest sich wie ein Versuch von christlicher Seite, das Wesen Gottes zu charakterisieren.

Weiter sagt Trungpa: »Ob wir uns nun in einer angemessenen Situation, in Übereinstimmung mit den Gesetzen des Universums befinden, oder ob wir uns in einer unangemessenen Situation, nicht in Übereinstimmung mit den Gesetzen des Universums befinden, Energie ist stets vorhanden. Vom Vajrayana- oder tantrischen Gesichtspunkt aus gesehen ist diese Energie einfach die Energie, die existiert. Es bedeutet nicht, daß wir hart arbeiten oder äußerst fleißig sind und immer irgendwelche Dinge tun und geschäftig sind oder irgend etwas in der Richtung. Diese Energie kann aus allen möglichen Herausforderungen entstehen, im positiven *oder* negativen Sinn. Solche Energie *ereignet* sich andauernd.«

Die energetische Astrologie hat das Anliegen, ebendieser Erkenntnis gerecht zu werden und ein Gespür für die Energetik des jeweiligen Moments zu entwickeln. Sinn und Ziel dabei ist es, wieder in Harmonie mit dem Energiefluß des Lebens zu gelangen. Dann wären wir, wie es TRUNGPA formuliert hat, »in einer angemessenen Situation, in Übereinstimmung mit den Gesetzen des Universums«.

Zusammenfassend meint TRUNGPA weiter: »Wenn wir also von Energie sprechen, dann reden wir nicht nur von Lebenskraft, sondern von dem, was in unserem Leben existiert.«

Auch die »*Bhagavatgita*«, das heilige Buch der Hindus, hat Gewichtiges zum Thema der Energetik zu sagen. Im achten Kapitel, Abschnitt drei, lesen wir:

»Alle Taten finden aufgrund der Verknüpfung der Naturkräfte in der Zeit statt, aber der Mensch in seiner selbstsüchtigen Verblendung denkt, er selbst sei der Handelnde. Aber der Mensch, der den Zusammenhang zwischen den Kräften der Natur und den Taten kennt, sieht, wie einige Naturkräfte auf andere Naturkräfte einwirken, und wird nicht ihr Sklave.«

Das bedeutet, daß der Energiestrom des Lebens unweigerlich unser Dasein erfaßt; alle Handlungen und Ausdrucksweisen sind darauf zurückzuführen. Der Mensch fungiert dabei – unwillkürlich und zumeist unbewußt – als Medium. Durch seine Persönlichkeit hindurch »tönt« diese »kosmische« Energie, die in jedem Individuum ihren subjektiven Ausdruck findet. Je klarer der »Kanal« ist, desto reiner werden sich die Energien – in der Astrologie symbolisiert durch die Planeten – durch den Mittler ausdrücken. Das Ich-Bewußtsein spielt die Rolle eines Kommunikations- und Kontrollraums innerhalb dieses »Kraftwerks«, das unsere Psyche darstellt. Es ist nicht identisch mit den Energien, die es durch sich hindurchklingen läßt. Zustimmung oder Ablehnung gegenüber bestimmten Energien und deren Ausdrucksformen sind überflüssiger Ballast, der den Energiestrom bremst. Der Kontrollraum hat vielmehr dafür zu sorgen, daß alle beteiligten Energien zusammenwirken und entsprechend ihrer Qualität und Ausrichtung den ihnen gemäßen Platz einnehmen. Sind diese integriert, stehen sie bei Bedarf dem Ich zur Verfügung. Haben wir beispielsweise die WIDDER-MARS-Kraft verinnerlicht, verfügen wir über das »Schwert« der Entscheidungs- und Durchsetzungskraft.

Alle Erscheinungen dieser Welt tragen eine lebendige Seinskraft in sich. Diese pulsierende Kraft, die alles durchdringt, findet im Hinduismus ihre Entsprechung im Tanz des Gottes Schiwa. CAPRA schreibt dazu: »Der Tanz des Shiva ist das tanzende Universum, der unaufhörliche Energiefluß, der durch eine unendliche Vielfalt von Strukturen durchgeht, die ineinander verschmelzen« (ebd. S. 244). In die Sprache der modernen Physik übersetzt, ist damit der »Energietanz« gemeint, den die subatomaren Teilchen – als Bausteine der Materie! – nicht nur aufführen, sondern von ihrem Wesen her auch *sind*. Hinter jeder Form verbirgt sich der sinnlichen Wahrnehmung ein pulsierender Prozeß der Erschaffung und Zerstörung. Der Kosmos tanzt.

Die grundlegende Energetik entspringt und wirkt durch die Psyche. Tierkreiszeichen, Planeten wie auch die Traumbilder sind Symbole dieser uns innewohnenden Wesenskräfte beziehungsweise der Energien des inneren Kosmos. Die Individuen unterscheiden sich durch ihre unterschiedlichen Energiekonstellationen. In den zwischenmenschlichen Beziehungen begegnen sich »Universen«, die wechselseitig aufeinander reagieren. Nach Ansicht der *»Bhagavatgita«* machen wir uns nur dann nicht zum Sklaven der energetischen Konstellationen, wenn wir diesen Energiefluß zwar zulassen, aber uns auch nicht darin verlieren, wenn wir vielmehr die Unabhängigkeit unseres Wesenskerns (Selbst) aufrechterhalten, Beobachter bleiben, anstatt uns mitreißen zu lassen in einem Drama, bei dem wir den Überblick verloren haben.

Nehmen wir dazu ein Beispiel von der MOND-Ebene der Gefühle. Sagen wir, daß wir gerade in der Zeitung darüber lesen, daß die Branche, in der wir arbeiten, mehr und mehr Absatzprobleme hat. Plötzlich fühlt sich der Tag ganz anders an, irgendwie »unsicher«. Die logische Erklärung: Der Zeitungsartikel hat vermutlich Ängste vor der eigenen Entlassung geweckt. Vordergründig mag hier ein Kausalzusammenhang bestehen. Betrachten wir den Vorgang jedoch von der energetischen Seite, erhalten wir einen ganz anderes Bild. Vielleicht ist der MOND gerade im Zeichen SKORPION und befindet sich im Spannungsaspekt (Opposition) zu unse-

1. WIDDER: Die Geburt der Rätsel

rem (STIER-)MOND im Geburtshoroskop. Mittlerweile haben wir möglicherweise in Erfahrung gebracht, daß sich jeweils bei dieser Konstellation (einmal pro Monat) das betreffende Unsicherheitsgefühl manifestiert. Die äußeren Auslöser mögen variieren, doch die Gefühlsreaktion hat stets die gleiche »Färbung«. SKORPION als Archetyp des »Stirb und werde« ist nun gerade das Gegenprinzip von äußerer Stabilität und Berechenbarkeit, das der STIER darstellt. Sind uns diese inneren Abläufe bewußt, lassen wir uns weniger leicht emotional »mitreißen« und verunsichern. Während wir dieses Gefühl von Unsicherheit in uns realisieren, ist uns doch gleichzeitig bewußt, daß der Archetyp des Wandels (SKORPION) auf seelischer Ebene durch uns hindurchtönt. Wir spüren diese Energie bewußter und nehmen die Unsicherheit nicht mehr »persönlich«. Das heißt nun nicht, daß wir die inneren Regungen ignorieren. Im Gegenteil: Wir werden, wenn wir uns davon emanzipiert haben, um so deutlicher ihre Botschaft vernehmen und echte Warnsignale von infantilen Ängsten zu unterscheiden lernen. Welche »Vorgeschichte« dieses Thema für uns hat, mag an dieser Stelle dahingestellt bleiben.

Die alten Griechen wußten noch um die besondere und einmalige Energetik eines jeden Zeitpunkts. Diese Zeit*qualität* war unter dem Begriff »Kairos« bekannt – im Gegensatz zu »Chronos«, der die Quantität der Zeit, die meßbare Zeit, ausdrückte. In der Astrologie spiegelt sich der Kairos – also die Qualität der jeweiligen Zeitspanne – durch die Planetenstände im Tierkreis wider. Sie geben uns Auskunft darüber, wie die Energien zu einem bestimmten Zeitpunkt »gelagert« sind.

Diese Konstellationen, die wir für die astrologischen Betrachtungen benötigen, entnehmen wir den Ephemeriden – Büchern, in denen die Planetenstände für bestimmte Zeiträume aufgezeichnet sind. Unser Ziel ist es, die so gewonnenen theoretischen Informationen bewußt zu realisieren und eine unmittelbare Erfahrung daraus abzuleiten. Wie in allen anderen Künsten auch sind Zeit und Übung erforderlich, um ein Gespür für die Zeitqualität beziehungsweise die Planetenpositionen zu entwickeln. Die Seminare zur energetischen Astrologie und Traumarbeit werden deshalb (im Rahmen der Möglichkeiten) auf einen Termin gelegt, der energetisch gesehen dem gesetzten Thema möglichst gerecht wird. Günstig ist ein Zeitpunkt dann, wenn die »offizielle Ebene« (das vorgesehene Thema) mit dem energetischen Niveau der Zeit gut übereinstimmt.

Wollen wir beispielsweise das WAAGE-Tierkreiszeichen behandeln oder stehen WAAGE-Themen wie Beziehung und Partnerschaft im Vordergrund, dann ist es förderlich, wenn die damit verbundene Energie auch »in der Luft liegt«. Das wäre vor allem in dem Monat der Fall, in dem die Sonne durch das Zeichen der WAAGE zieht – am intensivsten zum Neu- oder Vollmond.

Wenn jede Erscheinung der irdischen Welt Ausdruck einer einmaligen Energiekonstellation ist, dann gilt das auch für den Menschen selbst. Dieser ist im besonderen Maße ein komplexes energetisches Wesen, dessen individuelle Energetik im Geburtshoroskop astrosymbolisch sichtbar wird. Das Horoskop ist die graphische Darstellung dieses unverwechselbaren »Energiegemischs«, das in einen physischen Leib eingekleidet ist. Der Erdenkörper bildet die *Verdichtung* des Energiewesens, das unser Menschsein im eigentlichen Sinne ausmacht. Daß die energetische Seite die wirkende Kraft ist, die alles in dieser stofflichen Welt hervorbringt, geht schon aus der etymologischen Bedeutung des Wortes Energie hervor. Es stammt vom griechischen »en-ergeia« ab, was soviel wie »wirkende Kraft« bedeutet.

Die grundlegende Krise der heutigen Zeit ist eine *Energie*krise. Entscheidend für das physische Überleben auf diesem Planeten ist die Frage, ob die Menschheit Energie erzeugen kann, ohne sich selbst zu zerstören (durch die Umweltunverträglichkeit und Gefährlichkeit der konventionellen Energiegewinnung mit Atomkraft, Kohle, Öl, Gas). Eine Rettung aus dieser kritischen Situation kann nur durch ein energetisches Umpolen erfolgen. Gelingt uns die innere Umstellung von der Ratio auf die solare Bewußtseinsebene, wird das auch zu äußeren Entsprechungen in der Energiepolitik führen.

Die initiatorische Kraft des Anfangs: Initialträume

Der Moment des Anfangs ist in der Astrologie von entscheidender Bedeutung. Horoskope werden für diesen Termin erstellt, sei es die Geburt eines Menschen oder der Beginn eines Ereignisses – zum Beispiel erste Begegnungen mit anderen Menschen, die Aufnahme einer neuen beruflichen Tätigkeit, eine Eheschließung, Geschäftseröffnung, Umzug –, jeglicher Start und Neubeginn. Jeder Auftakt ist eine *Initiation* in eine neue irdische Existenz, Partnerschaft, Tätigkeit etc., die geprägt ist von der Zeitqualität, also der energetischen Struktur des Geburtsmoments. Die zum Zeitpunkt eines Neubeginns vorherrschende Energetik drückt dem, was da neu in Erscheinung tritt, sozusagen »prägend ihren Stempel auf«. Besser gesagt: Das »Neugeborene« *entspricht* in vollkommener Weise der Energetik des Geburtszeitpunkts. Die Erscheinung wird so zum Symbol und zur Manifestation einer bestimmten energetischen Konstellation.

Jeder Beginn gleicht einem Samenkorn, das latent (als Möglichkeit) das gesamte Potential, die gesamte Entwicklung des neugeborenen Wesens oder der neuen Situation beinhaltet – wie ein Apfelkern, der ein potentieller Apfelbaum ist, aber noch zum Baum werden muß. Auf der Ebene des zeitlosen, ewigen *SEINS* sind wir bereits das, was wir auf der zeitlichen Ebene der irdischen Welt des *WERDENS* eben erst noch zur Entwicklung bringen müssen. Das Horoskop gibt uns Aufschluß darüber, wie die verschiedenen Energien gelagert sind, welche Kräfte sich fördern und ergänzen, welche sich blockieren und bremsen, wo Wachstum möglich und nötig ist, wo die Grenzen, wo unsere Fähigkeiten und Talente liegen und so fort.

Entscheidend für die optimale Entwicklung eines Menschen oder das Gelingen eines Unternehmens ist in erster Linie ein guter Start. Grund genug, um den Anfangssituationen in unserem Leben besondere Aufmerksamkeit zu widmen. Die Initiationskraft, die jedem Beginn innewohnt, ist mit der Energie vergleichbar, die beim Start einer Weltraumrakete benötigt wird, damit diese ihre vorgesehene Bahn erreicht. Wenn die Antriebskraft für das Raumschiff nicht ausreicht, dann ist die Mission bereits am Anfang gescheitert. In dieser Hinsicht stellt jeder Fehlstart in unserer Lebensgeschichte eine mißglückte Initiation dar.

Durch die Astrologie werden wir nun über Geburts- und Ereignishoroskop in die Lage versetzt, die Momente der Initiationen, denen wir auf den verschiedensten Ebenen ständig begegnen, bewußter zu erkennen und zu durchdringen. Alle Ereignisse, die uns zum ersten Mal widerfahren – und nicht nur ein etwas verändertes Gesicht einer bereits bekannten Erfahrung zeigen –, haben initiatorischen Charakter. Logischerweise ist gerade die frühe Kindheit die Phase, in der die meisten Initiationen stattfinden.

Durch ein bewußtes Erfassen dieser außerordentlichen Augenblicke lassen sich störende Hindernisse auf dem Weg frühzeitig erkennen und beseitigen, oder wir unterbrechen den »Countdown«, wenn deutlich wird, daß die rechte Zeit für den beabsichtigten Neubeginn noch nicht gekommen ist. Etwa dann, wenn etwas Altes noch nicht ganz beerdigt ist oder die Vorbereitungen für den Neubeginn noch nicht abgeschlossen sind. Vielleicht werden wir auch gänzlich auf ein Vorhaben verzichten, wenn wir, angeregt durch das Ereignishoroskop, realisieren, daß uns die Sache eigentlich gar nicht entsprechen würde.

Auch um gegenwärtige Schwierigkeiten besser einordnen und beheben zu können, kann ein Blick zurück auf frühere Initiationen – durch das Horoskop oder Träume – sinnvoll sein. Die Art und Weise unserer ersten Liebe etwa wirkt sich prägend auf alle weiteren Partnerschaften aus. Je ausgeprägter das Gespür für die Zeitqualität, desto deutlicher unterscheiden wir begünstigende von hinderlichen Momenten und ersparen uns so manche überflüssige Mühsal. Aus dem anstrengenden Lebensk(r)ampf gelangen wir so zurück zum harmonischen Fluß des Lebens. Niemand würde doch auf die Idee kommen, im tiefsten Winter im Garten auszusäen oder im Hochsommer mit Schlittschuhen zum nächsten Weiher zu pilgern in der Erwartung, daß das Wasser gefroren ist. Genauso ist es möglich, auch in den inneren und subtileren Bereichen zu erkennen, *was gerade an der Reihe ist und was nicht*. Vorausgesetzt, wir lernen mit unseren inneren (psychischen) Augen zu sehen.

Um Initiationen zu betrachten, eröffnen sich uns nun zwei unterschiedliche Richtungen oder Blickwinkel. Bei der üblichen Vorgehensweise werden für die (zukünftigen) Ereignisse Horoskope erstellt und gedeutet, ob die geplanten Unternehmungen »unter einem guten Stern stehen«. Oder man sucht nach der günstigsten Zeit für ein Vorhaben: eine Geschäftseröffnung, einen Berufswechsel, eine Urlaubsreise oder etwa für das Glücksspiel. Benutzen wir die Astrologie dazu, möglichst konkrete Zukunftsprognosen zu liefern und eine gute »Trefferquote« zu erzielen, mißverstehen wir sie als Mittel, das Schicksal zu betrügen. Hier verrät sich ein ängstlicher Charakter, der wenig Vertrauen in den Lauf der Dinge einbringt.

Streben wir Selbsterkenntnis an, kann es nicht darum gehen, furchtsam nach dem Kommenden zu schielen. Statt dessen versuchen wir, die Gegenwart zu verstehen und uns darauf einzulassen. Dafür bietet sich an, Astrologie mit der umgekehrten Blickrichtung zu betreiben: der Blick ins Horoskop *während* oder *nach* dem Ereignis, um ein tieferes Verständnis für das eigene Empfinden, Handeln, Denken und Wollen zu erlangen.

Als Beispiel kann meine eigene Eheschließung gelten. Damals hielt ich den WAAGE-Monat für die »beste Zeit« zum Heiraten, da dieses Tierkreiszeichen mit dem Planetenherrscher VENUS die eigentliche Entsprechung für Partnerschaft und Ehe darstellt. Betrachtet man die Sachlage aus diesem Blickwinkel, liegt der Schluß nahe, daß es am besten sei, im WAAGE-Monat zu ehelichen. Doch die Lebensumstände veranlaßten uns dazu, einen Termin im STIER-Monat zu wählen; nur zu diesem Zeitpunkt ließen sich alle Interessen vereinen.

Da sich alles so harmonisch auf diesen Maitermin hin entwickelte und im Fluß war, wurde mir klar, daß ebendieses Datum für *unsere* Ehe die *richtige* Zeit sein würde. Die Initiation der Eheschließung erfolgte dann kurz nach dem Neumond im STIER, da nur zu diesem Zeitpunkt Standesamt, Pfarrer, Gäste, Kirche, Räumlichkeiten für die Feier und anderes unter einen Hut zu bringen waren. Soviel *Erdelement* (Sonne und Mond im Erdzeichen STIER) für einen nach meinem Empfinden überwiegend geistig-spirituellen Akt wie den der Trauung erschien mir bei meinen anfänglichen Überlegungen nicht ganz geheuer. Da aber alle Jongliversuche, einen alternativen Zeitpunkt zu finden, mißlangen, blieb es bei diesem Termin.

Jetzt weiß ich: Es sollte so sein! Diese spezielle Zeitqualität war eben die treffendste Entsprechung für meine Ehe, die sich als ein Element der Stabilität (STIER-Entsprechung!) in meinem Leben erweist. Da ich vor allem durch meine SCHÜTZE-SONNE bereits ausreichend mit spiritueller Energie und geistigen Ambitionen ausgestattet bin, empfinde ich den Ehebund als wertvollen Rückhalt, Ausgangsbasis und fruchtbaren Boden nicht zuletzt für die Entwicklung der astroenergetischen Traumarbeit. Der Ehealltag brachte mich auf den Boden der Realität; geistige »Abheber« wurden heilsam gebremst. Ich war gefordert, selbst zu entwickeln und zu integrieren, was ich an Erkenntnissen in Seminaren und Beratungen vor allem im Beziehungsbereich vermitteln wollte.

Dieses Beispiel sollte deutlich machen, daß wir allein über das begrenzte System unserer Ratio nicht wissen können, was für unser (unbegrenztes) geistig-seelisches Wesen und dessen Entwicklungsweg in dieser Inkarnation wirklich wichtig und notwendig ist. Benutzen wir die Astrologie dazu, der Kopflastigkeit unserer Zeit zu frönen, berauben wir sie ihrer wahren Erkenntnismöglichkeiten. Ob sie berechtigterweise als eine Methode für ganzheitliches Wachstum und letztlich als ein Einweihungsweg ins wahre Menschsein gelten kann, hängt davon ab, wie wir mit ihr umgehen.

Initiationen werden uns gleichermaßen durch Träume zuteil, die C. G. JUNG bezeichnenderweise »Initialträume« genannt hat. Nicht bei jedem Traum handelt es sich um einen Initialtraum, dessen Besonderheit ja gerade darin besteht, den Beginn eines Geschehens zu »markieren«. Jung verstand unter einem Initialtraum den ersten Traum, der in der analytischen Beziehung vom Klienten eingebracht wurde. JOLANDE JACOBI, eine enge Mitarbeiterin von Jung, schreibt dazu in *Der Mensch und seine Symbole*:

»Jung mißt dem ersten Traum in der Analyse eine besondere Bedeutung zu, da er nach ihm oft eine antizipatorische Bedeutung hat. Die Entscheidung, sich einer Analyse zu unterziehen, geht nämlich nie ohne ein starkes emotionales Bewegtsein der Psyche vor sich und rührt damit jene Tiefen auf, aus denen archetypische Bilder und Symbole aufsteigen. Sie weisen daher auf kollektiv gültige Verhaltensformen und Lösungen hin, gemäß denen der ›Weg der Analyse‹ möglicherweise verlaufen wird, was auch für den Therapeuten von großem diagnostischen Wert zu sein vermag« (S. 277).

In der astroenergetischen Traumarbeit untersuchen wir darüber hinaus *jeden* Traum, der im Zusammenhang mit einer neuen Unternehmung oder einer ersten Begegnung geträumt wurde, auf seinen initiatorischen Charakter. Träume am Beginn einer Reise könnten beispielsweise als Initialträume den folgenden Urlaub näher charakterisieren. Und speziell im Monat des WIDDER, der Blütezeit der initiatorischen Energie, oder zur Zeit des MOND-Durchlaufs durch das WIDDER-Zeichen (einmal pro Monat etwa zweieinhalb Tage) werden die »Fühler« im besonderen nach Initialträumen ausgestreckt.

Ereignishoroskope können dazu beitragen, Initiationsträume zu identifizieren. Und da die Traumerinnerung ein von vielen Faktoren abhängiger psychischer Balanceakt zwischen Traum- und Wachbewußtsein ist, kann ein scheinbares Ausbleiben von Initialträumen lediglich einen Mangel an bewußter Rekapitulation des Trauminhalts bedeuten.

Initialträume markieren wie Horoskope innere und äußere Neugeburten. Wie in einem Samenkorn liegen darin die gesamten Möglichkeiten und

Schwierigkeiten dieses Neubeginns verborgen. Ihnen gebührt daher, wenn sie erst einmal als solche aufgespürt wurden, besondere Aufmerksamkeit. Das ist mit einer Reise zu vergleichen: Bin ich gut informiert über die Strecke und deren Gegebenheiten, kann ich mich besser darauf einstellen, werde unnötige Umwege vermeiden und die Straßen wählen, die mich am besten zum Ziel bringen und die schönsten Ausblicke bieten.

Zumeist ohne unser Wissen ereignen sich in unserer Innenwelt »Einweihungen« in die verschiedenen Aspekte des Daseins. Durch die Betrachtung der Träume in Verbindung mit Horoskop und aktueller Lebenssituation holen wir diese energetischen Momente, die Weichenstellungen für die Zukunft markieren, in unser Bewußtsein. Dadurch erreicht uns die Initiation auf einer ganzheitlicheren Ebene, und die Kraft, die uns in ein neues Verständnis unseres Selbst und der Lebenssituation katapultieren will, kann sich ungestörter entfalten.

Jeder »Auftakt« eines Traums, Märchens, einer Erzählung, eines Briefs oder Films hat initiatorische Bedeutung, auch wenn das (etwa bei einem Schreiben) unwillkürlich einfließt. Im ersten Satz oder den ersten Ankündigungen werden wir mit der Ausgangssituation vertraut gemacht, aus der heraus sich die Dinge entwickeln. Je nach Umfang des Gesamtmaterials nimmt der initiatorische Teil, der in die Geschichte oder das Thema einführt, entsprechenden Raum ein. Wenden wir uns bei der Traumanalyse der Einleitung des Traums mit besonderer Aufmerksamkeit zu, werden uns die weiteren Entwicklungen – als Konsequenzen des Anfangs – klarer und nachvollziehbarer. Erinnern wir mehrere Traumstücke einer Nacht, müssen wir Exposition und Schluß herausfinden, da deren chronologische Reihenfolge nicht unbedingt auch die sinnvolle Abfolge darstellt.

Weitere Ausführungen und Traumbeispiele dazu finden Sie im WIDDER-Band.

Die Planeten als Verkörperungen der lebendigen Wesenskräfte

Lesern astrologischer Literatur ist es sicher schon aufgefallen, daß die Planeten- und Tierkreisenergien oft in einem Atemzug genannt werden. Den astrologisch nicht oder wenig Bewanderten mag es zunächst verwirren, wenn beispielsweise zusammenfassend von der WIDDER-MARS-Kraft die Rede ist. Zunächst einmal muß gesagt werden, daß jedem Tierkreiszeichen ein bestimmter Planet oder ein Gestirn unseres Sonnensystems zugeordnet ist. Man kann sich natürlich fragen, wie diese Zuordnung überhaupt zustande kam. Doch wird man nach naturwissenschaftlichen Beweisen für die Richtigkeit und Stimmigkeit des astrologischen Systems vergeblich suchen (siehe dazu auch Kapitel I.6).

1. WIDDER: Die Geburt der Rätsel

Jeder Mensch, der sich probeweise mit der Astrologie beschäftigen will, hat die Chance, »am eigenen Leib« zu erfahren, ob »etwas dran ist« oder nicht. Zeit, Geduld und Offenheit sind dafür, wie bei allen anderen Disziplinen auch, die Voraussetzung. Ist aber nicht bereits das Alter dieses Systems, das viele hundert Jahre zählt, ein Beweis für dessen Gültigkeit, allen rationalen Unkenrufen zum Trotz? Gehen wir also einmal davon aus, daß die sogenannten Planetenherrscher in einer sinnvollen *Entsprechung* zu den zugeordneten Tierkreiszeichen stehen. Wie lassen sich Planet und Zeichen dann voneinander differenzieren?

Die astrologische Grundregel, die bildhaft den Unterschied zwischen Sternzeichen, Planeten und astrologischen Häusern ausdrückt, lautet wie folgt: Betrachten wir das Leben als Drama, dann sind die Planeten die Darsteller und die Tierkreiszeichen die Rollen, welche die jeweiligen »Akteure« spielen, während die Häuser die Kulisse abgeben, vor der das Schauspiel stattfindet.

Inhaltlich unterscheiden sich die Planeten, ihre zugeordneten Tierkreiszeichen und Häuser nicht voneinander. Sowohl WIDDER, MARS als auch das erste Haus (= WIDDER-Haus) haben mit WIDDER-Themen wie Triebkraft, Geburt und Kampf zu tun; der Unterschied liegt vielmehr auf der *Ausdrucksebene*. Die Tierkreiszeichen sind die Archetypen, Urbilder beziehungsweise Urbausteine, die allen Erscheinungen zugrunde liegen. Die Planeten stellen die *lebendige* Verkörperung der Tierkreisprinzipien in dieser Welt dar, und die Häuser bezeichnen die entsprechenden Lebensbereiche. WIDDER wäre demnach (unter anderem) das *Urbild* der Triebenergie, MARS die *erfahrbare Triebkraft* unserer Psyche und das erste Haus *Orte und Bereiche*, in denen Triebabbau und -befriedigung im Vordergrund stehen (zum Beispiel Bordell, Sportarena, Kampfplatz).

Die Planeten fungieren sozusagen als Bindeglieder zu der Dimension der Archetypen, sie sind der *energetische Ausdruck* der Urbilder im stofflichen und seelischen Bereich. Die entsprechenden Zuordnungen lauten:

WIDDER	–	MARS
STIER	–	ERDE/VENUS
ZWILLINGE	–	MERKUR
KREBS	–	MOND
LÖWE	–	SONNE
JUNGFRAU	–	VESTA/MERKUR
WAAGE	–	VENUS
SKORPION	–	PLUTO
SCHÜTZE	–	JUPITER
STEINBOCK	–	SATURN
WASSERMANN	–	URANUS
FISCHE	–	NEPTUN

Die Kräfte, die die Planeten symbolisieren, *tönen* durch uns hindurch. Sie sind mehr oder minder bewußt spürbar. Ihr Wesen läßt sich jedoch eher intuitiv denn rational erkennen. Bin ich beispielsweise verliebt, erlebe ich die Wirkung der Liebesgöttin VENUS in mir. Bin ich wütend, ist der Kriegsgott MARS in Aktion getreten, während die spirituellen Ambitionen vom JUPITER angeregt werden.

In der Regel erfahren wir die Planetenkraft nicht in ihrer Reinform. Das, was wir dabei spüren, ist vor allem unsere subjektive Reaktion auf ihr Erscheinen, die wiederum von der individuellen MOND-Position abhängt. Erst wenn wir uns vom Bann der Fixierungen, Anhaftungen und Verzauberungen gelöst haben, kann es uns gelingen, diese Energien als das zu erleben, was sie wirklich sind. Erst dann offenbaren sie ihr eigentliches Wesen.

Die subjektive Färbung der Planeten ergibt sich durch ihre Horoskoppositionen. Das ist der Ausgangspunkt, der für uns alle gilt. Niemand von uns ist von vornherein frei von bestimmten Fixierungen. Wie wir die Welt im Innen und Außen erleben, entspricht nicht ihrer objektiven Realität, sondern zeigt, wie wir sie gefiltert durch die Brille unserer Subjektivität erleben. Entsprechend ihrer Stellung im Tierkreis haben die Wesenskräfte eine »Verkleidung« angenommen und spielen eine bestimmte Rolle. Unsere Aufgabe ist es, diese Hüllen zu erkennen und die Festlegung auf bestimmte Masken aufzulockern. Die Planetenkonstellationen dürfen nicht zur Ausrede für unsere Schwierigkeiten, Blockaden und Bösartigkeiten werden. Es ist für die Weiterentwicklung nicht förderlich, wenn wir etwa Beziehungsprobleme auf unsere VENUS-Stellung schieben. Nein! Wir sind gefordert, die Planetenenergie aus der Ummantelung des Tierkreiszeichens sozusagen »herauszuschälen«. VENUS ist und bleibt VENUS – egal, in welchen Zeichen sie auch stehen mag! Freilich weisen die verschiedenen Konstellationen auf unterschiedliche Schwerpunkte, Stärken und Schwächen des einzelnen hin. Letztendlich geht es aber in jedem Falle darum, VENUS möglichst »pur«, als das, was sie ist – die Liebes- und Beziehungskraft des Universums –, zu erfahren. Und das ist zugegebenermaßen nicht im Eilverfahren zu erreichen.

Natürlich hat es seinen Grund und Sinn, daß die Horoskopstellungen so ausfallen, wie sie ausfallen. Wir müssen bestimmte Erfahrungen damit machen, die als Stufen unseren ureigenen Weg markieren. Ein MARS im SKORPION etwa wird seine Kraft am besten entfalten, wenn sie in die Tiefe geht, ein STEINBOCK-MARS im Beruf, ein WASSERMANN-MARS in der Gemeinschaft. Keine Frage, daß Kontraste gewollt und notwendig sind. Die Aufgabe, von Fixierungen freizukommen, schließt nicht aus, daß weiterhin Unterschiede existieren, die das Leben individuell gestalten. Würde beispielsweise ein jeder von uns Therapeut oder Schriftsteller werden wollen – wer sollte dann unsere Brötchen backen oder das Gemüse anbauen?

Die subjektive Färbung der Planeten- beziehungsweise Wesenskräfte läßt sich in den Träumen erkennen. Als entsprechende Traumbilder wollen sie in unser Bewußtsein treten und integriert werden. Die VENUS-Kraft kann sich als verführerische Frau zu erkennen geben, aber auch als Sklavin erscheinen, wenn wir diesen Wesensteil unterdrücken. Je nach Zustand und Verhalten der Traumfiguren können wir auf das Niveau der inneren »Planeten« schließen. Wie frei oder unfrei die Kräfte sind, in welchem Maße integriert, verwildert, abgetötet oder übermächtig, lassen uns die Träume regelmäßig wissen. Während das Horoskop bei der Identifikation und Zuordnung der Wesenskräfte hilft, malen die Träume aus, wie es um die jeweils gemeinte Seite bestellt ist.

Die grundlegende Frage der Motivation

Am Anfang steht die Motivation. Wir verstehen darunter die ureigenen Impulse und Instinkte als die eigentlichen Triebfedern des Lebens. Jeder Handlung, Absicht und jedem Wollen liegen Motive zugrunde, *Beweggründe*, die uns zu *entsprechendem* Verhalten drängen und antreiben. Allerdings bleiben die wahrhaftigen Antriebskriterien dem bewußten Ich häufig verborgen. Vor allem solche Beweggründe, die mit unserem Welt- oder Selbstbild und dessen Moralvorstellungen nicht zu vereinbaren sind, können wir uns bewußt kaum zugestehen. Wir verdrängen oder verschieben unsere Motive, wenn das eigentliche, drängende Anliegen durch ein vorgeschobenes Motiv, das als Rechtfertigung des Anliegens dient, überlagert wird. Ein solches Versteckspiel mit uns beziehungsweise unseren Wünschen und Bedürfnissen wird aber zwangsläufig an einen Punkt führen, an dem wir mit der »Pseudomotivation« nicht mehr weiterkommen. Stagnation tritt ein, einfach weil wir uns selbst etwas vormachen und nicht eingestehen wollen, welches die wahren Begierden sind.

Die Motivation ist die Grundlage jeder Aktion, Startschuß und Treibstoff zugleich, der uns zum Ziel, zur Realisation eines Vorhabens, führen soll. Sind die Motive falsch, das heißt nur *eingebildet,* und entspringen sie nicht einem inneren Anliegen, dann wird das Startkapital nicht ausreichen, um uns über all die Hürden und Hindernisse zu bringen, die auf dem Weg der Verwirklichung einer Idee unweigerlich folgen werden.

So stellt sich natürlich (und vor allem!) auch bei der Beschäftigung mit Esoterik und Psychologie die Frage nach dem *Beweggrund* des Interesses. *Was* steckt dahinter, wenn man Aufmerksamkeit, Energie, Zeit und Geld (für Bücher, Vorträge, Seminare) in diese Bereiche investiert? Was veranlaßte Sie, liebe Leserin und lieber Leser, dieses Buch zu kaufen? *Weshalb* beschäftigen Sie sich mit Astrologie und Traumarbeit? Fragen, die Sie natürlich nur sich selbst zu beantworten brauchen. Zur »archäologischen« Suche nach den verborgenen Motiven ist jeder herzlich eingeladen. Horchen wir in uns hinein, erspüren wir, in welche Richtung die Antriebskräfte drängen, nähern wir uns den heimlichen Beweggründen. Um Enttäuschungen und unnütze Energieverschwendung zu vermeiden, sollten wir erkunden, ob die Objekte, auf die wir das Interesse richten, auch tatsächlich den wahren Wünschen entsprechen.

Am Beispiel einer jungen Klientin ohne feste Partnerbeziehung sei das Gesagte kurz verdeutlicht. Verschiedene Anläufe, eine Beziehung einzugehen, scheiterten an ihren hohen Ansprüchen und unrealistischen Vorstellungen. Sie stürzte sich kopfüber in die Esoterik und avancierte zum »Stammgast« bei entsprechenden Seminaren. Ihr Motiv dabei schien klar: Sie wollte sich selbst besser kennenlernen und an der seelisch-spirituellen Entwicklung arbeiten. Während sie selbst davon überzeugt war, große Fortschritte zu erzielen, war für Außenstehende ersichtlich, daß in all den Monaten intensiver Studien theoretischer und praktischer Natur ihre innere Stagnation weiter anhielt. Die Entwicklung spielte sich lediglich in ihrem Kopf ab, denn unbewußt weigerte sie sich, die theoretischen Erkenntnisse auch »in ihrem Herzen zu bewegen« und *umzusetzen*. Hier klafften Anspruch und Wirklichkeit sehr deutlich auseinander. Warum aber legte die Klientin wohl so großes Interesse für die Selbsterfahrungsarbeit an den Tag, obwohl sie ihre inneren Widerstände nicht aufgeben konnte? Ihr Verhalten glich einer Autofahrt bei Vollgas mit angezogener Handbremse – welche Energievergeudung! Als sie sich schließlich in einen jungen Mann verliebte, der ihre Gefühle zunächst auch erwiderte, veränderte sich die Situation. Von diesem Moment an verloren Selbsterfahrung und spirituelle Suche für sie erst einmal an Reiz, da ihr Partner dieses Anliegen nicht teilte. Wir haben uns natürlich alle mit ihr über die neue Beziehung gefreut, und es zeigte sich deutlich, was ihr *eigentlicher* Wunsch, ihr drängendstes Bedürfnis war: eine Liebesbeziehung einzugehen. Das ist, um nicht mißverstanden zu werden, selbstverständlich völlig legitim. Doch hätte sie ihr Verlangen nicht auf die Esoterik projiziert und die »eingesparte« Energie etwa für einen Tanzkurs verwendet, wäre sie vielleicht »einfacher« und schneller zum Ziel gelangt.

Natürlich ist es auch denkbar, bei Seminaren einen passenden Partner kennenzulernen. Die Klientin bemühte sich allerdings wirklich um Selbsterfahrung, weil sie *glaubte,* daß es ihr darauf ankam. Der »Bauch«, das heißt ihre unbewußten Antriebe, arbeitete jedoch dagegen und ließ im nachhinein den spirituellen Trip als übergestülpte Ersatzbefriedigung erscheinen. Wäre die junge Frau den geheimen Regungen ihres Herzens nachgegangen, hätte sie vielleicht trotzdem ein gewisses Interesse an der seelischen Arbeit bewahren können – dann aber anders dosiert und mit weniger Illusionen behaftet.

Dieses Beispiel zeigt eines von vielen anderen möglichen verdrängten Motiven, die auf die esoterische beziehungsweise spirituelle Arbeit übertra-

1. WIDDER: Die Geburt der Rätsel

gen werden. Es soll nicht entmutigen, sondern im Gegenteil für Klarheit sorgen. Auf dem Weg zur Selbsterkenntnis ist es von großer Wichtigkeit, den eigenen Motiven ehrlich zu begegnen. Wir sollten uns auch nicht davor fürchten, unsere tieferen Beweggründe aufzuspüren. Selbst wenn wir erkennen müssen, daß diese ganz anderer Natur sind, als vorgestellt – weniger edel und erhaben –, können sie doch von großem Wert sein, wenn sie uns auf den »Weg« (der Selbsterkenntnis) bringen. Erkennen wir *rechtzeitig* die unterschwelligen Antriebskräfte, akzeptieren sie und geben ihnen genügend Raum zur Entfaltung, werden wir weniger schnell frustriert den wertvollen Prozeß der seelischen Entfaltung abbrechen, weil die eigentlichen Wünsche dann nicht unterdrückt werden. Statt dessen könnten wir die Selbsterfahrung wahrscheinlich lockerer und weniger verbissen parallel zur Verwirklichung der anderen Bedürfnisse vorantreiben und die künstliche Trennung zwischen praktischem Leben und innerer Arbeit auflösen. Wir kommen nur dann seelisch wirklich vorwärts, wenn das »innere Kind« – die infantil gebliebenen Seiten in uns – am selben Strang zieht. Unterdrücken wir dessen Begehren, wird es sich weigern, erwachsen zu werden, und auf psychischer Ebene eine Blockade errichten. Wollen wir jedoch im Seelenbereich etwas bewegen oder lösen, kommen wir nicht am »Kind« vorbei. Behandeln wir es mit Liebe und Respekt, aber auch mit der nötigen inneren Autorität, wird es gerne die Handreichung unseres Ich-Bewußtseins aufgreifen und mit unseren bewußten Einstellungen kooperieren.

Alle Motive, die im Hintergrund wirken, müssen im Laufe der Zeit erkannt und eingestanden werden. Wir sollten uns unserer Neurosen und der ungelösten Probleme nicht schämen. Wie im tibetischen Buddhismus gelehrt wird, sind gerade sie der »Treibstoff« auf dem Weg der spirituellen Entfaltung. In den unerlösten Seiten liegen ja gerade unser Potentiale und Fähigkeiten, die entwickelt werden wollen. Auch wenn sich herausstellen sollte, daß verpönte Motive wie Machtgier, Ängste, Kompensation von Minderwertigkeitsgefühlen und Partnerproblemen den Startschuß für die transformatorische Arbeit gegeben haben – was meistens der Fall ist! –, gibt es keinen Grund zum Verzagen. Es ist die vordringliche Aufgabe eines seelisch-spirituellen Begleiters, den Betroffenen in diesem Prozeß der Motivationsklärung zu unterstützen. Das »innere Kind« braucht das Vertrauen, daß die Früchte und Schätze, die uns erwarten, wenn wir wirklich bereit sind, seelisch zu wachsen, viel süßer und wertvoller sind als etwa heimlich erhoffter Machtgewinn durch esoterisches Wissen. Auch die bewußte oder unbewußte Hoffnung, der Therapeut, Kursleiter oder irgendwelche »kosmischen Kräfte« könnten die eigenen Probleme lösen und Schwierigkeiten beiseite räumen, muß im Laufe der Zeit aufgegeben werden. Wenn diese Triebfeder als *Initialkraft* ihre Wirkung getan hat, ist es wichtig, daß dem Klienten allmählich klarwird, daß nur er/sie selbst den Weg heraus aus den Illusionen und Schwierigkeiten gehen kann.

Die Träume, unsere zuverlässigsten Wegbegleiter, werden das Ihrige dazutun, auf einfühlsame Weise ein realistischeres Bild der wahren Antriebe und Motive zu vermitteln. Sie zeigen auf, woher diese kommen, wohin sie uns führen, wenn wir ihnen folgen, und welche Alternativen bestehen. Kindliche Motive der Lebensführung beziehungsweise infantile Triebansprüche können somit durchschaut werden, und uns bleiben viele Irrwege, Verwicklungen und Enttäuschungen erspart, wenn wir daran arbeiten, sie aus der Verzauberung frühkindlicher Erschütterungen zu befreien.

2. STIER
Die Gestalt der Rätsel

Unsere irdische Realität verleiht den Lebensrätseln Form und Gestalt und erleichtert dadurch wesentlich deren Auffindung, Bearbeitung und Lösung. Jede energetische Konstellation nimmt in dieser Welt entsprechende stoffliche oder feinstoffliche Statur an und wird so zum »Hinweisschild«. Die Aggregatzustände – fest, flüssig, gasförmig – sind mehr oder minder verdichteter Ausdruck energetischer Konstellationen. Jedes innere Bild ist die formhafte »Gebärdensprache« einer gestaltlosen Kraft, die dahinter wirkt.

Der Gestaltaspekt des irdischen Daseins

Durch das Horoskop gibt die Astrologie dem sonst so ungreifbaren Leben eine individuelle Form. Über die Konstellationen des Geburtshoroskops wird uns ein Blick aus der Distanz auf uns selbst ermöglicht. Erschien das Leben vorher als undefinierbares Gemisch aus allerlei merkwürdigen Zutaten, erkennen wir allmählich Struktur und Bestandteile dieses »Durcheinanders«. Freilich müssen wir am Ende unserer Bemühungen um Selbsterkenntnis wieder zur Ganzheit zurückkehren. Vorerst handeln wir jedoch getreu dem GOETHE-Zitat: »Im Unendlichen Dich zu finden, mußt Du erst trennen und dann verbinden.« Durch Horoskop und Träume wird etwas Unsichtbares erkennbar und dem Verstand beziehungsweise unserer bewußten Persönlichkeit zugänglich. Die astrosymbolische Gestalt ermöglicht eine Differenzierung in verschiedene Aspekte und Wesensseiten, die in unterschiedlichen Beziehungen zueinander stehen.

Bei der Betrachtung mehrerer Horoskope wird uns auffallen, daß alle aus den gleichen Bestandteilen (Planeten, Tierkreiszeichen, Häuser) aufgebaut sind. Alle Elemente, die ein Horoskop ausmachen, sind immer vorhanden. Schließlich verschwinden die Planeten ja nicht vorübergehend aus unserem Sonnensystem, sondern stehen bei jeder Geburt zur Disposition. Wir sind demnach alle aus den gleichen Bausteinen konstruiert, deren

Gesamtheit die Spezies des Homo sapiens ausmacht. Diese Komponenten setzen sich jedoch bei jedem Menschen auf ganz individuelle Weise zusammen. Trotz aller Gemeinsamkeit unterscheiden wir uns doch voneinander, und zwar in körperlicher und psychischer Hinsicht.

Wie der menschliche Körper normalerweise aus den gleichen »Zutaten« (einem Kopf, zwei Ohren, einer Nase, einem Mund, zwei Armen und Beinen) besteht, sind auch alle psychischen Organe beziehungsweise die inneren Wesensseiten (Intellekt, Gefühle, Wille und so weiter) bei jedem vorhanden. Woher stammen nun aber die Unterschiede? Hier spielt die spezifische Zusammensetzung der Teile, die sogenannte *Konstellation*, eine entscheidende Rolle. Das ist so, als fertigten wir aus zehn Baukästen mit jeweils demselben Inhalt zehn unterschiedliche Figuren an – je nach Phantasie und Intention des Schöpfers.

Ob beispielsweise nun die Willenskraft (MARS) blockiert ist (etwa durch verinnerlichte Moralvorstellungen, die den Altruismus einseitig verherrlichen), ob die Willenskraft zur Ichsucht gesteigert ist (vielleicht durch eine zu lasche Erziehung), oder ob die Bedürfnisse des Ich mit dem Du harmonisch Hand in Hand gehen – es handelt sich dabei um mögliche Spielarten ein und desselben Prinzips, hier des MARS-Prinzips. Die Frage nach dem Warum der individuellen Konstellationen ist damit natürlich noch nicht beantwortet. Hier spielt der Schicksalsbegriff eine große Rolle, der an gegebener Stelle diskutiert werden wird.

Betrachten wir die Träume aus dem gleichen Blickwinkel, können wir auch sie als Gestalten definieren, wenngleich sie natürlich aus wesentlich feinerem Stoff gewebt sind als die physischen Körper dieser Welt. Dennoch sind diese Bilder, geformt aus zartem Seelenmaterial, gestalthafter Ausdruck einer dahinter wirkenden Kraft. Auch hier dürfen wir die (Traum-)Erscheinungen nicht mit der verborgenen lebendigen Wirkkraft verwechseln. Diese äußerst individuellen nächtlichen Veranstaltungen, denen wir als Zuschauer in der ersten Reihe beiwohnen, vermitteln uns einen Blick auf die energetischen Vorgänge in unserer Psyche.

Die grundlegende Gestalt der Träume ist eng mit dem »Menschentyp« verbunden. Betrachten wir die nächtlichen Botschaften verschiedener Träumer, erkennen wir die Unterschiede. Je nach allgemeiner energetischer Betonung variieren die Traumbilder und sind mehr oder minder konkret oder symbolbefrachtet, bewegt oder statisch, aktiv oder passiv, aggressiv oder defensiv. Diese Grundmuster sind natürlich »in Bewegung« und wandeln sich mit Reifegrad oder aktuellen Anforderungen an den Träumer.

Die Träume sind für die Traumarbeit ebenso Mittel zum Zweck wie das Horoskop in der Astrologie. Es handelt sich um Bildsymbole, die aus einer Wirklichkeit jenseits aller Erklärungen in unser Bewußtsein aufsteigen wollen. Über die Träume treten die psychischen »Hintergrundkräfte« unserem

Ich als sinnlich wahrnehmbare Gestalten gegenüber, mit denen sich jetzt kommunizieren läßt. Durch die Umwandlung ursprünglich immaterieller energetischer Konstellationen in die Form seelischer Bilder reicht uns das Unbewußte die Hand. Die Traumbilder werden für uns so zur Brücke, über die wir die unbegrenzte und damit auch gestaltlose Wirklichkeit der inneren Welten erreichen können.

Horoskop und Traum als »Landkarte«

Die Abbildung auf Seite 47 zeigt eine Horoskopgraphik, also die Darstellung der Planeten im Tier- und Häuserkreis zum Zeitpunkt einer Geburt beziehungsweise eines Beginns. Im Gegensatz zur landläufigen Meinung, nach der ein Horoskop ein Deutungstext – vergleichbar einer Wochenendbeilage der Tageszeitung – ist, stellt es sich uns in seiner ursprünglichen Form zunächst als Graphik dar, die dann interpretiert und bearbeitet werden will. Hier bietet sich der Vergleich des Horoskopbildes mit einer Landkarte an: Es ist eine Weltkarte unserer gesamten irdischen Existenz, die alle Aspekte dieses Seins symbolisch aufzeigt; alle Höhen, Tiefen, Flüsse, Berge, Städte und Meere dieser Inkarnation. Wenn wir feststellen, daß ein jeder in seiner »eigenen Welt« lebt, dann ist das individuelle Geburtshoroskop eine Beschreibung ebendieses einzigartigen Kosmos, in den die jeweilige Seele hineingeboren wurde. Sehen wir von den unterschiedlichen Reifegraden der inkarnierten Seelen ab, läßt sich das Ausmaß der Unterschiede zweier oder mehrerer Horoskope als Gradmesser dafür hernehmen, wie verschieden die Welten sind, in denen die Betreffenden leben.

Um nicht Gefahr zu laufen, diesen »energetischen Weltatlas« mit der lebendigen Wirklichkeit zu verwechseln, sollten wir uns beim Blick auf unser Horoskop immer vor Augen halten, daß *wir selbst* der lebendige Ausdruck dieser Graphik sind. Die Landkarte ist nicht das Land, und doch kann sie uns gute Dienste leisten, diese in vielerlei Hinsicht fremde Region zu erkunden. Im Horoskop wird auch unser »Reisegepäck« sichtbar. Es ist der Besitz (die Möglichkeiten, Fähigkeiten, Qualitäten, Charakteristika, Aufgaben), den wir mitbringen, weil wir diese Utensilien für unsere Lebensreise benötigen.

Die nachfolgende Abbildung zeigt eine solche »astroenergetische Landkarte«; es handelt sich dabei um das (handgezeichnete) Horoskop C. G. Jungs; geboren am 26. Juli 1875 um 18.43 Uhr Greenwich-Zeit in Kesswil, Schweiz. Die einzelnen Elemente dieser »Landkarte« sind (von außen nach innen gehend): der Häuserkreis von Haus 1 bis Haus 12, der Tierkreis, die Planetenpositionen, Aszendent (AS) und Himmelsmitte (MC = Medium Coeli) zu diesem Geburtsdatum, -zeit und -ort sowie die wesentlichen beziehungsweise energetisch relevanten Verbindungen (Aspekte) zwischen den Planeten.

2. STIER: Die Gestalt der Rätsel

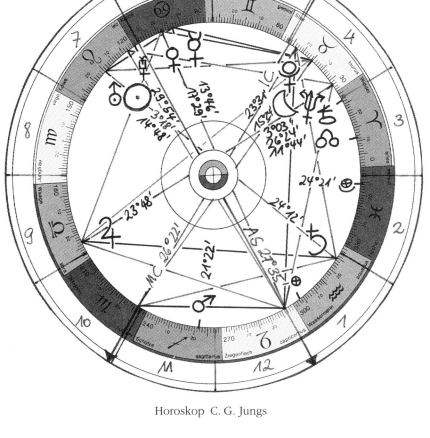

Horoskop C. G. Jungs

Auch Träume bieten sich als Landkarten der verborgenen inneren Welten an. Nicht selten betreten wir auf dem nächtlichen Schauplatz der Seele unbekanntes Terrain und können uns dadurch ein Bild des inneren »Auslands« machen, zum Beispiel wenn uns eine Traum-Brücke zu einem oft exotisch anmutenden »anderen Ufer« führt. Doch auch vermeintlich bekannte Gefilde unseres Seelengebäudes werden vom Traumregisseur neu vermessen, wenn Veränderungen dies nötig machen; ebenso wie man einen Atlas überarbeiten muß, wenn sich die politischen Grenzen verschieben. So werden wir im positiven Falle in unserer Traumwohnung neue, bislang unbekannte und ungenutzte Räume entdecken und dadurch die Grenzlinien auf der Landkarte unserer Psyche wesentlich erweitern. Ein weiteres Stück Seelenraum konnte so für unsere Persönlichkeit erschlossen werden.

Vererbung, Karma und Besitz

Ein großes Mißverständnis in bezug auf die Astrologie stellt die Annahme dar, daß neben dem Horoskop beziehungsweise »den Sternen« auch noch andere Einflüsse wie Vererbung, Milieu oder Umwelt auf den einzelnen Menschen einwirken. Hier wird das astrologische System enorm unterschätzt, denn dieses kosmische Ordnungssystem beinhaltet *alle* Aspekte des Lebens und stellt sie astrosymbolisch dar. Was hat es nun mit dem Faktum auf sich, das aus der Sicht der Genetik als *Vererbung* bezeichnet wird? Die genetische Lehre geht davon aus, daß die körperlichen wie die psychischen Merkmale, die sich im Laufe der Entwicklung eines Lebewesens ausbilden, primär durch Gene (Erbanlagen) bedingt sind, wobei die Übermittlung dieser Gene durch die Geschlechtszellen geschieht. Der astrologischen Glaubwürdigkeit tut diese wissenschaftliche Definition dennoch keinen Abbruch, denn auch die Ebene der Erbanlagen wird im Horoskop berücksichtigt. Es liegt schon deshalb kein Widerspruch darin, beide Sichtweisen nebeneinander existieren zu lassen, da die Astrologie ja gar nicht behauptet, daß irgendwelche kosmischen Einflüsse statt der körperlich-genetischen Faktoren für die Vererbung verantwortlich seien. Vielmehr wird uns im Horoskop sehr differenziert aufgezeigt, welcher Art unser Erbe ist, das wir in diese irdische Existenz mitbringen.

Wir sind nicht als Tabula rasa, als unbeschriebenes Blatt in diese Welt geboren worden, wie auch C. G. JUNG meint, wenn er sagt: »Die vorbewußte Psyche, also zum Beispiel die des Neugeborenen, ist keineswegs ein leeres Nichts, dem alles beizubringen wäre, günstige Umstände vorausgesetzt, sondern eine enorm komplizierte und individuell aufs schärfste determinierte Voraussetzung, die nur darum als dunkles Nichts erscheint, weil wir sie nicht direkt sehen können.« (*»Grundwerk«*, Band 2, S. 145).

Ob wir das Vorhandensein dieser Voraussetzung nun auf Vererbung zurückführen oder auf etwas anderes, ist wohl nebensächlich. Entscheidend ist die gemeinsame Grundannahme, *daß* wir etwas mitbringen, eine Art *energetischen Besitz*, der irgendwann einmal (in früheren Existenzen) erworben wurde und der in den philosophisch-religiösen Traditionen Indiens als *Karma* bezeichnet wird. Karma ist die Summe aller guten und schlechten Taten, die sich nach dem Gesetz von *Ursache und Wirkung* früher oder später – also durchaus auch erst in »zukünftigen« Inkarnationen – auswirken werden. Im Horoskop findet dieser energetische Besitz, der durch unzählige positive wie negative Erfahrungen erworben, vertieft und modifiziert wurde, seinen Ausdruck auf der Tierkreisebene beziehungsweise in den Tierkreisstellungen der Planeten. Die *körperliche* Übertragung dieser »energetischen Erbinformationen« geschieht über die Gene, die als physisches Medium dafür dienen, nichtkörperliche »Informationen« in diese stoffliche Welt zu transferieren. Der Blick auf die Tierkreisebene im

Horoskop zeigt uns auf äußerst differenzierte Weise, wie die Erbanlagen eines Individuums geartet sind. Dieser *energetische Besitz* bildet die *Ausgangsposition* der Seele, die sich neu auf die Erde inkarniert, das Startkapital, aus dem sich die Seele eine neue, ihrem seelischen Niveau entsprechende irdische Existenz gestalten will.

Innerer Besitz und Gestaltentwicklung

Der innerliche Besitz, den die Seele in diese Welt mitbringt, ist das Entwicklungspotential des Individuums, das im Laufe des Daseins allmählich Gestalt annimmt. Die anfangs vorhandene »Bandbreite« bei der Ausformung von körperlichen und psychischen (Charakter-)Strukturen verdichtet sich mit fortschreitender Entwicklung und nimmt immer konkreteren Ausdruck an. Am Beispiel des Töpfers, der den Ton bearbeitet, läßt sich das Gesagte gleichnishaft verdeutlichen. Der zu formende Tonklumpen steht symbolisch für das Potential dieser irdischen Verkörperung, das geformt werden will und von Geburt an durch die Umwelteinwirkungen auch geprägt wird. Alles Geschehen, das uns widerfährt, prägt uns mehr oder minder und trägt dadurch in unterschiedlichem Maße zu unserer körperlichen wie psychischen Formung bei. Entscheidend ist dabei, *der* Gestalt entgegenzuwachsen, die uns als Seelenbild zutiefst innewohnt. Ebenso wie ein Apfelkern danach »strebt«, die ihm vorbestimmte Form des Apfelbaums zu erlangen, hat der Mensch einen natürlichen Drang, in seine ihm gemäße physische *und* psychische Gestalt hineinzuwachsen. Inwieweit diese Entfaltung gelingt, hängt wie beim Apfelkern davon ab, ob der Same auf fruchtbaren Boden fällt und ob die Bedingungen für Wachstum (Wasser, Licht, Luft und Erde) gegeben sind. Im Neuen Testament der Bibel finden wir als Beispiel dafür das Gleichnis von Christus als Sämann, der seinen Samen auswirft. Je nach Bodenbeschaffenheit wird sich das Saatgut unterschiedlich gut (oder schlecht) entwickeln. Die Samenkörner, die auf steinigen Boden fallen, verkümmern gar.

Indem nun unsere innere Wirklichkeit über das Horoskop und die Träume einen symbolisch-bildhaften Ausdruck annimmt, werden wir in die Lage versetzt zu erkennen, wo Kurskorrekturen erforderlich sind. Vor allem dann, wenn wir in eine falsche, das heißt unserem Wesen nicht gemäße Richtung wachsen – wie ein Apfelkern, der irrtümlicherweise zu einem Birnbaum heranwachsen wollte. Oder wenn unser Potential wie ein Weizenkorn auf Steinboden bislang ungenutzt blieb und deshalb verkümmern mußte.

Die hier verwendeten Begriffe *Form* und *Gestalt* sind in einem umfassenden Sinne gemeint und schließen sowohl den körperlichen als auch den seelisch-geistigen Gestaltaspekt (wie die Charakterstruktur, innere Bilder und Träume, Phantasien, Gedanken) mit ein.

Wer Ereignisse mit Hilfe der Astrologie vorhersehen will, wird an einer möglichst konkreten Horoskopdeutung interessiert sein. Da der Mensch aber – und Gott sei's gedankt! – keine Maschine ist, die nur ihr vorgegebenes Programm absolviert, keine Marionette, die nur ausführt, was ihr befohlen wird, ist es weder möglich noch wünschenswert, die exakte Ausformung eines individuellen Lebens im voraus zu berechnen. Was hätte der Mann oder die Frau davon, schon vorab genau über so entscheidende Fragen wie die Eheschließung, der Kinderzahl oder gar des Todeszeitpunkts Bescheid zu wissen? Die Gabe des freien Willens und die göttliche Gnade sind es, die dem menschlichen Dasein eine gute Portion Unberechenbarkeit verleihen. Es ist niemals von vornherein auszuschließen, daß auch im letzten Moment das Ruder noch herumgerissen werden kann und sich Schlechtes zum Guten wendet! Weshalb wohl schauen wir im Fernsehen am liebsten Spielfilme, die kurz vor Schluß durch oftmals dramatische und unvorhersehbare Wendungen ein positives Ende finden? Vermutlich, weil dadurch das unbewußte Wissen im Menschen, daß (positive) Veränderungen möglich sind, angesprochen wird.

Die Astrologie sollte von dem Zwang befreit werden, ihre Legitimation aus »Trefferquoten« zu beziehen. Die Ebene, auf der sinnvollerweise Aussagen über Vergangenheit, Gegenwart und Zukunft eines Menschen gemacht werden können, ist eine *innere*, eine Dimension, zu der die konkreten Geschehnisse des *Außen* in einem Verhältnis der *Entsprechung* stehen (siehe dazu Kapitel I.11).

Das »astroenergetische Kochbuch« – der »Speiseplan der Träume«

Diese Überschrift verspricht keine Neuauflage einer Handreichung für astrokulinarische Rezepte. In einem viel umfassenderen Sinne sind *alle* Erfahrungen und Erscheinungen dieser Welt darin einbezogen. Setzen wir die energetische Natur des Daseins und aller seiner Ausdrucksformen voraus, mag es uns interessieren, welchen Einflüssen wir uns tagtäglich mehr oder minder freiwillig aussetzen.

Mit der richtigen »energetischen« Ernährung verhält es sich ebenso wie mit einem vernünftigen, unseren Bedürfnissen entsprechenden Speiseplan. Eine übermäßige oder mangelnde Zufuhr von WIDDER-, STIER-, ZWILLINGE- oder anderer Energie wirkt sich auf energetischer Ebene ebenso negativ aus wie ein Übermaß an gesättigten Fettsäuren oder Vitaminmangel auf Körperebene. Entsprechend der Konstitution, beruflicher beziehungsweise seelischer Belastung, Klima, psychischen Schwankungen oder aktuellen Anforderungen sollte die stoffliche wie die energetische Nahrung individuell zusammengestellt werden. Tun wir uns schon schwer, den Bedürfnissen unseres Körpers gerecht zu werden, sind wir in energetischer Hinsicht oft nicht in der Lage, die richtigen Dosierungen für unser Wohlergehen zu finden. Vor allem deshalb, weil wir diese Ebene mit unserer sinnlichen Wahrnehmung wesentlich schwerer fassen können.

Wenn uns eine Gulaschsuppe zu scharf ist, erstattet der Geschmackssinn postwendend dem Gehirn Meldung, und wir können frei entscheiden, ob wir dem Körper diese Speise wirklich zumuten wollen. Doch wie steht es damit, wenn es der Psyche zum Beispiel an ZWILLINGE- oder MERKUR-Energie mangelt? Wenn wir beispielsweise zu einseitig im *Denken* sind, zu festgelegt auf starre Meinungen, unfähig zu wirklicher *Kommunikation*?

Nun, zuerst muß diese energetische Mangelerscheinung überhaupt einmal empfunden und diagnostiziert werden. In einem weiteren Schritt könnte ein »astroenergetisches Rezept« die Zutaten aufzeigen, aus denen ein »ZWILLINGE-Cocktail« zu mixen wäre, der auf die Bedürfnisse und Möglichkeiten des Ratsuchenden abgestimmt ist. Das kann die Auswahl des Filmprogramms (zum Beispiel Komödien statt schwerer Kost), das Urlaubsziel (eher New York als ein Saharatrip), die berufliche Ebene (als ZWILLINGE-betonter Mensch möglicherweise von Leichenbestatter auf Journalist umsatteln) oder andere Lebensbereiche betreffen.

Die genannten ZWILLINGE-»Allgemeinplätze« dienen hier natürlich nur zur Veranschaulichung des Gesagten. In jedem Einzelfall ist sehr individuell vorzugehen und alles auf die Möglichkeiten und Fähigkeiten des Betreffenden abzustimmen. An dieser Stelle sollte vielmehr aufgezeigt werden, wie uns das Wissen um die Energetik aller Erscheinungen dabei helfen kann, Menschen, Dinge und Situationen auszuwählen, deren energetische Eigenart für unser Wachstum (momentan oder auf Dauer) förderlich ist. Dabei ist ein eher spielerischer Umgang mit der Astrologie angesagt; es geht nicht darum, unser Schubladendenken noch weiter zu zementieren!

Umfassende Anregungen dazu, die »energetische Speisekarte« bewußter zusammenzustellen, kann der interessierte Leser den Tierkreisbänden entnehmen.

Kombinieren wir die astroenergetischen Erkenntnisse mit dem »Speiseplan der Träume«, erhalten wir eine vorzügliche »Vollwertkost«, die auf unsere Eigenart abgestimmt und alles andere als fad und einseitig ist. Falls wir die astroenergetische Menüwahl zu sehr mit dem Kopf und zuwenig mit dem »Bauch« getroffen haben, werden die »Traumkellner« uns auf die falsche Wahl hinweisen, um zu servieren, was unserem Wesen wirklich gemäß ist. Das will sagen, daß die Seele im Traum Korrekturen von Fehlentscheidungen anbietet und verträglichere Alternativen aufzeigt. Haben wir beispielsweise durch die Astrologie bestätigt gefunden, daß wir unseren Beruf wechseln sollten, mögen uns die Träume bei unseren Änderungswünschen vielleicht zur Geduld ermahnen oder uns auffordern, bei einer sich bietenden Gelegenheit nicht länger zu zögern.

Die Träume an sich stellen vorzügliche Nahrung dar, die unser Wachstum und Wohlergehen fördert. Küchenchef ist die Seele selbst. Wir tun gut daran, ihre Empfehlungen und Vorschläge ernst zu nehmen und ins reale Leben umzusetzen. Denn: Was nutzt schon der beste Speiseplan und das bekömmlichste Kochrezept, wenn sie in der Schublade verstauben? Welche physische, seelische, intellektuelle oder spirituelle Kost unser Wohlbefinden zu gegebener Zeit unterstützt und welche Situationen, Beziehungen, Verhaltensweisen, Einstellungen unserer Entwicklung abträglich sind, wird uns verschlüsselt in den Traumsymbolen oder auch ganz konkret in den Traumbotschaften nahegelegt.

3. ZWILLINGE
Die Sprache der Rätsel

Die Lebensrätsel sprechen zu uns. Ihre Sprache ist vielgestaltig und findet in den mannigfaltigen Erscheinungen unserer Welt ihren Ausdruck. Warum diese Kommunikation? Um uns auf unserem Weg fortwährend darüber zu unterrichten, wo wir stehen, an welche Wegkreuzungen wir gelangt sind und welche Straße die richtige ist, um unsere Ziele zu erreichen. Sprache setzt ein Gegenüber voraus, mit dem kommuniziert werden kann. Die Rätsel begegnen uns als das *Du* – in den Mitmenschen, in Alltagssituationen und im Traum.

Die Sprache der Astrologie und der Träume

Auch die Astrologie spricht zu uns. Sie drückt sich in Symbolen aus, die sich im Horoskop verdichten. Ihre Buchstaben bilden die Sigel der Planeten und Tierkreiszeichen und die Kürzel für die Aspekte (die energetischen Verbindungen zwischen den einzelnen Planeten), die in den entsprechenden Tierkreisbändern dargestellt, erläutert und gedeutet werden. Wie es in der Natur der Sprache liegt, haben wir es auch bei der Astrologie zunächst mit *abstrakten* Begriffen zu tun. Wir sprechen vom MARS, wenn wir die Triebkraft meinen, von einem Quadrat, um ein Spannungsverhältnis auszudrücken, oder von den Tierkreiszeichen, um die verschiedenen Urbilder unserer Seele zu beschreiben. Jeder Begriff steht *stellvertretend* für eine lebendige Seinskraft, ist mit dieser aber nicht zu verwechseln. Haben wir diesen doch so offensichtlichen Umstand auch wirklich immer im Hinterkopf, wenn wir eine Sprache benutzen?

Sprache dient zur Beschreibung der Wirklichkeit, damit wir uns austauschen und eine Vorstellung von den Dingen und Ereignissen haben können, aber ihre Begriffe *sind diese Wirklichkeit nicht*. Ein realer Tisch ist eben

3. ZWILLINGE: Die Sprache der Rätsel

nicht das gleiche wie das Wort beziehungsweise die Buchstabenfolge T-i-s-c-h. Während man auf dem realen Möbelstück beispielsweise Essen servieren kann, ist dessen sprachliche Bezeichnung wesentlich weniger handfest, sondern besteht aus Klang, aus Schwingung. Töne besitzen eben eine sehr viel feinere Vibration als die ungleich gröbere Schwingung stofflicher Gegenstände.

Sie als Leser halten diese Tatsache vielleicht für so offenkundig, daß sie keiner weiteren Erwähnung bedarf. Für das Verständnis einer energetisch ausgerichteten Astrologie ist es jedoch von entscheidender Wichtigkeit, diesen Unterschied im Bewußtsein zu behalten. Die Astrotheorie (die »*Logie* der Astro«) beschreibt die lebendigen Wirkkräfte und ist auf diese Weise Medium zur Vermittlung der lebendigen Erfahrungen. Das ist ihre Aufgabe. Solange wir sie nicht mit der Lebenspraxis verwechseln, solange wir letztere nicht übersehen, kann die astrosymbolische Sprache als ein Universalschlüssel zu der energetischen Dimension unseres Seins wertvolle Dienste leisten.

Die Astrosymbole stellen die Hochsprache der Lebensrätsel dar. Der Klang ihrer Begriffe und die bildhafte Darstellung ihrer Sigel senden bestimmte Botschaften beziehungsweise Informationen aus, die uns je nach Grad der Aufnahmebereitschaft bewußt oder unbewußt berühren. Allein die Klangfarbe eines Astrosymbols vermag dem unvoreingenommenen Zuhörer einen Eindruck vom Wesen dieser Energie zu vermitteln. Am deutlichsten läßt sich diese Behauptung durch eine vergleichende Übung nachvollziehen; nehmen wir dazu den WIDDER und das gegenüberliegende Zeichen WAAGE: Beginnen wir mit dem WIDDER, und intonieren wir mehrmals hintereinander diesen Begriff; es dauert etwas, um hineinzukommen. Wir achten dabei auf die Gefühle, die entstehen. Das gleiche wiederholen wir nach kurzer Pause mit der WAAGE. Anschließend vergleichen wir die unterschiedliche Wirkung auf unser Empfinden. Je besser wir uns wirklich auf diese Worte einlassen konnten, desto deutlicher wird die Wirkung sein. Wir brauchen uns dann nicht zu wundern, wenn die Übung funktioniert und wir erkennen, daß man Emotionen auch »herbeireden« kann. Dabei müssen wir natürlich auch unseren subjektiven Bezug zu den Tierkreisenergien berücksichtigen. Haben wir ein WIDDER- oder WAAGE-Problem, dann spüren wir das bei dieser Übung vermutlich durch Abneigung gegen den Klang des entsprechenden Wortes.

Gerade die Astrosymbole, die im Laufe der Jahrhunderte von der Kollektivseele des Abendlandes geformt wurden, sind hochwirksame Auslöser für die jeweils von ihnen verkörperte Kraft. Diese Wesenskräfte, die durch die Astrosymbole aktiviert und ins Gedächtnis beziehungsweise ins Gefühl gerufen werden, sind also bereits in uns vorhanden und warten nur darauf, entdeckt und erlöst zu werden. Wie schon PLATON erkannte, handelt es sich beim Lernen um ein Erinnern oder Wiederentdecken von bereits erworbenem, aber zur Zeit schlummerndem Wissen. Lernen ist in diesem Sinne ein Suchen und Wiederfinden. Die Sprache fungiert dabei als Wegweiser zum Ziel des Wiederentdeckens der inneren Wahrheit und Weisheit.

Betrachten wir die Träume unter dem Aspekt der Sprache. Es ist die Seele, die durch die allnächtlichen Bilder zu uns, das heißt zu unserer bewußten Persönlichkeit, spricht. Unablässig erhalten wir aus dieser Seelenschicht, die von SIGMUND FREUD als das *Unbewußte* in die Psychologie eingeführt wurde, Signale und Impulse. Zudem ist es wissenschaftlich erwiesen, daß wir fast ein Drittel des Schlafs träumend verbringen. Das Wissen um ihre Bedeutung, darum, daß es sich bei den Träumen um *individuell bedeutsame Botschaften* handelt, ist jedoch bislang noch nicht zum Allgemeingut geworden. Das liegt wohl vor allem daran, daß die Traumsprache vom Intellekt nicht so einfach wie eine Tageszeitung gelesen oder wie ein Fernsehprogramm konsumiert werden kann. Wir haben es mit einer Bildersprache zu tun, die für unseren Verstand zuerst einmal Fremdsprache ist, die erlernt und verstanden werden will. Gar vieles im Traum kommt uns »spanisch« vor oder erscheint uns genauso unverständlich wie ein chinesischer Text.

So empfinden wir die Träume meist als rätselhaft – wie Nachrichten aus einer anderen Welt, die es zu entschlüsseln gilt. Oder ihre Botschaft ist so eng mit unserem Alltagsleben verbunden, daß wir diese inneren Bilder lediglich als nochmaliges Abspulen der Tagesereignisse ansehen, ohne ihnen weitere Bedeutung zuzumessen. Das eigentliche Rätsel aber sind wir selbst! Für dessen Lösung haben wir uns auf dem Erdball inkarniert!

Die Traumsprache will uns bei der Auflösung der Lebensrätsel tatkräftig unterstützen. Jeder Traum ist ein wichtiger Brief, abgesendet von einem guten Freund, der uns besser kennt als wir uns selbst. Wollen wir diese Traumbriefe tatsächlich ungelesen in den Papierkorb des Vergessens werfen? Wenn wir den Träumen auf diese Weise längere Zeit unser Desinteresse bekunden und die Traumbriefe fortwährend unbeantwortet lassen, wird der Absender der Botschaften seine Bemühungen einstellen. Natürlich träumen wir auch weiterhin, doch die Traumerinnerung wird mehr und mehr verblassen. Wir wissen dann nicht, was wir versäumen, welch wichtige Ratgeber uns damit verlorengehen. Ändern wir jedoch unsere Einstellung und schenken unseren nächtlichen Begleitern die ihnen gebührende Aufmerksamkeit, wird der Briefverkehr mit der Seele wieder neu aufleben. Anregend für die Traumerinnerung wirkt jegliche Art der Beschäftigung mit den Träumen: das Sprechen darüber, das Lesen von Traumbüchern, gelegentliches Überdenken oder Einfühlen in Traumbilder. In manchen Familien ist es bereits zur schönen Gewohnheit geworden, am Frühstückstisch die Träume zu erzählen. Die Analyse folgt, falls notwendig und

3. ZWILLINGE: Die Sprache der Rätsel

gewünscht, meist erst zu einem späteren Zeitpunkt. Allein das Erzählen der Träume läßt sie uns in einem anderen Licht sehen. Wenn wir einen anderen Menschen einbeziehen, betrachten wir, auch ohne dessen aktives Zutun, den Traum zum Teil auch mit den Augen dieser Person. Das ist etwa so, als würden wir einem auswärtigen Besucher unsere Heimatstadt zeigen und die für uns gewohnte Szenerie nun mit den Augen des Gastes wahrnehmen. Dadurch erschließen sich oft ganz neue Perspektiven.

In unserem »*Bilderbuch der Träume*« stellen HILDEGARD SCHWARZ und ich eine interessante Neuentdeckung aus dem Bereich der Traumsprache vor. Anhand vieler Fallbeispiele zeigen wir darin auf, daß eine große Zahl von Träumen auf die bildhafte Ausdrucksweise der Sprichwörter und sprichwörtlichen Redensarten zurückgreift, um ihre Botschaften so eindrucksvoll einzukleiden. Dazu zwei Beispiele:

Eine junge Frau, die dabei ist, die Beziehung zu ihrer Mutter aufzuarbeiten, hat im Traum noch einige »Nüsse zu knacken«. Sie stehen sprichwörtlich für die Schwierigkeiten, die es noch zu lösen gilt. Ein junger Mann will mit unrealistischen Plänen »zu hoch hinaus« und versteigt sich im Traum auf ein Hochhausdach. Dieses hat, ebenso wie er mit seinen Plänen, »Feuer gefangen«. Mittels eines »Teppichs, auf dem er besser bleiben sollte«, segelt er schließlich nach unten. Er landet in einem See, wie auch sein Vorhaben letztendlich »ins Wasser gefallen« ist. Allein in letztgenanntem Traum wurden gleich mehrere Redensarten entdeckt, deren Erkennen wesentlich zum Traumverständnis beigetragen hat.

Fazit: Wenn wir gelernt haben, die Traumsprache zu identifizieren und zu verstehen, werden uns diese Botschaften keine Bücher mit sieben Siegeln mehr sein, sondern Weisheitsschätze, deren Quelle in uns selbst reichlich sprudelt. Wir lesen dann in den Träumen wie in einem Weisheits- und Orakelbuch, das ganz individuell für uns Nacht für Nacht fortgeschrieben wird und im Laufe der Jahre zu einer stattlichen Traumbibliothek heranwächst.

Der astro-»logische« Wissensaspekt (die Theorie)

Die Astrologie stellt eine Methode dar, deren theoretischer Unterbau entsprechend der jeweiligen »Schule« in bestimmten Punkten variiert. Natürlich läßt sich auch die *energetische Astrologie* als eine bestimmte Theorie darstellen, deren einzelne Aspekte dem Leser in diesem Buch aufgezeigt werden. So weit, so gut. Doch geht es hier vor allem darum, den theoretischen Rahmen zu überwinden und zur Ebene der Erfahrung durchzudringen. So paradox das klingen mag: Auch dieser Ansatz (der »Theorieüberwindung«) ist wiederum Teil des theoretischen Konzepts.

Wissensvermittlung als Vorbereitung, Einstimmung und Orientierung mag durchaus notwendig sein, ist aber *nicht* das *Ziel*, sondern der *Weg*, der zu den »pulsierenden« Seinskräften führt. Es geht weniger um die Vokabeln selbst als vielmehr darum, was diese mit uns machen, wie sie uns *anrühren*. Auch in diesem Buch fungieren die Worte als Medium zwischen Autor und Leser. Die entscheidende Botschaft, das, was *ankommt*, steht aber immer hinter den gesprochenen oder geschriebenen Worten, zwischen den Zeilen sozusagen. Eine Menge an Wissen und Weisheit läßt sich in ein Buch packen. Doch was sich hinter der äußeren (Schrift-)Form verbirgt, ist in jedem Falle wesenhafter Ausdruck des Autors und seiner Motivation. Neben aller Begeisterung für das gesagte oder geschriebene Wort sollten wir nicht vergessen, darauf zu achten, wie uns dieses im Einzelfalle berührt.

Theoretisches Wissen bildet die Vorstufe zur lebendigen Erfahrungsebene. Ein fortgeschrittener Selbsterfahrungsaspirant unterscheidet sich von einem Anfänger nicht unbedingt durch einen Wissensvorsprung, aber definitiv durch seinen weiteren Erfahrungshorizont und eine größere Bereitschaft, sich auf die notwendigen Erfahrungen einzulassen. Wie gesagt, Wissen *kann* hilfreich sein, steht aber nicht selten auch als (Vorstellungs-)Blockade vor der eigentlichen Realität. Entscheidend für den Reifegrad eines Menschen ist in jedem Falle seine innere Wirklichkeit und nicht, wieviel Wissen er erworben hat. Menschen, die bislang noch nichts mit der Astrologie im Sinn hatten, sollen sich dadurch ermutigt fühlen, eine zumeist übertriebene Ehrfurcht vor dem astrologischen Wissensgebäude abzustreifen. Nicht selten sind gerade die Anfänger die unvoreingenommeneren Teilnehmer bei astro-*energetischen* Seminaren.

Mit all dem Gesagten soll keineswegs das Licht der astrologischen Arbeitsweise unter den Scheffel gestellt werden. Ein umfassendes Wissen hilft, Vorurteile abzubauen, die der Astrologie nicht gerecht werden. Nur wenn ich gründlich informiert bin und weiß, wovon ich spreche (in bezug auf die Astrologie), kann ich in die Diskussion um Sinn oder Unsinn dieser Methode einsteigen. Bleibt der Wissensstand auf Zeitungshoroskopniveau beschränkt, kann kein ernsthaftes Urteil abgegeben werden. An dieser Stelle sind die Theorie und das dazugehörige Wissen am richtigen Platz. Sie erweisen sich dann sozusagen als Eintrittskarte in die astroenergetische Welt – und es käme wohl niemand auf die Idee, ein Billett mit der Vorstellung zu verwechseln.

Das Wissen um die Träume – die astroenergetische Traumtheorie

Ich kann mich noch gut daran erinnern, in der ersten oder zweiten Grundschulklasse im Religionsunterricht ein Bild vom Traum des Pharao gemalt zu haben. Es war für die kindliche Psyche faszinierend, mit diesen Traumbildern umzugehen und eine Ahnung von der Existenz einer tieferen Reali-

3. ZWILLINGE: Die Sprache der Rätsel

tät bestätigt zu finden. Natürlich wurde das damals nicht in dem Maße bewußt nachvollzogen wie heute in der Rückschau. Es leuchtete vielmehr *gefühlsmäßig* ein, daß die sieben fetten und die sieben mageren Kühe als Symbole für die kommende Zeit, für die Jahre des Überflusses und Reichtums sowie die der Armut und des Hungers anzusehen sind, denn Kinder reagieren noch viel direkter auf Symbole als die »verbildeten« Erwachsenen.

Enttäuschend für das Kind, das ich damals war, daß diese spannenden und wundersam anmutenden Gegenstände des Religionsunterrichts in so gar keinem Bezug zur Alltagswelt standen. Im Vergleich zu den Wundern, Visionen, Bildern und Träumen der Bibel mußte die Realität (zumindest einem SCHÜTZE-Kind) ziemlich fad erscheinen.

Obwohl SIGMUND FREUD, der Pionier der Tiefenpsychologie, bereits im Jahre 1900 seine »*Traumdeutung*« herausbrachte und damit das intuitive Traumwissen der biblischen Zeiten für die moderne Wissenschaft westlicher Prägung salonfähig machte, zeigte man sich im gesellschaftlichen Alltag bislang doch ziemlich unbeeindruckt davon. Wie das aber für viele Neu- oder Wiederentdeckungen gilt, braucht es eine gewisse Zeit, bis die damit verbundenen Erkenntnisse über die Volksseele in das Volksbewußtsein eindringen und damit zum Allgemeingut werden. Heute, etwa hundert Jahre nach FREUDS »*Traumdeutung*«, ist ein wachsendes Interesse an der seelischen Welt und ihren Ausdrucksformen zu beobachten.

Auf das von FREUD, JUNG und anderen Traumforschern vermittelte Wissen baut die *astroenergetische* Betrachtungsweise der Träume auf; sie erweitert dieses Wissen um den Aspekt der Astrologie. Es verhält sich wie bei einer Verbindung von zwei Menschen mit unterschiedlichen Fähigkeiten, die sich im Austausch bereichern und ergänzen und dadurch zu besseren, kreativeren Lösungen gelangen. Zeigt uns die (abstrakte) Ebene der astroenergetischen Konstellationen auf, *welche* Lebensrätsel *wann* unter und in *welchen Zusammenhängen* auftreten, halten uns die Traumbotschaften einen inneren Spiegel vor Augen, damit wir erkennen, *wo* wir in diesem Entwicklungsprozeß stehen und *wie* wir mit diesen schicksalhaft vorgegebenen Aufgaben umgehen.

Nehmen wir die *Beziehung* als Beispiel für ein allgemeines Lebensthema. Im Horoskop findet es seinen symbolischen Ausdruck im Planeten VENUS, dem Tierkreiszeichen WAAGE und dem siebten Haus. Je nach Konstellation ist das Beziehungsthema auf eine bestimmte Art und Weise gefärbt und wird zu bestimmten Zeiten wie durch eine innere Uhr *ausgelöst* (durch die Transitemethode erkennbar, siehe dazu unter Kapitel I.11). Den verschiedenen Anforderungen und Rätseln der Partnerschaft begegnen wir auf drei unterschiedlichen Ebenen: der abstrakten Ebene astrologischer Symbole, die den »Rahmen« unseres Beziehungsthemas abstecken, der konkreten Ebene der zwischenmenschlichen Begegnung und der seelischen

Traumdimension. Ist beispielsweise die Zeit für eine Beziehungsklärung reif geworden (angezeigt etwa durch SATURN-VENUS-Transit), wird sich das im Alltagsleben manifestieren. Wie wir mit diesem Problem umgehen, lassen unsere Reaktionen auf die äußeren Gegebenheiten erkennen; nicht selten werden sie aber durch die Verstandesseite so zurechtgebogen, daß die Erfahrungen in unser Selbstbild passen. Nötige Korrekturen, die dieses Bild berichtigen würden, bleiben dann natürlich zunächst aus. Es scheint oft einfacher, dem Partner die Schuld für Versagen anzulasten, als unrealistische und daher ungesunde Vorstellungen von uns selbst zu korrigieren. Auf der Traumebene können wir uns jedoch nichts vormachen, da die zensierende Ratio im Schlaf außer Kraft gesetzt ist. Hier begegnen wir uns selbst und unseren Lebensrätseln frei von Illusionen. Wenn wir in der Traumhandlung zum Beispiel vor dem Partner davonlaufen, stellt sich die Frage, ob wir tatsächlich zur Klärung bereit sind, wie das unser Denken vielleicht suggeriert.

Um die Traumbotschaften nutzen zu können, ist zunächst das Wissen um die Bedeutung der Träume vonnöten. Haben wir keine Vorstellung davon, welch tiefer Erfahrungsschatz sich hinter den manchmal skurril wirkenden Bildern verbirgt, werden wir kaum auf die Idee kommen, nach einer dahinterliegenden Bedeutung zu suchen. Nähere Ausführungen zur astroenergetischen Traumdeutung und Fallbeispiele finden Sie im dritten Teil dieses Einführungsbandes und in den Tierkreisbänden.

Die Wertfreiheit der Symbole

Gibt es gute und schlechte Rätsel? Positive und negative Sternzeichen und Planeten? Menschen, denen Fortuna hold war und die unter einem Glücksstern geboren wurden, während andere durch eine »Unglückskonstellation« zum Dasein eines Pechvogels verdammt sind?

Astrologisches Unwissen drückt sich häufig darin aus, daß die Tierkreiszeichen, Planeten oder Aspekte einseitig dem Lager der guten oder schlechten Kräfte zugeordnet werden. Nicht selten muß dann – sehr zum Leidwesen der in diesem Zeichen Geborenen – beispielsweise der SKORPION als Sündenbock herhalten. In einer Welt der Oberflächlichkeit und Genußsucht erscheint dieser dunkle Archetyp des »Stirb und werde« als besonderer Übeltäter, vor dessen Giftstachel sich jeder zu hüten hat. Oder es ist der SATURN, der aufgrund eindimensionaler Sicht als Quälgeist klassifiziert wird und für alle Widrigkeiten dieser irdischen Existenz herhalten muß. Oder die Spannungsaspekte, die man lieber aus dem Horoskop streichen möchte ...

Keine Frage: Der SKORPION hat einen Giftstachel, der SATURN kann als Symbol für die Unbilden des Lebens stehen, und ein Spannungsaspekt zeigt in der Regel zunächst sein disharmonisches Gesicht. Der Trugschluß

3. ZWILLINGE: Die Sprache der Rätsel

bei einer von vornherein wertenden Sichtweise liegt nun darin, den Giftstachel ausschließlich negativ zu beurteilen. Wie wir aus der Medizin wissen, macht erst die Dosis das Gift, das ansonsten als Heilmittel wertvolle Dienste leisten kann. Und – um auf den SATURN zu sprechen zu kommen – ist es nicht so, daß wir zuweilen Hindernisse und Widerstände brauchen, um zu wachsen und unsere Persönlichkeit zu entfalten? Ist ein Spannungsaspekt nicht auch ein Ausdruck von Kraft und Dynamik, die schöpferisch eingesetzt werden kann?

Wir sehen also, daß eine pauschale Schwarzweißmalerei auch in der Astrologie nicht sinnvoll ist, sondern daß die archetypischen Kräfte zunächst *wertfrei* zu sehen sind. Die Bewertung erfolgt dann mit der Frage, auf welcher Ebene jemand etwa das SKORPION-Prinzip oder die saturnale Energie lebt. Ob »gut« oder »schlecht« damit umgegangen wird, ist nur im Rahmen des *individuellen Kontextes* festzustellen. So kann eine Hürde auf dem Lebensweg darauf hinweisen, daß Rast und Besinnung nötig sind, während ein anderer Zeitgenosse gerade dieses Hindernis dazu braucht, um durch die Überwindung der Schwierigkeit über sich hinauszuwachsen. Welche dieser beiden Möglichkeiten im Umgang mit einem Widerstand (SATURN-Thema) nun angesagt ist, läßt sich nur in Verbindung mit dem individuellen Lebensrätsel des Betreffenden beurteilen.

Um unsere Subjektivität überhaupt zu erkennen, müssen wir die *Objektivität* der Wesenskräfte realisieren. Blicken wir sozusagen aus der wertfreien Perspektive eines Planeten oder Tierkreiszeichens auf unser Verhalten und Empfinden, wird unsere subjektiv gefärbte, zumeist verzerrte Erfahrung der verschiedenen Energien deutlich.

Der erste Schritt bei der energetischen Astrologie besteht demnach in der *Annäherung* an das entsprechende *wertfreie* Prinzip. Was bedeutet SKORPION oder SATURN im wertneutralen Sinne? Was ist deren eigentliches Wesen? Worin liegt das *abstrakte* Prinzip dieser Energien, die sich je nach Reifegrad unserer Seele in erlösten oder unerlösten Formen zeigen? Machen wir uns klar: Wir selbst, das heißt unser Entwicklungsstand ist es, der darüber entscheidet, wie positiv-schöpferisch oder negativ-zerstörerisch sich eine Kraft in unserem Leben auswirkt. Je unreiner der Spiegel, den wir abgeben, desto undeutlicher die Reflexion.

Durch das Erfassen der *objektiven* Wesensart einer Energie schaffen wir Abstand zu unserer individuellen Prägung. Selbsterkenntnis als eine Grundlage für Veränderung wird dann möglich. Ein objektives Merkmal des Wassers ist beispielsweise dessen Impuls zu fließen beziehungsweise zusammenzufließen. Parallel dazu sind auch die Wasserzeichen des Tierkreises (KREBS, SKORPION, FISCHE) von dieser *wertfrei* zu betrachtenden Eigenart geprägt. Die *subjektive* Bandbreite beim individuellen Erleben des inneren Wasserelements reicht von einem harmonischen Gefühlsfluß auf der einen Seite (erlöster Zustand) bis hin zur Überschwemmung des Bewußtseins durch Inhalte aus unbewußten Tiefenschichten (unerlöste Entsprechung) andererseits.

Auch die Traumsymbole stellen für sich genommen wertfreie Aussagen dar. Wenn wir, um beim Beispiel zu bleiben, von Wasser träumen, sind für die Deutung und das individuelle Verständnis dieses Symbols mehrere Schritte erforderlich. Zunächst werden wir unsere Gedanken um das Bild des Wassers kreisen lassen und uns fragen, was das Wasser im allgemeinen symbolisiert. Wir versuchen, vom realen Element Wasser und seinen Eigenarten ausgehend, die sinnbildliche Bedeutung zu erschließen, und werden dabei unter anderem herausfinden, daß es für Gefühle, das Unbewußte beziehungsweise die seelische Ebene schlechthin, steht (zu den Symbolen siehe I.4). In dieser Feststellung ist noch keine Wertung enthalten, sondern sie stellt lediglich eine allgemeine Aussage dar. Der zweite Schritt führt uns dann von der allgemeingültigen Ebene zu uns selbst zurück. Wir betrachten jetzt, in welchem *Zusammenhang* das Symbol Wasser im Traum steht: Nehmen wir in einem klaren See ein erholsames Bad, oder fischen wir in trüben Gewässern? Steht uns das Wasser bis zum Hals, oder belebt ein erfrischender Regen die Trockenheit? Es gibt viele Möglichkeiten, wie sich das Wasserelement im Traum darstellen kann. Und das wiederum hängt von unserem Befinden ab. Die aktuelle Lebenslage ist daher unbedingt in die Deutung einzubeziehen.

In unserem Zusammenhang ist die Beachtung des ersten Schrittes von besonderer Bedeutung. Wie die Astrosymbole wollen auch die Traumbilder zunächst unvoreingenommen betrachtet werden. Jede vorschnelle Bewertung, Auf- oder Abwertung eines Symbols schadet dem Erkenntnisprozeß. Wer beispielsweise die Erscheinung einer Schlange von vornherein negativ besetzt, wird kaum in der Lage sein, dieses von der Seele geschickte Bild als Teil seiner (momentanen) Lebenswahrheit zu erkennen. Auch die Möglichkeit, die positiven Aspekte einer Traumgestalt wahrzunehmen – bei der Schlange wäre dies unter anderem Wandlungsfähigkeit – werden auf diese Weise verbaut. Damit uns ein Astro-, Traum- oder sonstiges Symbol innerlich erreichen und dadurch befruchten kann, ist Offenheit eine Grundvoraussetzung. Es gilt, bei der zunächst allgemeinen Betrachtung eines Symbols die eigene Subjektivität beiseite zu stellen, um den wertfreien Charakter des Sinnbilds zu erfassen. Traumdeutungslexika, welche die Traumbilder mit einem in der Regel einseitig wertenden Sinngehalt belegen, sind daher kaum förderlich für das individuelle Traumverständnis. Da heißt es dann zum Beispiel: »Rote Beeren pflücken = Tod eines nahen Verwandten; ein Findelkind entdecken = Treulosigkeit des Gatten; Ball spielen = du handelst unbesonnen« – um nur einige dieser haarsträubenden Deutungen zu nennen. Eine derart festgelegte Interpretation reduziert den Reichtum der seelischen Ausdrucksmöglichkeiten auf starre Schemata, die der Individualität und der Schöpferkraft des Träumers nicht gerecht werden.

Die Polarität des Lebens

Niemand wird ernsthaft bestreiten, daß wir in einer Welt der Dualitäten leben. Alle Prinzipien und Erscheinungen des irdischen Daseins ziehen einen Gegenpol automatisch nach sich. Deutlich erkennen wir diese Gesetzmäßigkeit in der Polarität von Tag und Nacht, innen und außen, oben und unten, männlich und weiblich, positiv und negativ.

Wir Menschen, die wir nun in diese Ausgangssituation hineingeboren sind, müssen lernen, uns in dem ewigen Spiel der Gegensätze zurechtzufinden, um nicht dazwischen zerrieben zu werden. Die Polaritäten werden uns dann zum Problem, wenn wir sie nicht als *natürliche Gegebenheiten* ansehen können, nicht als ein *objektives*, wertfreies Prinzip dieser Welt begreifen, sondern unsere subjektiven Werturteile hineinprojizieren. Als Resultat erscheint dann die eine Seite als die »gute« oder »richtige«, während auf der anderen das Übel lauert. Beispiele für häufige einseitige Verteufelungen in heutiger Zeit sind Aggressionen oder Egoismus, während »Anständigsein« oft als die einzig richtige Verhaltensweise angesehen wird – sei es auf der Ebene der Kindererziehung oder im gesellschaftlichen Leben überhaupt. Dabei lehren uns das Leben und nicht zuletzt die Bibel, zuweilen auch »klug wie die Schlangen« zu sein und schon mal eine List zu gebrauchen – wie der biblische Jakob, der seinen Bruder Esau um den Erstgeburtssegen bringt (1. Mose 27, 1-40) –, um unseren Weg zu machen.

Die Astrologie führt alle Erscheinungen auf abstrakte, das heißt *objektive*, Urprinzipien zurück. Aggressionen wären, um beim Beispiel zu bleiben, dem WIDDER beziehungsweise MARS zuzuordnen, dessen Gegenpol die WAAGE darstellt. Wir haben bereits gesehen, daß die astrologischen Prinzipien als die archetypischen Wesenskräfte jenseits aller Wertsysteme stehen. Über das WIDDER- oder WAAGE-Prinzip läßt sich ebensowenig ein pauschales Werturteil fällen, wie beispielsweise ein Tisch nicht im objektiven Sinne schön oder häßlich sein kann. Es ist eben Geschmackssache beziehungsweise eine Frage der subjektiven Prägung, was mir gefällt oder nicht, was mir liegt, leicht- oder schwerfällt, falsch oder richtig erscheint. Unser persönlicher Geschmack bringt die Einseitigkeit unserer Wahrnehmungen auf den Punkt. Auch sogenannte Mode- oder Zeiterscheinungen sind als »kollektive Subjektivität« in diesen Bereich einzuordnen. Nur weil eine Gruppe von Menschen oder vielleicht sogar die Mehrheit einer Gesellschaft bestimmte Tugenden für erstrebenswert hält, andere Qualitäten hingegen ausgrenzt, sind diese Ansichten nicht weniger subjektiv. Das sehen wir schon daran, daß die gesellschaftlich anerkannten Werte einer dauernden Wandlung unterliegen. Waren einst beispielsweise Demut und Häuslichkeit zentrale Tugenden der Frau, sind heute ganz andere Eigenschaften – etwa Selbstbewußtsein und Kreativität – gefragt. Es kann also nicht angehen, *Eigenschaften an sich* einer Bewertung zu unterziehen. Jeder Mensch drückt sozusagen den wertfreien Wesenskräften den Stempel seiner Subjektivität auf. Wir erfahren deshalb die grundlegenden Energien über unsere Mitmenschen und durch uns selbst nie in ihrer Reinform. Je näher wir der Lösung unserer Lebensrätsel sind, desto unverfälschter werden wir das wahre Wesen der Energien erkennen.

Während also ein WIDDER-betonter Mensch Aggressionen als natürlichen Ausdruck seiner Emotionalität betrachten mag, existiert für den (einseitigen) WAAGE-Menschen kaum etwas Ablehnenswerteres als Wutausbrüche. Wie wir sehen, liegt es eher an der persönlichen Konstellation, wie wir die Dinge einstufen, als daß damit die Prinzipien an sich definiert wären! Vergessen wir das Grundgesetz der Polarität, muß uns vieles rätselhaft erscheinen und bleiben. Wir nehmen dann die Widersprüchlichkeit des Daseins zu persönlich und vergessen, daß der Gegensatz *im Wesen dieser Welt* begründet liegt. Solange wir die Gegensätzlichkeit des Lebens verneinen, stehen wir mit einer der beiden Seiten – der abgelehnten – auf Kriegsfuß. Bevor wir im weiteren Verlauf unserer Entwicklung überhaupt darangehen können, zur Einheit zurückzufinden, ist zunächst die Bejahung des Dualismus Voraussetzung.

Die Polarität der Lebensrätsel findet im Horoskop in den Tierkreisachsen – den sich jeweils gegenüberliegenden Tierkreiszeichen – ihren Ausdruck. WIDDER und WAAGE stellen, wie wir gesehen haben, eine der insgesamt sechs Tierkreispolaritäten dar – neben STIER-SKORPION, ZWILLINGE-SCHÜTZE, KREBS-STEINBOCK, LÖWE-WASSERMANN und JUNGFRAU-FISCHE.

Hinter jeder einseitigen Einstellung verbirgt sich ein Problem mit der Gegensätzlichkeit dieser Erscheinungswelt. Ob es uns behagt oder nicht – wir haben es mit Kräften zu tun, die sich vorerst zu widersprechen scheinen. Diese Widersprüche, die letztendlich in uns selbst liegen, schaffen überhaupt erst ein Bewußtsein für die Rätsel des Lebens. Von jedem Gegensatz geht der Impuls aus, nach einer Lösung, einer Versöhnung zu suchen. Gäbe es die Widersprüche des Lebens nicht, blieben wir im Unbewußten gefangen.

Das Wahrnehmen der fundamentalen Gegensätze ist für die Bewußtseinsentwicklung äußerst wichtig. Übertragen wir die Erscheinungen der Welt auf die Tierkreisebene, dann erkennen wir in Krieg und Frieden die WIDDER-WAAGE-Polarität, während die Diskrepanz zwischen Gefühl und Verstand auf den KREBS-STEINBOCK-Dualismus zurückzuführen ist, und so weiter.

3. ZWILLINGE: Die Sprache der Rätsel

Durch die Erkenntnis der grundlegenden (wertfreien) Polaritäten wird es uns gelingen, die Ebene emotionaler Verstrickung zeitweilig zu verlassen. Wir entdecken dann, daß zum Beispiel nicht die Aggressionen an sich schlecht sind, sondern daß wir anscheinend ein Ungleichgewicht in der WIDDER-WAAGE-Dualität haben. Gehen wir vom Tierkreis als einem Ganzheitssymbol aus, dann ist jeder Abschnitt des Kreises als notwendiges Bindeglied darin einbezogen. Es lassen sich nicht einfach unliebsame Tierkreiszeichen herausstreichen, denn dann würde der ganze Kreis zusammenbrechen. Innerlich tun wir das aber unablässig! Wir zerstören die seelische Ganzheit immer dann, wenn wir die Gegensätze nicht integrieren, sondern eine Seite ausschließen.

An dieser Stelle mag der Leser vielleicht kurz innehalten und einen inneren Bezug zu diesem Thema herstellen. Fragen, die zu aufschlußreichen Antworten führen könnten, wären etwa:

Wo befinde ich mich derzeit in einem Gegensatz? Wie gehe ich damit um? Kann ich ihn annehmen beziehungsweise aushalten? Auf welche Seite habe ich mich geschlagen? Welche Probleme habe ich mit der Gegenseite? Was sagt das über mich selbst aus? Welche Eigenschaften an mir oder anderen Menschen lehne ich ab? Welche verherrliche ich? Bin ich mir bewußt, daß jede Seite den Gegenpol *automatisch* mit sich bringt (etwa Unsicherheit und ausgeprägtes Sicherheitsbestreben, Konfrontationen und Vermeidungsverhalten)? Wie äußert sich das in meinem Leben?

Erkennen wir, daß die Widersprüche des Lebens als »Entwicklungshelfer« notwendig sind, werden wir auch die Tierkreiszeichen und Planeten nicht mehr in gute und schlechte Kräfte einteilen. Wir realisieren dann, daß es sich um die beiden Seiten ein und derselben Medaille handelt. Weil es die Dunkelheit gibt, erkennen wir das Licht, und die Formen erleben wir nur deshalb als physische Gestalten, weil als deren Gegenpol die Formlosigkeit existiert. Krieg und Aggression erscheinen uns nur im Zusammenhang mit der anderen Seite, dem Frieden und der Friedfertigkeit, als solche.

Übersetzt in die astroenergetische Sprache bedeutet das: Den WIDDER nehmen wir vor allem durch sein Oppositionszeichen, die WAAGE, als ebendiese WIDDER-Kraft wahr. Bewußtes Erkennen bedarf eines Gegenübers! Der Schmerz und das Leid, die durch die Spaltung der Einheit erfahren werden, sind der Preis für die Entwicklung von Bewußtsein und Freiheit. Die einseitige Bevorzugung oder Ablehnung eines Lebenspols gleicht dem vergeblichen Versuch, nur die eine Seite der Münze in die Tasche zu stecken. Auch die Kehrseite der Medaille ist in jedem Falle in Kauf zu nehmen. Ruhe und Frieden sind meist nur durch Einsatz und die Bereitschaft zur Auseinandersetzung zu erlangen; das Bestreben nach möglichst viel Sicherheit führt nicht selten erst recht zur Verunsicherung; viele Bequemlichkeiten sind nur durch Verdrängungen aufrechtzuerhalten;

materieller Reichtum hat oft innere Armut im Gefolge; die einseitige Ausrichtung auf den geistig-intellektuellen Bereich, die zur Vernachlässigung des körperlich-seelischen führt, bewirkt häufig Mangelerscheinungen und erzwingt die Konzentration auf den Körper.

Die alltäglichen Erfahrungen lehren uns beständig, daß sich die Gegensätze wechselseitig bedingen; ebenso stehen sich die sogenannten Oppositionszeichen im Tierkreis natürlicherweise gegenüber. Ohne Tag keine Nacht, ohne Krieg keinen Frieden, ohne Sicherheit keine Unsicherheit. Die Konstellationen in unserem persönlichen Horoskop machen uns deutlich, auf welcher Seite der jeweiligen Dualitäten wir vor allem stehen und wo wir im Ungleichgewicht sind. Planetenballungen auf einer Seite der Tierkreisachsen bei gleichzeitiger gähnender Leere im gegenüberliegenden Bereich sind ein untrüglicher Hinweis auf eine energetische Disharmonie, die es zu überwinden gilt.

Ohne Frage werden sich auch die Träume mit den vielen Zwiespälten der menschlichen Natur auseinandersetzen und uns zeigen, auf welche Seite – unter Vernachlässigung des Gegenpols – wir uns geschlagen haben. Träumt jemand zum Beispiel von Wölfen oder Hunden, ist das WIDDER-MARS-Thema angezeigt. Erregen halbverhungerte Wölfe, die kraftlos in einem Käfig dahinvegetieren, unsere Traumaufmerksamkeit, läßt das auf eine Verdrängung unserer Triebkräfte schließen. Die wilde, urwüchsig-animalische Wesensseite ist unterdrückt; vielleicht haben wir einengende Moralvorstellungen übernommen, oder es wurde uns als Kind die Wildheit durch Prügel oder Liebesentzug ausgetrieben.

Im Horoskop lassen sich astrologische Entsprechungen zu den Traumbildern finden, in diesem Fall eventuell einen SATURN-Aspekt (im Geburtshoroskop oder als Transit) zur Geburtsposition des MARS. Auf die Lebenssituation übertragen, kann man dann vielleicht feststellen, daß eine Ablehnung des kindlichen Willens durch übergroße väterliche Strenge oder die Vermittlung eines übertriebenen Verantwortungsgefühls (beides wären problematische SATURN-Entsprechungen) die eigene Lebendigkeit in Ketten gelegt hat. Der weitere Traumkontext wird allmählich die Fäden zu den Ursachen spinnen. Die Seele, die einen solch untragbaren Zustand auf Dauer nicht aushalten kann, schickt uns dann immer wieder entsprechende Bilder, etwa von kraftlosen und eingesperrten Raubtieren.

Es existiert eine Vielzahl möglicher Ausdrucksweisen einer jeden astro-energetischen Konstellation. Diese gehen jedoch nicht direkt aus dem Geburtshoroskop hervor. In wunderbarer Weise gleicht hier die Traumarbeit das Manko aus, indem sie die durch das Horoskop nicht angezeigte subjektive Dimension beisteuert. Die Träume zeigen uns, wo wir bezüglich unserer Horoskopkonstellationen stehen, auf welcher Ebene wir diese leben. Nur wenn wir den »subjektiven Menschen« in die Deutung einbeziehen, lassen sich definitive, subjektiv stimmige Aussagen machen. Bleibt ein Horoskopeigner anonym und sind keine persönlichen Aussagen über ihn und seine Lebensführung bekannt, muß sich die astrologische Deutung auf allgemeine Aussagen über abstrakte Kräfteverhältnisse begnügen. *Wie* diese gelebt und erlebt werden, läßt sich nur im Zusammenhang mit der Lebenswirklichkeit des Betreffenden nachvollziehen. Aus dem Geburtshoroskop allein kann man nicht ablesen, ob es sich hier um einen Heiligen oder Verbrecher, um ein Genie oder einen Dummkopf, einen Athleten oder Schwächling handelt. Erleichtert können wir feststellen, daß es kein von vornherein gutes oder schlechtes Horoskop gibt! Ausschlaggebend ist in jedem Falle das Entwicklungsniveau des Individuums, das diese Kräfteverteilung zu leben hat. Dieser *subjektive* Reifegrad, der sich im Laufe von unzähligen Inkarnationen – wo und in welcher Form auch immer! – langsam entwickelt, läßt sich nicht aus der graphischen Darstellung *objektiver* energetischer Zusammenhänge ablesen, findet aber sehr wohl seinen ihm gemäßen Ausdruck auf der subjektiven Ebene der Träume. Die astroenergetische Untersuchung von Zwillingsgeburten (die in kurzem Abstand das Licht der Welt erblickt und dadurch ein deckungsgleiches Horoskop haben) bestätigt, welche immense Bedeutung der Entwicklungsstand einer Seele für die Umsetzung ein und desselben Horoskops hat. Nur wenn wir als unbeschriebenes Blatt ins irdische Dasein einträten, müßten konsequenterweise Menschen mit gleichem Horoskop eine ähnliche Entwicklung und ein – unter Berücksichtigung der unterschiedlichen Lebenskulissen – zumindest ähnliches Schicksal erfahren.

Die große »Unbekannte« eines jeden Horoskops ist somit der Entwicklungsgrad der individuellen Seele, der natürlich nicht statisch ist, sondern eine Evolution durchmacht.

4. KREBS
Die Symbole der Rätsel

Die elementaren Lebensrätsel entstammen einer Dimension, die für unseren bewußten Verstand nicht faßbar ist. Das ist der Grund dafür, daß uns die Rätsel des Lebens in symbolischer Verkleidung erscheinen, denn Symbole sind Bindeglieder zwischen den »Welten«. Durch ihre zweiseitige Ausrichtung – auf den Bereich der Formen sowie auf die gestaltlose Ebene der Psyche – sind sie Mittler zwischen außen und innen, Bewußtsein und Unbewußtem. Wenn im Märchen der Held eine Prinzessin für sich zu gewinnen sucht oder aus einer Verzauberung befreien will, dann werden ihm Rätselaufgaben gestellt. Diese Anforderungen sind symbolischer Natur, ihre Lösung bedeutet eine Befreiung aus Abhängigkeit und Unbewußtheit.

Ebenso begegnet uns in den Träumen eine Vielzahl von Sinnbildern, die empfunden, gedeutet und in die Sprache des Alltags übersetzt werden wollen. Als Vermittler wesentlicher Botschaften aus dem Tiefenbereich der Seele schlagen die Traumsymbole eine Brücke zu unserer irdischen Lebensrealität. Sie erscheinen – wie auch die Astrosymbole – als Bilderrätsel, die aus dem Bereich der Archetypen in unser Ich-Bewußtsein hineinwirken.

Die seelisch-energetische Wirklichkeit der Symbole

Die etymologische Betrachtungsweise des Wortes Symbol führt uns zu dem griechischen *symbolon,* was *Kennzeichen* beziehungsweise *Zeichen* bedeutet. Dem »*Duden-Herkunftswörterbuch*« entnehmen wir, daß *symbolon* zu griechisch *symballein* = zusammenwerfen, zusammenfügen gehört; es »bezeichnet eigentlich ein zwischen Freunden oder Verwandten vereinbartes Erkennungszeichen, bestehend aus Bruchstücken (zum Beispiel eines Ringes), die ›zusammengefügt‹ ein Ganzes ergeben und dadurch die Verbundenheit ihrer Besitzer erweisen«.

Immer wenn wir es mit Symbolen beziehungsweise einer symbolischen Anschauungsweise zu tun haben, geht es um das *ganzheitliche* Erfassen einer Sache. Wir berühren hier eine Bewußtseinsebene, die weit über das rationale Weltverständnis hinausgeht und gefühlsmäßig-intuitiv wahrgenommen werden will. Symbole fügen etwas zusammen, das vormals getrennt war, und stellen dadurch eine neue Verbundenheit her. Im tiefsten Sinne geht es dabei um die Rückbindung des Menschen an seinen verlorengegangenen Ursprung, seine innere Heimat. Symbole sind *sichtbare* Zeichen einer unsichtbaren, weil inwendigen Wirklichkeit, wie bereits aus der etymologischen Definition hervorgeht: Die Bruchstücke des Ringes sind das veräußerlichte Sinnbild für die geistig-seelischen Werte der Zusammengehörigkeit und Freundschaft von zwei oder mehr Menschen, die im Besitz dieser Teile sind. Astrosymbolisch entspricht das Ringsymbol als Ausdruck von Verbindung dem WAAGE-Prinzip.

In ihrem Buch »*Die Dynamik der Symbole*« schreibt VERENA KAST (eine der populärsten Psychotherapeutinnen der JUNGschen Schule) zu diesem Thema: »Beim Symbol sind immer zwei Ebenen zu beachten: In etwas Äußerem kann sich etwas Inneres offenbaren, in etwas Sichtbarem etwas Unsichtbares, in etwas Körperlichem das Geistige, in einem Besonderen das Allgemeine. Wenn wir deuten, suchen wir jeweils die unsichtbare Wirklichkeit hinter diesem Sichtbaren und ihrer Verknüpfung« (S. 19/20).

Die Beschäftigung mit Symbolen erweckt häufig die Vorstellung von etwas Geheimnisvollem, Magischem, in jedem Falle Besonderem, das über das Sinnbild zu uns spricht. Überlieferungen durch Brauchtum, esoterische Traditionen, von Schamanen, Visionären und Mystikern legen uns den außergewöhnlichen, nichtalltäglichen Aspekt der Symbole nahe.

4. KREBS: Die Symbole der Rätsel

Vom Standpunkt der energetischen Astrologie aus betrachtet haben wir es hier zwar mit einem wesentlichen Element des Symbolverständnisses zu tun, es erschöpft sich jedoch nicht in seiner »geheimen Seite«. Wir unterscheiden zwischen einer Symboldefinition im engeren und im weiteren Sinne, um der Verwirrung zu entgehen, die der heutige Gebrauch dieses Wortes oftmals mit sich bringt. Im *engeren* Sinne besitzen ein Bild, ein Gegenstand, eine Handlung, ein Mensch oder Tier dann Symbolcharakter, wenn sie mehr vermitteln als die bloß augenfällige und unmittelbare Bedeutung. Entscheidend bei dieser Sichtweise ist also das irrational-seelische Element, das diesem Objekt anhaftet und es zum Symbol avancieren läßt. Dabei muß natürlich der individuelle und kulturelle Bezug berücksichtigt werden, der den *Inhalt* des jeweiligen Symbols beeinflußt, während das zugrundeliegende archetypische Grundmuster, der *Auslöseimpuls* sozusagen, auf allen Ebenen gleich bleibt. Nehmen wir als Beispiel dafür das Hakenkreuz. Im »*Lexikon der Symbole*« von BAUER/DÜMOTZ/GOLOWIN lesen wir dazu: »Mag zum Beispiel das vom Ursprungssinn her vor Dämonen schützende Hakenkreuz auf dem Gewand eines griechischen Jünglings des zweiten Jahrhunderts diesem Glück gebracht haben, wie heute noch den Schiffen skandinavischer Reedereien (auf deren Bug es prangt), so konnte es – auf die Mitra des heiligen THOMAS BECKETT gestickt – diesen nicht vor seinen dämonischen Mördern retten. Viele führende Nationalsozialisten, die es regelrecht rituell verehrten, ließ es gleich selbst zu ›Dämonen‹ werden. Der Punker dagegen, der es heute auf seine Lederjacke steckt, signalisiert mit dieser provokativen Geste den Wunsch nach gesellschaftlicher Auseinandersetzung und Beachtung.«

Auch das Symbolverständnis von C. G. JUNG beinhaltet bestimmte Kriterien, die definieren, ob und wann ein Symbol als solches bezeichnet und empfunden werden kann. Er unterscheidet die »natürlichen« Symbole, die sich von den unbewußten Inhalten der Psyche ableiten, von den »kulturellen«, »die man bewußt verwendet hat, um ›ewige Wahrheiten‹ auszudrücken …« (JUNG und andere: »*Der Mensch und seine Symbole*«, S. 93).

Betrachten wir den Symbolbegriff in einem *weiteren* Sinne, dann fallen darunter *alle* äußeren wie inneren *Erscheinungen*. In jeder physischen und psychischen Ausdrucksform erkennen wir deren Gleichnis- und Symbolcharakter. Alle Phänomene der irdischen Welt stehen neben ihrer konkreten Bedeutung gleichzeitig stellvertretend für eine innere Wahrheit. Und das ohne Rücksicht darauf, wieviel oder wenig dem einzelnen das jeweilige Sinnbild bewußt bedeuten mag.

HERMANN HESSE formuliert diese Erkenntnis in seinem Märchen »*Iris*« poetisch: »Jede Erscheinung auf Erden ist ein Gleichnis, und jedes Gleichnis ist ein offenes Tor, durch welches die Seele, wenn sie bereit ist, in das Innere der Welt zu gehen vermag, wo du und ich und Tag und Nacht alle eines sind. Jedem Menschen tritt hier und dort in seinem Leben das geöffnete Tor in in den Weg, jeden fliegt irgendeinmal der Gedanke an, daß alles Sichtbare ein Gleichnis sei, und daß hinter dem Gleichnis der Geist und das ewige Leben wohnen ...«.

Wenn wir im Rahmen der energetischen Astrologie und Traumarbeit mit Symbolen umgehen, dann im Sinne dieses HESSE-Zitats. Die wesentliche Lektion besteht nämlich darin, die Symbolhaftigkeit einer jeden irdischen Erscheinung zu erspüren und herauszufinden. Die Traumbilder und Astrosymbole dienen uns gleichermaßen als Tor und als Schlüssel zu der Tür, die uns Seelenräume eröffnet, in denen »der Geist und das ewige Leben wohnen«.

Wenden wir das Ordnungssystem der Astrologie auf unsere Untersuchung an, dann ist es der KREBS-Archetyp, der die symbolische Ebene »regiert«. Wenn wir mit HESSE also feststellen, daß alle Erscheinung auf Erden ein Gleichnis ist, dann handelt es sich um das Erkennen dieser KREBS-Ebene als der Dimension des Seelischen, die allen Phänomenen neben ihrer konkreten, greifbaren Bedeutung innewohnt. Äußerlich betrachtet definieren wir beispielsweise einen Baum als bestimmte Anordnung von physischen Teilen (Wurzeln, Stamm, Äste, Zweige, Blätter etc.), der vielerlei Nutzen bringen mag. Er spendet Schatten, liefert Früchte, Brenn- und Möbelholz. Und doch ist der Baum aber noch viel mehr, etwa ein Symbol unserer Erdverwurzelung wie auch des Strebens nach oben, dem Himmel zu, in geistige Regionen. Auch als individueller Stammbaum hat er symbolische Bedeutung.

Um die verschiedenen Ebenen der Symbole näher zu bestimmen und deren unterschiedliche Aspekte zu erfassen, finden wir im astrologischen Modell eine wertvolle Orientierungshilfe. Wenn JUNG etwa von *initiatorischen* Symbolen spricht, dann haben wir es mit deren WIDDER-Seite, bei den Symbolen der *Transzendenz* mit der FISCHE-Seite, bei *archaischen* Symbolen mit der SKORPION-Seite der Sinnbilder zu tun. Und wenn wir die STEINBOCK-Seite betrachten, dann sind wir eben mit den Symbolen des *Alltags* konfrontiert, die uns tagtäglich begegnen und deren symbolhaften Charakter wir schon gar nicht mehr bewußt wahrnehmen, da sie uns so selbstverständlich geworden sind. Doch latent ist auch in scheinbar banalen Gegenständen und Handlungen ein gleichnishafter Aspekt versteckt, der uns meist erst dann ins Bewußtsein dringt, wenn die damit verbundene Routine durchbrochen wurde. So kann beispielsweise das Verlieren eines Eherings, der jahrzehntelang unbemerkt getragen und kaum mehr registriert wurde, zu einem Anstoß werden, die eigene Einstellung zur Beziehung neu zu überdenken. Der Verlust, der die Aufmerksamkeit erregt, auf den Vorfall konzentriert und eine emotionale Reaktion mit ins Spiel bringt, kann Objekt und Ereignis zum (bewußten) Symbol einer Ehekrise avancieren lassen. Diese Deutung trifft natürlich nicht auf jede ähnliche Situation zu. Die individuelle Konstellation (Lebenssituation, Bezug zum Symbol, energetische Struktur, Zeitqualität etc.) ist dabei ausreichend zu berücksichtigen. Ein Klient beispielsweise, der im Traum den Ehering locker ab- und ansteckte, während er in Wirklichkeit dieses Schmuckstück nur mit allergrößter Mühe von seinem Finger brachte, fand hierin ein Symbol für eine entspanntere, freiere Einstellung zu seiner Ehe.

Der Mensch der Frühzeit stand noch in einer viel direkteren inneren Beziehung zu der ihn umgebenden Welt und Natur. Jeder Stein, jede Pflanze, jeder Ort konnte Ausdruck oder Wohnstätte von Geistern beziehungsweise Naturkräften sein, mit denen eine direkte oder indirekte Kommunikation (in Visionen, Träumen, Trancezuständen) möglich war. Die Entwicklung der Verstandeskräfte beim Menschen bewirkte jedoch eine immer stärkere Konzentration auf die linke Gehirnhälfte, den »rationalen Gegenpol« der rechten Hemisphäre mit ihrem ganzheitlich-intuitiven, symbolischen Erfassen. Im Zeitalter der Aufklärung entfernte sich der westliche Geist immer weiter von einem vormals magisch-symbolischen Weltverständnis (KREBS-Ebene) und erschloß sich zunehmend die dreidimensionale Welt der Logik und der Verstandeskräfte (STEINBOCK-Bereich).

Dieser Prozeß innerhalb der Evolution des menschlichen Bewußtseins bewirkte zweifellos eine größere Freiheit gegenüber den Objekten der Welt, die jetzt mit viel mehr Abstand und Gelassenheit erlebt werden konnten; wenn man Blitz und Donnergrollen als Naturerscheinung statt als das Zürnen eines wütenden Gottes definieren konnte, reduzierte das die Angst vor den Naturkräften. Doch gleichzeitig hat diese Entwicklung hin zum anderen Extrem der Wahrnehmung dem modernen Menschen den Zugang zur symbolhaften Daseinsebene verbaut. JUNG sieht in diesem Vorgang das eigentliche Problem des »zivilisierten« Menschen: »In dem Maße, wie unser wissenschaftliches Verständnis zugenommen hat, ist unsere Welt entmenschlicht worden. Der Mensch fühlt sich im Kosmos isoliert, weil er nicht mehr mit der Natur verbunden ist und seine emotionale ›unbewußte Identität‹ mit natürlichen Erscheinungen verloren hat. Diese haben allmählich ihren symbolischen Gehalt eingebüßt. Der Donner ist nicht mehr die Stimme eines zornigen Gottes und der Blitz nicht mehr sein strafendes Wurfgeschoß. In keinem Fluß wohnt mehr ein Geist, kein Baum ist das Lebensprinzip eines Mannes, keine Schlange die Verkörperung der Weisheit, keine Gebirgshöhle die Wohnung eines großen Dämons. Es sprechen keine Stimmen mehr aus Steinen, Pflanzen und Tieren zu dem Menschen, und er selbst redet nicht mehr zu ihnen in dem Glauben, sie verständen ihn. Sein Kontakt mit der Natur ist verlorengegangen und damit auch die starke emotionale Energie, die diese symbolische Verbindung bewirkt hatte« (ebd. S. 95).

In astroenergetischer Hinsicht hat sich die Menschheit – vor allem der nördlichen Hemisphäre – aus dem Bereich des WASSER-Elements, der unbewußten, magisch-symbolhaften Weltschau – heraus- und zum abgrenzenden, rational orientierten trockenen ERD-Element hinbegeben. Im Erkennen und Erleiden des damit einhergehenden Isolationsgefühls liegt die Chance, ein neues Gleichgewicht zwischen Gefühl und Verstand, symbolischer und konkreter Ebene herzustellen. Wenn wir uns heute mit durchaus kritikfähigem Bewußtsein von neuem auf die verlorengegangene Welt der Symbole einlassen und sie für uns wiederentdecken, dann ist das kein Zurückfallen in mittelalterlich-magisches Denken, sondern ein wesentlicher Schritt in dem Prozeß, den JUNG als *Individuationsweg* bezeichnete.

Lebte der Mensch der Frühzeit noch *unmittelbar* in der symbolischen Dimension des KREBS-Archetypen und war sich dessen völlig unbewußt, hat der Erdenbürger heute die Aufgabe und Aussicht, die Welt der Seele auf einer höheren, sprich: bewußteren, Ebene wiederzufinden. Dieser Evolutionsschritt des menschlichen Geistes drückt sich astrosymbolisch in dem Übergang zur LÖWE-WASSERMANN-Dimension aus, der übersetzt bedeutet: Ein erweitertes Selbstbewußtsein und eine gestärkte individuelle Persönlichkeit werden aus dem Bemühen erwachsen, *in sich selbst* die Kräfte und Wesenheiten zu finden und in die Gesamtpersönlichkeit zu integrieren, die einst zwar unmittelbar empfunden, aber dennoch nicht als dem *eigenen* Sein zugehörig erlebt werden konnten.

Für JUNG spielen bei diesem Entwicklungsprozeß vor allem die Träume eine zentrale Rolle: »Dieser enorme Verlust wird durch die Symbole unserer Träume wieder ausgeglichen. Sie bringen unsere ursprüngliche Natur ans Licht – ihre Instinkte und eigenartigen Denkweisen« (ebd. S. 95).

Ergänzend dazu zeigt die Astrologie auf, welche Symbole im weiteren Sinne zu einer bestimmten Zeit besondere Bedeutung für uns erlangen – zum Beispiel wenn die Frage, ob eine neue Lampe angeschafft werden soll, für ein Ehepaar zum Symbol für Auseinandersetzung und notwendige Bewußtwerdung wird (siehe dazu auch Teil III). Das astroenergetische Wissen um die Qualität der Zeit ist es, das uns hier die Augen für die Symbole öffnen kann. Sie können individuell wie auch kollektiv in den Vordergrund treten, und eine Auseinandersetzung mit ihnen führt möglicherweise zu den erwähnten Schlüsselerlebnissen.

In diesem Sinne haben auch unsere alltäglichen Lebenssituationen Symbolcharakter. Alle Ereignisse dieser physischen Welt – in materieller, seelischer oder intellektueller Hinsicht – erscheinen dem Verstand in mehr oder minder greifbarer Bilderform. Die eigentliche Bedeutung jeglicher Geschehnisse liegt jedoch *hinter* der Bilderwelt, auf der anderen Seite der *Maya*, der großen Illusion, wie diese in Indien genannt wird. Die Bilder unseres Daseins sind Medium und Symbol für die eigentliche Wirklichkeit, die eine seelisch-geistige, das heißt energetische ist. Gleichnishaft stellen die Bilder eine Brücke für unser Bewußtsein dar, über die wir das andere Ufer der lebendigen Wirklichkeit jenseits aller Beschreibungen erreichen können.

Aber die Bilder *sind* diese Wirklichkeit nicht! Warum fällt es Menschen schwer, über »mystische Erfahrungen« zu berichten? Weil diese Erfahrungen ohne Bilder und unmittelbar sind. Versuchen wir mystische Erkenntnisse in die »Erdensprache« zu übersetzen, brauchen wir Symbole dafür, die aber nur noch der Schatten des eigentlichen Zustands sind, von dem sie eine Ahnung vermitteln wollen.

Aber auch ohne mystische Realisationen können wir diese Gegebenheit in unserem alltäglichen Leben immer wieder nachvollziehen, etwa wenn es darum geht, *Gefühle* zu erklären. Auch hier sind wir genötigt, Bilder zu gebrauchen, um unseren Gefühlszustand zu *beschreiben*. Wir haben ein *sonniges* Gemüt, *kochen* vor Wut, stehen unter *Hochspannung*, sind vor Angst wie *gelähmt*, geistig *umnachtet* oder befinden uns in einer sonstigen Stimmung, die wir hautnah spüren, sprachlich-rational aber nicht direkt, sondern nur indirekt beschreibend weitergeben können. Der unmittelbare Austausch der Gefühle findet dagegen auf seelischer Ebene statt, in der atmosphärischen Wahrnehmung oder beim Einfühlen in die Seelenlage eines Mitmenschen .

Die Tatsache, daß alle Erscheinungen auch Gleichnis für eine formlose energetische Dimension sind, die allen Formen zugrunde liegt, ergibt sich schon zwangsläufig aus der grundlegenden *Dualität* unserer Welt. Alles hat einen Gegenpol, der die polare Entsprechung beziehungsweise Ergänzung darstellt. Und wie es nur Täler geben kann, wenn auch Berge da sind, nur Helligkeit, wenn gleichzeitig die Dunkelheit als Gegensatz existiert, ist die konkret faßbare Seite der Dinge nur dann denkbar, wenn daneben die ungreifbare, symbolische Dimension besteht. Natürlich geht es dabei nicht darum, den Objekten ihren praktischen Nutzen abzusprechen. Eine Schüssel beispielsweise wird weiterhin als Behälter für Nahrung ihre Dienste leisten. Doch ergänzend fügt die symbolische Betrachtungsweise eine andere Ebene hinzu und führt uns dieses Gefäß als Sinnbild seelisch-geistiger Aufnahmebereitschaft vor Augen. Begegnet uns eine Schüssel im Traum, ist für die Deutung sehr wahrscheinlich deren symbolische Dimension gefragt. Fällt uns in der Realität beim Kochen eine Schale aus den Händen und zerbricht, kann das als symbolischer Ausdruck für ein momentanes Problem stehen, das wir mit der Aufnahme seelisch-geistiger Kost haben.

Symbole brauchen wir nicht aus dem Lexikon auswendig zu lernen. Einfacher und lebendiger ist es, die symbolische Entsprechung eines Objekts *abzuleiten.* Warum steht die Sonne als Sinnbild für Bewußtsein und unsere Wesensmitte? Weil es ihre Natur ist zu strahlen, Licht und Wärme zu spenden und als Mittelpunkt des Sonnensystems dessen Dreh- und Angelpunkt zu sein. Wo liegt die Verbindung zwischen aggressiven Gefühlen und dem Bild eines Haifischs? Der Gefühlsaspekt ergibt sich aus der Tatsache, daß diese Tiere im Wasser (Symbol für den Gefühlsbereich) leben. Die Aggressivität läßt sich aus ihrem Jägertum, dem mächtigen Gebiß und der Gefährlichkeit mancher Arten auch für den Menschen herleiten; in der Umgangssprache hat sich die Bezeichnung »Hai« für einen besonders skrupellosen Menschen eingebürgert. Kriterium der Symboldeutung sind in jedem Falle die individuellen Wesensmerkmale der Dinge, die in den verschiedenen Kulturen ihren entsprechenden symbolischen Ausdruck gefunden haben.

Symboldeutung meint nun andererseits aber nicht, dem jeweiligen Objekt eine bewußte Steuerung dieser Eigenschaften zu unterstellen. Einen Traumhai als Sinnbild für aggressive Gefühle zu deuten, spricht den Haien natürlich keine »bösen« Absichten zu. Diese Tiere folgen lediglich genauso ihren Instinkten, wie ein Hase eben Gras frißt. Es läßt sich aber sicherlich nicht leugnen, daß wir bei Hase und Haifisch ganz unterschiedliche Gefühle und Assoziationen entwickeln.

Hier einige Fragen, die die Symbolbedeutung – am Beispiel eines Tieres – erhellen können: Wo lebt das Tier? Was sind auffallende beziehungsweise typische Merkmale? Welcher Art ist das Sozialverhalten des Tieres? Was sagt uns der Körper (Größe, Gewicht, Farbe, Gebiß etc.)? Welche Eigenschaften sind besonders ausgeprägt? Wovon ernährt es sich? In welchen Redensarten kommt dieses Tier vor? Welche Erlebnisse und Assoziationen verbinden wir mit dem Tier? Die Antworten auf diese Fragen beziehen wir in die Deutungsarbeit ein und erhalten dadurch die symbolische Bedeutung.

Die Kunst der Symboldeutung läßt sich, wie jede andere Fertigkeit, durch Übung entwickeln. Hat man erst einmal das Prinzip der Übertragung – vom konkreten Objekt auf seinen symbolischen Gehalt – verstanden, läßt sich die allgemeine symbolische Bedeutung jedes Traumbilds erschließen. Der weitere Kontext ist dann dafür ausschlaggebend, wie dieses Symbol ganz individuell zu werten ist. Erinnern wir uns daran, wie wir in der Schule zum Beispiel die Multiplikation gelernt haben. In erster Linie ging es doch darum, das *Prinzip* dieser Rechenart zu verstehen. Anschließend war es relativ einfach, die verschiedenen Multiplikationsaufgaben zu lösen.

Alle Erscheinungen sind *latente* Symbole. Wenn uns der Symbolcharakter eines Gegenstands, eines Menschen, Tieres oder einer Situation in einem Aha-Erlebnis bewußt wird, *aktivieren* wir sozusagen dessen symbolische

Dimension. Damit erreichen wir das betreffende Objekt auf einer tieferen, rational nicht faßbaren Ebene, die uns zum Tor in das Innere wird. Erspüren wir die Vielschichtigkeit eines Symbols, dann treten wir in eine *Kommunikation* mit dem Leben selbst und kommen aus der Isolation unseres »Einbahnstraßen-Denkens« heraus. Wenn uns die Symbolhaftigkeit allen Erlebens bewußt wird, fungieren die Erscheinungen gleichsam als Wegweiser durch das Labyrinth unserer eigenen Verstrickungen und Lebensrätsel. Alltagsgeschehen, Träume, Begegnungen mit Menschen halten uns in diesem Sinne unablässig einen Spiegel vor Augen, der über unser Befinden Auskunft gibt. Erkennen wir beispielsweise anhand der Astrologie, daß in einer bestimmten Lebensphase außergewöhnlich viele WASSERMANN-betonte Menschen in unser Leben treten, kann das astrosymbolisch aufzeigen, daß dieses Thema aktuell zu sein scheint. Näheres Hinspüren und Reflektieren mag dann ergeben, daß wir tatsächlich in einer (wassermännischen) *Umbruch*phase sind und die (neuen) Bekanntschaften beziehungsweise Lebensumstände (etwa Umzug, Berufswechsel) Medium und Symbol dafür sind. Menschen oder Situationen, die uns über lange Zeit begleiten (wie Eltern, Ehepartner, Kinder, Volks-, Rassen- und Religionszugehörigkeit, Lebensaufgabe und dergleichen) stehen dann nicht nur als Sinnbilder für begrenzte Lebensphasen, sondern für grundsätzliche Schwerpunkte dieser Inkarnation.

Wir sind alles auch selbst: die Subjektstufendeutung

Deuten wir Träume und Horoskope auf symbolischer Ebene, dann sehen wir deren Inhalte als Wesensanteile des Träumers oder Horoskopeigners an. C. G. JUNG spricht in diesem Zusammenhang von der Deutung auf der *Subjektstufe*.

Wenden wir uns zunächst den Träumen zu und erinnern uns daran, daß es sich auch bei den Traumbotschaften um *Bilder* handelt und nicht um die eigentliche Wirklichkeit. Sie entspringen zwar unmittelbar dem lebendigen Seelenraum, sind aber, obgleich von feinstofflicherer Natur als die physischen Gegenstände, gleichermaßen Sinnbild für die *dahinterstehenden* innersten Regungen und Gegebenheiten. Im Gegensatz zur *Objektstufendeutung,* die wir anwenden, wenn die Traumobjekte konkret gemeint sind und deren Beziehung zum Träumer im Vordergrund steht (siehe dazu I.7), legt uns die *Subjektstufe* nahe, in den Traumbildern den Träumer selbst abgebildet zu sehen: seine Wesensmerkmale, Komplexe, seine Vergangenheit, Gegenwart, Zukunft und so weiter.

Zweifellos ist diese Deutungsebene für den Anfänger die schwierigere, sind wir doch gewohnt, die Dinge so anzunehmen, wie sie uns auf den ersten Blick erscheinen. Ein Hund ist dann eben nichts weiter als ein vierbeiniger Kläffer. Ein verdorrter Baum ist wohl nicht gerade attraktiv, hat aber doch sicher nichts mit uns selbst zu tun, mögen wir denken. Und die ungepflegte Frau oder der verwahrloste Säufer aus dem Traum kann ja wohl schon gleich gar nichts mit uns gemein haben, achten wir doch auf Sauberkeit und hüten uns meistens davor, allzu tief ins Glas zu schauen. Wollen wir es uns aber wirklich so leicht machen, indem wir die Traumbilder sofort verwerfen, wenn sie uns – wörtlich genommen – zunächst anscheinend nichts über unsere Lebenswirklichkeit zu sagen haben?

Hier ist es hilfreich, unsere Phantasie spielen und um die Traumbilder kreisen zu lassen. Dabei werden wir wieder lernen, spontane Einfälle aufzugreifen und als intuitive Erkenntnisse beziehungsweise innere Wahrheiten zu begreifen. Konnten wir ausschließen, daß der Traum wörtlich zu verstehen ist – da der Traumhund nicht zu unserem Hausstand gehört und die asozialen Gestalten auch nicht gerade zu unserem Bekanntenkreis zählen –, sollten wir uns fragen, was damit *symbolisch* über *uns* ausgesagt wird. Welche angenehmen oder unangenehmen Wahrheiten enthalten diese bildhaften Botschaften? Wie drückt sich unsere derzeitige Lebenssituation und körperlich-seelisch-geistige Verfassung in den Bildern aus? Welche Gedanken, Wünsche, Ängste oder Hoffnungen trage ich in mir, die mich verfolgen und beschäftigen? Solche und ähnliche Fragen lassen uns darüber nachsinnen und hinspüren, inwieweit die Traumbilder ein treffender symbolischer Ausdruck unserer inneren Lage sind.

Mit dem abgestorbenen Traumbaum ist vielleicht ein Stück lebendige Entwicklung in uns verdorrt, die es wieder zu »bewässern«, das heißt mit Gefühlen zu erfüllen gilt. Die Beziehung zum Hund mag eine Momentaufnahme unseres Kontakts zur Triebseite sein, die verwahrlosten Traumpersonen verkörpern möglicherweise innere Wesensanteile, denen wir mehr Aufmerksamkeit und Pflege zukommen lassen sollten.

Wie läßt sich nun möglichst zweifelsfrei erkennen, ob die Traumfiguren auf uns (als »Subjekte«) zu beziehen sind und Rollen übernommen haben, die Charaktereigenschaften, Gefühle, Denk- und Handlungsweisen von uns selbst zur Aufführung bringen? Wie gut wir die Personen, die im Traum erscheinen, kennen und wie intensiv die Beziehung in der Realität ist, spielt dabei eine wesentliche Rolle. Nahe Verwandte, Freunde oder sonstige Mitmenschen, zu denen wir im ständigen Kontakt stehen, legen häufig die *Objektstufendeutung* nahe, während unbekannte Personen oder solche, mit denen wir (mittlerweile) wenig zu tun haben, meist ausschließlich symbolisch zu interpretieren sind. Bedenken wir allerdings, daß es ja vor allem die uns nahestehenden Menschen sind, die als Spiegel für eigene Wesenszüge fungieren, erstaunt es nicht, wenn sogar Ehepartner, die eigenen Kinder, Arbeitskollegen und gute Freunde neben ihrer objektiv-konkreten Traumbedeutung gleichzeitig auch als Sinnbild innerpsychischer Anteile dienen. Unsere Söhne und Töchter können dann als in der Entwicklung begriffene männliche oder weibliche Seiten unseres Wesens aufgefaßt werden, und zuweilen erinnern sie uns auch an die Lebensphase, als wir selbst in diesem zarten Alter waren. Diese Bedeutung ist vor allem dann aktuell, wenn unsere momentane Befindlichkeit in engem inneren Zusammenhang zu dieser längst vergangenen Lebensperiode steht.

Wenn wir den ersten Schritt vollzogen haben und feststellen konnten, daß die Traumperson auf der Subjektstufe zu deuten ist, dann geben uns deren Geschlecht, Alter, Rasse und Beruf nähere Auskunft darüber, um *welche* Wesensseite es sich dabei handeln mag. Werden wir im Traum beispielsweise von der Polizei verfolgt, sollten wir uns fragen, warum die *inneren Ordnungshüter* hinter uns her sind. Eine junge Frau, die von einer schwarzen Prostituierten träumte, sah sich mit ihrer eigenen Schattenseite konfrontiert, die ihr verdrängtes Lustprinzip verkörperte. Beziehen wir die Astroebene mit in die Deutung ein, korrespondieren die Traumpolizisten mit der STEINBOCK-SATURN-Thematik, und das Lustproblem wäre auf die WIDDER-MARS-Position hin zu überprüfen.

In den Tierkreisbänden werden die verschiedenen Berufe, Orte, Tiere und Gegenstände daraufhin untersucht, welche symbolisch-energetische Bedeutung ihnen in der äußeren Realität wie im Traum zukommt. Im vierten Teil dieses Einführungsbuches erfährt der Leser, wie die verschiedenen Lebensbereiche auf der Subjektstufe im allgemeinen zu verstehen und umzusetzen sind.

Wenn wir uns nun der Horoskopdeutung auf der *Subjektstufe* zuwenden, lassen sich im wesentlichen die vorangegangenen Ausführungen über die Träume auch auf die Astroebene übertragen. Nur haben wir es bei den astrologischen Symbolen zunächst mit erheblich abstrakteren Sinnbildern zu tun, die individuell übersetzt und auf eine »praktische« Ebene heruntergeholt werden wollen. Die VENUS etwa, die als Göttin der Liebe den Himmel der Römer bewohnte und als Planetenentsprechung Einzug in das Horoskop gefunden hat, versteht sich auf der Subjektstufe als innerpsychische Kraft, die vor allem unsere Liebes- und Beziehungsfähigkeit sowie unseren Zugang zu Schönheit und Kunst ausdrückt.

Jeder Mensch auf diesem Erdboden trägt diese Seite in sich. Selbst der brutalste und dumpfste Zeitgenosse ist *grundsätzlich* liebes- und beziehungfähig und ein *potentieller* Künstler. Wer diese Eigenschaften vorerst nicht in sich auffinden kann, braucht deshalb nicht zu verzweifeln. Irgendwo in der Tiefe und Dunkelheit der Psyche – wahrscheinlich verdrängt, unterdrückt oder ganz einfach durch eine lieblose Erziehung nicht hervorgelockt – sind die VENUS-Qualitäten verborgen. Allein die Tatsache, daß jemand überhaupt dazu in der Lage ist, eine – wie auch immer geartete – Verbindung zur Außenwelt herzustellen, weist auf das (latente) Vorhandensein des VENUS-Prinzips hin.

Astroenergetische Arbeit auf der Subjektstufe fordert uns auf, *alle* Bestandteile des Horoskops als Wesensteile oder Dimensionen unserer Gesamtpsyche anzunehmen. Die esoterische Weltsicht, nach der *alles* auch *in* uns ist, wird dadurch nachvollzogen. Ein symbolisches Horoskopverständnis legt folgende Fragen nahe: Welche Wesenskraft wird durch welchen Planeten verkörpert? Was sagt dessen Position im Tierkreis über die »Färbung« dieser Wesensseite aus?

Steht zum Beispiel die VENUS im STEINBOCK, wird der Betreffende an das Beziehungsthema eher pragmatisch, bei SCHÜTZE-VENUS eher euphorisch-idealistisch, bei WIDDER-VENUS eher lustbetont-stürmisch herangehen; zumindest wäre das von seiner Anlage her gegeben. Die Horoskopverbindungen (Aspekte, siehe I.7) geben uns Auskunft, wie sich diese Seite mit anderen Wesenskräften »verträgt«. Und schließlich gibt uns die Häuserposition dieses Planeten Auskunft über den Lebensbereich, durch den wir am direktesten mit dieser Wesensseite konfrontiert werden. VENUS im zehnten Haus (STEINBOCK-Haus) zeigt die enge Verbindung des Partnerschafts- und Harmoniethemas mit Beruf beziehungsweise Berufung, während sich die VENUS im vierten Haus (KREBS-Haus) vor allem im familiären Bereich entfaltet.

Traum- und Horoskopdeutung auf der Subjektstufe fördern die Erkenntnis, daß wir letztendlich alles, was uns in der Außenwelt begegnet, auch *in* uns tragen und daher die Lebensrätsel nur auf seelischer Ebene lösen und erlösen können. Eine blockierte VENUS etwa drückt sich in entsprechender Konstellation aus und wird mir als äußere Beziehungsstörung, aber auch im Traum als mangelhafte Beziehungsfähigkeit der »inneren Familie« begegnen. Gleichzeitig ist damit jedoch auch der Weg zur *Entwicklung* des jeweiligen Potentials angegeben. Ebenso wie im Märchen – wenn verzauberte Prinzen oder Prinzessinnen als Frosch, Bär, Löwe oder sonstiges Tier auf Erlösung warten – harren auch unsere Seelenkräfte darauf, wachgeküßt und entzaubert zu werden. Auch im Zustand der Verzauberung trägt der verwunschene Märchenheld das Erlösungspotential bereits in sich. Wäre dem nicht so, müßten jegliche Erlösungsbemühungen vergeblich sein.

Die grundlegende Frage für die seelische Arbeit lautet also nicht: Habe ich überhaupt dieses oder jenes Potential in mir?, sondern: Wie stelle ich es an, »verhexte« Seelenteile zu befreien? In der Art und Weise der Verzauberung ist der Gegenzauber bereits enthalten. Gift und Gegengift beziehen sich aufeinander, sind die zwei Seiten einer Medaille. Eine gestörte Beziehung der Eltern untereinander und zum Kind kann eine archetypische Ausgangssituation für die Verzauberung der kindlichen VENUS sein, die sich im weiteren Beziehungsleben negativ auswirkt und Partnerschaften »wie verhext« erscheinen läßt.

Astroenergetisch gesehen könnten wir es hier mit einer Verbindung der

VENUS mit dem STEINBOCK-Prinzip zu tun haben, zum Beispiel VENUS im STEINBOCK-Haus.

Die Übertragung des Problemkomplexes auf die astrosymbolische Ebene macht deutlich, daß die reale Beziehungssituation in der Kindheit letztendlich als *Medium* für die Initiation dieser spezifischen VENUS-Konstellation fungiert hat. Auch wenn es für die kindliche Seele schwierig und schmerzhaft ist, eine (zeitweilige) Blockierung der »Liebesenergie« erfahren zu müssen, legt uns die Subjektstufendeutung des Horoskops doch auch nahe, daß dieser Komplex als individuelles Lebensrätsel mit in diese Existenz gebracht wurde. Beziehen wir die Erkenntnis, daß es keine ausschließlich negative oder positive Konstellation geben kann, auf unser Beispiel, dann läßt sich in der hier gebotenen Kürze sagen, daß dieser Mensch seine innere (und äußere) VENUS gerade dadurch finden und entzaubern wird, daß er die Herausforderung annimmt und die beiden so grundverschiedenen Energien VENUS-WAAGE und SATURN-STEINBOCK miteinander in Einklang bringt. Er erreicht das etwa, indem er Beziehungen *illusionsfreier* betrachtet und lebt, das *Wesentliche* in der Partnerschaft erkennt beziehungsweise *wesentliche* Beziehungen führt, indem er die Bereitschaft mitbringt, *Hürden* und *Schwierigkeiten* in der Partnerschaft zu akzeptieren und gemeinsam zu überwinden. Das kann dann dazu befähigen und motivieren, anderen Menschen beratend und klärend zur Seite zu stehen, sei es beruflich oder in »nebenamtlicher Berufung«.

Das Wiederfinden der Gefühle

Wir haben etwas verloren. Das ist der Grund dafür, daß wir uns bewußt oder unbewußt auf der Suche befinden. Abhanden gekommen ist uns heutigen Menschen der Bezug zu der seelischen Ebene, der Gefühlswelt. Das äußert sich entweder in einer Abwehr dieser Kräfte oder führt zur Überschwemmung durch die dunkel gebliebenen Seelenmächte. Wie dem auch sei: Beide extremen Erlebensweisen machen die mangelnde Integration des seelischen Bereichs deutlich. Was können wir tun? Wie läßt sich Abhilfe schaffen? Theoretisches Wissen allein genügt sicherlich nicht, sonst wären die meisten Zeitgenossen – zumindest diejenigen, die sich mit diesen Fragen beschäftigen –, bereits geheilt. Wir müssen uns schon auf die Ebene (herunter-)begeben, auf der wir eine Veränderung herbeiführen wollen. Wie kann es uns aber gelingen, eine Verbindung zu den Gefühlen herzustellen, wenn wir doch in dieser Hinsicht beziehungsgestört sind? Zum Beispiel über Träume, die im wesentlichen als »Transportmittel« für Gefühle dienen. Gefühle sind lebendige Wesensäußerungen der Seele, die sich dem Ich im Wachzustand wie auch im Traum mitteilen wollen.

Als Seelenarbeit verstandene Traumarbeit wird also in erster Linie dazu beitragen, zur Gefühlsebene zurückzufinden. Durch die breite Palette der

Stimmungen, die wir träumend durchleben und erfühlen – sicher sind wir schon einmal heulend aufgewacht oder durch einen herzhaften Lachanfall geweckt worden, haben schlafend wie wild um uns geschlagen oder sind sogar schlafgewandelt –, wird unser Ich-Bewußtsein an seelische Erlebnisdimensionen erinnert, die möglicherweise schon lange nicht mehr (bewußt) gefühlt oder zugelassen wurden. Als unweigerliche Folge einer allzu langen und massiven Unterdrückung der Gefühlsregungen nehmen dann Krankheiten im psychosomatischen Sinne stellvertretend den Platz der unerwünschten Empfindungen ein. Ein gesundes Gefühlsleben gehört ganz einfach zur Seelenhygiene, und wenn dieses gestört ist, droht eine innere Vergiftung. Wir könnten uns an dieser Stelle fragen: Funktionieren die natürlichen Reinigungsmechanismen unserer Seele? Durchleben wir die Emotionen und Gefühle, die ausgelöst wurden? Gewähren wir ihnen genügend Raum, sich zu entfalten und auszudrücken? Gönnen wir uns genug Schlaf und Entspannung? Richten wir unsere Aufmerksamkeit auch nach innen und nicht nur einseitig nach außen? Berücksichtigen wir bei unseren Handlungen und Entscheidungen die Gefühlsebene?

Lassen wir uns also auf die Träume ein, bringen sie uns die verlorenen Schätze des Gefühlslebens zurück: wahre Freude, echte Liebe, Urvertrauen ebenso wie ein gesundes moralisches Empfinden, Pflichtgefühl, Trauer- und Reuefähigkeit, die gleichermaßen zur Skala eines reichen menschlichen Gefühlslebens gehören. Wer den Gefühlen mißtraut (warum würden sie sonst wohl verdrängt und zurückgehalten?), wird sich natürlich zunächst schwertun, sie neu zu entdecken. In solchen Fällen sind die Träume oft besonders intensiv mit Stimmungen beladen, um einen Ausgleich herzustellen. Auch wenn diese vorerst nicht bewußt erinnert werden, reicht doch zumindest eine Ahnung davon ins Wachbewußtsein hinein, um das Ich auf diese Weise allmählich »aufzuwecken«. Je deutlicher das Bewußtsein diese nächtlichen »seelischen Korrekturen« erinnert und je bereitwilliger es sich mit der »Traummedizin« auseinandersetzt, um so wirkungsvoller deren Heilkraft. Im Nachempfinden des Traumes knüpfen wir an dessen Gefühlsreaktionen an und nehmen dadurch wieder in Besitz, was potentiell schon immer vorhanden war, aber ungenutzt blieb. Dieser Vorgang läßt sich mit der Entdeckung und schrittweisen Bergung eines Gold- und Juwelenschatzes vergleichen, der, seit Jahrzehnten im Meer (des Unbewußten) versunken, nur darauf gewartet hat, wieder an die Oberfläche (des Bewußtseins) zurückgeholt zu werden. Die mit diesem Schatz verbundene Energie steht uns dann im Alltag zur Verfügung. Welche konkreten Hilfen die Gefühlsreaktionen als Sensoren für unser Wohl und Wehe darstellen, werden wir kaum ermessen können, solange diese Tatsache für uns nur graue Theorie bleibt. Hingegen kann jedermann selbst nachvollziehen, welche positiven Auswirkungen etwa ein Glücksgefühl, das im Traum erlebt wird, auch auf das Wachbewußtsein haben kann, wenn wir es »herüberholen«

und nun auch bewußt nachvollziehen. Träume, die solche aufbauenden Gefühle transportieren, sollten wir in einem inneren »Schatzkästlein« verwahren. Trüben später einmal übermächtige düstere Gedanken unseren Geist, können wir sie hervorholen und als Gegenmittel einsetzen.

Bei der Deutung der Träume spielen die Grundstimmung und vor allem die Gefühlslage am Ende des Traumes eine große Rolle. Sie dient als Indikator dafür, ob wir eine eher positiv-schöpferische oder negativ-destruktive Einstellung dem Traumgegenstand gegenüber hegen und welche Richtung wir in der Entwicklung eingeschlagen haben. Wenn nicht direkt als Gefühl erlebt, findet unsere »Stimmungslage« häufig in der geträumten Witterung ihren Ausdruck. Ein sonniges Klima symbolisiert in der Regel eine heitere Gemütsverfassung, während trüb-nebulöses Wetter meist einen gedrückten Gefühlszustand anzeigt. Das ist eigentlich nicht verwunderlich, wenn wir bedenken, wie sehr auch im Wachzustand die Wetterlage Einfluß auf unsere Stimmungen ausübt. In vielen Redewendungen finden sich weitere Belege für den engen Zusammenhang zwischen innerem und äußerem Klima. Wir sprechen von einem *sonnigen* Gemüt, einem *hitzigen* Temperament, einer *betrübten* Stimmung, einem (gefühls-)*kalten* Menschen. Entsprechend sind solche klimatischen Traumbedingungen auf den Seelenzustand des Träumers zu übertragen. Aber auch Landschaften können die Gefühlszustände der Seelenregionen charakterisieren. Eine Wüste, in die wir im Traum geschickt werden, sollte uns zu denken geben und die Frage aufwerfen, welche Lebens- und Gefühlsbereiche oder Beziehungen ausgetrocknet oder unfruchtbar sind.

Auch die Gefühle, die wir den verschiedenen Traumgestalten entgegenbringen, sind untrügliche Anzeiger für unsere Beziehung zu ihnen. Begegne ich einer Traumperson mit Mißtrauen, sollte ich meine Beziehung zu diesem realen Menschen, aber auch zu der Seite in mir, die dieser Typ verkörpert, genauer unter die Lupe nehmen. Stehen wir einem Traumlöwen gegenüber und geraten dabei in eine panikartige Angst, legt das eben einen anderen Schluß nahe, als wenn wir ruhig und gelassen bleiben, die Oberhand im Geschehen behalten und uns mit dem Raubtier ein Gefühl der Freundschaft verbindet.

Auch wenn lediglich ein Bild ohne weitere Handlung erinnert werden kann, ist der Traum anhand der beteiligten Emotionen relativ leicht zu bewerten. Während es im ersten Fall ungünstig für den Träumer – der mit Furcht und Ablehnung auf seine eigene löwenhaft-majestätische Triebseite reagiert – aussieht, läßt die zweite Möglichkeit erkennen, daß dem Betreffenden die Löwenenergie zur Verfügung steht und er sich etwa wie ein »Richard Löwenherz« fühlen kann. Für den Ängstlichen mag es bereits ein großer Schritt sein, sich, durch den Traum angeregt, seine Angst überhaupt einmal einzugestehen. Der dazu erforderliche Mut läßt die Furcht bereits schrumpfen. Humorlose Gemüter werden möglicherweise schlafend daran erinnert, wie heilsam das Lachen ist, während oberflächlichen Naturen im Traum das Erleben von tiefen Gefühlen gezeigt und ermöglicht wird.

Haben wir durch die Träume den Reichtum der Gefühle wiederentdeckt, werden wir feststellen, daß viele von ihnen uns eigentümlich bekannt vorkommen und die geheimnisvolle Aura des Kindseins und der Vergangenheit verbreiten. Gerade in der frühen Kindheit gehörten diese – mittlerweile vergessenen – Empfindungen noch zu unserer Gefühlspalette, die dann im Laufe unserer Entwicklung allmählich oder abrupt verschüttet wurden. Irgendwann kommt für jeden die Zeit, diese Schätze zu bergen. In den Worten Christi, die besagen, daß wir nur ins Himmelreich (der Seele) gelangen, wenn wir wieder werden wie die Kinder, sind die Notwendigkeit und Möglichkeit der Reintegration unseres Gefühlsreichtums ausgedrückt.

Auch bei der Studie des Horoskops werden innere Regungen entstehen. Obgleich diese Gefühlsreaktionen, die im Zusammenhang mit den astrologischen Symbolen auftreten, zunächst subtiler und weniger einfach zu differenzieren sind, läßt sich ein Bewußtsein dafür entwickeln, die ausgelösten Gefühle wahrzunehmen und zuzuordnen. Es ist eine allgemeingültige Gesetzmäßigkeit, daß jegliche Art von Informationen beziehungsweise Umweltreizen unser Empfinden beeinflußt. In der Tierkreislogik drückt sich das darin aus, daß dem Zeichen für »Informationen« (ZWILLINGE) das Prinzip der »Gefühle« (KREBS) folgt, wobei die Grundlage eines jeden Tierkreiszeichens die vorangegangenen Archetypen bilden.

Das Registrieren der Empfindungen und inneren Bilder in bezug auf die Astrosymbole ist eine Sache der Übung, bei der vor allem eine größere Achtsamkeit für innere Vorgänge zu entwickeln ist. Parallel zu der theoretisch-intellektuellen Beschäftigung mit dem Horoskop werden wir die ausgelösten Bilder, Assoziationen und Stimmungen wahrnehmen und deren In-Erscheinung-Treten mit einem »Seitenblick« beobachten. Wir werden dadurch erkennen, daß letztlich *alle* Alltagserscheinungen – etwa auch die Form unserer Teekanne oder das Loch im Pullover – als Informationsträger auf unsere Psyche einwirken und die »Startknöpfe« für Gefühle beziehungsweise innere Komplexe betätigen. Entscheidend für das Auslösen von inneren Regungen sind dabei die Intensität des Reizes, der Offenheits- und Sensibilitätsgrad sowie die Art unserer selektiven Wahrnehmung. Damit eine innere Regung ausgelöst werden kann, muß der »Schlüsselreiz« auch die passende Form haben und den Schwellenwert des Bewußtwerdens erreichen.

Die Symbole der Astrologie, die in konzentrierter Form unserer energetische Wesensart charakterisieren, lassen sich in dieser Hinsicht als geballte

Ladung psychischen Informationsmaterials verstehen. Im Gegensatz zu den vielfältigen Auslöseimpulsen der Umwelt, deren Wirkungen uns wegen mangelndem Abstand und fehlender Reflexionsmöglichkeiten häufig unbewußt bleiben, lassen sich die Emotionen und Bilder, die im Zusammenhang mit Astrosymbolen auftauchen, sehr viel besser ein- und zuordnen. Assoziationen und Stimmungen, die im Seminar anhand von Musik, Symbolbeschreibung und entsprechenden Übungen zu einem Tierkreiszeichen oder Planeten an die Oberfläche des Bewußtseins katapultiert werden, drücken unseren persönlichen Bezug zu jenem Archetypen aus. Wir erhalten dadurch beispielsweise – zum SCHÜTZE-JUPITER-Thema – Auskunft über die Art unserer Glaubenssätze und -vorstellungen, Ideale, Weltbilder, Ziele und so fort.

Vielleicht lösen das alte Kirchengesangbuch der Großmutter, der Klang der Kirchenglocken oder die Knödel zum Sonntagsbraten ebensolche Gefühle aus, wenn eine entsprechende Konditionierung *Klöße = Sonntag = Gottesdienst* vorliegt. Weitaus eindeutiger wird die Zuordnung von Gefühl, Symbol und dessen Bedeutung, wenn Astrosymbole sozusagen als Mittler dienen.

Um das Gespür für die Astrosymbole wiederzufinden, ist eine Beschäftigung mit den Ausdrucksarten der Archetypen auf den verschiedenen Seinsebenen hilfreich. Es sind dann nicht mehr nur Worte, Lehrmeinungen oder Feststellungen, sondern direktere Impulse, die auf uns wirken, wie sie etwa über Musik, durch die jeweiligen Lebenssituationen oder soziale Umfelder vermittelt werden. Den Unterschied zwischen STIER und ZWILLINGE etwa können wir durch den Vergleich von Volksmusik und Jazzkompositionen lebendig nacherleben. Meine subjektive Reaktion darauf ist der Indikator dafür, wie ich zu dem jeweiligen Prinzip stehe. Ist mir Jazz *immer* und zu jeder Gelegenheit *zuwider* (also nicht nur gleichgültig!), wäre es eine Überlegung wert, ob das etwas über mein ganz persönliches ZWILLINGE-Thema aussagt. Natürlich geht es nicht darum, daß wir alle Jazzfans werden müssen – ebensowenig wie Hard-Rock-Freaks (WIDDER) oder Anhänger der Blasmusik (STIER). Jeder wird eben entsprechend seiner individuellen Konstellation und seinem inneren »Niveau« den unterschiedlichen Ausdrucksweisen des Lebens mit verschiedenen Gefühlsreaktionen begegnen; dies zu erkennen ist ein Schritt in Richtung Selbsterkenntnis. Gerade das individuelle Musikempfinden zeigt, welche Art von Gefühlen wir schätzen oder weniger gernhaben. Verändert sich unser Musikgeschmack, läßt das auch darauf schließen, daß neue Gefühlskomponenten in unser Leben treten. Ich erinnere mich in diesem Zusammenhang an verschiedene Stadien meiner musikalischen Vorlieben. Jazzmusik erschien mir lange Zeit zu oberflächlich, nervös und unzusammenhängend. Als SCHÜTZE-Geborener erlebte ich dadurch ein praktisches Beispiel der Opposition zum gegenüberliegenden ZWILLINGE-Prinzip (dem Jazz zugeordnet ist). Als ich mich dem leichten, unverbindlichen ZWILLINGE-Archetypen gegenüber öffnete, begann ich auch Jazz zu mögen. Je weniger *Vorstellungen* unsere Sicht verbauen, desto mehr erfahren wir über die Astrosymbole und unser Horoskop – also über uns selbst! Es ist eben nicht nur eine Frage des theoretischen Wissens. Wenn wir die Tierkreiszeichen beziehungsweise deren Ausdrucksweisen möglichst unbefangen auf uns wirken lassen, verraten uns die aufsteigenden Gefühle, Assoziationen und inneren Bilder, wie unsere subjektive Ausrichtung dieser Kräfte gelagert ist. Entdecken wir dann später beim Studium astrologischer Literatur Parallelen zwischen unseren lebendigen Erfahrungen und den Beschreibungen dieser Symbole, bestätigt das die Hypothese, daß *alles Wissen* bereits *in uns* ruht und wie Dornröschen nur darauf wartet, endlich wachgeküßt zu werden.

Wenn wir in diesem Kapitel von der Wichtigkeit der Gefühle gesprochen haben, sollten wir bedenken, daß sie erst dann für unser Leben bedeutsam werden, wenn wir ihnen auch *vertrauen*. Solange wir den seelischen Äußerungen, Träumen wie Empfindungen, mit Mißtrauen begegnen und den rationalen Erwägungen und Abwehrmechanismen mehr Glauben schenken, werden wir die Warnungen, Ratschläge und Perspektiven der seelischen Botschaften in den Wind schlagen. Wie im zwischenmenschlichen Bereich gilt auch hier, daß wirkliches Vertrauen Zeit braucht, um zu wachsen. Doch was hält uns eigentlich davon ab, »probehalber« einmal eine gute Portion Zuversicht zu investieren? Lassen wir uns überraschen, was dann geschieht.

Die Gegenwart der Vergangenheit

Auf der seelischen Ebene des ewigen Seins ist die Zeitordnung, wie sie unser Ich-Bewußtsein kennt, aufgehoben. Wenn wir von der Gegenwart der Vergangenheit sprechen, so ist damit gemeint, daß im Inneren der Psyche auch jene Prozesse und Gegebenheiten lebendig sind, welche wir von der chronologischen Folge her als längst vergangen abhaken. Das ist auch der Grund dafür, daß uns die unerledigten Geschäfte im Gefühlsbereich zeitlebens verfolgen. Vergessen bedeutet nicht automatisch auch »abgeschlossen«!

Das heißt nun aber nicht, daß wir der Vergangenheit nachhängen sollten. Genau das Gegenteil ist der Fall: Wir werden mit den Folgen der vergangenen Taten, Unterlassungen oder Verdrängungen in unserer Gegenwart konfrontiert! Die »Gegenwart der Vergangenheit« will sagen, daß wir durch die Arbeit an unseren aktuellen Problemen gleichermaßen Vergangenheitsbewältigung betreiben. Es ist nicht nötig – und auch in keiner Weise förderlich für die Entwicklung eines Gegenwartsbewußtseins –, permanent in der Kindheit herumzukramen. Auch wenn uns die Träume Vergangenes nahelegen, uns etwa ins Elternhaus zurückführen, ist damit nicht die Abwendung vom Hier und Jetzt gefordert. Statt dessen will uns der Traumregisseur durch solche Rückblenden darauf aufmerksam machen, wie (unverarbeitete) Situationen aus der Vergangenheit in unserer Gegenwart (bei veränderter Kulisse) lebendig werden. Ein Rückerinnern und Bewußtmachen der damaligen Zeiten kann eine Hilfe bei der Deutung und dem Verstehen der Jetztzeit sein. Die eigentliche Aufgabe besteht jedoch darin, in der aktuellen Situation das »alte Thema« abzuschließen. Etwa einen unverarbeiteten Mutterkomplex, der auf die Ehefrau übertragen wurde und nun in der Auseinandersetzung mit der Partnerin (als Medium der Vergangenheitsbewältigung) gelöst werden soll.

Die *äußeren* Aspekte unserer Vorgeschichte sind ein für allemal passé. Was wir häufig weiter mit uns herumschleppen, sind die nicht verheilten seelischen Wunden, die dazu geführt haben, daß sich die betroffenen Bereiche (zum Beispiel Partnerschaft, Selbständigkeit, Eigenverantwortung) nicht weiterentwickeln konnten und ein Defizit entstanden ist. Im Heute bieten sich uns neue Chancen zur Verarbeitung; ob wir sie allerdings auch annehmen, liegt bei uns selbst. Meist sträuben wir uns dagegen, weil uns die Tragweite des Geschehens gar nicht bewußt ist. Haben wir allerdings die Rätsel vergangener Tage in der Gegenwart lösen können, ist die Vergangenheit bewältigt.

Im Gegensatz zur Entwicklung des an Raum und Zeit gebundenen Körpers gelten im Reich der Seele solche Begrenzungen nicht. Alle bislang gemachten Erfahrungen – sowohl in individueller als auch kollektiver Hinsicht – werden im großen »Computer« des Unbewußten gespeichert. Vergangenes ist nur scheinbar vorbei – eigentlich ist es lediglich aus der bewußten Erinnerung verschwunden. Die Redewendung, nach der uns die Vergangenheit zuweilen einholt, ist ein Zeugnis dafür, daß frühere Geschehnisse und Eindrücke irgendwo in den dunkleren Regionen der Seele weiterexistieren und unversehens wieder an die Oberfläche des Bewußtseins treten können. Diese Erkenntnis läßt erahnen, daß wir mit den unerlösten Ereignissen vergangener Tage unausweichlich verbunden sind. Wenn wir glauben, daß Angelegenheiten, die wir vergessen haben, damit auch abgetan sind, entspricht das der Annahme, unsichtbar zu sein, wenn wir nur unsere Augen schließen. Wir kommen nicht darum herum, die Rätsel zu lösen, die zu unserem Menschsein gehören, selbst wenn wir davon ausgehen, daß dieses Anliegen wahrscheinlich mehrere Inkarnationen in Anspruch nehmen wird; »der Kosmos ist geduldig«. Sind wir es jedoch leid, den Giftmüll der Vergangenheit noch länger als Ballast mit uns auf unserer Wanderung herumzutragen, können wir durch unseren vollen Einsatz den Evolutionsprozeß individuell beschleunigen. Damit ist keineswegs einem

Leistungsprinzip für den Selbsterfahrungsbereich das Wort geredet, denn der Befreiungsimpuls kann nur aus einem *inneren Bedürfnis* heraus geboren werden.

Nicht wenige Träume führen uns zurück in die Zeit der Jugend, Kindheit und zeigen uns zuweilen eventuell darüber hinaus pränatale Zustände, Geburtserlebnisse oder gar »frühere Existenzen«. Hinweise darauf, welche Lebensperiode eine Traumbotschaft meint, können sein: ein jüngeres Lebensalter des Traum-Ichs oder der geträumten Bezugspersonen sowie Orte, Situationen, Gegenstände, Kleidung, Stimmungen aus vergangenen Tagen, die uns im Traum wiederbegegnen. Haben wir ein solches Merkmal aufgespürt, so fragen wir uns, was zu jener Zeit geschehen ist. Der weitere Traumverlauf, den wir auf unsere gegenwärtige Lage beziehen, läßt uns wissen, welche Erfahrung der Vergangenheit im Heute tangiert. Eine Klientin erkannte beispielsweise den Vergangenheitsbezug eines Traumes durch die Tapete im Traumzimmer, die sie als den Wandschmuck ihres Kinderzimmers identifizieren konnte.

Die Vergangenheit kennen heißt, die Gegenwart verstehen. Und da vieles von damals in Vergessenheit geraten oder verdrängt worden ist, erweisen sich die Träume als »Archivare« unseres »seelischen Gedächtnisses«.

Zur Unterstützung dieses seelischen Prozesses bietet sich die Einbeziehung des Horoskops an, das als »multidimensionales Uhrwerk« alle Zeitebenen beinhaltet: Vergangenheit, Gegenwart und Zukunft. Folgende Aspekte des Geburtshoroskops spiegeln in besonderem Maße Elemente der Vergangenheit wider:

o das KREBS-Zeichen und -Haus (viertes Haus) und der MOND-Bereich als Symbol für den Bereich der persönlichen Vergangenheit;
o SKORPION/achtes Haus/PLUTO für kollektive Vergangenheit;
o FISCHE/zwölftes Haus/NEPTUN als Bereich der Zeitlosigkeit, in dem alle (scheinbare) Zeit enthalten ist;
o der *IC* (die Himmelstiefe) als individuellster Punkt, der in die dunkle Tiefe der eigenen Herkunft führt;
o der *absteigende Mondknoten*, der nach dem Astrologen MARTIN SCHULMAN zum Beispiel die Zusammenfassung aller vorangegangener Inkarnationen darstellen soll;
o das erste Haus, das in der *Felderwanderungsmethode* die ersten sechs bis sieben Lebensjahre widerspiegelt;
o die *Planetentransite* während der Kindheit.

Neben der Berücksichtigung dieser astrologischen Gesichtspunkte, die uns mit der Vergangenheit des Menschen in Berührung bringen können, ist es natürlich auch sinnvoll, das gesamte Horoskop unter dem Aspekt zu betrachten, wie diese Konstellationen wohl von einem Kleinkind, Schulkind oder Jugendlichen erlebt worden sein mögen. Spontane Assoziationen und Empfindungen dazu können ebenfalls vergangenes Material – manchmal blitzartig – dem Bewußtsein zurückbringen. Welche Lebensperiode derzeit näher (etwa auch astrologisch) betrachtet werden soll, zeigen uns die Träume richtungweisend auf.

Die alltägliche Magie der Dinge

Sprechen wir im Zusammenhang mit den Lebensrätseln von Magie, wäre es ein großes Mißverständnis, dabei an irgendeine Art von Hokuspokus oder Hexenzauber zu denken. Die Magie, von der hier die Rede sein soll, ist ein Wesenszug des Seins, ein natürlicher Aspekt der seelischen Dimension des Lebens. Die alltägliche Magie der Dinge stellt, im Gegensatz zur willentlichen »magischen« Beeinflussung, einen elementaren Seinszustand dar. Dagegen läßt sich jede Manipulation anderer – aus welchem Grund auch immer! – mit dem mittelalterlichen Begriff der »Schwarzen Magie« wohl am plastischsten beschreiben. Jedes Verhalten, das dem Gegenüber nicht die Freiheit der eigenen Entscheidung überläßt, hat in diesem Sinne einen »anrüchigen Charakter«.

Das Wort *Magie* entstammt dem griechischen *magos*, das gleichermaßen die Wurzel für den Begriff *Macht* ist. Aus dieser etymologischen Verwandtschaft läßt sich bereits der enge Zusammenhang von *Macht* und *Magie* erkennen. Zweifellos ist die Magie Ausdruck der Seelenmacht, und in jedem Machtpotential liegt die Gefahr des Mißbrauchs. Dazu gehört auch der Wunsch, durch die Kenntnis des Horoskops oder der Träume eines Mitmenschen Einfluß auf diesen zu gewinnen.

Die seelische Ebene, die hinter allen Erscheinungen steht, ist die eigentliche »magische Plattform« der Welt. Wie durch unsichtbare psychische Fäden miteinander verbunden, beeinflussen wir uns gegenseitig und reagieren aufeinander – meist ohne es zu wollen oder auch nur zu ahnen. Der Reifegrad und die Stärke des Ich-Bewußtseins sind ausschlaggebend für dessen Beeinflußbarkeit. Die Angehörigen von Naturvölkern etwa, deren Bewußtsein noch tief in den archaischen Seelenräumen verwurzelt ist, müssen in geheimnisvoll amutenden Ritualen die magischen Kräfte und Ängste bannen.

Unabhängig davon, wie sich das Individuum auf die seelische Dimension einlassen kann, ist deren magischer Aspekt doch existent und bildet einen Gegenpol zu den rationalen Kräften. Letztere haben in der jüngeren Entwicklungsgeschichte der Menschheit enorm an »Beliebtheit« gewonnen, während das Wissen um die natürliche *Magie des Lebens* dabei verlorengegangen ist. Das Resultat: Wir leben in einer hohlen, sinnentleerten, »modernen« Welt, die außer den gegenständlichen Dingen nichts zu bieten hat. Es fehlt der »Inhalt«, eben die Magie der Erscheinungen. Mit Papageno, dem Vogelfänger aus MOZARTS »Zauberflöte«, können wir heute ausrufen: »Ich Narr vergaß die Zauberdinge!« Wollen wir das Sphärische, die seelisch-atmosphärische Hülle der Dinge zurückholen, sind wir zur Mitwirkung an der »Wiederverzauberung der Welt« aufgefordert. Und das kann nur in uns geschehen, wenn wir unsere eigene Sphäre wiederfinden. Diese wirkt dann von selbst nach außen, ohne daß wir willkürlich etwas oder jemanden zu beeinflussen hätten.

In den Werken des weltbekannten Anthropologen und Ethnologen CARLOS CASTANEDA finden wir die magische Seite der Existenz in vielerlei Hinsicht durch dessen schamanischen Lehrer, den Indianer DON JUAN MATUS, beschrieben: »Für einen Zauberer sei die Wirklichkeit oder die Welt, die wir alle kennen, nur eine Beschreibung. Um diese Prämisse zu begründen, gab Don Juan sich alle Mühe, mich davon zu überzeugen, daß das, was in meinen Augen die wirklich vorhandene Welt war, nur eine Beschreibung der Welt sei; eine Beschreibung, die mir seit dem Augenblick meiner Geburt eingehämmert worden sei« (»*Reise nach Ixtlan – Die Lehre des Don Juan*«, S. 8).

Obwohl es der Mehrzahl der Leser sicherlich nicht darum geht, zum schamanischen Zauberer zu avancieren, löst dieser Gedankengang doch Betroffenheit aus. Die Worte konfrontieren uns damit, daß wir normalerweise mit Beschreibungen, Vorstellungen und Bezeichnungen des Lebens »handeln« und dabei dessen eigentliche, seelisch-lebendige Wirklichkeit außer acht lassen. Diese ereignet sich jedoch parallel zu unseren Interpretationen und beeinflußt uns ständig. Wollen wir uns davon emanzipieren, müssen wir wieder einen Blick für die Realität hinter den Kulissen der physischen Hülle bekommen.

CASTANEDA dazu: »Don Juan sagte, daß man, um zu ›sehen‹, zuerst die Welt anhalten müsse. ›Die Welt anhalten‹ war tatsächlich eine zutreffende Bezeichnung für bestimmte Bewußtseinszustände, in denen die Realität des alltäglichen Lebens verändert ist, weil der Strom der Interpretationen, der für gewöhnlich ununterbrochen fließt, durch eine Reihe ihm fremder Umstände unterbrochen ist. In meinem Fall bestanden diese meinem normalen Interpretationsfluß fremden Umstände in der zur Zauberei gehörigen Beschreibung der Welt« (ebd. S. 12–13).

In unserem Falle ist es der Blickwinkel der Träume und der *energetischen Astrologie*, der uns das Dasein in einem »neuen« Bezugsrahmen *sehen* läßt.

Durch die Beschäftigung mit Astro- oder Traumsymbolen wird unser Bewußtsein dafür geschärft, wie die Konzentration auf ein Objekt des Interesses dessen seelisches Pendant *automatisch nach sich zieht*. Wenn Sie, liebe Leserin und lieber Leser, beim Studium der verschiedenen Tierkreiskapitel beziehungsweise -bände in sich hineinhorchen, werden Sie bemerken, wie unterschiedlich Ihre Reaktionen auf die verschiedenen Themen sind. Das hat keineswegs etwas mit Ihren bewußten Einstellungen oder Wertungen der Tierkreiszeichen zu tun, sondern damit, daß Ihr inneres Gegenstück (zum WIDDER-Thema die individuelle WIDDER-MARS-Konstellation und so fort) jeweils »aktiviert« wurde.

Auch ich mache in den Seminaren oder beim Schreiben dieser Kapitel und Bände die Erfahrung, daß meine Gefühle und Gedanken vom jeweiligen Thema geprägt und beeinflußt werden. Tierkreisenergien, die mir weniger liegen, lösen eher Unlustgefühle und Zweifel aus, während Zeichen, die mir behagen, neuen Schwung und positivere Gefühle und Gedanken bringen. Wenn Sie also beispielsweise bei WIDDER-Themen eine Wut auf den Autor entwickeln sollten oder sich beim STIER-Kapitel eher träge und gelangweilt fühlen, so bitte ich Sie zu bedenken, daß es sich um Ihre ureigenen Gefühle handelt, die durch das entsprechende Thema »magisch« ausgelöst wurden. Wenn Sie die einzelnen Kapitel oder Bücher mit diesem Bewußtsein lesen, werden Ihnen die gedruckten Worte weit mehr als nur Theorie sein. Vielmehr erleben Sie sich selbst, Ihre verschiedenen Wesensteile werden Ihnen als lebendige Selbsterfahrung widergespiegelt.

Natürlich *beschwören* wir auch im Alltagsleben laufend psychische Energien *herauf*, die uns ebenfalls zur Selbstentdeckung anleiten könnten: beispielsweise die spontanen Gefühle, Gedanken und Assoziationen, die unsere Mitmenschen unweigerlich in uns auslösen. In der Regel machen wir uns aber kaum bewußt, welche seelischen Mechanismen dabei gleichsam magisch in Gang gesetzt werden. Horoskopvergleiche, die wir mit diesen Zeitgenossen anstellen, oder Träume ermöglichen uns dabei einen wesentlich bewußteren Zugang zu den *unwillkürlichen* Abläufen in den zwischenmenschlichen Beziehungen. So löst vielleicht ein bestimmter Menschentyp in mir ein Gefühl von Freude und Begeisterung aus, während ich mir neben anderen klein und mickrig vorkomme; und das, ohne auch nur ein Wort zu wechseln! Was läuft da ab? In der astrologischen Sprache kann das dann zum Beispiel bedeuten, daß die »euphorisierenden« Personen ihren JUPITER in Konjunktion zu unserer SONNE oder dem Aszendenten haben, während die »frustrierende« Energie von der *saturnalen* Seite des Gegenübers ausgelöst wird. Anstatt einer undefinierbaren Gefühlsreaktion entwickeln wir auf diese Weise langsam ein Bewußtsein der inneren Vorgänge, die kontinuierlich ablaufen und auf uns einwirken.

Wenn wir uns gezielt mit einer astroenergetischen Kraft beschäftigen, wird diese allmählich lebendig; es ist, als habe man einen Flaschengeist befreit, der nun unsichtbar im Raum schwebt und den man *fühlen* kann. Jeder spürt dabei natürlich *seinen subjektiven Bezug* zu dieser Energie, die zu unserer Orientierung als MARS, NEPTUN, PLUTO und so weiter bezeichnet wird. Welche Zeiten sich für die Beschwörung welcher »Geister«

(auf keinen Fall mit Tischrücken zu verwechseln!) am besten eignen, darüber geben uns die Transite Auskunft. Wieso auch sollte man sich abmühen, an einen seelischen Komplex mit Gewalt heranzukommen, wenn in absehbarer Zeit die »Luft« sowieso mit dieser Energie erfüllt sein wird und das entsprechende »Tor« also leichter zu öffnen ist? Auch der Volksmund kennt das Phänomen, daß man psychische Energien herbeireden kann. Mit der Wendung »den Teufel an die Wand malen« sind zwar in der Regel negative Erfahrungsinhalte gemeint, die durch Konzentration auf ein Thema aktiviert werden. Warum sollte es dann nicht möglich sein, auch Engel an die Wand zu malen oder, in astrologischer Sprache ausgedrückt, den MERKUR oder andere?

In den astroenergetischen Seminaren wecken wir die Energie, um die es gehen soll, durch entsprechende Musik, Meditationen, Imaginationen, Übungen, Gespräche, Träume und stimmen uns auf diese Weise darauf ein. Entscheidend für den Verlauf und die Interpretationen ist dann nicht nur die inhaltliche Seite, sondern vielmehr, *wie* sich die spezielle Energie (bestimmt und modifiziert durch die individuellen Thematiken der Teilnehmer, des Kursleiters und des Seminarortes sowie sonstiger Beteiligter) im Seminarverlauf ausdrückt und unwillkürlich von allen *in Szene gesetzt* wird. Über die Astro- und Traumsymbolik lassen sich die Erfahrungen dann einordnen, bewußt nachvollziehen und im günstigsten Fall auch in die bewußte Persönlichkeit integrieren (in Besitz nehmen!).

5. LÖWE
Das Zentrum der Rätsel

Alle Erscheinungen dieser Welt bestehen aus Peripherie und Zentrum. Die Wesensmitte eines jeden Geschöpfs und einer jeden Situation ist ihr zentraler Punkt, um den alle anderen Aspekte kreisen. Hier, bei diesem psychischen »Knotenpunkt«, liegt das entscheidende Lebensrätsel, das von zentraler Bedeutung ist. Jeder Mensch und auch jede Lebenslage beinhalten einen individuellen Mittelpunkt, aus dem heraus sich alles andere entwickelt und an dem sich alles andere orientieren sollte. Begeben wir uns auf den Weg zu unserem Wesensselbst, so nähern wir uns dem wesentlichen Lebensrätsel dieser Inkarnation. Und wenn wir erst einmal herausgefunden haben, welcher Lebensbereich von erstrangiger Bedeutung für uns ist, können wir darangehen, die vielen unwesentlichen Dinge, die eine Entfaltung des Wesenskerns bislang verhinderten, über Bord zu werfen oder in den Hintergrund zu befördern.

Die zentrale Kraft, die allem innewohnt, wird in der Astrologie im SONNEN-Prinzip widergespiegelt. Die SONNE im Horoskop zeigt das individuelle Zentrum eines Menschen (Geburtshoroskop), einer Beziehung (Compositehoroskop), eines Lebensjahres (Solarhoroskop) oder eines Ereignisses (Situationshoroskop) an. Je nach Position im Tierkreis, Haus und je nach den Aspekten zu anderen Planeten ist dieser Mittelpunkt subjektiv gefärbt. Um ihn geht es in erster Linie. Wie im Sonnensystem die Planeten um die Sonne kreisen, sollten sich innerhalb der Psyche die Seelenteile diesem zentralen Selbst unterordnen.

Die energetische Astrologie trägt der zentralen Bedeutung des SONNEN-Prinzips Rechnung und erkennt die jeweilige SONNEN-Position im Tierkreis als entscheidenden Deutungshintergrund an. Diese Herausstellung des SONNEN-Wesens will aber auch Tendenzen innerhalb der heutigen Astrologie – wo man sich mehr und mehr in Details und in Spitzfindigkeiten verliert – ausgleichen. Die Konzentration auf das *solare* Prinzip macht die anderen Planeten, Aszendent und MC keineswegs überflüssig. Vielmehr wird eine Gewichtung geschaffen, die das »Sternzeichen« beziehungsweise die SONNEN-Position wieder in den Mittelpunkt des Interesses rückt, um der herausragenden Bedeutung dieser Ebene für die *Individuation* gerecht zu werden.

Selbstbewußtsein und Individuation

Die Entwicklung, Entfaltung und Erweiterung des Bewußtseins ist ein wesentliches Anliegen der energetischen Astrologie und der Traumarbeit. Doch welche Qualität verbirgt sich eigentlich hinter dem Begriff »Bewußtsein«? Gerade weil uns diese Bezeichnung so geläufig ist, machen wir uns kaum *bewußt* Gedanken darum, und so bleibt der Begriff für uns relativ unbewußt. In energetischer Hinsicht bedeutet die Realisation unseres Bewußtseinsprinzips einen Akt der Erleuchtung. Wir sind zwar alle mit einem Bewußtseinspotential ausgestattet (SONNE beziehungsweise *Feuer*element im Horoskop), dieses muß aber erst aktiviert werden, um in Erscheinung treten zu können. Es ist wie mit einem Streichholz, das auch nur dann entflammt, wenn wir aktiv dazu beitragen und durch Reibung sein *potentielles* Feuer *freisetzen*. Übertragen wir diesen Vorgang auf die Ebene der Psyche, dann ist damit der Prozeß der aktiven Auseinandersetzung mit den Rätseln des Lebens gemeint, der unser Bewußtsein stärkt und wachsen läßt. Wir sollen und dürfen uns an der Welt »reiben«, denn nur auf diese Weise wird unsere innere SONNE allmählich aufgehen und das Dunkel unserer Unbewußtheit erleuchten.

Bewußtsein ist nicht identisch mit Wissen oder mit den Gedanken, denn es stellt sich dabei ja immer die Frage, ob mir mein Wissen oder meine Gedanken auch wirklich – und auf welchem Niveau – *bewußt* sind. Vor allem die Macht der Gewohnheit bewirkt, daß unser Tun und Denken relativ unbewußt abläuft, was zu einer rationellen Lebensbewältigung zum

Teil auch unbedingt notwendig ist. Es wäre wohl kaum sinnvoll zu fordern, daß wir beim Autofahren oder Klavierspielen uns jeder Handbewegung bewußt sein sollten. Im Gegenteil zeichnet den Virtuosen ja gerade aus, daß ihm seine Kunst in »Fleisch und Blut« übergegangen ist.

Es kann in diesem Zusammenhang also nicht darum gehen, noch mehr zu *denken* als bisher schon, sondern es stellt sich vielmehr die Frage, in welchem Maße man sich *seiner selbst bewußt* ist. Das »*Lexikon der Psychologie*« bezeichnet das Bewußtsein als »die wirklichste Wirklichkeit, die wir haben und wünschen können«, und in der Tat existieren für uns (also für unser Ich-Bewußtsein) ja lediglich die Objekte, die wir bewußt realisieren. Das gleiche in bezug auf uns selbst: Wir sind für uns auch nur in dem Maße greifbar, in dem wir uns selbst bewußt wahrnehmen; je bewußter, desto *wirklicher*.

Bewußtsein können wir uns als eine Lampe vorstellen, die entweder brennt oder nicht. Ist sie angeschaltet, dann entsprechen die verschiedenen Bewußtseinsstadien der Einstellung eines Dimmers, der die stufenlose Helligkeitsregelung vornimmt. Die maximale Lichtfülle wird durch die Wattzahl der Glühbirne vorgegeben. Dehnen wir unser Bewußtsein aus, kommt das dem Einsatz einer Birne mit stärkerer Leuchtkraft gleich.

Bewußtsein läßt sich auch vortrefflich mit einem Feuer vergleichen: Es entsteht nur durch *Anstrengung* und erlöscht, wenn der Brennstoffvorrat erschöpft ist, der Sauerstoff fehlt oder Wasser die Flammen ersäuft. Bewußtsein will also gehütet werden, was zum Beispiel in der VESTA-Mythologie der Römerzeit seinen (symbolischen) Ausdruck fand. VESTA galt als die Göttin des Herdfeuers, und die Vestalinnen, die jungfräulichen Priesterinnen der Göttin, waren mit der Aufgabe betraut, das heilige Feuer im Tempel der VESTA zu hüten, auf daß es niemals erlöschen sollte.

Sich eines Traumes bewußt zu werden, stärkt und erweitert das Bewußtsein, weil die dunklen, jedoch bewußtseinsfähigen Seelenräume ausgeleuchtet werden. Dadurch werden wir uns allmählich auch der Schattenseiten und blinder Flecken bewußt und integrieren sie in unsere Persönlichkeit. Bewußtwerdung ist die Voraussetzung für jegliche Integration. Wenn ich mir einer Sache bewußt bin, schließt das im Gegensatz zum bloßen Wissen die Gefühlsebene mit ein (Bewußtsein als LÖWE-Entsprechung hat das vorhergehende Zeichen KREBS im Idealfall integriert, während Wissen als ZWILLINGE-Entsprechung noch vor dem KREBS-Zeichen im Tierkreis rangiert). Bewußtsein meint das »Strahlen« der inneren Sonne, das im Gegensatz zu einem rein rationalen Erfassen von Daten ein *spirituelles Erkennen* darstellt. Der Bewußtseinskeim – dem Menschen seit Urzeiten eingepflanzt – ist in steter Entwicklung und Entfaltung begriffen. Wir sollten nicht so vermessen sein zu glauben, daß wir das Endstadium der Bewußtseinsentwicklung bereits erreicht hätten. Eine realistische Analyse der Menschheitssituation im ausgehenden zwanzigsten Jahrhundert belehrt uns eines Besseren!

ERICH NEUMANN, Schüler und Mitarbeiter C. G. JUNGS, schreibt dazu in seinem Werk »*Ursprungsgeschichte des Bewußtseins*«: »Die Bewußtseinsentwicklung in ihren Phasen ist ein kollektives Geschehen der Menschheits- wie ein individuelles Geschehen der Einzelentwicklung« (S. 11). Und: »Schöpferische Entwicklung des Ich-Bewußtseins heißt, daß in einer Jahrtausende dauernden Kontinuität Inhalte des Unbewußten assimiliert wurden bei fortschreitender Erweiterung des Bewußtseinssystems« (S. 9).

Wir befinden uns also allesamt seit Urzeiten auf dem Wege der (allmählichen) Erleuchtung und Individuation, ob wir das nun wissen oder nicht. Der Grad der Individualität ist wiederum abhängig vom Bewußtseinslevel: Je bewußter, desto stärker leuchtet der Funke der Individuation, je unbewußter, desto enger ist der einzelne noch an kollektive Inhalte gebunden. NEUMANN dazu: »Der individualisierte Bewußtseinsmensch unserer Zeit ist ein später Mensch, dessen Struktur sich auf frühen, vorindividuellen Menschheitsstufen aufbaut, aus denen sich erst allmählich das individuelle Bewußtsein herausgelöst hat« (ebd. S. 10).

Der Prozeß der Bewußtseinsentwicklung läßt sich symbolisch darstellen in dem Bild einer Hochleistungs-Glühbirne, die nach anfänglichem schwachen Glimmen nun im Begriff ist, an Helligkeit zuzunehmen. In beiden Fällen scheint die Kapazität noch lange nicht ausgeschöpft zu sein; wir erfahren von Hirnforschern, daß nur ein Bruchteil unserer geistigen Möglichkeiten derzeit aktiviert ist. Nicht etwa, daß Hirn und Bewußtsein gleichzusetzen wären. Vielmehr stellt unser Gehirn das stoffliche Gehäuse dar, durch das sich die Bewußtseinskraft in dieser irdischen Welt auszudrücken vermag.

Bevor wir beginnen können, unser Bewußtsein zu erweitern, ist es nötig, die dafür erforderliche höhere »Wattleistung« aufzubauen. Wenn wir beispielsweise mit einer Taschenlampe ferne Gegenstände anstrahlen, dann werden diese schwächer beleuchtet als Objekte in der Nähe. Da mit zunehmender Entfernung der Lichtkegel größer wird, das ausgestrahlte Licht also immer größere Flächen bedeckt, immer weiter gestreut wird, muß die Helligkeit abnehmen. Wenn ich das Licht meines Bewußtseins daher auf ferner liegende Dinge richten und es so erweitern will, ist die Voraussetzung dafür eine ausreichende Bewußtseinsstärke, um den Gegenstand des Interesses überhaupt im Dunkel (des Unbewußten) zu erkennen und nicht nur schwache Silhouetten wahrzunehmen. Wer mag, kann dieses kleine Experiment mittels einer Taschenlampe selbst nachvollziehen. Was man bewußt erlebt, hat eine stärker bewußtseinsfördernde Wirkung als bloß gedachte oder gewußte Sachverhalte.

Wenn wir nun durch die Beschäftigung mit unserem Horoskop oder den Träumen beginnen, unser Selbst-Bewußtsein zu stärken, dürfen wir nicht irrigerweise annehmen, wir *wüßten,* was Bewußtsein tatsächlich ist. VERENA KAST macht aus dieser Tatsache kein Hehl und schreibt in »*Die Dynamik der Symbole*« (S. 87): »Die Ichfunktionen werden oft mit dem Begriff ›Bewußtsein‹ in Verbindung gebracht. Was das Bewußtsein wirklich ist, wissen wir indessen nicht.«

Wir können es nicht wissen, da die Möglichkeiten des Bewußtseins das Fassungsvermögen unseres rationalen Denkens bei weitem übersteigen. Wir können jedoch sehr wohl ein intuitives Gespür dafür entwickeln. Oder, anders ausgedrückt, wir vermögen uns des Bewußtseins in einem ganzheitlichen Wahrnehmungsvorgang *bewußt* zu werden, wenn die Kopf-, Körper- und Gefühlsfunktion miteinander gekoppelt sind. Das Herstellen dieser Verbindung schafft ein Medium, durch das sich Bewußtsein *ereignen* kann, wie elektrischer Strom Transformatoren und Hochspannungsleitungen benötigt, um zu seinem Bestimmungsort zu gelangen.

Das Traum-Ich

In den Träumen verkörpert das *Traum-Ich* die Individualität und die bewußten Einstellungen des Träumers. In der Traumhandlung können wir durch die Charakterisierung des Traum-Ichs feststellen, wie stark unser bewußtes Selbst ist, ob es sich zu behaupten weiß, das Steuer in der Hand hat oder voller Angst und Panik versucht, einer Situation zu entfliehen.

Das Traum-Ich entspricht wie unsere bewußte Persönlichkeit dem *solaren* Prinzip. Es stellt die Mitte dar, um die sich die peripheren Traumkräfte sammeln sollten. Es gibt den inneren Halt, ist Steuermann oder Kapitän auf der Lebensreise, der König, eben *die* Autorität in der Psyche. Zumindest sollte das so sein, denn wenn wir unsere Träume und die anderer betrachten, gibt dieses Traum-Ich häufig kein gutes Bild ab. Oft wird es von anderen Traumpersonen beziehungsweise Wesensseiten dominiert und zur Seite gedrängt. Eine Mutter träumte, daß sie mit ihrem Kind in einem Lastwagen unterwegs war. Doch nicht sie selbst, sondern das Kind saß am Steuer, und die Fahrt gestaltete sich als regelrechte Zitterpartie. In diesem Fall betraf die Traumbotschaft sowohl die Beziehung zum realen als auch zum inneren Kind. Auf beiden Ebenen hatte ihr bewußtes Selbst nicht das Ruder in der Hand. Ihr Lebensweg wurde zum Schlingerkurs. Ein Kind ist eben als Führer durch das Leben denkbar ungeeignet. Noch dazu, wenn es – im Bild des Lastwagens – Lasten und Bürden der Erwachsenen aufgeladen bekommt.

Das Verhalten unseres Traum-Ichs vermittelt uns einen Eindruck über Fortschritte, Stagnation oder Rückschritte bei der Selbstwerdung und Individuation. Ein starkes, selbstbewußtes Traum-Ich, das mit den anderen Figuren der Psyche umzugehen weiß, läßt auf eine integre Persönlichkeit schließen. Es hat seine zentrale Position als psychische Integrationsfigur eingenommen, wie die Sonne in unserem Sonnensystem das planetare Gefüge zusammenhält. Erleben wir unser Traum-Ich während des Traumes gleichzeitig auch aus der Distanz, dann beobachten wir uns selbst. In der Regel läßt das auf einen gewissen Abstand schließen, den wir zu uns selbst gewinnen konnten, es zeigt, daß wir unseren Handlungen selbstkritisch gegenüberstehen. Bewußtsein bedingt ja auch immer eine gewisse Distanz, aus der dann ein Betrachten und Erkennen erst möglich wird. Man sollte es mit der Selbstkritik und -beobachtung natürlich auch nicht übertreiben! Jemand, der sich ständig ängstlich beäugt, ob er auch immer richtig handelt, ist gerade *kein* Vorbild für eine sich ihres Selbst bewußte Persönlichkeit.

Die Traumüberschrift

Die Überschrift eines Buches, Kapitels oder sonstigen Textes thront wie eine Sonne über dessen Inhalt. Sie hat in der Regel die Aufgabe, die zentrale Aussage der nachfolgenden Botschaft in konzentrierter Form auszudrücken. Dieses »literarische Stilmittel« können wir uns auch für die Traumarbeit zunutze machen. Vor allem bei längeren Traumtexten mit scheinbar verwirrenden Bilderfolgen und chaotischen Handlungsabläufen bringt die Suche nach einer Traumüberschrift erste Klarheit in den Traum. Wir versuchen zunächst, den roten Faden aufzuspüren, der sich durch die Traumhandlung zieht; die Überschrift benennt dann das Kernthema. Der für das nächtliche Drama gefundene Titel soll die Aufmerksamkeit dann zielstrebig auf das Zentrum der Aussage lenken.

Die Traumüberschrift kann zum Beispiel ein markantes Traumbild wiedergeben (»Der Feuersalamander« oder »Die Goldkiste«), Handlung und Aktivität ausdrücken (»Flucht aus der Gefangenschaft«, »Überraschende Wendung«) oder eine entdeckte Redensart enthalten (»Hoch hinauswollen«, »Feuer und Flamme sein«). Im Rahmen der astroenergetischen Traumdeutung kann das im Traum gefundene zentrale Thema des Tierkreiszeichens – das zum Traumzeitpunkt von der SONNE durchwandert wurde – eine ideale Überschrift abgeben. Etwa im LÖWE-Monat: »Auf der Suche nach mir selbst« oder im KREBS-Monat: »Vertrocknete Gefühlswelten« oder »Überschwemmung der Gefühle«, falls sich für den Träumer diese Themenschwerpunkte so ergeben haben. Auf jeden Fall sollte es eine Überschrift sein, die dem Traum weitestmöglich gerecht wird und ihn treffend charakterisiert. Beim näheren *Hinspüren* wird uns schnell deutlich werden, ob ein gewählter Traumtitel an der Sache vorbeigeht, oder ob er sie trifft. Es redet sich auch leichter über Träume, wenn wir unserem Gegenüber den Titel nennen können und nicht umständlich erklären müssen, welcher Traum denn nun gemeint ist. Vor allem, wer über längere Zeiträume mit seinen Träumen arbeitet, wird bei Traumbesprechungen öfter auf zurückliegende Träume zurückgreifen, um Zusammenhänge herzustellen oder in Traumserien Entwicklungen zu verfolgen. Zudem bekommt der Traum durch die Überschrift eine besondere Bedeutung, wird sozusagen individualisiert, trägt einen Namen, wie etwa »Die Suche nach dem Kind«, »Schmetterlingstraum«, »Kampf mit dem Löwen«, »Zug verpaßt« und viele mehr.

Weiterhin gehört das *Traumdatum* (Zeitpunkt des Aufwachens) an den Anfang des Traumes. Zum einen lassen sich durch die zeitliche Zuordnung der Träume Entwicklungen nachvollziehen und Rhythmen erkennen. Und andererseits ist das Datum wesentlicher Bestandteil der astroenergetischen Traumanalyse zur Bestimmung der Zeitqualität. Zur Erinnerung kann man auch das Signet des jeweiligen Tierkreiszeichens über den Traum setzen, um gleich zu erfassen, »unter welchem Stern« dieser Traum steht.

Die Sonnenwanderung durch den Tierkreis bei der Deutung von Ereignissen und Träumen

Um äußeres wie inneres Geschehen bewußter erfassen und in seiner ganzen Tragweite abschätzen zu können, spielt das Wissen um die Qualität der Zeit eine große Rolle. Nach dem Gesetz der Entsprechung »wie im Himmel so auf Erden« korrespondieren die Ereignisse in unserer irdischen Welt mit den ans Firmament geschriebenen kosmischen Zyklen und Gleichungen, deren Alphabet aus Planeten, Tierkreiszeichen und Häusern besteht. Wenn wir dieses Himmels-Abc beherrschen und auf das *Unten* unserer menschlichen Erfahrungsebene übertragen können, wird es uns leichter fallen, Bedeutung, Sinn und Zusammenhänge in den vielfältigen Ausdrucksweisen des Daseins zu erkennen.

Daß es kein Kinderspiel ist, die komplexen Gebilde bei der Deutung zu einer Synthese zusammenzuführen, wird mir jeder astrologisch Interessierte bestätigen. Für den Astrologen ist es ja nicht damit getan, die Planetenkonstellationen losgelöst voneinander zu interpretieren, sondern er muß die Teilaspekte zu einer Einheit zusammenfügen. Das zu leisten ist schlichtweg eine Kunst, die nicht ausschließlich durch das Erlernen der astrologischen Theorie erworben werden kann, sondern ein großes Maß an Intuition voraussetzt. Eine Ganzheit läßt sich eben nur mit (inneren) Organen erfassen, die in sich selbst ganzheitlich sind.

Das »astrologische Dilemma«, auf der Kopfebene stehenzubleiben, entsteht schon aufgrund der verwirrenden Vielfalt der zu berücksichtigenden Faktoren und Zwischenverbindungen. Für alle Systeme und Theorien gilt, daß komplizierte Ausführungen in erster Linie die Ratio ansprechen, die möglichst viel Wissen aufnehmen will. Das kann aber nicht Ziel der Selbsterfahrung und Individuation sein! Wie läßt sich dieser Konflikt zwischen der Suche nach möglichst differenzierten Aussagen einerseits und dem Wunsch nach einem ganzheitlichen Erfassen andererseits in Einklang brin-

5. LÖWE: Das Zentrum der Rätsel

gen? Ich denke, wir müssen uns hier zunächst darüber klarwerden, was wir mit der Astrologie eigentlich wollen!

Einen Gegensatz zum Kopfwissen bildet die Erfahrungsebene, die den Gefühlsbereich mit einschließt. Wollen wir mittels der Astrosymbole zu diesem Tiefenbereich der Wahrnehmung vordringen, müssen wir berücksichtigen, daß die Seele wesenlich mehr Zeit zur Verarbeitung der aufgenommenen Informationen benötigt als der Intellekt. Während es für die Ratio ein »intellektuelles Deutungsfest« sein mag, Konstellationen wie ein Halbquintil des absteigenden Mondknotens zu einer Merkur-Neptun-Konjunktion, die wiederum im Quincunx zu einer weitläufigen Opposition des Uranus zum Mars steht, zu interpretieren, sind wir derzeit wohl noch nicht in der Lage, eine solch differenzierte Aussage gefühlsmäßig stimmig nachzuvollziehen.

Noch einmal: Es ist mit dieser Feststellung kein Werturteil verbunden. Es kann durchaus hilfreich sein, sich astro-theoretisch über seine energetischen Verwicklungen zu informieren. In eine lebendige *und* bewußt nachvollziehbare Erfahrung lassen sich die grundlegenden Energien der Tierkreiszeichen und Planeten zunächst jedoch nur schrittweise umsetzen.

Wie bereits dargestellt, konzentrieren wir uns bei der energetischen Astrologie und Traumarbeit zunächst auf die Position der SONNE im Tierkreis. Das hat zum einen den Vorteil, daß der (scheinbare) Jahreslauf der Sonne durch den Tierkreis (Ekliptik) für jedermann auch ohne Tabellen (Ephemeriden) gut nachvollziehbar ist. So wechselt die Sonne in jedem Monat in der Regel zwischen dem einundzwanzigsten und dreiundzwanzigsten Tag das Zeichen. Zum anderen – und das ist für uns der entscheidende Gesichtspunkt, weshalb wir der solaren Ebene für die Deutung eine solch zentrale Bedeutung beimessen – ist unser Tagesgestirn eben der Mittelpunkt des kosmischen Gefüges, das nach ihm als Sonnensystem benannt ist. Alle Planeten und deren Monde kreisen um die Sonne, die als *Integrationsfigur* wie ein König über dem planetaren Hofstaat thront.

Wir haben es beim SONNEN-Prinzip weder mit einer ausschließlich intellektuellen (MERKUR) noch ausnahmslos gefühlsmäßigen (MOND) Dimension zu tun, sondern mit einer *ganzheitlichen* Bewußtseinsinstanz der Psyche. Wahrnehmung, Empfindung und Reaktionen des inneren SONNEN-Prinzips stellen die Kommunikation unseres »geistigen Herzens« dar. Sich auf der Sonnenebene zu bewegen heißt, an unserer Selbstwerdung zu arbeiten. C. G. JUNG hat diesen Prozeß des allmählichen Reifens der Persönlichkeit als *Individuationsweg* bezeichnet. Wie die materielle Sonne die Welt erhellt und erleuchtet, bewegen wir uns alle meist unmerklich auf unsere individuelle Erleuchtung zu. Dieser evolutionäre Prozeß der allmählichen Bewußtseinsentwicklung und -stärkung, der nun nicht mit einem bloßen Zuwachs an rationalem Wissen verwechselt werden darf, kann durch die Mitarbeit des Ichs beschleunigt und intensiviert werden. Wir spannen damit die frischen und kräftigen Zugpferde unserer Willenskraft vor die Kutsche unserer Entwicklung. Vordringliche Aufgabe ist es, zunächst ein Gespür für die Ausdrucks- und Wirkweisen der SONNE in den einzelnen Tierkreiszeichen zu entwickeln. Dabei dürfen wir natürlich nicht vergessen, daß es um innere Prozesse geht, die wir ausfindig machen wollen.

Wie die äußere Sonne die Welt beleuchtet, so zeigt uns die Position der Sonne auf ihrem Weg durch den Zodiak (von der Erde aus gesehen) an, welcher Lebensbereich und welche damit verbundenen Themen aktiviert werden, um wieder neu in unser Bewußtsein zu gelangen. Dabei spielt es zunächst keine Rolle, unter welchem »Sternzeichen« wir selbst geboren sind. Jedermann wird – natürlich auf individuelle Weise – von *allen* SONNEN-Positionen während der Tierkreisumrundung tangiert.

Durch die Beschäftigung mit der solaren Energie erschließen wir in uns stufenweise das Potential des SONNEN-Wesens, das dem *höheren Selbst* der Esoterik oder dem *Christusgeist* der christlichen Mystik gleichkommt. Unser *Aszendent*, der im Gegensatz dazu das kleine irdische Ego repräsentiert, das die innere SONNE bislang überlagerte, wird dann wieder zu dem werden, wie er scherzhaft in Astrokreisen genannt wird: zum *Assistenten* der höheren spirituellen beziehungsweise *solaren* Kraft.

Die (symbolische!) Sonnenwanderung durch den Tierkreis ist die permanente Aufforderung, uns nacheinander und immer wieder aufs neue mit allen zwölf Seiten der Wirklichkeit auseinanderzusetzen, um diese allmählich zu integrieren. Der jeweilige Lebens- und Erfahrungsbereich, der vom SONNEN-Prinz »wachgeküßt« wird (das Tierkreiszeichen, das gerade an der Reihe ist), will aktiv durch unser Bewußtsein beleuchtet werden. Wir sollen feststellen, auf welcher Ebene wir uns gerade befinden, ob die Wahl der Kulisse uns auch entspricht, ob wir dieses Prinzip über- oder unterbewerten oder sogar verdrängen.

Was hat das nun aber ganz praktisch zu bedeuten, wenn etwa zum Frühlingsanfang die Sonne im Zeichen WIDDER steht und das für alle Menschen auf diesem Planeten gleichermaßen gelten soll? Ist es nicht offenkundig, daß wir Erdenbürger ganz verschiedene Dinge in dieser Zeit erleben? Diese Frage drängt sich natürlich auf und will Beachtung finden. Doch erinnern wir uns daran, daß bei unserer Betrachtungsweise der äußeren Entsprechung nur nachrangige Bedeutung zukommt. Jeder Mensch hat seine eigene Lebensbühne, das heißt seine ganz persönlichen Konstellationen, innerhalb derer er seine individuellen Gefechte austrägt und seine Aufgaben zu bewältigen hat. Ein Blick hinter diese mannigfaltigen Bühnenbilder läßt uns die *kollektive Erfahrungsebene* deutlicher erkennen. Im ehrlichen Austausch mit unseren Mitmenschen, im Selbsterfahrungsseminar oder anhand der Fallbeispiele der Tierkreisbände werden wir erkennen, wie archetypische beziehungsweise abstrakte Prinzipien unaufhörlich in unser Leben hineinwirken. Diese »Energien«, die für alle aus demselben Quell fließen, ergießen sich jedoch in eine Vielzahl unterschiedlicher (menschlicher) Gefäße.

Nehmen wir als Beispiel für den WIDDER *Vitalität* als ein zentrales Thema. Ein Mißverständnis wäre es nun zu glauben, daß doch alle Zeitgenossen, die unter diesem Zeichen geboren wurden, sowie alle Menschen während der WIDDER-Zeit im Jahreslauf mehr oder minder vor Kraft strotzen müßten – vom Säugling bis zum gebrechlichen Opa. So kann und wird das natürlich nicht funktionieren! Man stelle sich vor, daß mehreren Milliarden Menschen immer zur gleichen Zeit etwa das gleiche widerfährt. Welch absurde Vorstellung! Alle würden gleichzeitig krank, gesund, stark, schwach, empfindlich, egoistisch sein, zur gleichen Zeit Geschäfte eröffnen, den Lebenspartner finden und so fort. Nein! Die dargestellte *kollektive* Erfahrungsebene dürfen wir nicht auf das Außen projizieren!

Vitalität *ist* ein Aspekt der WIDDER, der natürlich im WIDDER-Monat besondere Aktualität erlangt. Doch die Art und Weise, *wie* eine Person dieses Thema erfährt, auf welcher Ebene es sie tangiert, wie sie dazu steht, das macht die Vielfalt des Lebens aus. Astrosymbolisch ist eben das Zeichen WIDDER in den individuellen Geburtshoroskopen unterschiedlich besetzt, der WIDDER-Planet MARS taucht in vielerlei Verbindungen auf. Wo *ich* ganz persönlich stehe, in welche Bereiche *meine* Vitalität in erster Linie hinfließt, wodurch sie eventuell blockiert ist und wie ich am besten meine Lebenskraft aktiviere, ist äußerst individuell zu betrachten. Einem außenstehenden Beobachter wird das wahrscheinlich gar nicht so deutlich werden! Tatsache ist und bleibt jedoch, daß für uns alle – wie auch immer – während der WIDDER-Zeit unser Bezug zur WIDDER-Kraft im Mittelpunkt des (energetischen und nicht zwangsläufig auch intellektuellen) Interesses steht. Das WIDDER-Thema soll *solar,* das heißt ganzheitlich, erschlossen werden. Für WIDDER-Geborene ist es während ihrer gesamten irdischen Existenz das vordringliche Lebensrätsel. Und für alle anderen geht es insbesondere im WIDDER-Monat darum, eine ganzheitliche Sichtweise dieses Archetypen und seiner Wirkung auf das persönliche Dasein zu erlangen.

Vielleicht erleben wir an diesem Frühlingsanfang einen anderen WIDDER-Schwerpunkt als das Vitalitätsproblem, denn das Repertoire ist mit diesem Thema ja lange nicht erschöpft. Das *lebendige Leben* ist sehr komplex, und wir werden ihm nur durch eine gleichermaßen differenzierte Betrachtungsweise gerecht. Um die astroenergetische Symbolik sinnvoll auf konkretes individuelles Erleben beziehen zu können, ist vor allem die Überwindung pauschaler Vorurteile und astrologischer »Schubläden« nötig.

Wenn wir in der energetischen Astrologie den Stand der SONNE im Tierkreis als zentralen Deutungshintergrund für Ereignisse und Träume wählen, dann haben wir es mit einer kosmischen Kraftquelle zu tun, die aus sich selbst heraus leuchtet und strahlt, während die anderen Gestirne unseres Planetensystems dieses Licht aufnehmen und reflektieren. Sich auf den SONNEN-Weg zu machen bedeutet in diesem Sinne, aktiv aus sich selbst heraus zu handeln und sein Schicksal schöpferisch mitzugestalten. Wenn man vom »solaren Blickwinkel« aus die Welt der Erscheinungen beleuchtet, geht das weit über die Vorstellungskraft unseres erdgebundenen Verstandes hinaus und aktiviert »innere Organe« wie zum Beispiel das *Intuitionsvermögen*.

GOETHE bringt uns in seinen lyrischen Gedichten folgende Erkenntnis nahe:

> Wär nicht das Auge sonnenhaft,
> Die Sonne könnt es nie erblicken;
> Läg nicht in uns des Gottes eigne Kraft,
> Wie könnt uns Göttliches entzücken?

Damit sind auch die inneren Augen gemeint, die dem Menschen die Gabe des *geistigen Sehens* verleihen. Da wir alle mehr oder minder verlernt haben, diese Fähigkeit zu nutzen, hilft uns die Beschäftigung mit der SONNEN-Kraft, sozusagen als »Sehschule« das *innere Schauen* zu entfalten.

Wenden wir uns wieder dem kosmischen Geschehen zu, das symbolisch verstanden werden will und auf innere Vorgänge zu übertragen ist. Ebenso wie die SONNE jene Tierkreiszeichen, die sie gerade durchwandert, aktiviert und bewirkt, daß sie realisiert und integriert werden, *prägen* im Gegenzug auch die Tierkreisarchetypen das »solare Licht«. Durch ein Tierkreiszeichen spezifisch *eingefärbt*, lassen die Strahlen der SONNE die Objekte dieser Welt in dessen Licht erscheinen. Wem das unverständlich oder zu theoretisch erscheint, der mag sich den Wandel der Sonnenkraft im Verlauf eines Jahres vergegenwärtigen und die Veränderungen der Intensität und Qualität ihrer Leuchtkraft bewußt nachvollziehen.

Die wesentliche Bedeutung der Sonne für unser Zeitgefühl ist so offensichtlich, daß wir es kaum noch bewußt registrieren:
- Ein *Tag,* das heißt die Rotation der Erde um ihre eigene Achse, definiert sich für unser subjektives Erleben durch die Fixpunkte Sonnenaufgang, Sonnenhöchststand (Mittag), Sonnenuntergang und Sonnentiefpunkt (Mitternacht).
- Unsere *Monatseinteilung* des Jahres – der Name weist eigentlich auf den Mond als Orientierungsmaßstab – ist ebenfalls auf die Sonne bezogen, da unser Jahr zwölf Sonnenmonate zählt, während sich im gleichen

Zeitraum dreizehn Mondmonate vollziehen. Auch hier wird der Zusammenhang zwischen der Zwölfheit des Tierkreises und der Sonne deutlich!
– Das *Jahr,* das der Erdrevolution, also einem Umlauf unseres Heimatplaneten um das Zentralgestirn entspricht, ist vom geozentrischen (irdischen) Standpunkt aus betrachtet mit der scheinbaren Sonnenbahn durch den Tierkreis gleichzusetzen. Auch wenn seit GALILEI und KOPERNIKUS objektiv die astronomische Tatsache nicht zu leugnen ist, daß sich eigentlich die Erde um unseren Stern dreht und nicht umgekehrt, erleben wir die Sonne von uns aus gesehen durch den sich permanent verändernden Blickwinkel vor unterschiedlichem Hintergrund (den Tierkreiszeichen). Wenn wir in diesem Zusammenhang von der *Ekliptik* sprechen, so ist damit eigentlich die Bahn der Erde um die Sonne gemeint, die in zwölf Abschnitte von je dreißig Kreisgraden eingeteilt ist. Inmitten des »symbolischen Energierings« des Zodiaks residiert die Sonne, die von den Planeten in verschiedenen Abständen umkreist wird. Werfen wir nun von abweichenden »Reisestationen« einen Blick auf unser Tagesgestirn, verändert sich auch die Tierkreiskulisse. Vergleichen wir es mit der Umrundung eines Baumes oder irgendeines anderen gewählten Zentrums. Aus einer bestimmten Position erscheint das Haus der Familie Meier als Hintergrundszenerie, während sich aus einer anderen Perspektive aus die Ansicht der Wurstfabrik Müller, des Waldrandes, der Autobahn und so fort bietet.
Wenn in diesem Buch also des öfteren vom SONNEN-Lauf gesprochen wird, ist ebendieser Vorgang gemeint und der Einfachheit halber nicht jedesmal aufs neue erwähnt, daß, astronomisch gesehen, natürlich die Erde um die Sonne kreist.

Das SONNEN-Prinzip wird pro Jahr also aus zwölf grundsätzlich verschiedenen energetischen Blickwinkeln erlebt. Nun ist natürlich die Frage berechtigt, ob nicht auch innerhalb *eines* Tierkreiszeichens wiederum unterschiedliche Qualitäten auszumachen sind. Ob beispielsweise eine Anfangssonne im WIDDER genauso zu bewerten ist wie die kurz vor dem Wechsel in den STIER. Obwohl es für Astroprofis sicherlich reizvoll sein mag, hier so weit wie möglich zu differenzieren (siehe dazu auch unter I.6), halte ich im Rahmen des astroenergetischen Selbsterfahrungsweges zunächst eine lockere Einteilung für ausreichend: in die *Anfangsphase* (*kardinales* Stadium), wenn die Sonne in das Zeichen eintritt, die *fixe Phase* etwa in der Mitte und das *Auflösungsstadium* (*labile*) Qualität), bevor unser Zentralgestirn das Zeichen verläßt.
Während in der Zeitspanne des Zeichenwechsels die Energie umgepolt wird und eine neue Perspektive mit anderen Schwerpunkten sich zu formieren beginnt, wird die Ausdrucksweise des Archetypen in der Regel dann am deutlichsten sein, wenn die SONNE dessen erstes Drittel überschritten

und sich in ihrem neuen Domizil eingewöhnt hat. Die Übergangsphase zur nächsten Station wird dann mehr und mehr schon durch das darauffolgende Zeichen mitgeprägt werden, je näher die SONNE ihm rückt.

Ein Beispiel soll das verdeutlichen. Die Reise der SONNE durch ein Tierkreiszeichen können wir mit einem Transit durch ein bestimmtes Land vergleichen. Bis zum Überschreiten der Grenze gelten die Sitten und Gebräuche, die Gesetze, Sprache und Zahlungsmittel dieses Staates. Während des gesamten Aufenthalts der SONNE in einem Zeichen, vom Anfang bis zum Ende, gelten somit auch die »Richtlinien« dieses Sternzeichens. Auch ganz zum Schluß eines Zeichens Geborene tragen die Grundstruktur dieses Prinzips in sich. Es gibt aber doch auch Unterschiede. Je weiter ich mich dem Nachbarstaat auf meiner Fahrt nähere, desto deutlicher und häufiger werden die Hinweise auf seine Nähe sein; Landschaft, Bauweise, Mentalität und Dialekt der Bewohner tragen bereits Grundzüge vom Nachbarland. Aber – und das ist das Entscheidende – wir bewegen uns bis zum Grenzübertritt im Bannkreis beziehungsweise Einflußbereich des jeweiligen Landes.

Vor allem in den Träumen läßt sich nachvollziehen, daß der Schwerpunkt der nächtlichen Botschaften so lange von dem Tierkreiszeichen geprägt ist, bis die SONNE es verlassen hat, daß aber kurz vor Zeichenwechsel bereits Elemente des nachfolgenden Archetypen festzustellen sind.

Bei dieser Betrachtungsweise müssen wir natürlich die individuellen Wesensarten der Tierkreiszeichen relativierend einbeziehen. So ist es durchaus denkbar, daß bei einem *Kardinal*zeichen wie dem WIDDER dessen kardinale Phase (die ersten zehn Grade des Zeichens) stärker erlebt wird als die *fixe*. Zudem hat die Erfahrung in Astro- und Traumseminaren gezeigt, daß gerade zum Neumond, wenn sich »Helios« und »Luna« in einem Tierkreiszeichen die Hand zum Stelldichein reichen, die Wirkweisen dieses Archetypen sehr deutlich erlebt werden, während Träume und Ereignisse zur Vollmondzeit (SONNE-MOND-Opposition) die Polarität der beteiligten Tierkreisenergien betonen.

Wenn Sie diese Aussagen überprüfen wollen, empfehle ich, über einen gewissen Zeitraum (je länger, desto besser!) diese energetischen Vorgänge aufmerksam zu verfolgen und vor allem den Zeichenwechseln der SONNE *nachzuspüren*. Die astrologische Monatseinteilung wird dem lebendigen Energiestrom eher gerecht als die kalendarisch festgelegten Monatsanfänge, die keinen *energetisch* nachvollziehbaren Anfangspunkt markieren, sondern willkürlich festgelegt wurden.

Wenn die SONNE ein Tierkreiszeichen durchläuft, dann erlebt dieser Archetyp sozusagen seinen Höhepunkt auf Erden. Beispiel: Das STIER-Zeichen, archetypische Entsprechung für Wachstum und Ernährung, erfährt seine deutlichste »Beleuchtung« in dem Zeitraum zwischen Ende

5. LÖWE: Das Zentrum der Rätsel

April und Ende Mai, wenn unser Tagesgestirn dessen Tierkreiskraftfeld passiert. Es ist der Wonnemonat, in dem die Natur nach der winterlichen Pause wieder blüht, wächst und gedeiht. Übertragen wir dieses äußere Geschehen auf psychisches Erleben, dann können wir sagen, daß auch im Menschen wirkt, was sich draußen abspielt. STIER-Themen wie *Genußfähigkeit, Ernährung, Entfaltung* und *Bewahrung des eigenen Wesens* werden in den Träumen und natürlich auch im Alltag individuell und kollektiv zum Tragen kommen.

Als Beispiel dafür sei der Streik von Deutschlands Öffenlichem Dienst im STIER-Monat 1992 genannt, als in vielerlei Hinsicht »nichts mehr ging«. Bestreikt wurden sowohl der öffentliche Nah- als auch Fernverkehr, Flughäfen, Post, Müllabfuhr. Das Erdzeichen STIER – die »archetypische Bremse« der feurigen WIDDER-Impulse – hat sich über das Medium »Streik« Ausdruck verschafft und den vielen Betroffenen eine Lektion im *Innehalten* erteilt: zum Beispiel durch postalisch nicht zugestellte eilige Terminsachen, ausgefallene Flugreisen und Theateraufführungen, verspätetes Erscheinen am Arbeitsplatz, überquellende Mülleimer und anderes.

Wenn wir nun zum Vergleich (als Oppositionszeichen des STIER) den SKORPION-Monat November heranziehen, erkennen wir in der sich zurückziehenden, (scheinbar) sterbenden Natur genau den Gegenpol zur üppigen Maienzeit. Natürlich wird der STIER-Archetyp (wie alle anderen Tierkreiszeichen auch) zu jedem beliebigen Zeitpunkt vom solaren Licht »bestrahlt«, nur eben aus unterschiedlichen Perspektiven (den astrologischen *Aspekten*). Wenn die Sonne etwa im WASSERMANN residiert, wirft sie ihr Licht vom Spannungsaspekt des *Quadrates* auf den STIER. Übersetzen wir diese abstrakte Konstellation auf die uns sichtbare Alltagsebene, dann spiegelt dieser Aspekt den Widerstreit von Prinzipien wie *Spontaneität* und *Beständigkeit* oder *Umbruch* und *Bewahrung* wider. Der *wassermännische* Standpunkt der Revolution verleiht der *konservierenden* STIER-Energie eben einen anderen Geschmack als das Prinzip der *Struktur* und *Begrenzung* des STEINBOCK, dessen *Trigon* (Harmonieaspekt) zum STIER die gemeinsame Ebene dieser beiden Erdzeichen unterstreicht (siehe auch I.7 sowie praktische Beispiele in den Tierkreisbänden).

Zusammenfassend können wir feststellen, daß zwar zu jeder Zeit *alle* Tierkreis- und Planetenenergien als Mitwirkende in dem großen kosmischenergetischen »Sinfonieorchester« vertreten sind, aber doch in unterschiedlicher Ausprägung, Intensität und Beziehung zueinander. »Kapellmeister« SONNE, der die Einsätze der verschiedenen »Instrumente« angibt, bringt in wechselnden Kombinationen die göttliche Sinfonie zur Aufführung. Das Zeichen, das die SONNE gerade durchschreitet, ist vergleichbar mit dem Solisten, den der SONNEN-Dirigent jeweils in den Mittelpunkt des Geschehens rückt (weitere Ausführungen dazu im dritten Teil).

Die energetische Bedeutung des Geburtstags – das Solarhoroskop

Wir alle messen der SONNEN-Position zum Geburtszeitpunkt besondere Bedeutung bei, meistens ohne uns darüber im klaren zu sein. Irgendwie fühlen wir uns mit dem Tierkreiszeichen besonders verbunden, das das Tagesgestirn bei unserer Ankunft in dieser Welt durchwanderte. Auch Zeitgenossen, die wenig von Astrologie halten oder darüber wissen, kennen doch zumindest »ihr Sternzeichen«. Häufig wird sogar sein Symbol am Kettchen um den Hals getragen, oder wir fühlen uns von dem Zuckerwürfel-Päckchen, das unser Zeichen trägt, besonders angesprochen. Das hat zu einem regelrechten Sternzeichenkult geführt, der von speziellen Tierkreismahlzeiten über eigens kreierte Sternzeichenparfüms bis hin zu nach astrologischen Gesichtspunkten zusammengestellten Blumensträußen reicht. Wenigstens feiern fast alle Menschen ihren Geburtstag und haben mit Recht das Gefühl, daß dieser Tag ein besonderes Datum in ihrem Lebenslauf markiert. Die alljährliche Geburtstagsfeier ist für uns so selbstverständlich, daß wir kaum ihren astronomischen Hintergrund realisieren. Da sich unser Jahreszyklus an der SONNE orientiert, handelt es sich um die Wiederkehr der SONNE an jenen Punkt im Tierkreis, an dem sie zum Zeitpunkt unserer Geburt stand. Geburtstag und SONNEN-Prinzip stehen somit in enger Verbindung.

Die esoterische beziehungsweise energetische Bedeutung des Geburtstags liegt in der Reaktivierung des *in* uns verborgenen SONNEN-Wesens, das unser spirituelles *Selbst* verkörpert. Unser Wiegenfest ist sozusagen eine kosmische Erinnerung an unser geistiges *Sein*. Während einer kurzen Zeitspanne im Jahr befindet sich die transitierende umlaufende SONNE in *Konjunktion* (siehe dazu Aspekte in I.7) mit unserer Radix-SONNE (= Sonnenposition im Horoskop). Innerhalb dieser Stunden sind wir unserem *spirituellen Wesenskern* und der zentralen Bedeutung dieser Inkarnation besonders nah.

Der exakte Geburtstagsmoment errechnet sich danach, wann die Sonne die genaue Position einnimmt, wie sie in unserem Horoskop verzeichnet ist. Steht sie also beispielsweise zwei Grad und fünfzehn Bogenminuten im Zeichen WIDDER, dann ist jedes Jahr, kurz nach Frühlingsanfang, wenn das Zentralgestirn exakt diesen Punkt im Tierkreis erreicht, unser *solarer Geburtstag*. Dieser Moment läßt sich mittels einer Ephemeride (oder eines Astrokalenders mit Planetenpositionen wie der jährlich erscheinende Kalender »*Sternenlichter*« von PETRA NIEHAUS) berechnen. Wegen der zeitlichen Diskrepanz zwischen dem tatsächlichen Erdumlauf um die Sonne und unserer Jahreslänge – die einige Stunden jährlich ausmacht, weswegen alle vier Jahre im sogenannten Schaltjahr ein zusätzlicher Tag zum Ausgleich eingeschoben wird – kann es vorkommen, daß der *energetische* Geburtstag (SONNEN-Konjunktion) einen Tag früher oder später als der

»gewohnte« Termin liegt. Diese Tatsache löst meistens zunächst helle Empörung aus, denn wer läßt schon gerne mit seinem wichtigsten Tag des Jahres herumjonglieren? Das »Geburtstagsgefühl« wird aber zum Zeitpunkt der SONNEN-Konjunktion am intensivsten sein, wie jeder selbst nachprüfen kann.

Der Zeitpunkt des exakten, sprich: energetischen, Geburtstags markiert, wie gesagt, einen neuen Zyklus im Lebenslauf, der neue Schwerpunkte ins Leben und vor allem ins *Bewußtsein* des Betreffenden bringen wird. Es gleicht einer kleinen, solaren Neugeburt, ist ein Unterkapitel in dem Gesamtthema des Geburtshoroskops. Die Themen des »neuen« Lebensjahres finden wir im *Solarhoroskop* widergespiegelt. Dabei handelt es sich natürlich weder um eine Konkurrenz zum Geburtshoroskop, noch ist letzteres durch das Solar außer Kraft gesetzt. Vielmehr zeigen die verschiedenen Solarhoroskope – für jedes Lebensjahr fällt ein Exemplar an! –, *welche* Thematiken des Geburtshoroskops von *welchen Seiten* aus aktiviert werden und *jetzt* zur Bearbeitung anstehen. Wie die Transite- und die Felderwanderungsmethode ermöglicht uns das Solarhoroskop, eine Reihenfolge der Lebensaufgaben zu erkennen.

Die Zeit während des energetischen Geburtstags ist von besonderer Bedeutung; was uns in den Stunden der SONNEN-Konjunktion widerfährt beziehungsweise wie wir damit umgehen, können wir als Orakel für das anbrechende neue Lebensjahr nehmen. Dabei dürfen wir das Geschehen natürlich nicht zu wörtlich auffassen! Es gehört eine gute Portion Intuition und Übung dazu, die richtigen Schlüsse zu ziehen. Vor allem sollten wir uns keine negativen Zukunftsprojektionen einreden. Der individuelle Sinn des Geschehens will wie ein Traum zunächst entschlüsselt werden.

Ebenso sind die Träume in der Zeit um den Geburtstag sowie in der Geburtstagsnacht auf orakelhafte Bedeutungen hin zu untersuchen. Diese können uns ebenso wie das Solarhoroskop erkennen helfen, welche geheimen Regungen des Herzens sich in der neuen »Legislaturperiode« – während der neuerlichen Umrundung – auswirken und ausformen werden.

Näheres zum Solarhoroskop, Deutungsbeispiele und die Berechnung finden Sie im LÖWE-Band.

Der kreative Umgang mit Träumen und Astrosymbolen

Die Lebensrätsel, die uns in den kleinen und großen Herausforderungen des Alltags begegnen, fordern unsere Kreativität heraus. Sie erwecken auf diese Weise die latent vorhandene menschliche Schöpferkraft aus ihrem Dornröschenschlaf. Wie bei der Zündung einer Weltraumrakete wird durch die Aktivierung dieses Potentials eine ungeheure Schubkraft frei, die uns aus der Erdschwere einer begrenzten logisch-kausalen Weltsicht herauskatapultieren kann. Gerade die Schöpferkraft ist ein wesentlicher Hinweis darauf, daß der Mensch von seinem Wesen her ein »Kind Gottes« ist und weit über die Erdgebundenheit hinausreicht. Wollen wir in der Beschäftigung mit der Astrologie diesen Sprung vollziehen und vom Bereich bloßen Auswendiglernens zur Ebene der Bewußtseinsentfaltung gelangen, müssen wir dem Rechnung tragen. Da Kreativität und Schöpferkraft untrennbar mit der *Bewußtseinsdimension* verbunden sind, ist es nur natürlich und folgerichtig, in erster Linie auch *kreativ* mit den Methoden der Bewußtseinsentwicklung umzugehen.

Die grundlegende Kreativität der Psyche als wesentliches Merkmal des Menschseins wird von den verschiedensten psychologischen Richtungen, Philosophien und Religionen betont. ERICH NEUMANN schreibt dazu: »Der schöpferische Charakter des Bewußtseins ist ein zentraler Inhalt des abendländischen Kulturkanons ... Die Schöpferischkeit des Bewußtseins kann zwar durch religiöse und politische Totalitätsansprüche gefährdet werden, denn jede autoritäre Fixierung des Kanons führt zu einer Sterilität des Bewußtseins, aber derartige Festhaltungen sind nur vorübergehend möglich« (ebd. S. 9).

Empfehlenswert zu diesem wesentlichen Thema sind vor allem auch die »Seth«-Bücher von JANE ROBERTS, in denen der zentrale Aspekt des menschlichen Schöpfertums auf unkonventionelle Weise beleuchtet wird (siehe Literaturverzeichnis).

In unserer heutigen konsumorientierten Welt ist ein Großteil unseres schöpferischen Potentials verschüttet. Das zeigt sich nicht zuletzt auch daran, daß häufig auch esoterisches Wissen, Methoden sowie Therapien und Selbstfindungsseminare *konsumiert* werden. Die Gesetze der Marktwirtschaft haben Besitz ergriffen von der Selbsterfahrung, und wir sprechen deshalb nicht umsonst von einem Psycho- und Esoterikboom. Es erscheint auf den ersten Blick wesentlich bequemer, sich für das investierte Geld und die Zeit etwas bieten zu lassen. Diese Haltung (sei sie auch unbewußt) wird sich jedoch nicht auszahlen! Wollen wir uns *wirklich* (und nicht nur eingebildeterweise) weiterentwickeln, ist der Einsatz des *ganzen Menschen* vonnöten. Neben unserer physischen ist auch die seelisch-geistige Gegenwart gefordert, die Bereitschaft, sich einzulassen sowie selbstbestimmt und eigenverantwortlich *mitzumachen*. Wenn wir im Traum dazu aufgefordert werden, einen Preis zu bezahlen – sei es für eine Schiffspassage, einen Einkauf oder als Eintrittsgeld –, ist damit zumeist der energetische Einsatz gemeint, den wir für Vorwärtskommen und seelisches Wachstum zu erbringen haben.

Unsere Schöpferkraft muß wiederentdeckt und aufs neue erobert werden, wenn wir Individualität und Selbstbewußtsein entfalten wollen. Es genügt nicht, sich in »mystische Stimmungen« einlullen zu lassen. Und die Verantwortung für das Gelingen eines Seminars, einer Beratung oder einer Therapie liegt nicht allein beim Kursleiter, Berater oder Therapeuten. Sich einbringen heißt, aktiv und passiv (im Sinne einer Aufnahmebereitschaft) an dem therapeutischen Prozeß teilzuhaben, der unser Weg ist. Auch wenn wir ein Buch lesen – beispielsweise das vorliegende –, können wir unsere Motivation dazu hinterfragen. Konsumieren wir den Inhalt lediglich, wird es die ihm eigentlich innewohnende transformierende und therapeutische Kraft nicht entfalten können.

Der kreative Umgang mit der Astrologie und den Träumen läßt sich auf vielfältige Weise umsetzen. Wenn hier einige Beispiele genannt werden, so hauptsächlich deshalb, um den Leser zu ermutigen, eigene Ideen zu entwickeln und individuell stimmige Ausdrucksmöglichkeiten zu finden. Ob jemand aus Traumszenen oder Astrosymbolen dann Gedichte oder Märchen gestaltet, Traumbilder oder astroenergetische Archetypen mit Farbe und Pinsel zu Papier bringt, dramatische Ausgestaltungen von Träumen oder Horoskopkonstellationen (»Astrodrama«) bevorzugt oder sich in aktiver Imagination und Meditation mit Symbolen auseinandersetzt, ist zum einen eine Frage der persönlichen Vorliebe und andererseits von der Situation, der Energetik und anderen Faktoren abhängig. Man sollte keine starren Regeln aufstellen, etwa wann man ein Traumbild malt oder imaginiert. Gerade in einer möglichst freien und gelösten Geisteshaltung kommt das schöpferische Potential am besten zur Geltung.

    In den Seminaren zur energetischen Astrologie und Traumarbeit ergeben sich kreative Umsetzungen sowohl durch das Thema selbst als auch durch spontane Gruppenentwicklungen und -ideen. Es bietet sich beispielsweise an, während eines KREBS-Seminars verstärkt mit entsprechenden (KREBS-)Methoden wie *Imaginationen* und *Phantasiebildern* zu arbeiten. Andererseits kann es auch bei jedem anderen Archetypen oder Traumtext angezeigt sein, auf imaginäre Weise das Verständnis zu erhellen. Ein weiteres Beispiel ist die *dramatische* Umsetzung von inneren Bildern oder Konstellationen – an sich eine Entsprechung des LÖWE-Archetypen. Um das LÖWE-Prinzip möglichst anschaulich darzustellen und ein lebendiges Feeling zu vermitteln, bietet es sich förmlich an, mit theatralischen Elementen (natürlich laienhaft, denn es besteht ja dabei kein künstlerischer Anspruch) zu veranschaulichen, was den einzelnen oder die Gruppe bewegt. Anhand eines Bildes, das eine Teilnehmerin zur LÖWE-Musik malte, entwickelte sich während eines LÖWE-Seminars ein kleines Theaterstück, das wir »Einzug der Königin« nannten. Die Teilnehmer übernahmen spontan Rollen des Hofstaates, wie etwa der Kurier der Königin, der ihr Erscheinen ankündigte, ein Mundschenk, Hofdamen, die die Königin neben dem Thron zierten, und so fort. Ausgerüstet mit allem zur Verfügung stehenden Material, improvisierten wir die Szene. Der Phantasie der Mitspieler waren dabei keine Grenzen gesetzt. Alle Einfälle konnten zugelassen und eingebaut werden, so war jeder »hautnah« dabei. Für die Seminargruppe stellte dieses kurze spontane Theaterstück, bei dem es nur Darsteller und keine Zuschauer gab, eine LÖWE-Offenbarung und einen »krönenden Abschluß« des Seminars dar: Wir waren auf unserer inneren Reise zu diesem Archetypen schließlich in dessen »Sphäre« angekommen, was sich für uns symbolisch in diesem kreativen Akt ausgedrückt hat.

Das individuelle Beispiel sollte noch einmal zeigen, daß sich Kreativität nicht planen läßt. Ein aufgesetztes Theaterstück zur unpassenden Zeit könnte nicht die Bewußtseinsimpulse bringen, die sich im passenden Moment manifestieren, sondern würde eher Widerstände hervorrufen.

Kreative Aktionen fordern die Mitwirkenden in besonderem Maße heraus. Damit diese Aktivitäten (Bewußtseins-)Früchte tragen können, ist es wichtig zu erfühlen, ob und wofür eine individuelle oder kollektive Bereitschaft vorhanden ist, wenngleich manchmal eine Motivierung notwendig sein wird. Tragen wir der inneren Entwicklung im Gruppenprozeß oder Therapieverlauf Rechnung, werden Aufforderungen zur Kreativität kein »energetisches Durcheinander« fabrizieren.

Die Variablen bei schöpferischen Aktivitäten sind: die Gruppenzusammensetzung, die Themen beziehungsweise Seminarinhalte, der Zeitpunkt (energetische Zeitqualität), der Seminarleiter, die Seminarräumlichkeiten und anderes mehr. Alle diese Faktoren haben Einfluß auf die Entwicklung und damit auf die kreativen Möglichkeiten eines Seminars. Und für den Leser, der sich gerade nicht in einer Kurssituation befindet, bestimmt die individuelle Konstitution den schöpferischen Umgang mit dem Buchinhalt: Motivation, Interesse, die Festigkeit der Vorurteile, Spontaneität, Mut zum Ausprobieren, Ausdauer und anderes.

Wir müssen nicht unbedingt Seminare besuchen, um kreativ mit Träumen oder dem Horoskop zu arbeiten, wenngleich es oft hilfreich ist, in der Geborgenheit einer Gruppe und unter Anleitung eines »Fachmanns« oder einer »Fachfrau« den Weg zu beginnen. Später, im fortgeschritteneren Stadium, wird es uns auch ohne diesen Rückhalt nicht mehr schwerfallen, den Anregungen unserer Träume kreativ zu folgen oder eine »lebendige Beziehung« zu unserem Horoskop zu pflegen. Anstatt uns an engen (weil aufgezwungenen!) Maßstäben oder Dogmen zu orientieren und nur wiederzukäuen, was andere vorgebetet haben, werden wir erstaunt feststellen, daß wir zu wirklicher Kreativität fähig sind, wenn wir *unseren* Weg der *Individuation* gehen und uns allmählich von den Stützen und Krücken übernommener Werte und Normen emanzipieren. Das für uns kreativste und persönlichste Buch können wir nur selbst schreiben. Die individuell stimmigste Literatur zu Astrologie und Traumarbeit erhalten wir durch das Anlegen eines Traum- und Transitetagebuchs, in dem wir Träume, astrologische Eigenbeobachtungen, das Alltagsgeschehen und spontane wie kreative Elemente miteinander verbinden. Anstöße dazu und konkrete Anregungen sowie Beispiele zu Phantasiereisen, Meditationen, Affirmationen und anderen kreativen Möglichkeiten bieten die Tierkreisbände. Je nach Themen und Entsprechungen der Tierkreiszeichen findet der Leser Vorschläge etwa für »Schutzimaginationen« im STIER-Band, »Heilungsimaginationen« im JUNGFRAU-Band, »Geburtsimaginationen« im WIDDER-Band und so weiter.

Im Gegensatz zu den gelenkten *Tagtraumreisen* konzentrieren sich die Meditationen auf einen Punkt. Das mag ein inneres oder äußeres Bild beziehungsweise (Astro- oder Traum-)Symbol sein, ein Klang, ein Geruch, ein sensibler energetischer Moment wie die Zeichenwechsel der SONNE, des MONDES oder eines Planeten (Termine siehe Ephermeride oder Astrokalender). Um eine Weile in sich zu gehen und energetische Vorgänge oder Konstellationen zu erfühlen, muß man sich nicht unbedingt im stillen Kämmerlein aufhalten oder den Lotussitz üben. Vor allem Aufmerksamkeit und Offenheit entscheiden darüber, ob wir einen inneren Bezug zwischen Astrosymbolik, Gefühl und Alltag herstellen können oder – wie bisher – den Wald vor lauter Bäumen nicht sehen.

Meditationen können uns wie die Imaginationen helfen, eine innere Verbindung zu den Tierkreiszeichen herzustellen. Dabei spielt das Wissen um den *richtigen,* das heißt den dem jeweiligen Thema entprechenden Meditationszeitpunkt, eben eine hilfreiche Rolle. Es ist im allgemeinen stimmiger, zur Aufbruchszeit, also zu Frühlingsbeginn im WIDDER-Monat, entsprechende Geburtsimaginationen oder Meditationen zu machen als beispielsweise Übungen zu Tod und Vergänglichkeit (von Ausnahmen einmal abgesehen).

Affirmationen als positive Mantras oder heilende »Zaubersprüche« einzusetzen, hat sich ebenfalls bei der aktiven und kreativen Mitarbeit am therapeutischen Prozeß bewährt. Affirmationen sind Bejahungen und sollen den verinnerlichten Negationen etwas entgegensetzen. Das lateinische Wort *affirmatio* heißt übersetzt *Beteuerung*. Wenn wir mit Affirmationen arbeiten, dann suchen wir nach Worten und Sätzen, in denen wir uns hilfreiche Botschaften übermitteln, die dem »ungläubigen Thomas« in uns beziehungsweise dem verletzten inneren Kind immer wieder beteuern: »Ich bin liebenswert.«, »Ich habe Geduld und Vertrauen.«, »Ich bin mutig und entschlossen« oder andere Beteuerungen, die uns guttun. Auch bei dieser Arbeit ist die Einbeziehung der Astrologie sinnvoll. Je nach Lebensschwerpunkt, vorübergehenden Lernaufgaben oder kollektiv wirksamen Zeiterfordernissen wählen wir Worte aus, die uns als passende Schlüssel ins Unbewußte dienen und Türen zum Unbewußten aufschließen, die wir bislang vielleicht vergeblich zu öffnen versuchten, weil wir den falschen Kode verwendet haben. Wer also beispielsweise ein WIDDER-Problem (etwa Energie, Sex, Lust oder Triebkraft) erkennt, wird im WIDDER-Band Anregungen und Vorschläge für entsprechende Affirmationen finden.

6. JUNGFRAU
Die Analyse der Rätsel

Ist uns erst einmal bewußt geworden, daß unser Leben ein großes Rätsel mit vielen Haupt-, Unter- und Nebenrätseln ist, können wir uns an die Aufgabe machen, diese zu diagnostizieren, analysieren und zu bearbeiten. Wie der Landwirt heute zeitgemäße Maschinen benutzt, um das Feld zu beackern, bietet sich dem modernen Menschen dafür eine Vielfalt von Methoden für die therapeutische Arbeit an.

Sinn und Unsinn spiritueller Methoden

Während der Einsatz bestimmter Praktiken in der psychologischen Arbeit außer Frage steht, ist deren Einsatz und Ausübung im spirituellen Bereich umstritten. Nicht wenige religiöse und philosophische Richtungen lehnen die aktive Arbeit des einzelnen an der Weiterentwicklung ab. Auch die christliche Lehre wird häufig noch derart ausgelegt, daß uns außer Glaubensanstrengungen kein eigener Einsatz für unsere Erlösung zugestanden wird. Dieser grundsätzliche Konflikt hat seinen gegenwärtigen Höhepunkt beispielsweise in dem Streit zwischen Vertretern des Kirchendogmas und dem bekannten Priester, Psychotherapeuten und Kirchenkritiker EUGEN DREWERMANN gefunden.

Nicht jede Methode hält natürlich, was sie verspricht; so mancher Aspirant wurde und wird durch das Praktizieren bestimmter Übungen oder Riten in seiner seelisch-geistigen Entfaltung eher behindert als gefördert. Vor allem aber sind es die Träume, die uns auf solche Irrwege aufmerksam machen. Neben der Grundfrage nach Sinn und Berechtigung eines methodischen Vorgehens in solch subtilen Bereichen wie der Spiritualität und Esoterik scheint es also auch problematisch zu sein, die individuell passende Methode zu finden. Gegner betonen vor allem, daß die uns innewohnende Natur doch selbst am besten wisse, was für uns gut und richtig sei, und daß sie automatisch und in natürlicher Weise unsere Entwicklung optimal steuere. Vertreter der Religionen verweisen in diesem Zusammenhang häufig auf Gott, auf den man nur zu vertrauen brauche, und alles werde von selbst gut. *Wie* man ein solches Urvertrauen oder einen solch unerschütterlichen Glauben entwickelt, wird dabei aber meist unterschlagen. Brauchen wir aber nicht gerade deshalb geeignete Methoden, um das verschüttete Vertrauen in den Urgrund des Lebens wiederzufinden, da wir dann überhaupt erst zu wirklichem Glauben fähig werden?

Befürworter des methodischen Vorgehens erklären demgegenüber, daß nichts von selbst geschieht. Von daher ist es dem Menschen nicht nur zuzumuten, sondern es wird sogar von ihm verlangt, das Seine zum Erlösungswerk dazuzutun. Das Leugnen der Eigenverantwortlichkeit, die Passivität, wird von dieser Warte aus als Ausflucht und Widerstand betrachtet.

Ich selbst befand mich einige Zeit in einem inneren Zwiespalt zwischen den beiden Standpunkten. Einerseits legt mir meine SCHÜTZE-SONNE die Existenz eines gütigen Gottes nahe, der uns führt und behütet. Zum anderen war mir aber schon seit den Tagen des Kindergottesdienstes bei dem Gedanken unwohl, daß Christus all unsere Schuld auf seine Schultern geladen hatte, daß durch sein Leiden unser aller Leid getilgt wäre und wir uns zur Seelenrettung auf die Akzeptanz eines vorgegebenen Dogmas beschränken könnten. Die irdische Realität schien dem nur allzuoft zu widersprechen!

Gibt es sie nun, die Allheilmethoden, von denen heutzutage ja genügend angepriesen werden? Die wir nur auszuüben brauchen, um postwendend erleuchteter, glücklicher, gesünder, spontaner, wohlhabender, erfolgreicher, friedlicher, liebenswerter, geduldiger zu sein? Sicherlich nicht, denn welche Methode wir auch benutzen, welche Übungen wir ausführen – letztlich sind und bleiben doch immer *wir selbst* das »Material«, das geformt und bearbeitet werden soll.

Es existieren so viele verschiedene Methoden, wie es unterschiedliche Bedürfnisse, Temperamente und Probleme gibt, und es ist natürlich sinnvoll, dort die Schulbank zu drücken, wo man am meisten dazulernen kann und sich innerlich zu Hause fühlt. Wir sollten uns also vorweg die Frage stellen, *welche* Methode unserem Wesen gerecht wird, damit der »Schlüssel« auch tatsächlich in das Schloß paßt, um uns aufzuschließen. Die unterschiedlichen Lebensrätsel wollen auf entsprechend differenzierende Weise erschlossen werden.

Weiterhin gilt es, einen günstigen Zeitpunkt für den Beginn mit einer (therapeutischen) Praktik zu finden. Auch die Art unserer Annäherung an die gewählte Methode und die Frage nach der individuellen Gültigkeit ihrer verschiedenen Aspekte ist von grundlegender Bedeutung. Problematisch wird der Umgang mit tiefpsychologischen oder spirituellen Lehren vor allem dann, wenn kritiklos *alles* übernommen wird. Erkenntnisse anderer Menschen – die für sie unbedingt richtig gewesen sein mögen – können nicht en gros und bedingungslos dem eigenen Wesen übergestülpt werden. Tun wir es doch, geben wir den Methodengegnern recht, die ja vor allem kritisieren, daß wir unsere lebendige innere Natur damit abwürgen. Doch so weit muß es nicht zwangsläufig kommen! Und schließlich wird damit keineswegs das methodische Vorgehen an sich in Frage gestellt, sondern die Einstellung des Aspiranten unter die Lupe genommen.

Vor allem auch C. G. JUNG hat mit Nachdruck auf die Wichtigkeit eines möglichst individuellen Vorgehens in der Psychotherapie hingewiesen. Er schreibt dazu (»*Der Mensch und seine Symbole*«, S. 64): »Es gibt keine psychotherapeutische Technik oder Lehre, die man allgemein anwenden könnte, denn jeder Fall, den man zur Behandlung bekommt, ist ganz individuell und hat spezielle Bedingungen.«

Jung schildert in seinem Werk auch immer wieder Fallbeispiele, die ihn in seiner individuellen Betrachtungs- und Behandlungsweise eines jeden Patienten bestärkten:

»Von derartigen Fällen lernte ich, meine Methoden den Bedürfnissen meiner Patienten anzupassen und mich nicht so sehr allgemeinen theoretischen Betrachtungen hinzugeben, die möglicherweise auf einen speziellen Fall gar nicht anwendbar waren. Meine während einer sechzigjährigen praktischen Erfahrung gesammelten Kenntnisse über die menschliche Natur haben mich gelehrt, jeden Fall als einen neuen zu betrachten und mich zunächst immer um eine individuelle Annäherung zu bemühen« (ebd. S. 64).

Die Traumarbeit, der JUNG großen Stellenwert in seiner psychotherapeutischen Tätigkeit einräumte, stellt nun gerade keine festgefügte Psychotechnik mit starren Regeln und Lehrsätzen dar, die es zu übernehmen gilt, sondern eine äußerst individuelle Therapiemethode. Die Art der Träume und der Umgang mit ihnen variiert je nach Individuum beziehungsweise persönlicher Konstellation. Richtungweisend und bestimmend für den traumtherapeutischen Prozeß ist die Seele selbst. Sie liefert mit dem Traummaterial die Inhalte, die gegenwärtig zu verarbeiten sind, und gibt das Arbeitstempo vor. Wollen wir in unserer Ungeduld zu schnell voranpreschen, werden wir möglicherweise durch das Ausbleiben der Traumerinnerung oder durch aufrüttelnde Träume (oft als Alpträume erlebt) gebremst. Erlahmen wir dagegen in unseren Anstrengungen, lassen uns das auch die Träume wissen und fordern uns zu weiterem Engagement auf.

Das Material, das uns in den Träumen geboten wird, folgt unseren ureigensten Regeln und Bedürfnissen, die ja niemand so gut kennt wie unsere Psyche selbst. Unser Tagesbewußtsein erreichen nur nur solche Inhalte und Bilder, die unser Ich verarbeiten kann. Diese innere Zensur bildet ein wichtiges psychisches Regulativ, das problematische Botschaften so lange von unserem Bewußtsein fernhält, bis wir fähig sind, sie anzuschauen, zu ertragen und zu verarbeiten. Oder aber der Traumregisseur wählt unverfänglichere Bilder, die stellvertretend etwa für traumatische Erlebnisse stehen und dem Bewußtsein erst allmählich nahegebracht werden sollen, um dessen Integrität nicht zu gefährden beziehungsweise den Betreffenden nicht zu überfordern.

Deutungsregeln, Leitsätze und äußere Begleiter (Therapeuten, Berater, spirituelle Freunde) haben als Impulsgeber und Wegweiser natürlich ihre Berechtigung. Sie können uns helfen, unseren eigenen Weg zu den Träumen, und damit zu uns selbst, zu finden. Es kann aber nie vorrangig um das

Deutungssystem selbst gehen! Die astroenergetische Traumarbeit will in diesem Sinne nicht als ein neues Dogma der Traumdeutung mißverstanden werden. Die Beschäftigung damit soll dazu ermutigen, die dem eigenen Wesen entsprechende Logik, Methodik und Didaktik herauszufinden. Zugang zu den individuellen Inszenierungen des Traumregisseurs finden wir vor allem dann, wenn wir möglichst unvoreingenommen, frei, spontan und spielerisch an die Sache herangehen. Wer von vornherein in jeder Gurke ein Phallussymbol sieht oder zwanghaft nach Archetypen und Tierkreiszeichen in der Traumbotschaft sucht, wird sich schwertun, die *eigentliche* Botschaft zu empfangen.

Ähnlich verhält es sich mit der Astrologie, die auf der Esoterikwelle mitschwimmt und deren Schulen und Richtungen zur Zeit an Zahl stetig zunehmen. Doch was für den Gründer hundertprozentig richtig und wesensgemäßer Ausdruck seiner energetischen Konstellation sein mag, kann sich für andere möglicherweise nur in modifizierter Version als zuträglich erweisen. Jede Schule oder Methode hat die Funktion eines *Gerüstes*, das benötigt wird, um das Eigentliche – nämlich das Haus (= die Persönlichkeit) – aufzubauen oder zu renovieren. Und ebenso, wie es uns lächerlich erscheinen würde, ein Baugerüst um seiner selbst willen aufzubauen, ist darauf zu achten, daß die Methoden nicht zum Selbstzweck entarten. Solche Entgleisungen treten etwa dann auf, wenn ein Horoskop oder ein Traum höher bewertet wird als die zugrundeliegenden seelischen Belange, wenn man also beispielsweise eine durchaus zutreffende astrologische Deutung oder Traumerkenntnis benutzt, um sich selbst oder andere psychisch zu vergewaltigen, zu manipulieren und unter Druck zu setzen. Wie man ein Gerüst wieder abbaut, wenn das Werk vollendet ist, kann die Methode, mit der wir lange Jahre an unserer Individuation gearbeitet haben, wieder mehr in den Hintergrund treten, sobald wir seelisch gereift sind. Vielleicht fühlen wir uns dann auch dazu berufen, sie – quasi als »Gerüstverleih« – an andere Rat- und Hilfesuchende weiterzugeben.

Auf dem Weg der Selbstfindung *kann* uns vieles als Spiegel dienen, doch nicht jede Reflexionsfläche ist für alle gleichermaßen geeignet. Wir müssen dabei auch unserer religiösen und soziokulturellen Eigenart gerecht werden und dürfen die Herkunft nicht verleugnen. Außerdem kann es nur sinnvoll sein, genau das Instrument einzusetzen, das gerade bei uns »Westlern« im besonderen Maße entwickelt ist: die *Ratio*. Die (abendländische) Astrologie trägt dem Rechnung, indem sie ein ausgezeichnetes Mittel der Differenzierung, ein wundervolles Ordnungssystem und ein Gleichnis für jede Entwicklung bietet. Unter der Voraussetzung, daß wir unseren Kopf dabei *richtig* einsetzen – und in der Kombination mit den Träumen wird es uns schwerer fallen, uns selbst zu belügen! –, dürften die Resultate astrologischer Beobachtungen in der Regel wohl weniger spekulativ sein als beispielsweise beim Lesen von Kaffeesatz oder ähnlichen esoterischen Praktiken.

Im historischen BUDDHA, der vor etwa zweieinhalb Jahrtausenden auf Erden gewirkt und Erleuchtung gefunden hat, haben wir einen gewichtigen Fürsprecher bei der Anwendung von Methoden auf dem Erleuchtungspfad der Selbsterkenntnis. Buddhas Philosophie gründet auf praktischen *Erfahrungen*, nicht auf spirituellen Spekulationen oder Glaubenssätzen. In seinem Werk stellt er Methoden vor, die helfen, möglichst sicher zu diesen Erfahrungen zu gelangen. Lama ANAGARIKA GOVINDA, einer der bedeutendsten buddhistischen Gelehrten unserer Zeit, schreibt dazu in seinem Werk »*Die psychologische Haltung der frühbuddhistischen Philosophie*« (S. 45):

»Da der Buddha sich der Relativität aller begrifflichen Formulierungen bewußt war, war es ihm nicht um die Verkündung einer abstrakten Wahrheit zu tun – denn es hat weder Indien noch der Menschheit je an Wahrheiten gefehlt –, sondern um die *Methode*, die es dem Menschen ermöglichte, selbst den Stand der Wahrheitsschau zu erreichen, zum Erlebnis der Wirklichkeit vorzudringen. Der Buddha verkündet dem Menschen daher keine ›Offenbarungen‹, keinen neuen ›Glauben‹. Der Buddha sagt nicht ›Dies ist die Wahrheit‹, sondern: ›Dies ist der Weg zur Verwirklichung der Wahrheit‹.«

Die sogenannten »vier edlen Wahrheiten« bilden die Grundlage der buddhistischen Weltsicht. *Duhkha*, die erste Wahrheit, besagt, daß das Leben voller Leid und Unzufriedenheit ist. In *Samudaya*, der zweiten Wahrheit, ist ausgedrückt, daß Leid und Unzufriedenheit eine Ursache haben, während in der dritten Wahrheit, *Nirodha*, festgestellt wird, daß sich die Ursache des Unbehagens beseitigen läßt. Und *Marga*, die vierte Wahrheit, bringt schließlich zum Ausdruck, daß es eine Möglichkeit, einen Weg zur Beseitigung des Leides gibt.

In der letzten der vier edlen Wahrheiten finden wir den Hinweis, wie wichtig eine Methode ist, die uns Pfad sein soll auf der Suche nach Befreiung und Selbsterkenntnis. Sicher könnte die Evolutionskraft – die hinter allen Erscheinungen und Lebenszyklen wirkt – die Menschheit sozusagen wie von selbst zur Erleuchtung katapultieren. Doch wer von uns hat die dazu erforderliche bedingungslose Hingabe an diese göttliche Macht, die durch die Tiefe unserer Psyche hindurchtönt, schon in sich realisiert? Wir würden ja nicht mehr die Schulbänke in der »Ausbildungsstätte Erde« drücken, nicht mehr in Form von Reinkarnation »nachsitzen« müssen, wenn wir unsere irdischen Aufgaben (vor allem das *Anhaftungsproblem*) bereits gelöst hätten. Dabei sehen wir jetzt einmal von freiwillig inkarnierten »Entwicklungshelfern« ab.

Der eigentliche Sinn eines methodischen Vorgehens liegt in der Beseitigung der Entwicklungshindernisse. Wenn beispielsweise ein Baum durch einen Sturm entwurzelt wird und quer auf einer Straße zu liegen kommt, bemühen wir ja auch die Technik, um das verkehrsgefährdende Hindernis zu beseitigen. Ebenso kann uns eine psychische beziehungsweise spirituelle »Technik« dazu verhelfen, die inneren Blockaden aus dem Weg zu räumen, damit der natürliche Entwicklungsprozeß ungehindert fortschreiten kann. Der Vorgang gleicht dem Abtragen einer Teer- oder Betonschicht vom Erdboden. Die darunter befindlichen Pflanzenkeime – also unser latentes Wachstumspotential, das bislang an der Entfaltung gehindert war – können sich dann allmählich entwickeln. Nach der buddhistischen Auffassung haben wir alle den Erleuchtungsgeist bereits als Keim in uns. Dieser göttliche Funke trägt – wie die Blume am Wegesrand – den Impuls in sich, zur vollen Blüte heranzureifen. Der *freie Wille* des Individuums ist der Gärtner, die *Methoden* sind Dünger und Humus, damit die (Seelen-)Pflanze ihr volles Potential entwickeln kann.

Methoden können Wege zum Heil, zur psychischen und körperlichen Gesundheit und Ganzheit sein. Nicht mehr und nicht weniger! Sie ersparen uns nicht, den Weg selbst zu gehen. Sie nehmen uns weder die Eigenverantwortung noch unsere »karmischen Schulden« oder unsere Probleme ab. Im Gegenteil! Die erste Station auf dem Selbsterfahrungsweg führt uns geradewegs zu den dunklen Seiten unseres Wesens. Das hat seinen Grund, denn in der Begegnung und der Aufarbeitung der unerlösten Seelenteile werden wir das Klassenziel dieser Stufe, die Integration des eigenen *Schattens*, erreichen. C. G. JUNG sah diesen Prozeß als vordringliche Aufgabe des modernen Menschen an, als erste Hürde auf dem Weg zur Individuation.

Gerade im Hinblick darauf, daß Entwicklung ein unwillkürlicher psychischer Vorgang ist – wie etwa eine Schwangerschaft, in der das neue Leben von selbst heranwächst, stellt der *Weg der Träume* eine adäquate Entwicklungshilfe dar. Die nächtlichen Botschaften passen sich in wunderbarer Weise unseren Bedürfnissen an, kompensieren, wenn nötig, eine einseitige Lebensweise oder Einstellung, bestärken uns dort, wo wir es brauchen können, bereiten uns auf schwierige Ereignisse vor, nehmen Entwicklungen vorweg, zeigen Richtungen auf und vieles mehr. Verbinden wir zudem die Traumarbeit mit der Astrologie, erhalten wir eine ideale Methodenkombination, weil eine Wechselwirkung zwischen der seelischen Ebene der Traumwelt und der geistigen des astrologischen Systems entsteht. Die Gefahr, zu stark ins Subjektive der Innenräume abzudriften oder andererseits sich zu weit in intellektuelle Spekulationen zu verlieren, kann durch die jeweils andere Seite abgewendet werden.

Analyse und Diagnose als Voraussetzung für »innere Arbeit«

In dem Buch »*Praxis der Psychotherapie*« nimmt JUNG zum Selbstverständnis des Therapeuten Stellung und postuliert, daß dieser »der Natur als Führerin folgen« sollte (S. 44). Der therapeutische Prozeß sei dann »weniger

Behandlung als vielmehr Entwicklung der im Patienten liegenden schöpferischen Keime«. Und da sich die individuelle Natur eines Menschen in den Traumhandlungen und Bildern offenbart, maß Jung den Träumen seiner Patienten besondere Bedeutung bei. Er wußte, daß wir in Berührung mit unserer Naturseite – der alle Heilkräfte innewohnen – kämen, wenn wir nur den Träumen folgten.

Wahre Heilung geschieht niemals von außen. Kein Arzt oder Heiler, keine Medizin der Welt sind allein in der Lage, uns gesund zu machen – es sei denn, unser innerer Arzt und die uns innewohnende Medizin werden dadurch aktiviert. Wir heilen uns selbst, wie wir auch für unsere Krankheiten selbst die Verantwortung tragen, auch wenn diese Prozesse unwillkürlich ablaufen und uns zumeist völlig unbewußt sind.

Durch kontinuierliche Traumarbeit wird ein therapeutischer Prozeß in Gang gesetzt, und der Therapeut ist die Seele selbst, die als Traumregisseur die Führung übernimmt. Äußere Helfer sind Begleiter, die im Idealfall den Klienten in Kontakt mit dem inneren Arzt bringen. Indem der Hilfesuchende das Prinzip der psychischen Heilung auf eine real existierende Person projizieren kann, wird der Heilungsprozeß initiiert. Hat sich der »innere Therapeut« dann stabilisiert, sollte durch die Zurücknahme der Projektion die Ablösung vom äußeren Helfer erfolgen, da dieser seine Funktion als Spiegel erfüllt hat.

Wir sprechen hier natürlich nicht über psychisch schwer Erkrankte, deren Bezug zur irdischen Realität dermaßen gestört oder deren Persönlichkeit so instabil und diffus ist, daß sie einer viel intensiveren und umfangreicheren Betreuung von außen bedürfen. Diese Menschen sind natürlich kaum in der Lage, eigenverantwortlich und selbständig ihren (therapeutischen) Weg zu gehen. Das Gesagte betrifft vielmehr den mehr oder minder »normalen« Menschen, mit einigermaßen entwickelter Ich-Identität und den heutzutage fast schon üblichen neurotischen Störungen, also Menschen »wie du und ich«. Auch C. G. Jungs Psychotherapie beschränkte sich nicht auf die Behandlung von »Kranken« im speziellen Sinne; er schreibt dazu, Psychotherapie »hört auf, bloße Behandlungsmethode für Kranke zu sein. Sie behandelt jetzt Gesunde oder wenigstens solche, die den moralischen Anspruch auf seelische Gesundheit erheben, deren Krankheit daher höchstens das Leiden sein kann, das alle quält« (ebd. S. 81).

Und dieses allgemeine Leiden liegt in der Natur des Menschseins selbst begründet, in den Herausforderungen, Aufgaben und Prüfungen, die in ihrer Summe unser persönliches Lebensrätsel ausmachen. Die menschliche Existenz ist eben weit davon entfernt, bloßes Vergnügen oder nur sinnloses Abspulen biologischer Prozesse zu sein! Wie bereits geschildert, sind wir alle »nicht ganz normal«, haben wir alle unser »Neuröschen«, denn sonst wären wir nicht auf dieser Erde. Es seien hier noch einmal die »vier edlen Wahrheiten« des Buddha erwähnt – speziell die erste, die besagt, daß das (irdische) Leben voller Leid und Unzufriedenheit ist. Das ist also die Ausgangsposition! Für jeden von uns, auch den vermeintlich »gesunden« Angehörigen unserer Spezies.

Wir sollten also besser von »relativer Gesundheit« reden, wenn wir damit ausdrücken wollen, daß jemand nicht akut erkrankt ist. An speziellen Krankheiten leiden einige, sie bedürfen besonderer Behandlungen. An der »allgemeinen Krankheit« des Erdendaseins – das ja zuallererst eine Verdunkelung und Einengung des lichten Geistprinzips in uns bedeutet – leiden wir dagegen alle. Zumindest die Menschen, denen das bewußt ist, bedürfen und verlangen daher nach einer entsprechenden Heilbehandlung, die JUNG in dem zitierten Text fordert.

Bereits die Tatsache, daß das Geistwesen – das wir im ureigentlichen Sinne sind – im Menschenkörper Gestalt angenommen hat, ist an sich Symptom für die allgemeine »Erdenkrankheit«. Wir alle leiden zunächst mehr oder minder stark durch Alter, Krankheit, Tod und Vergänglichkeit alles Irdischen an dieser Existenz. Als den ersten Schritt zur Heilung sah BUDDHA deshalb das *Realisieren* des leidvollen Zustands an. Nur wer das Leid erkennt und auch *bewußt* daran leidet, wird sich auf den Weg zur Überwindung des Leidens machen. Wir alle haben uns so sehr an ein leidvolles und unbefriedigendes Lebensgefühl gewöhnt, daß wir es kaum noch wahrnehmen, geschweige denn in Frage stellen. Wer sich ein Bein bricht, wird diesen Zustand ohne weiteres als nicht normal, das heißt als Krankheit einstufen und sich in Behandlung begeben. Der Unterschied zwischen der speziellen, augenscheinlichen Krankheit und dem Leiden an der Existenz an sich liegt wohl vor allem darin, daß wir uns sehr wohl daran erinnern, wie sich das Leben mit gesundem Bein angefühlt hat, andererseits aber meist jede Verbindung zur Ebene der »unversehrten Seligkeit und Ganzheit« unseres Wesens abgerissen ist. BUDDHA und CHRISTUS erkannten, daß der Mensch diesen Kern der Göttlichkeit, des Heils und der Erleuchtung in sich trägt. Beide Menschheitslehrer haben Wege aufgezeigt, wieder in diese erleuchtete Sphäre, die Christus das *Reich Gottes* nannte, zurückzukehren.

Die dritte der vier edlen Wahrheiten BUDDHAS macht uns Mut und Hoffnung, indem sie verkündet, daß sich die Ursachen des Leidens beheben lassen. Das bedeutet: *Erlösung ist möglich!* Nur wenn ich diese Vision habe oder zumindest ein gewisses Maß an Vertrauen in die Möglichkeit der Befreiung (= Individuation!), werde ich die Motivation, Kraft und Ausdauer aufbringen, *meinen* Weg zu suchen und trotz aller Hindernisse unbeirrt zu gehen.

JUNG war sich sehr wohl bewußt, daß auch der Therapeut in einer helfenden Position nicht von vornherein erleuchtet ist. Deshalb legte er großen Wert darauf, daß sich der Helfer dem Klienten gegenüber von allen

Voreingenommenheiten und Vermutungen freimacht (siehe »*Praxis der Psychotherapie*«). Das Horoskop und die Träume erweisen sich gerade auch für Menschen, die in helfenden Berufen Verantwortung tragen, als nützliche Medien, um eigene Vorstellungen, Projektionen, Übertragungen, Gegenübertragungen und andere die Therapie behindernde Einstellungen zu erkennen und abzustellen. Wir müssen die Andersartigkeit der Mitmenschen begreifen, auf die wir uns einzustellen haben, wollen wir einen inneren Zugang zu ihnen finden. Der Klient löst eben auch etwas im Therapeuten aus, und das Resultat dieses »energetischen Schlagabtauschs« kann im Idealfall als schöpferischer Prozeß *beide* bereichern.

Obwohl natürlich eine gewisse Rollendefinition in der helfenden Beziehung notwendig ist, sollten sich alle Beteiligten jedoch immer darüber klar sein, daß es dabei keinen »Besseren« oder »Schlechteren« gibt, sondern eben unterschiedliche Positionen, die sich ergänzen und gegenseitig bedingen, denn ohne Hilfesuchenden kann es keinen Helfer geben. Beide Seiten sind aufeinander angewiesen, es sei denn, die professionellen Helfer wechselten – ohne mit der Wimper zu zucken – zu anderen Berufen wie Gärtner oder Buchhalter über, wenn es niemanden zu kurieren oder therapieren gäbe. Schleicht sich etwa eine abwertende Einstellung dem Klienten gegenüber ein, dürfen wir uns nicht über entsprechende kompensatorische Träume wundern, die das Gleichgewicht wiederherstellen wollen. Möglicherweise müssen wir im Traum dann zu dem Menschen aufblicken, den wir abschätzig betrachten, oder dieser befindet sich schon rein räumlich gesehen in einer höheren Position als unser Traum-Ich. Vielleicht nimmt er im Traum auch eine gehobene gesellschaftliche Stellung ein, die aufwerten soll.

Selbsterfahrung sollte vor allem auch für Therapeuten ein wesentliches Anliegen sein! Wenn wir astrologisch nachvollziehen, welche Menschen mit welchen Konstellationen zu welchen Zeiten unseren Weg kreuzen, sagt das viel über uns selbst aus. Betrachten wir Begegnungen als »sinnvolle Zufälle«, dann ist der Mensch, der in unsere Sphäre eintaucht, auch immer ein Feedback der Welt auf unser Innenleben. Wir werden dabei erkennen, daß wir vor allem Mitmenschen anziehen, zu denen wir in einer energetischen Affinität stehen, sei es auch nur eine vorübergehende.

Bei der Astrologie und der Traumarbeit stehen Diagnose und Therapie in einem engen Zusammenhang. So liefern uns Horoskop und Träume genügend Material, unseren Problemen und deren Ursachen auf die Schliche zu kommen. Dabei ist es natürlich unerläßlich, daß wir *fundierte* Kenntnisse auch in den Bereichen aufweisen, in denen wir diagnostisch tätig sind: medizinische Kompetenz für astromedizinische Diagnosen, sozialpädagogische und psychologische Grundlagen für astropsychologische Beratungen, landwirtschaftliche Erfahrungen, um bei astrologisch orientierten Anbaumethoden mitreden zu können, und anderes mehr.

6. JUNGFRAU: Die Analyse der Rätsel

Der Prozeß der Selbsterkenntnis, der im Laufe der Diagnosefindung und -stellung in Gang kommt, ist bereits der erste Schritt auf dem Weg zur Besserung. »Erkenne dich selbst« – dieser Leitsatz des delphischen Orakels, der über dem Eingang der Orakelstätte prangt, ist das zentrale Thema unseres Menschseins. Jede Art der Diagnose sollte diesem Grundsatz gerecht werden, die Symptome im Kontext und nicht isoliert vom gesamten Menschen und seiner Lebenssituation zu betrachten und zu behandeln. Das Wort *Diagnose* hat seinen Ursprung im griechischen *diagnosis,* was *unterscheidende Beurteilung, Erkenntnis* bedeutet. Durch die fortschreitende Diagnose mit Hilfe der Träume und des Horoskops wollen wir *Erkenntnis* über uns selbst erlangen. Und nach dem Motto »Diagnose ist Therapie« werden wir mit wachsender Einsicht (die nicht nur aus intellektuellem Wissen besteht, sondern auch die Gefühlsebene erreicht!) gesünder und heiler, und zwar in dem Rahmen, der uns in dieser Inkarnation physisch, psychisch und spirituell möglich ist.

Eine Therapie, wie sie oben dargestellt wurde, können wir auch als einen inneren Reinigungsvorgang bezeichnen. Und Reinigung ist immer dann vonnöten, wenn zuviel Welt in die Seele eingedrungen ist und sie nun zu vergiften droht. Dieser Innenweltverschmutzung begegnet die Psyche vor allem durch das Träumen. Versuche in Schlaflabors haben gezeigt, wie sehr das seelische Gleichgewicht von einem normalen Traumleben abhängt. Testpersonen, denen man über längere Zeit das Träumen versagte, indem man sie immer dann weckte, wenn die schnellen Augenbewegungen (REM-Phasen) eine Traumphase signalisierten, reagierten zunehmend desorientiert, und ihr Geisteszustand verschlechterte sich rapide. Natürlich wurden die Testreihen rechtzeitig abgebrochen, und die menschlichen Versuchskaninchen erholten sich erstaunlich schnell, als man sie wieder träumen ließ. Eine Fortsetzung des Traumentzugs, so viel war klar, würde unweigerlich zu einer schweren Psychose und zum physischen Tod führen.

Diese Forschungen haben unmißverständlich gezeigt, wie lebensnotwendig das Träumen für unsere seelische Gesundheit ist. Die Seele reinigt sich dadurch von dem Ballast der Eindrücke, die während des Tages auf sie eingestürmt sind und die nicht sofort verdaut werden konnten. Die Reizüberflutung in unserer hektischen Zeit – durch die Medien und vielerlei andere Eindrücke – macht das Träumen nötiger denn je. Und ähnlich dem Wasser, dessen Selbstreinigungskräfte auch nur so lange funktionieren, wie die Menge der Schadstoffe sich in bestimmten Grenzen hält, wird auch die Seele mit den übergroßen Mengen an psychischem Müll nicht mehr fertig. Die Folge für die Umwelt ist eine Vergiftung der Meere, Seen, Flüsse; beim Inneren des Menschen reicht die Skala von neurotischem Verhalten bis hin zu schweren psychischen Erkrankungen.

Die Selbstreinigung durch die Träume, die unabhängig von unserem bewußten Zutun abläuft, ist *ein* Aspekt von vielen, wie sie in diesem Buch aufgezeigt werden. Wenn nun die Träume auch ohne ein Erinnern und die Beschäftigung damit bereits so wichtig für unser Wohlbefinden sind, wieviel größerer Segen würde uns durch einen bewußteren Umgang mit ihnen zuteil?!

Mit der biblisch-gleichnishaften Vertreibung aus dem Paradies hat die Menschheit einen langen Weg angetreten. Er führt zuerst hinein in die Welt des Erdelements, das mit all seinen Verlockungen und Verführungskünsten die Seele gefangennimmt und den Menschen sich selbst entfremdet. Doch ist dieser »Fall« eine unbedingte Voraussetzung für den nächsten Schritt, die Reinigung und Läuterung. Die geläuterte Seele schließlich findet wieder zurück zum Ursprung: in das *Haus des Vaters,* von dem CHRISTUS gesprochen hat. So gesehen ist alles, was uns in dieser und weiteren Inkarnationen widerfährt, bereits Therapie: Begegnungen, Partnerschaften und Liebe einerseits, aber auch Krankheiten, Kriege und Leiden andererseits, um nur einige Extreme aufzuzeigen.

Erkennen wir den immerwährenden therapeutischen Prozeß des Lebens an sich, werden wir unsere Einstellungen den Ereignissen dieses Erdendaseins gegenüber verändern und falsche (weil infantil gebliebene) Ansprüche und Hoffnungen fallen lassen. Wenn wir dann den Reinigungsprozeß der irdischen Existenz freiwillig und motiviert unterstützen, werden Erfolge nicht ausbleiben.

In der heutigen Umweltsituation genügt es nicht mehr, darauf zu setzen, daß die Natur selbst es wieder richten werde. Die vom Menschen vergiftete und zerstörte Natur bedarf nun seiner Hilfe und Anstrengung, um zu regenerieren. Und letztlich stellt der Zustand der äußeren Natur einen Spiegel der inneren Naturseite des Menschen dar. Reinigung ist daher auf beiden Ebenen unerläßlich. Will man der äußeren Natur wirklich helfen, muß man auch der Verschmutzung der Innenwelt begegnen, um nicht dem Trugschluß zu verfallen, daß mit der Beseitigung des Symptoms die Krankheit kuriert sei. Die Seelenreinigung wird sich dann unweigerlich auch auf den Umgang mit der irdischen Natur auswirken. Wenn der Mensch das Bedürfnis, als seelisch intaktes Wesen in einer gesunden Umwelt zu leben, über alle finanziellen oder machtpolitischen Erwägungen stellt, wird es keiner Umweltschutzgesetze, Verbote und Strafen für Übertreter mehr bedürfen.

Energetische Astrologie und Traumarbeit als »Erfahrungswissenschaft«

Die Frage, die wir hier behandeln wollen, betrifft die Forderung an Astrologie und Traumarbeit, sich mittels naturwissenschaftlicher Methoden und Grundsätze zu legitimieren. Diese Prämisse wird nicht nur von seiten der

6. JUNGFRAU: Die Analyse der Rätsel

Naturwissenschaft, sondern zum Teil auch von den Astrologen selbst formuliert. Müssen sich die Astrologie und die Arbeit mit den Träumen an den üblichen wissenschaftlichen Maßstäben messen lassen, um glaubwürdig zu sein? Sind die Kriterien der Wissenschaft im Zusammenhang mit psychisch-spirituellen Praktiken überhaupt sinnvoll?

Wenden wir uns zunächst der Astrologie zu. Im Bereich der Naturwissenschaft ist die Astronomie die Disziplin, die irgendwie mit der Astrologie verwandt scheint, schließlich befassen sich beide Bereiche mit den Erscheinungen am Sternenhimmel. Unter der Astronomie als Stern- oder Himmelskunde verstehen wir laut »*Lexikon der Astronomie*« von JOACHIM HERRMANN »die Wissenschaft von der im Weltall vorhandenen Materie, ihren Bewegungen, ihrer Verbreitung und ihrer physikalischen Zusammensetzung. Sie steht damit vor allem in einem deutlichen Gegensatz zur Astrologie, obwohl der Sternglaube und der Astralkult als die Mutter der wissenschaftlichen Astronomie angesehen werden« (S. 27).

Wir können also feststellen, daß als Wiege der modernen Astronomie die Astrologie der Frühzeit gelten kann. Heute nun erlaubt die neuzeitliche Technik den Astronomen, die Himmelsvorgänge wesentlich genauer und präziser zu erfassen und zu messen. So gesehen können wir sicher von einem Fortschritt bei der Genauigkeit der Meßwerte sprechen, was ja auch der astrologischen Arbeit zugute kommt. Das Manko der modernen wissenschaftlichen Astronomie besteht jedoch darin, daß dieser Disziplin im Gegensatz zur Himmelskunde der Vorzeit das Interesse an der symbolischen Bedeutung der errechneten und gemessenen Werte gänzlich abhanden gekommen ist. Für die heutige Sternenkunde ist eine Deutung ihrer Ergebnisse auf einer anderen als der physischen Ebene derzeit noch völlig indiskutabel, während es ja gerade das entscheidende Moment bei der Astrologie ist, nach Sinn und Bedeutung der Vorgänge am Sternenhimmel für das Leben des Menschen zu suchen.

Keine Frage, daß die astronomisch gemessenen Werte der Planetenbewegungen das Gerüst für die astrologische Deutungsarbeit darstellen! Ohne genaue Daten sind alle Deutungsversuche vergeblich. Doch was früher Hand in Hand ging – die *äußeren* astronomischen Beobachtungen und die *inneren* astrologischen Deutungen (mögen diese von der heutigen Warte aus auch noch so unvollkommen erscheinen!) –, ist heutzutage getrennt. Das wird den überzeugten Astrologen aber kaum davon abhalten, sich der Astronomie zu bedienen, um anschließend daraus den eigentlichen astrologischen beziehungsweise astroenergetischen Schritt zu vollziehen. Dieser besteht eben darin, die gleichnishafte Bedeutung der Himmelsschrift für Mensch und Welt abzuleiten.

Die »Gretchenfrage« bei unseren Überlegungen in diesem Zusammenhang lautet nun: Lassen sich seelisch-energetische Prozesse in gleichem Maße wissenschaftlich betrachten und analysieren wie Vorgänge und Abläufe in der äußeren Natur? Ich denke, daß genau an diesem Punkt das zentrale Mißverständnis zwischen Naturwissenschaft und Esoterik besteht. In der psychischen Dimension des Seins gelten andere Gesetze als auf unserer irdisch-physischen Welt. Ein wesentlicher Unterschied liegt in der Zeit- und Raumlosigkeit der seelischen Regionen, während wir in der dreidimensionalen stofflichen Welt durch den Erdenkörper an die Größen von Zeit und Raum gebunden sind. Die Arbeitsweise einer Wissenschaft des Messens, Wiegens und Katalogisierens kann also nicht auf den Bereich des Menschseins übertragen werden, der *jenseits* des rational Ableitbaren angesiedelt ist.

Um zu entscheiden, ob Astrologie und Traumarbeit Wissenschaften im konventionellen Sinn sind beziehungsweise ob sie akzeptable wissenschaftliche Ergebnisse liefern können, müssen wir den Wissenschaftsbegriff zunächst einmal näher beleuchten. Im »*dtv Brockhaus Lexikon*« finden wir unter anderem folgende Aussagen: »Hauptziel der Wissenschaft ist die rationale, nachvollziehbare Erkenntnis der Zusammenhänge, Abläufe, Ursachen und Gesetzmäßigkeiten der natürlichen wie der historischen und kulturell geschaffenen Wirklichkeit.«

Diese Definition legt nahe, die konventionelle wissenschaftliche Forschung und Arbeit auf den Bereich des rational Nachvollziehbaren zu beschränken. Sie bildet damit die greifbare Seite unserer Wirklichkeit ab und liefert uns auf diesem Gebiet wertvolle Erkenntnisse und Errungenschaften. Sicher möchte niemand von uns die Segnungen der modernen Technik – von der Waschmaschine bis zum Telefon – missen. Wir erfahren dadurch eine wesentliche Erleichterung des physischen Daseins und werden durch diese körperliche Entlastung und den Zeitgewinn überhaupt erst in die Lage versetzt, den tieferen Lebensfragen nachzugehen. Problematisch wird es hingegen, wenn sich ein Weltbild etabliert, das pauschal all die Erfahrungen jenseits der meß- und wägbaren Seite der Realität leugnet. Das Menschsein wird dadurch auf physiologisch-chemische Abläufe reduziert. Den Seelenzustand eines solchen Wissenschaftlers, der sich trotz allen Wissens um die äußeren Gesetze des Lebens der Begrenztheit seiner einseitig rationalen Bildung allmählich bewußt wird, schildert GOETHE in seinem Meisterwerk »*Faust*«, aus dessen erstem Teil ich hier die Klage des Doktor Faust anführen möchte:

> Habe nun, ach! Philosophie,
> Juristerei und Medizin,
> Und leider auch Theologie!
> Durchaus studiert mit heißem Bemühn.
> Da steh ich nun ich armer Tor!
> Und bin so klug als wie zuvor;

6. JUNGFRAU: *Die Analyse der Rätsel*

> Heiße Magister, heiße Doktor gar,
> Und ziehe schon an die zehen Jahr
> Herauf, herab und quer und krumm
> Meine Schüler an der Nase herum –
> Und sehe, daß wir nichts wissen können!
> Das will mir schier das Herz verbrennen.
> Zwar bin ich gescheiter als alle die Laffen,
> Doktoren, Magister, Schreiber und Pfaffen;
> Mich plagen keine Skrupel noch Zweifel,
> Fürchte mich weder vor Hölle noch Teufel –
> Dafür ist mir auch alle Freud entrissen,
> Bilde mir nicht ein was Rechts zu wissen,
> Bilde mir nicht ein, ich könnte was lehren,
> Die Menschen zu bessern und zu bekehren.
> Auch hab ich weder Gut noch Geld,
> Noch Ehr und Herrlichkeit der Welt;
> Es möchte kein Hund so länger leben!
> Drum hab ich mich der Magie ergeben,
> Ob mir durch Geistes Kraft und Mund
> Nicht manch Geheimnis würde kund;
> Daß ich nicht mehr mit saurem Schweiß,
> zu sagen brauche, was ich nicht weiß;
> Daß ich erkenne, was die Welt
> Im Innersten zusammenhält ...

Soweit das Dichterwort. Das, »was die Welt im Innersten zusammenhält« (vor allem im Hinblick auf unsere subjektive Innenwelt), versuchen wir mittels Astrologie und Traumarbeit zu erfassen. Im Gegensatz zu Doktor Faust brauchen wir uns dazu allerdings nicht der Magie zu ergeben. Horoskop und Träume erlauben durchaus den Gebrauch des Verstandes, den wir gerade nicht an der Garderobe abgeben sollen, wenn wir uns auf innere beziehungsweise esoterische Pfade wagen. Trotz aller Kritik an unserer ratiobesessenen Zivilisation dürfen wir nicht den Fehler machen, das Kind mit dem Bade auszuschütten. Ist die Beziehung Verstand–Gefühl nicht im Gleichgewicht, sind wir manipulierbar und sitzen viel eher Illusionen auf. Von Freiheit und Selbsterkenntnis sind wir weit entfernt, wenn von uns verlangt wird, den gesunden Menschenverstand außen vor zu lassen. Es ist eben eine Kunst, die Ratio *richtig* einzusetzen: sie zu zähmen und zurückzuhalten, wo sie fehl am Platz ist, weil Hinspüren und intuitives Erkennen angesagt sind, andererseits an der richtigen Stelle Gebrauch von ihr zu machen, vor allem hinterher, nach einer inneren Erfahrung, um zu analysieren und die Gefühle bewußt zu erfassen. Warnen diese uns beispielsweise davor, die Finger von einer Sache zu lassen, dann müssen wir eben zuerst einmal die inneren Regungen zulassen, um sie anschließend richtig zu interpretieren und unsere Handlungen danach auszurichten. Vergleichen wir die natürlichen Gefühle mit einer Verkehrsampel, ist zuerst das Erkennen der Farbe (= Gefühl) angezeigt, damit wir (rational) entscheiden können, welches Verhalten in diesem Fall angemessen ist.

Bei der Arbeit mit dem Horoskop und den Träumen, haben wir es also in erster Linie mit inneren, subjektiven Erfahrungen zu tun, eben mit der Subjektivität der individuellen menschlichen Erfahrungswelt. Dies widerspricht und entzieht sich der geforderten Objektivität bei wissenschaftlichen Betrachtungen. Erachten wir es trotzdem für notwendig, in diesem Zusammenhang von Wissenschaftlichkeit zu sprechen, mag der Begriff *Erfahrungswissenschaft* vielleicht noch am ehesten ausdrücken, worum es geht: nicht um objektiv meßbare Daten, doch andererseits auch nicht um realitätsferne Schwärmerei oder Wundergläubigkeit. Schließlich erheben wir den Anspruch, daß die getroffenen Aussagen individuell erfahrbar und nachvollziehbar sein sollen!

Während bislang statistische Auswertungen der astrologischen Phänomene – also ein Herangehen von außen! – keine befriedigenden Beweise für die Gültigkeit des Systems erbracht haben, kann die eigene Auseinandersetzung damit zu ganz anderen Ergebnissen führen. Begeben wir uns mitten hinein in die Erfahrung, lassen wir die Symbolik unbefangen auf uns wirken, und beobachten wir unvoreingenommen unsere Empfindungen und Realisationen – seien wir selbst die »Versuchsanordnung«. Nur durch die Aufgabe des wissenschaftlichen Standpunkts, der vorschreibt, ein Phänomen von außen zu beobachten, erreichen wir die notwendige Erfahrungsebene und erhalten subjektiv stimmige, nachvollziehbare Ergebnisse.

Es sollte überflüssig sein, die Glaubwürdigkeit von Astrologie und Traumarbeit anhand möglichst hoher »Trefferquoten« zu beweisen und sie dadurch wissenschaftlich zu rechtfertigen! Die menschliche Seele ist viel zu komplex, um standardisierbare, äußerlich nachvollziehbare und hundertprozentig vorhersehbare Schlußfolgerungen zu ziehen. Sind überdurchschnittlich viele Rennfahrer oder Großwildjäger im Monat des WIDDER geboren? Da diese beiden Berufe dem WIDDER-Prinzip entsprechen, könnte man doch erwarten – wenn die Astrologie stimmig sein soll –, daß dies der Fall ist. Doch so einfach ist es – Gott sei Dank – nicht! Derartig plump läßt sich diese vielschichtige Methode nicht anwenden. Die genannten Berufe sind zwar WIDDER-Entsprechungen, ob ein Mensch seine WIDDER-Betonung jedoch auf der beruflichen Ebene auslebt, oder ob er sie in den Bereich des Schattens verdrängt hat, steht auf einem ganz anderen Blatt. Das läßt sich erst im Verlaufe einer Deutungsarbeit, möglichst unter Einbeziehung der Träume, herausfinden.

6. JUNGFRAU: *Die Analyse der Rätsel*

Und auch über die Bedeutung der Träume kann sich nur derjenige wirklich ein Urteil erlauben, der sich die Zeit genommen hat, mit der Unbefangenheit eines Forschenden die eigenen Träume zu verfolgen und mit kompetenter Anleitung zu entschlüsseln.

Schließlich liefert die moderne Naturwissenschaft selbst den Beweis, daß das Subjekt des Beobachters entscheidenden Einfluß auf das Resultat eines Experiments hat. Die bislang angenommene und hochgelobte Objektivität wissenschaftlicher Untersuchungen wird damit sehr relativiert. So schreibt zum Beispiel der bekannte englische Biologe und Autor LYALL WATSON in dem Buch »*Der unbewußte Mensch*« (S. 226): »In der Atomphysik kann man heute nicht mehr von den absoluten Eigenschaften eines Objekts ... sprechen. Sie sind nur noch im Zusammenhang der Wechselwirkung des Objekts mit einem Beobachter, mit Bewußtsein, von Bedeutung.«

Gerade als ich dabei war, diesen Absatz zu schreiben, wurde im Fernsehen eine neue Ausgabe der Reihe »Abenteuer Forschung« gezeigt, die sich ausnahmsweise mit sogenannten »übernatürlichen Kräften« beschäftigte. Wieder einmal wurde mir eine Synchronizität (siehe dazu den zweiten Teil) bewußt, behandelt doch gerade dieses Buchkapitel das Problem der Beziehung zwischen Wissenschaft und Esoterik/Spiritualität. Ich wollte also sehen, ob mir diese Sendung weitere Impulse zu meinem Thema geben konnte. Es wurden verschiedene okkulte Phänomene unter die Lupe genommen und, wie zu erwarten, desillusioniert. Von den englischen Kornkreisen über indische Gurus bis hin zu medialen Sitzungen wurde, mit wissenschaftlich-aufklärerischem Geist betrachtet, dieser ganze Bereich als Schwindel entlarvt. Obwohl ich mich selbst dem esoterischen Gedankengut verbunden fühle, hat mich dieser Vorgang doch eher belustigt als in meinem Selbstverständnis bedroht. Mir wurde durch die Sendung wieder einmal klar, wie wenig Sensationsgier und Anhaften an *greifbaren* übernatürlichen Ereignissen mit echter Spiritualität und Esoterik zu tun haben. Wessen spirituelles Weltbild mit den übersinnlichen Phänomenen steht und fällt, muß sich regelmäßig von der Naturwissenschaft eines Besseren belehren lassen. Und das ist auch gut so, denn in keinem anderen Bereich existieren so viele Illusionen und (Selbst-)Täuschungen. Da kann es nur heilsam sein, enttäuscht zu werden, wenn sich etwa herausstellt, mit welchen Tricks sogenannte Wundertaten vollbracht werden, um Macht auf die leicht zu beeindruckenden Wundergläubigen auszuüben oder deren Geldbeutel zu erleichtern. *Echte* Wundertäter zeichnen sich unter anderem dadurch aus, daß sie ihre Wunder nicht zur Schau stellen und lieber im Hintergrund bleiben und wirken.

Der tibetische Lama CHÖGYAM TRUNGPA hat in diesem Zusammenhang den Begriff des »spirituellen Materialismus« geprägt. Er besagt, daß jegliches Anhaften an äußeren Formen und Erscheinungen, vor allem auch im spirituellen Bereich, ganz und gar nichts mit *wahrer* Spiritualität, die sich im

Innen ereignet, zu tun hat. Äußeres unterliegt äußeren Gesetzen. Ob diese Naturgesetze überwunden werden können oder nicht, ist für die Entwicklung einer echten Spiritualität beziehungsweise Individuation zunächst völlig belanglos. Wir dürfen es eher als ein Symptom unserer veräußerlichten Welt werten, wenn wir alles, und damit auch seelisch-geistige Prozesse, dingfest machen und sie mit Gewalt auf die physische Ebene zerren wollen. Wahrer Glaube bedarf keiner äußeren Beweise, sondern erweist sich im Alltagsleben selbst, vor allem, wenn wir auf die Probe gestellt werden. Ist die innere Gewißheit hergestellt, daß die Seele unzerstörbar ist und ewig gültig, mögen sich auch wahre Wunder im Außen ereignen. Nicht umsonst heißt es ja: »Glaube versetzt Berge«. Das entscheidende Wunder ist und bleibt jedoch in der Natur unserer Psyche selbst begründet. Und zum anderen sollten wir auch die zur Selbstverständlichkeit gewordenen sinnlich nachvollziehbaren Abläufe in der Natur nicht abschätziger betrachten als die sogenannten übersinnlichen Phänomene. Ein Sonnenuntergang kann einem Betrachter mit offener Seele ein weitaus tieferes mystisches Erlebnis vermitteln als etwa eine spiritistische Sitzung.

Was wir von der Wissenschaft in unsere innere Arbeit mit Astrologie und der Traumarbeit übernehmen können, ist das Prinzip des Hinterfragens. Es soll uns immer dann wachrütteln, wenn wir uns etwas vormachen, anstatt echte Fortschritte zu erzielen. Vor allem durch die illusionsfreie Betrachtung unserer Lebenssituation erfahren wir, wo wir stehen und wo unsere Ängste und Zweifel liegen.

Bereits vor zweieinhalbtausend Jahren warnte BUDDHA davor, sich in (mystischen) Spekulationen zu verlieren, und lehrte die Notwendigkeit und Wichtigkeit der eigenen Erfahrungen als Prüfinstanz der Wirklichkeit. Er stellte fest:

»Glaube nicht an die Macht von Traditionen, auch wenn die über viele Generationen hinweg und an vielen Orten in Ehren gehalten wurden.
Glaube an nichts, nur weil viele Leute davon sprechen.
Glaube nicht an die Weisheiten aus alter Zeit.
Glaube nicht, daß deine Vorstellungen dir von einem Gott eingegeben wurden.
Glaube nichts, was nur auf der Autorität deiner Lehrer oder Priester basiert.
Glaube das, was du durch Nachforschungen selbst geprüft und für richtig empfunden hast und was gut ist für dich und andere.«

BUDDHA selbst plädiert hier für den (richtigen!) Gebrauch unseres Verstandes. Wir brauchen ihn, wenn wir uns mit uns selbst und den tieferen Dimensionen des Lebens beschäftigen wollen. Nur sollte er uns dabei nicht im Wege stehen, damit wir die nötigen (inneren!) Erfahrungen machen können. Ein Überprüfen kann eben immer erst *danach* erfolgen. Erst muß ich mich darauf eingelassen haben, ins Wasser gesprungen sein, bevor ich darüber reflektieren kann, wie es sich für mich in diesem Element anfühlt. Warten wir statt mit der eigenen hautnahen Erfahrung mit Vor-Urteilen auf, macht das eigentlich nur die Angst davor deutlich, sich selbst auf eigene Erfahrungen einzulassen.

Schließlich wollen wir an dieser Stelle EUGEN DREWERMANN zu Wort kommen lassen, der in seinem Werk »*Tiefenpsychologie und Exegese*« aufzeigt, wie notwendig das Einbeziehen der eigenen Erfahrung vor allem auch im religiösen Bereich und in bezug auf die Bibel ist. Es ist dann nur ein kleiner Schritt, das Gesagte auf unsere Arbeit mit dem Horoskop und den Träumen anzuwenden und den »biblischen Text« durch »Horoskop« oder »Traum« zu ersetzen. DREWERMANN schreibt:

»Dem Gesagten zufolge darf, um einen biblischen Text zu verstehen, das eigene Erleben, das subjektive Empfinden, die eigene Existenz gerade nicht methodisch ausgeschaltet werden; im Gegenteil; das Subjektive ist als die wesentliche Erkenntnisquelle, als das entscheidende Organ zum Verständnis des Vergangenen [und des Gegenwärtigen!, der Verfasser] zu betrachten.« (Band 1, S. 57)

Die Teile des Ganzen – von der Einheit zu den Tierkreiszeichen

Das Rätsel der Einheit unseres Wesens kann von den unterscheidenden Bewußtseinskräften nicht nachvollzogen werden. Damit das Bewußtsein erkennen kann, muß es einen Betrachter (Subjekt) auf der einen und ein zu betrachtendes Objekt auf der anderen Seite geben. Aus dem Impuls heraus, sich selbst zu erkennen, entspringen dem *großen Geist (Gott)* sogenannte Individualseelen, zu denen auch wir gehören. Diese haben eine lange kosmische Pilgerschaft angetreten, um selbst-bewußt und selbstverwirklicht wieder in die allumfassende Einheit einzugehen. Über jede stoffliche und psychische Erscheinungsform nimmt *Gott* sich selbst aus einer spezifischen Perspektive wahr, in jeder Blume, jedem Stein, Tier und Menschen erlebt das *göttliche Sein* neue Aspekte seiner selbst.

Zum Zweck der Selbsterkenntnis erfährt die Einheit auf der irdischen Ebene eine Trennung in die Polarität von Ich und Du, innen und außen, männlich und weiblich. Aus dem alten China stammt die Lehre von *Yin* und *Yang* als Ausdruck dieser grundsätzlichen Polarität des Lebens, wobei *Yin* die weiblichen Energien und *Yang* das männliche Prinzip verkörpert. Alle weiteren Entsprechungen leiten sich davon ab, jede stoffliche und psychische Erscheinung läßt sich einer der beiden Kategorien zuordnen, die jedoch nicht statisch voneinander getrennt sind, sondern in einer permanenten Wechselwirkung stehen.

Die Astrologie als differenziertes System zur Beschreibung der Realität geht mit der »Sezession« der Wirklichkeit noch einige Schritte weiter. Wir halten es dabei mit GOETHES Worten: »Dich im Unendlichen zu finden, mußt unterscheiden und dann verbinden.« Danach geht es zwar letztendlich um das Wiedererlangen der inneren Einheit, als Vorarbeit dazu ist jedoch ein differenzierendes Erkennen seiner selbst nötig. Wenn wir diesen Grundsatz im Auge behalten, daß wir am Ende unserer Untersuchungen die Einzelergebnisse wieder zu einem Ganzen verbinden müssen, kann uns die Astrologie als »Skalpell« zur Trennung der »psychischen Verwachsungen« wertvolle Dienste leisten. Wir lernen, im »Eintopf des Lebens« die einzelnen Zutaten herauszuschmecken.

Wenn wir also in der Teilung der Wirklichkeit fortfahren, dann liegt dies in der Natur von Yin und Yang selbst begründet. Die Tatsache, daß alles zwei Seiten hat, gilt natürlich auch für die beiden Pole selbst. *Yin* besteht wiederum aus einem Yin- und einem Yang-Teil, und ebenso steht es mit der *Yang*-Energie. Das Resultat ist eine Vierheit: *Yang*-Yang (der männliche Aspekt des Yang; Yang pur sozusagen), *Yang*-Yin (die weibliche Seite des Yang), *Yin*-Yang (die männliche Seite des Yin) und *Yin*-Yin (der weibliche Aspekt des Yin; Yin pur). Die Zahl Vier begegnet uns auch in den sogenannten *vier Elementen*, deren Symbolik mit Astrologie verbunden ist. Und bei genauerer Betrachtung stellt sich heraus, daß es sich bei den beiden Vierersystemen um die gleichen Prinzipien handelt. Die *Elemente* entstehen durch die Aufteilung von *Yin* und *Yang*. Aus der Teilung des *Yang*-Pols gehen das *Feuer*-Element (die männliche Seite des Yang, *Yang*-Yang) und das *Erd*-Element (dessen weibliche Komponente, *Yang*-Yin) hervor, während sich die *Yin*-Seite in das *Luft*-Element (*Yin*-Yang) als männlichem Aspekt des Yin und das *Wasser*-Element, das Weibliche des Yin (*Yin*-Yin) aufteilt (die Reihenfolge der Nennung und die kursive Schrift markieren den Aspekt, der im Vordergrund steht, während der Unteraspekt an zweiter Stelle in Normalschrift genannt ist).

Mittlerweile haben wir also die Zahl Vier gefunden, doch wie gelangen wir nun zur Zwölfheit des Tierkreises? An dieser Stelle muß eine weitere kosmische Gesetzmäßigkeit ins Auge gefaßt werden: die Dreiheit aller Entwicklungsphasen. Jede Erscheinung der irdischen Welt durchläuft die drei grundlegenden Stadien der *Geburt/Initiation, Ausformung/Erhaltung* des Geborenen und schließlich das der *Auflösung/Zerstörung*. In der Astrologie werden diese drei verschiedenen energetischen Kraftausrichtungen mit den Begriffen *kardinal, fix* und *labil* bezeichnet. Die *kardinale* Energie erschafft, die *fixe* Kraft bewahrt und erhält, während das *labile* Potential die Erscheinungen wieder auflöst und zerstreut.

In der indischen Mythologie finden wir als Entsprechung dazu die Trinität der Hauptgottheiten *Brahma* (der Erschaffer), *Wischnu* (der Erhalter) und *Schiwa* (der Vernichter). In anderen Bereichen begegnet uns die Dreiheit in der Dreifaltigkeit Gottes im Christentum, in der besonderen Bedeutung der Zahl Drei in Märchen und Mythen (etwa bei den drei zu lösenden Aufgaben oder den drei Wünschen, die der Held frei hat), in Sprichwörtern, die verheißen, daß aller guten Dinge drei sind, und so fort.

Wenn nun jedes Geschehen diese drei Phasen durchläuft, so gilt das auch für die Grundbausteine unseres Erdendaseins, die vier Elemente. In der kardinalen Phase tritt das jeweilige Element in Erscheinung, wird initiiert, im fixen Entwicklungsstadium nimmt es Form und Gestalt an, um sich schließlich im labilen Zustand wieder aufzulösen. Und wenn die vier Elemente in je drei verschiedenen Erscheinungsformen auftreten, dann ist es keine Kunst mehr, die Brücke zu den zwölf Tierkreiszeichen zu schlagen:

WIDDER	– das kardinale Feuer	(= kardinal *Yang*-Yang),
LÖWE	– das fixe Feuer	(= fix *Yang*-Yang),
SCHÜTZE	– das labile Feuer	(= labil *Yang*-Yang)
STEINBOCK	– die kardinale Erde	(= kardinal *Yang*-Yin)
STIER	– die fixe Erde	(= fix *Yang*-Yin)
JUNGFRAU	– die labile Erde	(= labil *Yang*-Yin)
WAAGE	– die kardinale Luft	(= kardinal *Yin*-Yang)
WASSERMANN	– die fixe Luft	(= fix *Yin*-Yang)
ZWILLINGE	– die labile Luft	(= labil *Yin*-Yang)
KREBS	– das kardinale Wasser	(= kardinal *Yin*-Yin)
SKORPION	– das fixe Wasser	(= fix *Yin*-Yin)
FISCHE	– das labile Wasser	(= labil *Yin*-Yin)

Die Anordnung der Tierkreiszeichen erfolgte hier nach Elementenzuordnung und spiegelt nicht die Reihenfolge im Tierkreis wider.

Wenn wir also beispielsweise vom *kardinalen Feuerelement* sprechen, dann haben wir es mit dem gleichen Prinzip oder Archetypen zu tun, der in einer bildhaften Symbolsprache als WIDDER bezeichnet wird und dessen »Molekularstruktur« eben das *kardinale Yang-Yang* ist. Wir verwenden im alltäglichen Sprachgebrauch ja auch nicht die Bezeichnung »H2O«, wenn wir Wasser meinen! Dennoch ist es gut zu wissen, aus welchen Bausteinen sich dieses Lebenselixier zusammensetzt. Ebenso kann es bei der inhaltlichen Analyse der Tierkreiszeichen inspirierend sein, ihre Grundstruktur zu kennen.

Die zwölf Tierkreiszeichen, die wir durch diese mathematische Ableitung erhalten haben, bilden die wesentlichen Faktoren der Astrologie. Werfen

wir in diesem Zusammenhang einen Blick auf die Erkenntnisse, die uns die moderne Physik über die Grundbausteine der physischen Welt, die sogenannten Quarks, liefert, stellen wir eine verblüffende Ähnlichkeit fest. Im »*Tao der Physik*« von FRITJOF CAPRA lesen wir dazu:
»Das brachte die Gesamtzahl der Quarks auf zwölf – vier Arten, deren jede in drei Farben auftritt.« (S. 256)

Es erfordert nicht viel Kombinationsgabe, um in den vier Arten der Quarks die vier Elemente der Astrologie wiederzuerkennen und die drei Farben, in denen die Quarks auftreten, als die drei Phasen kardinal, fix und labil zu identifizieren. Ein wissenschaftlicher Beleg für die astrologische These von den Tierkreiszeichen als den archetypischen Grundelementen des Seins!

Und wenn CAPRA weiter bemerkt: »Die große Zahl von Gesetzmäßigkeiten, die mit Hilfe dieser zwölf Quarks beschrieben werden kann, ist in der Tat eindrucksvoll«, dann ist damit das Wesen der Astrologie selbst ausgedrückt, die ja mittels ihrer Symbolik die Gesetze und Rhythmen des Lebens zu beschreiben versucht.

Wenn wir die drei Kraftausrichtungen näher untersuchen und im Zusammenhang mit den Elementen betrachten, können wir folgende Vergleiche anstellen:

Die kardinale Qualität entspricht als *Initialkraft* am ehesten dem *Feuerelement*; die fixe Potenz mit ihrem *formenden* Charakter kommt dem *Erdelement* am nächsten; die labile Kraft mit dem *zerstreuenden, auflösenden* Wesenszug findet ihr passendes Korrelat im *Wasserelement*.

Aus dieser Zuordnung lassen sich bereits Wesenszüge der Tierkreiszeichen herauslesen, auch ohne sie inhaltlich bereits zu kennen. Die *Feuerenergie* findet zum Beispiel in dem *kardinalen* Feuerzeichen WIDDER ihre reinste Entsprechung. Diese spezifische Kraft kommt hier am besten zum Ausdruck, kann in dieser Konstellation am besten fließen, während etwa im LÖWEN, dem *fixen* Feuer, die Feuerkraft geformt wird (zu einem Selbst-Bewußtsein) und dadurch nicht mehr so ungehindert und ungestüm wirkt.

Nun sind wir allerdings immer noch nicht am Ende unserer Differenzierungsmöglichkeiten angelangt. Zum einen bietet sich eine Unterteilung der einzelnen Tierkreiszeichen in die drei Phasen kardinal, fix, labil an, um der Tatsache Rechnung zu tragen, daß zwischen dem energetischen Anfangs- und dem Endpunkt eines Tierkreisarchetypen qualitative Unterschiede bestehen. Ein *Aszendent* beispielsweise, der am Anfang des Zeichens STIER steht, weist eben eine andere Kraftausrichtung der STIER-Energie auf, als wenn dieser in der Mitte oder am Ende postiert wäre. Gemäß unserer Deutung entspricht das erste Drittel (die ersten zehn von insgesamt dreißig

Grad) eines Zeichens dessen *kardinaler* Phase, in der die jeweilige Energie neu und noch relativ ungeformt in Erscheinung tritt. Mit dem Übergang in das zweite Drittel gestaltet sich das Tierkreiszeichen, wird dadurch deutlicher und greifbarer, während es in der Annäherung an das nachfolgende Zeichen bereits Züge von diesem annimmt, seine Eigenart langsam verliert und sich allmählich, bis zum Zeichenwechsel, umwandelt. Wenn wir also wissen, an welcher Position in einem Tierkreiszeichen, bei wieviel Kreisgraden im Geburtshoroskop oder im Transit ein Planet steht, lassen sich unter Beachtung dieser Überlegungen die einzelnen Zeichen in ihrer Ausprägung noch differenzierter betrachten.

Eine weitergehende Teilungsmethode erlaubt uns die Betrachtung des Tierkreises unter *holographischem* Blickwinkel (siehe dazu auch Kapitel I.11). Danach spiegelt jeder Teil einer Einheit das Ganze wider. Auf unser Thema bezogen bedeutet das, daß wir den gesamten Tierkreis in jedem einzelnen seiner Zeichen wiederfinden. In den dreißig Kreisgraden des Zeichen WIDDER finden wir (in der Reihenfolge des Tierkreises) zwölf Unterabteilungen – vom Widder bis zu den Fischen. Durch die Feststellung der exakten Gradposition eines Planeten im Tierkreis wird sein Unteraspekt ermittelt; wir teilen dazu den Bereich eines Zeichens (dreißig Kreisgrade) durch die Gesamtzahl der Zeichen (zwölf) und erhalten den Wert von 2,5 Graden pro Unterteilung. Hier einige Beispiele zur Verdeutlichung:

  1-Grad WIDDER: WIDDER-Widder,
11-Grad WIDDER: WIDDER-Löwe,
29-Grad WIDDER: WIDDER-Fische,
  6-Grad STIER: STIER-Zwillinge,
17-Grad STIER: STIER-Waage

Die Interpretation einzelner Positionen innerhalb eines Tierkreiszeichens darf allerdings nicht zu weit getrieben werden. Es wäre ja möglich, jede Unterteilung noch einmal zu unterteilen und diesen Prozeß unendlich fortzusetzen, wie das etwa in der Physik bei der Erforschung der kleinsten Teile der Materie geschieht. Doch gibt es einen Punkt, an dem eine weitere Detaillierung nicht mehr sinnvoll, weil nicht mehr nachvollziehbar ist. Schließlich haben wir uns ja nicht zum Ziel gesetzt, Gehirnakrobaten zu werden, sondern zu uns selbst zu finden. Insofern sollte mit derartigen Unterteilungen vorsichtig umgegangen werden, damit es uns nicht geht wie in GOETHES »*Faust*« (Teil eins, Szene Studierzimmer) beschrieben:

> Wer will was Lebendiges erkennen und beschreiben,
>   Sucht erst den Geist herauszutreiben,
>   Dann hat er die Teile in seiner Hand,
> Fehlt leider! nur das geistige Band.

Wenden wir uns zum Abschluß noch einmal der Betrachtung der Tierkreiszeichen als unterschiedliche Yin-Yang-Kombinationen zu. Verfolgen wir den Verlauf der Tierkreiszeichen in der Entwicklungsrichtung des Tierkreises (in Richtung der Planetenbewegungen, gegen den Uhrzeigersinn), dann lautet beispielsweise der Weg vom WIDDER über STIER und ZWILLINGE bis zum KREBS: *Yang*-Yang, *Yang*-Yin, *Yin*-Yang, *Yin*-Yin. Wir sehen: Das absolute Yang (*Yang*-Yang) geht schrittweise über in das totale Yin (*Yin*-Yin). Wenn wir diesen Vorgang graphisch darstellen, erhalten wir eine Kurve, die sich langsam von oben (Yang-Bereich) nach unten (Yin-Bereich) neigt, bis am Beginn der nächsten Elementendekade (LÖWE bis SKORPION) ein Sprung von unten nach oben, vom *Yin*-Yin des KREBS zum *Yang*-Yang des LÖWEN, zu verzeichnen ist.

Diese abrupten Übergänge von den Wasser- zu den Feuerzeichen lassen sich am besten durch Eigenbeobachtungen von Transiten nachvollziehen, beispielsweise wenn der MOND von den FISCHEN in den WIDDER, vom KREBS in den LÖWEN oder von SKORPION in SCHÜTZE wechselt (während ich diese Zeilen schreibe, wird mir bewußt, daß sich gerade der MOND vom SKORPION in den SCHÜTZEN bewegt – ein typisches Beispiel von Synchronizität!); die entsprechenden Daten liefern Ephemeriden oder Astrokalender.

Die inhaltlichen Deutungen der vier Elemente im Zusammenhang mit Yin/Yang und der Kardinal-/fix-/labil-Kombination findet der Leser in den Tierkreisbänden.

7. WAAGE
Rätselhafte Beziehungen

In der Begegnung mit dem Du manifestiert sich ein wesentliches Lebensrätsel; in den verschiedenartigen Beziehungen haben wir so manche harte Nuß zu knacken. Machen wir uns auf die Suche nach Lösungen, blicken wir gewissermaßen durch die Augen dieser Mitmenschen auf uns selbst. Dabei handelt es sich nicht um ein esoterisches Geheimnis, wie jeder selbst tagtäglich feststellen kann. Nehmen wir nur das Beispiel eines seltenen Gastes, der von weit her kommt. Ist es nicht so, daß wir unsere eigene, vertraute Umgebung, Stadt und Wohnung, mit ganz anderen Augen sehen, wenn dieser Besuch bei uns weilt und wir ihn herumführen? Alle Personen, die unser Leben mehr oder minder stark beeinflussen, vermitteln uns neue, andere Sichten auf das eigene Dasein und stellen dadurch eine Brücke zu den fremden Wesensteilen in unserer Psyche her.

Noch ein bildhafter Vergleich sei gestattet: Die Gesamtheit unserer Beziehungen – vergangener, gegenwärtiger und zukünftiger – gleicht einem großen Kreuzworträtsel, in dem alle Suchbegriffe miteinander in Verbindung stehen. Habe ich ein Wort gefunden, erleichtert das auch das Herausfinden der Nachbarbegriffe, die mit diesem Wort in Beziehung stehen. Manche Fragen erledigen sich auf diese Weise auch von ganz allein, etwa wenn ein Wort senkrecht durch die Eintragung der es kreuzenden waagerechten Begriffe ohne weiteres Zutun gefunden ist. Umgekehrt bedarf es bei weit auseinanderliegenden Suchwörtern vieler »Brücken«, bis sie sich erreichen. Oder aber die Lösungen müssen zunächst für sich allein gefunden werden. Jedoch auch in diesem Fall werden wir, nachdem alle Eintragungen gemacht sind, feststellen, daß alle Fragen und Lösungen miteinander in Beziehung stehen. Auch jene, die anfangs scheinbar nichts miteinander zu tun hatten.

Beziehungsklärung und Beziehungsfindung – die Objektstufendeutung

Beziehungen haben vom Standpunkt des Ich (Subjekt) aus betrachtet die Existenz eines Objekts (Du) zur Voraussetzung. So selbstverständlich uns die Menschen und Dinge des täglichen Lebens auch geworden sind, so rätselhaft erscheinen uns doch bei genauerem Hinsehen diese »Objekte des Daseins«. Untersuchen wir das Fremdwort *Objekt* zunächst auf seine etymologische Bedeutung. Es entstammt dem lateinischen *obicere,* was soviel wie *entgegenwerfen, entgegenstellen* bedeutet; etwas oder jemanden, dem wir im Außen begegnen. Mit den *Objektbeziehungen* sind demnach unsere Außenbeziehungen im weitesten Sinne gemeint, die Begegnungen mit dem Du, die Außeinandersetzung mit der Umwelt. C. G. JUNG sprach deshalb sinnigerweise von der Deutung auf der *Objektstufe,* wenn er in den Träumen seiner Patienten eine Auseinandersetzung mit deren realer Umwelt erkannte. Deuten wir Träume und Horoskop auf der Objektstufe, ist damit die Beziehung des Individuums zu den Objekten seiner Außenwelt gemeint.

Wie läßt sich nun feststellen, ob ein Traum auf der Objektstufe gedeutet werden kann, ob die in der Traumhandlung auftretenden Akteure wörtlich zu verstehen (also objektiv sich selbst darstellen) und nicht als (subjektives) Symbol (siehe dazu I.4) aufzufassen sind? Das wichtigste Erkennungsmerkmal für die Objektstufendeutung liegt im Bekanntheitsgrad der Traumdarsteller. Personen, mit denen ich in einem mehr oder minder intensiven Kontakt stehe – wie das in der Regel beim Ehepartner, den Kindern, Eltern, Freunden, Arbeitskollegen der Fall ist –, lassen diese Deutungsweise angemessen erscheinen. Ob ein Traum die Objektebene nun auch tatsächlich meint, läßt sich aus dem Kontext der Lebenssituation und den Einfällen des Träumers ermitteln.

Hier ein Beispiel für eine Traumdeutung auf der Objektstufe:
Der Träumer, ein Student, befindet sich im Traum mit seiner Partnerin an einer Straßenbahnhaltestelle. Als die Straßenbahn kommt und hält, steigt die Freundin ein, doch vor der Nase des Träumers schließt sich die Einstiegstür, die Straßenbahn fährt mit der Freundin weg, und der junge Mann bleibt allein an der Haltestelle zurück.

Um zu klären, ob dieser Traum die Objektstufe, das heißt die Beziehung zur Freundin, betrifft, ist es nötig, mit dem Träumer über diese Partnerschaft zu sprechen. Unser Student räumte bestehende Unsicherheiten in der Beziehung ein. Die junge Frau hatte urplötzlich neue Ambitionen entwickelt, beanspruchte mehr Freiraum für sich und stellte die Möglichkeit in Aussicht, aus der gemeinsamen Wohnung auszuziehen, um sich selbst besser entfalten zu können. Von Trennung war zum Zeitpunkt des Traumes zwar noch keine Rede – und der Träumer hoffte, die Beziehung trotz der vorauszusehenden Veränderungen aufrechterhalten zu können –, doch die Realität bestätigte kurz darauf das Traumgeschehen: Schon wenige Wochen später war die Trennung perfekt. Die Freundin hatte ihr Spiel so weit getrieben, daß der junge Mann sich schließlich schweren Herzens von ihr lossagte. Wie der Traum aber bereits vorher deutlich gezeigt hatte, ging der eigentliche, innere Beziehungsbruch von ihr aus. Sie verstand es (möglicherweise auch unbewußt) gut, ihn durch ein Hin und Her zwischen Hoffnung und Trennungsängsten in eine Lage zu manövrieren, die er so nicht mehr ertragen konnte. Für ihn war das eine paradoxe Situation, da nun er derjenige war, von dem die Trennung ausging, obwohl er doch liebend gerne die Beziehung gerettet hätte. Der Traum half ihm, hinter die Kulissen zu blicken, seinen Gefühlen zu vertrauen und aus dem inneren Durcheinander wieder mehr zu sich selbst zu finden.

Orte, Länder und Gebäude, in denen wir uns im Traum aufhalten, spiegeln oft Seelenräume oder innerseelische Gefilde wider, können aber auch objektstufenhafte Bedeutung haben. Wenn sich ein Traum etwa im Büro abspielt, dann ist zu prüfen, inwieweit hier die reale Arbeitssituation des Träumers und seine Beziehungen zu Kollegen und Vorgesetzten gemeint sind. Der weitere Traumverlauf wäre dann darauf zu beziehen. Mache ich »Traumurlaub« in Spanien, kann damit einmal ein feurig-temperamentvoller innerer Bezirk beschrieben sein. Ebenso kann dieser Traumort aber auch auf Ereignisse oder Gefühle hinweisen, die sich während eines realen Spanienaufenthalts entwickelt haben und in einen Zusammenhang zur jetzigen Lebenssituation gebracht werden sollen. Vielleicht haben wir uns damals besonders gut mit unserem Partner verstanden, und die Erinnerung an diese Phase der Beziehung ist als Ausgleich in einer Krisenzeit hilfreich. Oder wir haben damals einen Fehler begangen, den wir jetzt, vor anderen Kulissen und vielleicht mit anderen Akteuren, zu wiederholen drohen.

Objektstufendeutung zielt nicht nur auf gegenwärtiges Geschehen, sondern kann auch die Vergangenheit einbeziehen. Finden wir uns träumend im Elternhaus wieder, kann die damalige Zeit im Mittelpunkt des Interesses stehen. Details – etwa die Tapete im Kinderzimmer, ein jüngeres Lebensalter des Träumers oder das Auftreten seiner Eltern im Traum – können die Periode näher definieren, die es jetzt ins Gedächtnis und Gefühl zurückzurufen gilt. Sehen wir uns in einem Traumgefängnis, ist meist ein inneres Gefangensein (auf der Subjektstufe) angesprochen, da die meisten von uns dieses Gebäude wohl eher von außen als von innen erlebt haben. Wer aber schon einmal »gesessen« hat, dem wird ein Gefängnistraum möglicherweise diese Zeit und die damit verbundenen Probleme in Erinnerung bringen. Das gleiche gilt für Kloster, Militärkaserne, Krankenhaus und vergleichbare Einrichtungen.

Traumgegenstände stehen zwar in der Regel als Symbol etwa für Gefühle, Emotionen, Beziehungen, sind aber immer dann wörtlich zu verstehen, wenn sie uns an irgend etwas oder jemanden erinnern wollen und nicht nur als bildhafte Beschreibung für innere Angelegenheiten dienen. Der Ehering zum Beispiel, den man im Traum nicht mehr auffinden kann, mag als Symbol für die *objektstufenhafte* Deutung einer Ehe dienen, die derzeit möglicherweise in einer Krise steckt.

Auch unbekannt erscheinende Traumpersonen können eine Deutung auf der Objektstufe anzeigen, wenn sich im Verlauf der Traumbearbeitung – meist durch spontane Einfälle – herausstellt, daß sie an bekannte Mitmenschen erinnern: eine zunächst unbekannte ältere Frau eventuell an die geliebte Großmutter, eine dunkle Schattengestalt vielleicht an den Partner oder Vater. Wir sollten uns nicht so sehr auf das Äußere der Traumpersonen konzentrieren, sondern unseren Gefühlen, Assoziationen und spontanen Einfällen zu den Unbekannten nachgehen. Um innere Widerstände und Zensurmechanismen zu umgehen, verkleidet der Traumregisseur die eigentlich anvisierten Akteure zuweilen und gibt den Träumenden damit Gelegenheit, in der Auseinandersetzung mit dem Traumtext Mutter, Vater, Partner, Kinder und andere Bezugspersonen zu erkennen. Vor allem jene Zeitgenossen, die wir zu einseitig beurteilen, tauchen oft in Verkleidung auf, um uns ihre andere, verkannte Seite nahezubringen. Ein Träumer erkannte beispielsweise seinen Chef in einer unbekannten Traumperson (die ihm den Kopf abschneiden wollte), als ihm klarwurde, daß er gerade diesem Menschen gegenüber kopflos zu werden drohte, das heißt keinen klaren Kopf mehr bewahren konnte. Eine Träumerin erkannte die Großmutter in der Traumgestalt einer älteren unbekannten Frau. Diese saß im Traum in einem Sessel, der an einem Seil hing. Bei der Besprechung rutschte der Enkelin dann die Bemerkung heraus, daß Oma sich oft »hängen ließ«. Hinter unbekannten älteren Herren oder Damen verbergen sich in der Traumbotschaft häufig Vater und Mutter, deren Wirkung auf uns beziehungsweise deren Wesensart uns in dem Maße noch fremd ist, wie wir die eigentlich gemeinten Personen im Traum noch nicht erkennen.

Auch Träume, die in die Zukunft weisen, lassen zuweilen die Objektstufendeutung zu, wenn sie wörtlich oder symbolisch verschlüsselt zukünftiges Geschehen vorwegnehmen. Ein Schüler, der träumte, daß seine Tante von der Leiter fällt und dadurch stirbt, was sich kurz darauf in der Realität bestätigte, ist ein dramatisches Beispiel dafür.

Einen Traum auf der Objektstufe zu deuten, muß aber nicht unbedingt die subjektstufenhafte Analyse erübrigen. Im Gegenteil! Der esoterische Leitsatz »wie innen so außen« legt nahe, daß die beiden Ebenen Hand in Hand gehen und innere Abläufe zu äußeren Geschehnissen in einer sinnvollen Entsprechung (siehe dazu I.11) stehen. Krisen mit dem realen Ehepartner, die sich auch im Traum niederschlagen, finden dann beispielsweise ihre innere Entsprechung in Schwierigkeiten des Betreffenden mit der männlichen beziehungsweise weiblichen Wesensseite.

Die *Horoskopdeutung* auf der Objektstufe zeigt, daß die Planetenkonstellationen nicht nur innere Wesenszüge darstellen, sondern gleichsam das Außen, die Umwelt und unsere Mitmenschen, bezeichnen. Während etwa die MOND-Stellung im Geburtshoroskop, auf der Subjektstufe gedeutet, unsere eigene mütterliche Seite, die Gefühlsdimension zeigt, ist es in der Außenwelt die leibliche Mutter, die mit dieser Konstellation angesprochen wird. Auf diese Weise erfahren wir durch das Horoskop nicht nur viele Dinge über unser Inneres, sondern zugleich werden uns die Wirkung und der Einfluß der Bezugspersonen deutlicher.

Das gleiche gilt natürlich auch für die astrosymbolische Sprache in den Horoskopen unserer Kinder. Deren MONDE stellen wiederum ein interessantes Feedback für die Mutter beziehungsweise die mütterliche(n) Bezugspersonen dar, die sich dadurch ein klareres Bild von ihrer Wirkung auf ihr Kind machen und ersehen können, aus welcher Perspektive ihre Sprößlinge sie hauptsächlich erleben. Durch die meist unterschiedlichen MOND-Positionen in den Geschwisterhoroskopen wird zudem deutlich, wie verschieden zwei oder mehr Kinder ein und dieselbe Mutter erleben. Das Gesagte gilt natürlich auch für den Vater, wenn wir die SATURN-Stellung betrachten, für Geschwister, Lehrer, Pfarrer, Ärzte und andere wichtige Personen im Leben eines Menschen, die alle astrosymbolisch im Horoskop Ausdruck finden. Spannungsaspekte zwischen den Planeten spiegeln zunächst Widerstände und Mißstimmungen innerhalb der Beziehungen zu und zwischen den jeweils betroffenen Menschen an, während Harmonieaspekte in der Regel auf unkomplizierte Verbindungen hinweisen.

Die Horoskopdeutung auf der Objektstufe kann uns auf die Sprünge helfen, Vergangenes zu erinnern und ins richtige Licht zu rücken, damit wir die Vergangenheit weder idealisieren noch negieren. Statt dessen erkennen wir, wie Umwelt und Bezugspersonen ganz individuell auf uns gewirkt haben haben und welche (unbewußten) Schlüsse unser Kinderbewußtsein damals daraus gezogen hat.

Die Erkenntnis, daß Horoskop und Traum gleichzeitig auf der Subjekt- und Objektstufe sinnvoll gedeutet werden können, läßt die intensive Wechselwirkung zwischen innen und außen erahnen. Noch einmal sei hier das esoterische Leitmotiv erwähnt, das uns die Spiegelung des Mikrokosmos der eigenen Psyche im Makrokosmos der Außenwelt deutlich macht. Astrologie und Traumarbeit werden somit zum Brückenschlag zwischen Subjekt und Objekt, innen und außen, Ich und Du, Ratio und Seele, Bewußtsein und Unbewußtem und tragen dazu bei, die unheilvolle Spaltung der beiden Pole zu überwinden.

Die Energetik der Beziehungen – die astrologischen Aspekte

Wir leben in einer Welt der Beziehungen und Wechselwirkungen. Nichts, kein Lebewesen, kein Ding, keine Situation, existiert isoliert für sich allein. Alle Erscheinungen beeinflussen und bedingen sich gegenseitig. In der fernöstlichen Mystik heißt es im »*Nagarjuna*«: »Dinge leiten ihre Natur und ihr Sein von gegenseitiger Abhängigkeit her und sind nichts in sich selbst.«

In der modernen Quantenphysik findet diese Aussage ihre Bestätigung, wenn beispielsweise NIELS BOHR, der berühmte Physiker und Nobelpreisträger, sagt: »Isolierte Materie-Teilchen sind Abstraktionen, ihre Eigenschaften sind nur durch ihr Zusammenwirken mit anderen Systemen definierbar und wahrnehmbar« (»*Atomtheorie und Naturbeschreibung*«, S. 57). Und wenn sich die *Bausteine* der Materie so verhalten, dann gilt das ebenso für deren *Gebäude*, die physischen Körper, zu denen auch unser stofflicher Leib zählt.

Die wechselseitigen Beziehungen und Wirkungen der Wesenheiten beziehungsweise Körper finden ihren Ausdruck in den *astrologischen Aspekten*. Diese symbolisieren die verschiedenartigen Verbindungen, die zwischen den einzelnen Energien (Horoskopkonstellationen) bestehen. Geometrisch gesehen ist ein astrologischer Aspekt ein bestimmter Winkel (in Gradzahlen ausgedrückt), den zwei Planeten – von der Erde aus betrachtet – zueinander bilden. Das Wort *Aspekt* stammt aus dem lateinischen *aspicere,* was soviel bedeutet wie *anblicken.* In der magischen Weltsicht des Mittelalters glaubte man, freundliche und feindliche Anblicke zwischen den Planeten zu erkennen. Die heutigen Harmonie- und Spannungsaspekte haben darin ihren Ursprung.

Am deutlichsten sichtbar und nachvollziehbar sind die Aspekte, die Sonne und Mond miteinander bilden. Wir können sie in den sogenannten *Mondphasen* wahrnehmen; Voll-, Neu- oder Halbmond sind spezifische

Aspekte unserer beiden Hauptgestirne. Die Beobachtung dieser Himmelserscheinungen haben vermutlich den Anfang der astrologischen Aspektberechnungen markiert, da unsere Vorväter mit diesen Konstellationen bestimmte, immer wiederkehrende Erfahrungen in Verbindung brachten – wie etwa die weibliche Menstruation zum Neumond, eine Geburtenhäufung, je näher der Vollmond rückte, und so fort.

Wie wir in den Kapiteln über die Subjekt- und Objektstufendeutung gesehen haben, lassen sich die Horoskopelemente gleichermaßen auf der äußeren Beziehungsebene auch innerpsychisch deuten. Das gilt ebenso für die *Aspekte,* die uns über die Art und Weise unserer Verbindungen zur Umwelt ebenso Auskunft geben, wie sie die Koppelung der verschiedenen Seelenteile aufzeigen. Damit ist allerdings noch nichts über die *Qualität* dieser Beziehungen ausgesagt. Wie die einzelnen Spannungs- und Harmonieaspekte gelebt und erlebt werden, hängt im entscheidenden Maße vom Reifegrad des Individuums ab.

Am Beispiel der *Konjunktion* soll die Aspektdeutung kurz dargestellt werden. Es handelt sich um den *Konjunktionsaspekt* zwischen SONNE und SATURN. Zunächst ist festzustellen, daß dieser Aspekt eine starke Verschmelzung der betroffenen Prinzipien bedeutet: des Wesensprinzips der SONNE, das strahlen will, aus sich herausgehen, sich zeigen und darstellen möchte, und des SATURN-Prinzips, das dazu in einem Gegensatz steht und Konzentration, Beschränkung, Leistung, Desillusionierung fordert. Bei diesem *Aspekt* wird das SATURN-Prinzip zunächst häufig als eine lebensverneinende Kraft erlebt, welche die innere SONNE blockiert. Man fühlt sich daran gehindert, aus sich herauszugehen, sich so zu zeigen, wie man ist. Häufig erlebt man bei dieser Konstellation bereits im Kindesalter Enttäuschungen und Beschränkungen im Bereich der Persönlichkeitsbildung und gewinnt den Eindruck, daß man nicht so sein darf, wie man ist, sondern eine bestimmte Rolle zu spielen hat. Es fällt nicht gerade leicht, sich am Leben zu freuen, da einem SATURN, als das »Unausweichliche« des Lebens (Alter, Krankheit, Tod), immer im Nacken sitzt und die Vergeblichkeit aller Bemühungen suggeriert. Das kann dann zur Folge haben, daß man glaubt, immer bessere Leistungen erbringen zu müssen, die man selbst oder die Umwelt jedoch nie genug zu schätzen weiß. Schafft man es, aus diesem Teufelskreis herauszukommen, verleiht die Konstellation die Fähigkeit, das Wesentliche im Leben zu finden und zu verwirklichen.

Am Beispiel eines Klienten, nennen wir ihn Stefan, soll die Objektstufendeutung dieser Konstellation erläutert werden. Es war vor allem die intensive Beziehung zu den Urgroßeltern, die die SONNE-SATURN-Konjunktion initiierte beziehungsweise aktivierte. Zu diesen alten Leuten, mit denen Stefans Familie in häuslicher Gemeinschaft lebte, fühlte er sich hingezogen, er wußte sich dort angenommen. Sie verkörperten aber auch das SATURN-

Prinzip des *Alters* mit aller damit verbundenen *Lebensferne* und *Ernüchterung*. Sie entsprachen so Stefans Konstellation SONNE-Konjunktion-SATURN im Sinne einer Identifikation (= Konjunktion) der Wesensmitte (= SONNE) mit dem Altersprinzip (SATURN). Er erinnerte sich daran, daß er, sosehr er seine Urgroßeltern auch liebte, doch gleichzeitig mit dem »Geruch und Geschmack des Alters, des Todes und der Vergänglichkeit« konfrontiert wurde. Diese Konstellation erlebte Stefan in seinem weiteren Leben unter zwei Gesichtspunkten. Er neigte dazu, sehr streng mit sich selbst umzugehen, setzte sich unter Druck, hochgesteckte Ziele zu erreichen, war stets der Klassen- oder Schulbeste, konnte eine Note schlechter als »sehr gut« kaum verwinden. Neben dem ständigen Ringen um Anerkennung, die er sich selbst versagte, stand unbewußt der Drang im Hintergrund, bleibende Werte zu entwickeln, die den Tod überdauern. In den Träumen fand sich Stefans Traum-Ich (SONNE) parallel dazu häufig mit überstrengen Autoritätspersonen konfrontiert. Ein Traumbild, in dem ein brutaler Lehrer einen Schüler in den Sack steckte, prügelte und im zugebundenen Sack in einen Fluß warf, ist ihm noch lebhaft in Erinnerung. Der Schüler war natürlich ein innerer Wesensteil von Stefan selbst. Immerhin konnte er diese Szene schon aus der Distanz betrachten, da er sich auf den Weg gemacht hatte, sein Wesens-Ich beziehungsweise die innere SONNE aus den Klauen einer unbarmherzigen, zwanghaften Leistungsfixierung (unerlöstes SATURN-Thema!) zu befreien. Als positive Seite der Medaille erkennt er mittlerweile, daß dieser schmerzhafte Prozeß des permanenten Sich-selbst-Infragestellens (früher, als die meisten Menschen das tun) den Individuationsweg, also die Suche nach sich selbst, initiiert hat. Er hat für sich das Gefühl, bereits in jungen Jahren wesentliche Punkte realisiert zu haben.

Soviel zu diesem praktischen Beispiel, das im Rahmen unseres allgemeinen Einführungswerks in der gebotenen Kürze abgehandelt werden mußte. In den Tierkreisbänden findet der interessierte Leser das notwendige Material, um auch andere Konstellationen selbst nachvollziehen zu können.

Wie kommen die *astrologischen Aspekte* nun überhaupt zustande? Wie lassen sie sich errechnen, und welche Winkelverhältnisse werden überhaupt als relevante Aspekte angesehen? Um die traditionellen Aspekte zu berechnen, nimmt man den Orbis eines Tierkreiszeichens (= dreißig Grad) und multipliziert diesen Wert nacheinander mit den Zahlen Null bis Sechs. Dadurch ergeben sich folgende Aspekte:

$30 \times 0 =$ 0 Grad Abstand zwischen zwei Planeten = Konjunktion (auf SONNE-MOND bezogen: Neumond-Konstellation)
$30 \times 1 =$ 30 Grad Abstand = Halbsextil
$30 \times 2 =$ 60 Grad Abstand = Sextil
$30 \times 3 =$ 90 Grad Abstand = Quadrat (Halbmond-Konstellation)

30 × 4 = 120 Grad Abstand = Trigon
30 × 5 = 150 Grad Abstand = Quincunx
30 × 6 = 180 Grad Abstand = Opposition (Vollmond-Konstellation)

Da für die Berechnung und Auffindung der Aspekte im Horoskop stets der kürzeste Kreisbogenabstand gilt, ist ein maximaler Winkel von hundertachtzig Grad möglich, was der Opposition entspricht; zweihundertzehn Grad wären dementsprechend wieder hundertfünfzig Grad auf der kürzeren Kreisbogenseite und ergäben das Quincunx. Die Entfernung der einzelnen Planeten von der Erde spielt bei der Aspektberechnung keine Rolle.

Entsprechend den verschiedenen astrologischen Schulen existieren differierende Methoden der Aspektberechnung. Der Leser wird bei der Lektüre der mannigfachen Astroliteratur feststellen, daß neben dem obengenannten noch weitere Aspekte in die Deutung einbezogen werden. Je mehr Deutungselemente jedoch in das Horoskop einfließen, desto größer ist die Gefahr der Verwirrung und Rationalisierung und desto weniger findet lebendiges Nachvollziehen der astrosymbolischen Aussagen in sich selbst statt. Und da wir Menschen uns schon sehr schwer damit tun, die Grundkräfte unserer Beziehungen zu erfassen, dürfte es häufig verfehlt sein, zwar durchaus stimmige, aber dennoch zu komplizierte Strukturen in die astrologische Arbeit einzubeziehen.

Wie das Leben an sich ein Wechselspiel zwischen Anspannung und Entspannung (Yang und Yin) ist, lassen sich auch die Aspekte – als die verschiedenen Varianten des Lebens, Beziehung herzustellen – in zwei Kategorien unterteilen: die *Harmonieaspekte* (nach obiger Berechnungsmethode sind das: Halbsextil, Sextil und Trigon) und die *Spannungsaspekte* (hier: Quadrat, Quincunx, Opposition). Bei der Konjunktion hängt es von den beteiligten Planeten, von der Häuserstellung und dem Tierkreiszeichen ab, ob sich diese Konstellation als Spannungs- oder Harmonieaspekt manifestiert. Dabei dürfen wir nicht übersehen, daß jede Disharmonie dahin tendiert, zur Harmonie zu gelangen. Oder, wie der bekannte Astrologe THOMAS RING es ausgedrückt hat: »Jede Spannung enthält die Tendenz nach Ablauf zur Erzielung eines Ausgleichs.« An anderer Stelle meint er: »Richtig verstanden enthält ›Dissonanz‹, wie in der Musik gebräuchlich, eine Unruhe bergende, zur Lösung drängende Spannung, hingegen ›Harmonie‹ eine darauf bezogene Spannungslösung, den beruhigenden Ausklang einer vorher aufgeführten Dynamik des Erlebens« (*»Astrologische Menschenkunde«*, Band 1).

Spannungsaspekte drängen uns zur Auseinandersetzung mit und in bestimmten Lebensbereichen. Dieses »Ringen um Gestaltung« kann sich sowohl schöpferisch als auch zerstörerisch ausdrücken. Entscheidend ist die Richtung, die der Mensch diesen Kräften gibt, und die wiederum ist abhängig von seinem Reifegrad. Um die Schöpferkraft der Spannungsaspekte zu realisieren, muß man zuerst ihre negativen, das heißt unentwickelten, Seiten – wie wir sie in den Blockaden, Widerständen und Zwängen der Außen- und Innenwelt erleben – überwinden. Aber: Ohne Spannung ist keine Weiterentwicklung möglich! Spannungsaspekte sind in Rot – als Ausdruck ihrer Dynamik – im Horoskop eingezeichnet, während die harmonischen Aspekte in Blau dargestellt werden.

Harmonieaspekte sind in der Regel Symbol für ein problemloses »Zusammenfließen« der Energien. In den betroffenen Lebensbereichen gibt es meist keine größeren Schwierigkeiten zu überwinden. Der »Pferdefuß« der Harmonieaspekte zeigt sich in Stagnation, Oberflächlichkeit und Trägheit, da wir unter diesen Aspekten nicht zwanghaft getrieben werden, sondern freiwillig die gegebenen Möglichkeiten nutzen können. Das schließt jedoch mit ein, daß wir die gegebenen Potentiale auch vergeuden oder nur oberflächlich ausleben können.

Nehmen wir als Beispiel einen Menschen mit JUPITER in *Konjunktion* mit dem *Deszendent*. Dieser Harmonieaspekt, im Märchen als »Glückshaut« bekannt, kann unter anderem bedeuten, daß der Betroffene in seiner spirituellen Weiterentwicklung (JUPITER) von der Umwelt (Deszendent) gefördert wird und ihm in besonderer Weise die richtigen Menschen und Situationen zur rechten Zeit begegnen. Da dieser Aspekt nicht zwingend ist, hat er aber die Freiheit, solche günstigen Gelegenheiten verstreichen zu lassen und Angebote, die ihn weiterbringen könnten, abzulehnen.

Allgemein gilt, daß die *astrologischen Aspekte* eine Abschwächung, Verstärkung, Neutralisierung, Veränderung, Blockierung oder Förderung der beteiligten (Planeten-)Kräfte bedeuten können. Für ihre Interpretation ist ausschlaggebend,
o um welchen Aspekt es sich handelt,
o welche Planeten beteiligt sind (ob sie wesensverwandt oder -fremd sind),
o welche Zeichen und Häuser berührt werden,
o wie groß der Orbis ist.

Es kommt relativ selten vor, daß Planeten exakte Winkel zueinander bilden, weshalb bei der Aspektbestimmung in einem gewissen Rahmen Abweichungen zugelassen sind. Diese Toleranzwerte, innerhalb derer einem Aspekt noch Wirksamkeit zugesprochen wird, nennt man *Orben* (Einzahl: *Orbis*). Das »Lexikon der Astrologie« definiert folgendermaßen: »Orbis, Reichweite, der Wirkkreis von einigen Grad Durchmesser um einen genauen Aspektpunkt, innerhalb dessen ein Effekt durch den dort stehenden Planeten noch auftritt; er ist verschieden, je nachdem, ob es sich um starke oder schwache Aspekte handelt ...«

Generell kann man sagen, daß mit zunehmender Größe des Orbis die Intensität des Aspektes abnimmt; ein Quadrat beispielsweise hat eine um so stärkere Wirkung, je weiter die betreffende Konstellation sich dem Idealfall des Neunzig-Grad Winkels annähert. Man kann das etwa mit dem Herankommen eines Flugzeugs vergleichen: Je weiter sich die Maschine auf meinen Beobachtungspunkt zubewegt, desto deutlicher kann ich das Maschinengeräusch hören. Der individuelle Faktor dabei ist die persönliche »Hörfähigkeit« (Sensibilität), von der abhängt, ob ich das Motorengeräusch früher oder später wahrnehme. So kann es auch keine für alle Menschen gleichermaßen gültigen Orben geben, sondern nur gewisse Richtwerte, bei denen jeder für sich selbst herausfinden muß, ob und welche Beziehung zwischen bestimmten Kräften besteht. Wir arbeiten also mit *Erfahrungswerten*, wenn wir die Aspekte deuten.

Jeder astrologische Aspekt läßt sich von seiner Wesensart her einem der Tierkreisarchetypen zuordnen; die Deutung der einzelnen Aspekte und die empfohlenen Orben sind in den einzelnen Tierkreisbänden zu finden.

In den Träumen reflektieren die Beziehungen der Traumelemente zueinander die astrologischen Aspekte. Die Horoskopverbindungen können wir auf diese Weise allnächtlich in ihrer »traumhaften« Ausdrucksweise erleben. Das Verhältnis der Mitspieler, Tiere, Traumszenerien beziehungsweise Symbole zueinander zeigt an, wie die Beziehungen der inneren Wesensseiten gestaltet sind (Subjektstufe) und wie unser Verhältnis zu den Mitmenschen und Situationen der Außenwelt aussieht.

Eine MARS-Opposition zur SONNE beispielsweise kann darin ihren Ausdruck finden, daß sich unser Traum-Ich (SONNE) zunächst von Hunden, Raubtieren oder Gewalttätern (MARS-Entsprechungen) bedroht sieht. Und im realen Leben mag es sein, daß unsere natürliche Art Aggressionen bestimmter Zeitgenossen auf sich zieht. Haben wir das damit verbundene Lebensrätsel gelöst und (in diesem Beispiel) das MARS-Prinzip, das zuerst als feindlich erfahren wurde, in unsere Persönlichkeit (SONNE) integriert, dann werden uns die Traumhunde als treue Begleiter durch dick und dünn folgen.

Alles strebt nach Ausgleich – Träume als Kompensation

Wenn wir von Kompensation sprechen, meinen wir, daß wir ein Objekt gegen ein anderes abwägen oder aufwiegen, dagegenhalten, etwas wiedergutmachen oder ersetzen. Auf die Psyche übertragen bedeutet es, abzuwägen zwischen den bewußt-rationalen und unbewußt-seelischen Funktionen, um ein inneres Gleichgewicht herzustellen. Da wir in unserer heutigen Zeit den Verstand überbewerten, Gefühl und Intuition aber vernachlässigen, entsteht eine Disharmonie, die einer dringenden Korrektur bedarf. Auch hier melden sich die Träume hilfreich zur Stelle und sorgen – ob wir uns dessen bewußt sind oder nicht – auf der Traumebene für einen Ausgleich unserer einseitigen Lebensweisen, Einstellungen, Wertungen und Beurteilungen. Sie kompensieren das Ungleichgewicht, das wir durch unser Entweder-Oder im Denken und Handeln geschaffen haben, indem sie das Innere des Menschen zur Sprache bringen.

Häufig neigen wir dazu, nur bestimmte Seiten und Aspekte von Mitmenschen oder Situationen wahrzunehmen. Das Resultat dieser einseitigen Wahrnehmung ist eine Schwarzweißmalerei, bei der wir eine Sache oder Person als entweder gut oder schlecht einstufen. Doch diese Geisteshaltung wird weder dem Menschen noch dem Leben gerecht. Wir vergessen dabei den Grundsatz: »Wo Licht ist, da ist auch Schatten«, und natürlich auch umgekehrt: »Wo Schatten ist, da muß auch Licht sein.« Weigern wir uns, dieses »kosmische Prinzip« zu beherzigen, und geben einseitige Werturteile ab, muß das Regulativ der unbewußten Psyche eingreifen. Vor allem über die Traumbotschaften werden wir mit der (verdrängten) Gegenseite konfrontiert. Eine frustrierte Ehefrau, die sich Hals über Kopf in einen anderen Mann verliebte, der für sie die Erfüllung all ihrer Wünsche zu sein schien – wenn sie ihn nur haben könnte –, sah den Angebeteten im Traum als kränklich-blassen Typen ohne all die begehrenswerten Eigenschaften, die sie in ihn hineinprojizierte. Einen jungen Mann, der seinen Vater idealisierte und dadurch die eigene Individuation erschwerte, mußte der Traumregisseur mit drastischen Mitteln von seinen Illusionen befreien. Der Vater erschien ihm in Gestalt des Teufels, um seine einseitige Sichtweise zu korrigieren. Eine solche Übertreibung ist beabsichtigt, um den notwendigen Effekt zu erzielen. Natürlich sollte der Vater nicht als Teufel diffamiert werden. Gleichwohl kam der Sohn jedoch nicht darum herum, auch die »dämonische« Seite seines Erzeugers zu erkennen. Damit läßt es sich für beide besser leben: Der Vater braucht den ihm aufgezwungenen »Heiligenschein« nicht krampfhaft zu tragen, um den Sohn nicht zu enttäuschen. Und der Sohn tut sich leichter, dem realistischeren Vaterbild standzuhalten und sich selbst zu finden.

Auch Situationen, die wir zu einseitig positiv oder negativ beurteilen, anstatt alle Aspekte zu würdigen, werden durch die Träume »ausgeglichen«. Ein mit seiner Arbeit unzufriedener Angestellter fand im Traum in seinem Büro einen mit Brötchen und Brot reichgefüllten Korb vor. Er wurde von seinem Unbewußten darauf hingewiesen, daß er trotz mancher Unannehmlichkeiten mit diesem Beruf doch immerhin recht gut seine »Brötchen« verdiente. Das Traumbeispiel einer jungen Mutter, die angeblich niemals Wut auf ihr Kleinkind empfand, im Traumzustand dafür aber um so heftiger reagierte, macht deutlich, wie häufig »unbeliebte« Emotionen verdrängt werden. Im Traum durfte sie die Aggressionen zulassen, was ihr der Verstand im Wachzustand verbot. Das soll nicht heißen, daß wir unsere Wut an den Sprößlingen hemmungslos ausleben dürfen. Als erwachsene Menschen müssen wir einfach lernen, mit unseren Emotionen umzugehen, ohne sie an den Mitmenschen oder gar Schwächeren abzureagieren, aber auch ohne sie in ein dunkles Seelenloch zu verdrängen.

Meist wird die Kompensation im Traum mit drastischen Bildern untermalt, damit wir erkennen, wie weit wir uns von einer ganzheitlichen Sichtweise entfernt haben. Wenn wir einen anderen Menschen als Teufel oder Engel, strahlenden Helden oder Verlierertyp präsentiert bekommen, dann ist dies natürlich auch nur die halbe Wahrheit, aber eben gerade jene, die wir bislang übersehen haben. Nicht selten schenken uns die Träume gerade in schwierigen Zeiten »Sinfonien« aus bunten Bildern und wunderschönen Gefühlen. Dadurch soll eine Sichtweise, bei der alles nur noch schwarz erscheint, ausgeglichen werden. Unangemessene Phantasien von der eigenen Größe und Herrlichkeit finden hingegen häufig in Traumniederlagen ihren Ausgleich.

C. G. JUNG hat in der ausgleichenden Wirkung, die von den Träumen beziehungsweise vom Unbewußten ausgeht, dessen »intelligente Eigenart« bestätigt gefunden. Er schrieb dazu: »Da die Beziehung des Unbewußten zum Bewußtsein keineswegs bloß mechanisch beziehungsweise komplementär, sondern vielmehr kompensatorisch und auf die Einseitigkeiten der bewußten Einstellung abgestimmt ist, so läßt sich der intelligente Charakter der unbewußten Tätigkeit nicht leugnen« (»*Grundwerk*«, Band 7, S. 72).

Die Traumarbeit an sich hat in unserer Zeit bereits kompensatorische Wirkung, indem sie dem Ratiokult durch das Einbeziehen der seelischen Regungen das bislang fehlende Gegengewicht verschafft. Durch die kontinuierliche Beschäftigung mit den Träumen tragen wir zu einer Harmonisierung von innerer wie äußerer Umwelt bei.

Auch die Arbeit mit der Astrologie *kann* im positiven Sinne kompensatorisch wirken, wenn wir offen für die astrosymbolischen Botschaften sind und bereit, unsere Vorstellungen von uns selbst zu verändern. Das Bild, das wir von uns selbst haben, entspricht niemals unserem wahren Selbst. Es ist eben nur ein Bild – und noch dazu meist ein sehr einseitiges. Wir neigen dazu, eben jene Seiten an uns zu sehen, die wir akzeptieren können, und wären ohne äußere Reflexion (außerhalb unserer Vorstellungswelt) blind für die sogenannten Schattenseiten der Psyche. Das Horoskop ist, wie die Träume auch, ein aufschlußreicher Spiegel, der unser Befinden symbolisch wiedergibt.

Die Neigung, unsere Vorstellungen in die Welt hineinzuprojizieren, macht sich natürlich auch bei der Betrachtung des Horoskops bemerkbar. Im Gegensatz zu den Träumen läßt sich hier durch den weit höheren Abstraktionsgrad viel leichter hineindeuten, was wir hören wollen, um uns in dieser oder jener Hinsicht zu bestätigen. Wenn wir unsere Antriebsschwäche etwa mit der Konstellation MARS in den FISCHEN *entschuldi-*

gen, dann hat das wenig mit einer hilfreichen Kompensation zu tun. Anstatt einen Ausgleich für unsere Schwäche zu finden, suchen wir lediglich nach Rechtfertigungen. Gelingt es uns andererseits, durch die Astrosymbolik unsere Einseitigkeiten zu erkennen, dann wissen wir zumindest schon einmal, wo wir stehen und ansetzen müssen, um einen Ausgleich zu schaffen.

Das Ordnungssystem der Astrologie kann vor allem auch für Menschen mit permanenter oder zeitweiser (in Krisensituationen) Überbetonung der Gefühlsseite eine kompensatorische Wirkung haben. Die Beschäftigung mit dem Horoskop vermag das bewußte Ich (die Ich-Identität) zu stärken, und gerade das Erkennen einer inneren Ordnung stellt ein Gegenmittel zu der »Sogwirkung« des Unbewußten dar. Über die Astrosymbolik gewinnen wir die notwendige Distanz zu den Gefühlen und Bildern des Unbewußten, die bislang unser Bewußtsein überfluteten, und wir können unser Leben besser überblicken. Wir begeben uns durch das bewußte Erkennen unserer (inneren) Situation in die Vogelperspektive und retten uns aus den überschäumenden Wogen seelischer Urgewalten.

»Ich und Du« – die Umwelt als Spiegel

Unsere Umwelt dient uns als Spiegel der Selbsterfahrung und Selbsterkenntnis. Umwelt – das umfaßt alle äußeren Erscheinungen, die wir als getrennt von der Innenwelt unserer Psyche erleben und sinnlich wahrnehmen können: unser physischer Körper, unsere Mitmenschen, Tiere, Pflanzen, die Umgebung, die vielfältigen Situationen und Ereignisse.

Lama ANAGARIKA GOVINDA schreibt dazu in seinem Werk »*Die psychologische Haltung der frühbuddhistischen Philosophie*«: »Wir können von der Welt nur soviel begreifen, als wir in uns selbst entwickelt haben. Das Universum, das wir begreifen und erleben, ist das Spiegelbild unseres eigenen Geistes« (S. 47).

Wenn wir diese Worte ernst nehmen, dann hat das weitreichende Konsequenzen für unsere Lebensführung und Einstellung der *Außenwelt* beziehungsweise dem *Du* gegenüber. Würden wir beispielsweise auf die Idee kommen, unseren Badezimmerspiegel dafür verantwortlich zu machen, wenn uns am Morgen ein zerknittertes, frustriertes Spiegelbild entgegenblickt? Wohl kaum, denn wir wissen ja, daß wir selbst es sind, daß es unser Gesicht ist, das wir hier präsentiert bekommen. Wie wäre das nun, wenn wir mit dem gleichen »Spiegelbewußtsein« auch in die Welt hineinblickten?! Natürlich ist dieser »Umweltspiegel« ungleich komplexer als sein Pendant in Bad, Schlafzimmer oder Flur, am Prinzip ändert das aber nichts. Vielmehr können wir feststellen – wenn wir die Symbolsprache der Dinge verstehen lernen –, daß unser (materieller) Gebrauchsgegenstand Spiegel neben seinem äußeren Gebrauchsaspekt ein Sinnbild für die »Spiegelfunktion« der

Welt ist. Noch deutlicher ausgedrückt: Badezimmer- und sonstige Spiegel kann es nur geben, weil die Welt an sich eben auch Spiegel ist. Oder, anders herum: Weil die Umwelt die Eigenschaft hat, unsere inneren, seelischen Regionen widerzuspiegeln, kann es auch auf der stofflichen Ebene Entsprechungen geben.

Wozu dient ein Spiegel? Vor allem, um uns einen Blick auf jene Körperteile zu ermöglichen, die wir ohne dieses Hilfsmittel nicht direkt sehen können, speziell das Gesicht. Versuchen wir uns nur einmal eine Welt ohne Spiegel, Fotografien oder sonstige Abbildungsmedien (etwa Wasser) vorzustellen. Wir wüßten zeitlebens nicht, wie unser Gesicht aussieht. Ziemlich unvorstellbar! Übertragen wir diese Überlegungen auf den multidimensionalen Umweltspiegel, müssen wir eingestehen, daß uns ohne das DU in der Außenwelt vieles verborgen bliebe.

Unser Körper, Gesundheitszustand, Beruf, die Wohn- und Lebenssituation und die Menschen, mit denen wir zu tun haben, fungieren eben auch als Reflektoren unserer ureigenen Befindlichkeit – wobei man sich allerdings vor allzu pauschalen Deutungen hüten sollte. Die permanente Weigerung, uns mit »unangenehmen« Dingen, Menschen oder Situationen auseinanderzusetzen, spiegelt die Ablehnung der entsprechenden unerwünschten Seiten in uns wider. Je geringer die Bereitschaft, in den »Spiegel« zu blicken, desto begrenzter das Bewußtsein seiner selbst. Aber auch ein solches Verhalten ist der äußere Niederschlag einer seelischen Entsprechung. Nicht jedem Menschen ist es zur gleichen Zeit und in gleichem Maße beschieden, Selbstbewußtsein zu entwickeln.

Die Komplexität der psychischen Strukturen findet ihren äußeren Widerhall in unseren mannigfaltigen Beziehungen und in den Eigenarten unserer Zeitgenossen. Gemeint sind in erster Linie unsere Partner, Kollegen, Kinder, Verwandte, Freunde – kurzum jene Personen, mit denen wir mehr oder weniger große Berührungsflächen haben. Jeder von ihnen spiegelt uns entsprechend seiner individuellen Wesensart Eigenschaften wider, die in uns selbst begründet liegen. Ein Nachbar, der uns durch sein penetrantes Lärmen auf die Palme bringt, wird in diesem Moment zum Spiegel unserer Wut. Das sagt natürlich noch nichts darüber aus, wie berechtigt unsere Beschwerden sind und was in diesem Falle zu tun ist. Ein geliebter Mensch hat da schon eine dankbarere Aufgabe. Schließlich macht er uns mit angenehmen Gefühlen vertraut, die wir auf den Geliebten projizieren. Aber auch diese Projektionen sind nur deshalb möglich, weil die angesprochenen Regungen zutiefst in uns selbst gründen.

Jeder von uns übernimmt unwillkürlich auf seine Weise eine Spiegelfunktion für den Mitmenschen und kann so zu einem Katalysator für Bewußtseinsentwicklung werden. Aber wenn wir ehrlich sind, gibt es da so manche Spiegel, in die wir gar nicht gerne hineinschauen wollen. Vor allem dann, wenn sie uns mit Wesensseiten konfrontieren, die noch nicht in die psychische Familie aufgenommen wurden, das heißt, die noch nicht in die Persönlichkeitsstruktur integriert werden konnten.

Horoskop und Traum helfen uns erkennen, *welche* Wesensseiten ein bestimmter Mitmensch in uns besonders anspricht, welche Kräfte er in uns weckt oder blockiert, welche Gedanken, Gefühle, Regungen er in uns vor allem auslöst, bremst, verstärkt und so fort. Eine effektive Methode, das herauszufinden, stellt der astrologische *Partnervergleich* dar. Anhand der Geburts- oder Ereignishoroskope analysieren wir, welche Wirkung zwei (oder mehr) Personen oder Ereignisse aufeinander haben, wie sie sich gegenseitig beeinflussen, wo sie sich fördern oder behindern. Man geht beim Partnervergleich so vor, daß man die zu untersuchenden Konstellationen einander gegenüberstellt. Wir erkennen, welche *astrologischen Aspekte* die Planeten der Partner zueinander bilden und wie sich die Elementenverteilung zueinander verhält.

Beim astrologischen Partnervergleich ist natürlich die Art der Beziehung mit in die Deutung einzubeziehen. Eine Geschäftsverbindung muß unter anderen Gesichtspunkten betrachtet werden als etwa eine Liebesbeziehung. Ebenso wie im zwischenmenschlichen Bereich sind auch Vergleiche zwischen Menschen und Ereignissen möglich, wenn wir etwa das Horoskop eines beruflichen Neuanfangs oder des Einzugs in eine neue Wohnung mit dem Geburtshoroskop vergleichen.

Die theoretischen Erkenntnisse, die uns der astrologische Partnervergleich vermittelt, lassen sich – wenn sie richtig erkannt wurden – im Alltagsleben und in der Traumbotschaft wiederfinden. Alltag und Traum bestätigen oder verwerfen unsere astrologischen Theorien und dienen als Richtschnur dafür, was bloße Einbildung oder innere Realität ist.

Nähere Ausführungen dazu und Beispiele zum astrologischen Partnervergleich findet der interessierte Leser im WAAGE-Band.

Die astrologischen Häuser als Kulisse der Lebensrätsel

Die mannigfachen Szenerien der äußeren Erscheinungswelt bilden die Kulissen, vor denen sich die individuellen Lebensrätsel entfalten. Das irdische Dasein gleicht einem Drama, dessen Bühnenbilder und Dekorationen die verschiedensten Umweltsituationen darstellen.

Beim Horoskop spiegeln die *astrologischen Häuser,* auch *Felder* genannt, den Umweltbereich wider. Je nach »Drehbuch« (Horoskop) variieren die Kulissen, treten bestimmte Situationen und Lebensbereiche in den Vordergrund oder halten sich bedeckt. Unsere tagtägliche Erfahrung bestätigt diese astrosymbolische Tatsache. Wie sich das Umfeld unserer Mitmenschen unterscheidet, so differiert die Häuserverteilung in den Horoskopen.

Um wieviel anders sieht beispielsweise der zentrale Lebensbereich eines Reiseleiters aus – im Vergleich zu dem eines Totengräbers! Wie unterschiedlich mögen sie die Welt erfahren! Natürlich wird auch der Leichenbestatter einmal in Urlaub fahren und der Reiseführer einen Friedhofsbesuch abstatten, doch den Schwerpunkt des Erlebens, die Kulisse ersten Grades und die damit verbundene Energetik, stellt sicherlich das berufliche Tätigkeitsfeld dar.

Vor allem die Arbeitssituation, das Wohnverhältnis, soziales Milieu, familiäre Situation, Freizeitaktivitäten – eben Bereiche, in denen wir uns permanent bewegen – üben einen starken energetischen Einfluß auf uns aus, *bewirken* etwas in uns. Auf diese Weise wird der äußere Rahmen unseres Erlebens zu einem Spiegel der *energetischen Aufgaben,* die wir in dieser Inkarnation zu lösen haben.

Die Gegebenheiten der individuellen Umwelt stehen in einer Entsprechung zu unseren Lebensaufgaben beziehungsweise Lebensrätseln. Was uns durch das Außen begegnet, gilt es zu bewältigen und zu integrieren. Die unterschiedliche Konstellation der Tierkreiszeichen und Planeten in den Häusern zeigt jeweils an, in welchen Bereichen welche Auseinandersetzungen zwischen innen und außen anstehen, eher nebensächlich oder aber abträglich sind.

Ein Beispiel vorweg: STIER im ersten Haus (WIDDER-Haus) weist auf eine *Erneuerung* (erstes Haus) des Besitzes, der Verhaltensgewohnheiten, Konditionierungen und anderer STIER-Bereiche hin. Dem Sicherungs- und Festhalteimpuls des STIER sollen der Mut und die Risikobereitschaft des WIDDER hinzugefügt werden. Kein Entweder-oder kann dabei das Resultat sein, sondern eine möglichst gelungene Synthese beider Qualitäten. Weder soll die angelegte Qualität des Tierkreiszeichens (die besondere persönliche Bedeutung und Gewicht erlangt, wenn ein Planet darin steht!) völlig abgelegt werden, noch kann es Sinn der Sache sein, die (äußeren) Anforderungen abzublocken. Wenn es schicksalhaft im Lebensplan des Horoskops vorgezeichnet ist, wird sich diese Konstellation mit zwingender Notwendigkeit auf der Objektstufe manifestieren und uns immer wieder mit dem jeweiligen Zwiespalt konfrontieren. Wir werden so lange hin- und herpendeln, bis wir uns langsam der Mitte nähern, das heißt Haus und Zeichen sich aufeinander zu bewegen.

Planeten, die in eine solche »Auseinandersetzung« verwickelt sind, zeigen uns die Ebene an, auf der wir diesen Konflikt hauptsächlich und am intensivsten erleben werden: beim MOND auf der Gefühlsebene, bei MERKUR im Bereich des Denkens und so weiter. Das betreffende Haus ist der »Haupteingang« zu der vom jeweiligen Planeten symbolisierten Wesensseite. Es sagt uns klar und deutlich, welcher Lebensbereich und welche Lebensthemen uns den direktesten Zugang zu der jeweiligen »planetaren« beziehungsweise psychischen Instanz ermöglichen – ob uns das nun behagt oder nicht!

Beispiel: Wer den MOND im *dritten Haus* stehen hat, wird – sofern nicht durch andere, gegensätzliche Konstellationen blockiert – eine leichte Art der Kommunikation bevorzugen. Um sich wohl zu fühlen (MOND), wird der Betreffende etwa eine Studentenkneipe, ein Café oder die Bücherei aufsuchen; alle drei Bereiche sind Entsprechungen des dritten Hauses. Im Gegensatz dazu wird ein Zeitgenosse mit SATURN im *dritten Haus* solche Etablissements eher als bedrückend oder angstauslösend erleben oder sich zurückhaltend und ernst in dieser Umgebung verhalten. Er wird also beispielsweise ein Café hauptsächlich zum Arbeiten aufsuchen, wenn überhaupt. Natürlich gibt es noch eine Vielzahl von Ausdrucksmöglichkeiten dieser Konstellationen.

Wie das Außen auf unsere innere Struktur wirkt, das zeigen uns die Häuser. Aber umgekehrt stellen sie auch »Ausgänge« dar: Sie gleichen Türen, die in diese irdische Welt hineinführen. Welche Kraft, welches Anlagepotential hinter den Toren darauf wartet, sich in die Welt zu »ergießen«, das steht im Horoskop geschrieben. Jedes der zwölf Häuser hat ganz spezielle »Bewohner«, die wiederum auf eine ganz individuelle Weise geprägt und gepolt sind; bei jedem Menschen gibt es hier sowohl qualitative als auch quantitative Unterschiede. Je freieren »Ausgang« unser Ich als »Hausverwalter« den Bewohnern *aller* unserer Häuser gewährt, desto ungehinderter fließen *alle* unsere Energien von innen nach außen und umgekehrt.

Das Wissen um die Häuserpositionen ist unser astrosymbolisches »Mieterverzeichnis«. Es setzt uns in Kenntnis, wo der Krieger (MARS), der Priester (JUPITER) und die anderen kosmischen Gesellen und Gesellinnen wohnen. Benötigen wir ihre Unterstützung, ersparen wir uns eine langwierige Suche in dem Mehrfamilienhaus unserer Psyche.

Die Arbeit mit den Häusern funktioniert nicht wie eine Einbahnstraße. Wenn wir sie im Horoskop deuten, sollten wir das in Erinnerung behalten und beiden Richtungen Aufmerksamkeit schenken. Wir fragen uns einerseits, welche inneren Kräfte (Planet – Tierkreiszeichen) in die Lebensbereiche hineinwirken, die das Haus symbolisiert. Und auf der anderen Seite erhalten wir Auskunft über die spezifische Art der Umwelteinflüsse und die Anforderungen, denen die verschiedenen Wesensteile schwerpunktmäßig ausgesetzt sind.

Fallen zwei Tierkreiszeichen in ein Häusergebiet, bringt uns der betreffende Außenbereich in Kontakt mit beiden Archetypen. Sagen wir, ein Zeitgenosse hat die ersten zehn Grad des ersten Hauses mit dem STIER besetzt, und im Bereich der restlichen zwanzig Grade tummeln sich die ZWILLINGE. Dann wird in erster Linie der STIER-Bereich (Sicherheiten, Lebensformen, Verhaltensstrukturen, innere wie äußere Besitztümer und so weiter) in dieser Inkarnation eine Wiedergeburt (erstes Haus) durchlaufen, aber auch die Ebene der Gedanken, die Art des Denkens, der Sprache und Kommunikation (ZWILLINGE) wird in diese Erneuerung einbezogen werden. Vielleicht geht der Betreffende ins Ausland, verändert damit seine Lebensstrukturen, wird neue Gewohnheiten, neue Besitztümer, neue Möglichkeiten (STIER) finden und eine neue Sprache sprechen, in der er dann auch bald zu denken beginnen wird (ZWILLINGE). Ausschlaggebend war hier der Umzug ins Ausland, der Neubeginn auf der STIER-Ebene mit den nachfolgenden Konsequenzen für den ZWILLINGE-Bereich. Daß ZWILLINGE in diesem Beispiel doppelt soviel Spielraum im ersten Haus einnimmt wie der STIER, mag dann eventuell bedeuten, daß die intellektuelle, geistige Neugeburt mehr Raum beansprucht, länger braucht, um zu wirken, als der mit dem Ortswechsel verbundene Neuanfang. Dieser *quantitative* Unterschied (zehn Grad zu zwanzig Grad) läßt sich zum Beispiel über die Transite durch die Häuser (hier das erste Haus) nachvollziehen. Ein Planet verweilt eben in der Regel doppelt so lange im Zwanzig-Grad-Abschnitt und zeigt entsprechend längere Wirkung als in dem kürzeren ...

Jeder Anfänger in der Astrologie wird zunächst mit Verwunderung oder Verunsicherung feststellen, daß dieses »Spiel« nicht nach einheitlichen Spielregeln gespielt wird. Vor allem in der Frage der Häusersysteme scheiden sich die astrologischen Geister. Soll man nun nach dem »Koch-System« sein astrologisches Süppchen kochen oder die Häuser à la »Placidus« plazieren? Oder ist es aufregender nach »Regiomontanus«? Fühle ich mich ausgeglichener mit dem »Equalen System«? Soviel, um nur die bekanntesten zu nennen. Ich persönlich benutze das System, mit dem ich die besten Erfahrungen mache, das für mich die stimmigsten Aussagen über mich selbst, über Klienten und Seminarteilnehmer liefert. Transitbeobachtungen und die Felderwanderung in den Häusern geben Orientierungshilfen, um das individuell gültige Häusersystem zu finden – und sei es vielleicht auch nur für eine bestimmte Periode. Jedes System hat seine eigene Logik und vor allem seine spezifische *Energetik*, die mehr oder weniger Anziehung ausübt. Findet sich bei gleichzeitiger Anwendung dreier verschiedener Häusersysteme etwa die SONNE in jeweils verschiedenen Feldern wieder, dann ist damit nicht gesagt, daß nur eine dieser Aussagen zutrifft. Ich selbst bevorzuge das »Equale System« mit gleich großen Häusern. Beginnend beim Aszendent werden Dreißig-Grad-Einheiten abgezählt und von eins bis zwölf durchnumeriert. Diese Berechnungsmethode wird unter anderem auch in den USA favorisiert.

Die Umwelt- beziehungsweise Erdbezogenheit der Häuser läßt sich bereits aus ihrem Berechnungsmodus ableiten. Sie sind, astronomisch betrachtet, nichts anderes als das Produkt der Erdrotation. Unser Heimatplanet dreht sich in etwa vierundzwanzig Stunden einmal um sich selbst. Diese Drehung (entgegen dem Uhrzeigersinn) entspricht der Aszendentenwanderung

7. WAAGE: Rätselhafte Beziehungen

durch den Tierkreis. Eine Erdrotation ergibt einen Umlauf des Aszendenten durch den gesamten Zodiak. Zur Berechnung eines Horoskops machen wir – bezogen auf Geburtszeit, -ort und -datum – eine »Momentaufnahme« von der exakten Position des Aszendentenzeigers im Tierkreis.

In der Berechnung des Aszendenten sind sich die verschiedenen astrologischen Schulen einig. Unabhängig vom verwendeten Häusersystem nimmt der Aszendent bei allen dieselbe Horoskopstellung ein. Er bildet stets die Spitze des *ersten Hauses* und den Schlußpunkt des *zwölften Feldes*. Im *equalen Häusersystem* zählt man nun vom Aszendenten ausgehend Dreißig-Grad-Abschnitte ab und erhält dann die zwölf Häuser, beginnend mit dem ersten Haus, bis der Kreis mit dem zwölften Haus sich wieder schließt. Die Häuser korrespondieren mit den Bedeutungen der Tierkreiszeichen, nur daß sie eben keinen Anlageaspekt, sondern den Außenbezug und unsere Lebensaufgaben verkörpern. Die Reihenfolge des Tierkreises bleibt auch im Häusersystem erhalten: Das *erste Haus* ist immer das WIDDER-Haus, das *zweite Haus* das STIER-Haus und so weiter. (Weiteres zum Aszendent und seiner Deutung im WIDDER-Band.)

In der Konfrontation, der Beziehung zu den Objekten der irdischen Welt, machen wir unsere Erfahrungen. Jede Situation, jeder Lebens- oder Erfahrungsbereich lassen sich einem der astrologischen Häuser zuordnen. Wesensverwandte Bereiche residieren (als verschiedene Ausprägungen ein und desselben Prinzips) im selben Haus; zum Beispiel gehören eine Sportarena, ein Kriegsschauplatz, eine Schmiede, ein Schlachthaus, ein Operationssaal zu den möglichen Erfahrungsebenen des *ersten Hauses*, aber auch Situationen und Orte, wo Geburt, Neues, Aggressivität oder Sexualität in der Luft liegen. Welche Kulissen für den einzelnen hauptsächliche Bedeutung erlangen, ergibt sich aus seiner individuellen Konstellation (Tierkreiszeichen und Planeten in den Häusern sowie deren Aspekte) und dem Reifegrad.

Die Faktoren im Horoskop, die wir als astrologische Häuser oder Felder kennengelernt haben, finden ihre Entsprechung in den unterschiedlichen Kulissen der Traumbotschaften. Ebenso, wie unsere Erfahrungen in der äußeren Realität in bestimmte Szenerien eingebettet sind, laufen die innerpsychischen Erlebnisse vor dem Hintergrund sich wandelnder »Bühnenbilder« ab. Nach dem Grundsatz »wie innen, so außen« läßt sich die Bedeutung der astrologischen Häuser auf die jeweiligen Traumkulissen übertragen. Sie halten dem Träumer einen Spiegel vor, auf welchem Niveau das betreffende Haus erlebt beziehungsweise gelebt wird. Das Schlachtfeld im Traum, auf dem sich gerade ein blutiges Gemetzel abspielt, identifizieren wir – wie auf Horoskopebene – als das *erste Haus* und seine dramatischste Entsprechung. Wir finden uns so lange in bestimmten »Räumen« der astrologischen

Häuser wieder, zu denen wir eine Affinität haben, bis wir fähig sind, eine feinere Ebene, ein »höheres Stockwerk«, zu betreten.

Wir versuchen herauszufinden, welchen Häusern die Traumszenerien entsprechen, welches Bewußtseinsniveau sie darstellen, wie sie sich wandeln und ineinander übergehen. Ein vergleichender Blick bei der Traumbearbeitung auf das Horoskop mag dabei behilflich sein, Zusammenhänge herzustellen und die Traumbilder auf die astroenergetischen Konstellationen zu beziehen. Und umgekehrt erfüllen die *seelischen* Traumbilder die abstrakte Horoskopzeichnung mit Leben. Konnten wir die Traumkulisse identifizieren, betrachten wir das entsprechende Feld im Horoskop. Möglicherweise hat der MOND in der Traumnacht das Haus transitiert und diesen Erfahrungs- beziehungsweise Problembereich aktiviert.

Vor allem die SONNEN-Wanderung durch die Häuser ist ein astroenergetischer »Wink mit dem Zaunpfahl«. Während der Durchzug des Zentralgestirns durch den *Tierkreis* ein *kollektives* Ereignis darstellt – wenn die SONNE im SKORPION ist, dann gleichermaßen für die Australier, Europäer, Afrikaner und so fort –, hat die *Häuserwanderung individuelle* Gültigkeit. Je nach Hausposition des SKORPION variiert der Erfahrungsbereich, in dem die SKORPION-Energie schwerpunktmäßig auf uns einwirkt. Im *siebten Haus* etwa ist die Partnerschaft Hauptkulisse für die Transformationsprozesse (SKORPION) des Betreffenden. Das wird sich auch in den Träumen so darstellen.

So zeigen beispielsweise die Träume im SKORPION-Monat nicht nur an, wie es mit unserer Wandlungsfähigkeit und -bereitschaft steht, sondern die individuelle Häuserposition (als Kulisse) markiert den äußeren Rahmen dieser Wandlungsprozesse. Als kurzes Beispiel soll uns der Traum einer jungen Frau dienen, den sie im SKORPION-Monat träumte:

»Ich liege mit Wehen im Krankenhaus. Meine Mutter ist bei mir. Ich freue mich nicht auf das Baby. Ich unterhalte mich mit meiner Mutter und hoffe, daß es ein Junge wird, denn dann brauche ich keine neue Kleidung zu kaufen, weil ich noch genug davon habe. Andererseits, wenn's ein Mädchen wird, könnte ich dem endlich mal Kleidchen anziehen. Ich bekomme während des Gesprächs intuitiv die Sicherheit, daß es ein Mädchen sein wird und daß es nachts schlafen wird, und ich kann es mir jetzt so richtig gut vorstellen. Was mich aber enttäuscht, ist die Tatsache, daß die Wehen aufgehört haben.«

Die Träumerin hat den SKORPION im *vierten Haus* (Bereich der Mutter und Schwangerschaft, die weiblich-naturnahe Gefühlsseite). Als Kulisse der Traumbotschaft dienen das Krankenhaus, die Schwangerschaft und die Unterhaltung mit der Mutter. Hier ist der Bereich des Mütterlichen als Erfahrungsebene des vierten Hauses gleich doppelt angesprochen: Die Frau selbst ist hochschwanger und liegt in den Wehen einer neuen Mutterschaft, während gleichzeitig die eigene Mutter zugegen ist. Hier soll eine Wandlung geschehen, und wie der weitere Traumverlauf zeigt, vollzieht sich auch tatsächlich eine Veränderung in der Einstellung der jungen Frau zu ihrem ungeborenen Kind. Steht sie zum Traumanfang diesem Prozeß – mit einer neuen Einstellung, einem neuen Gefühl schwanger zu gehen – eher ablehnend gegenüber und sieht das Ganze nüchtern und pragmatisch, entstehen im weiteren Traumverlauf Glücksgefühle bei der Vorstellung, ein Mädchen zur Welt zu bringen. Der anfängliche Wunsch nach einem Jungen korrespondiert mit dem männlichen Prinzip der Rationalität, das Mädchen steht für die (weibliche) Gefühlsseite. Und genau darum ging es für die junge Frau zum Traumzeitpunkt: die weibliche Seite zu stärken und die bei ihr als STEINBOCK-Geborener dominierende nüchterne Verstandesseite etwas zurückzunehmen.

Die Deutung der Häuser erfolgt im jeweiligen Tierkreisband: das erste (WIDDER-) Haus im WIDDER-Band und so weiter.

8. SKORPION
Die Rätsel als Quelle der Wandlung

Gehen wir ernsthaft daran, unsere Lebensrätsel zu bearbeiten, wird uns die »Erdenreise« wandeln und läutern. Doch noch sind wir nicht am Ende unserer Bemühungen angelangt! Wir befinden uns auf der Entwicklungsleiter irgendwo zwischen den Stadien der Raupe und der Puppe. Eines Tages wird sich auch unser Schmetterlingswesen entfalten, und wir erfahren die Freiheit des wahren Menschseins. Statt wie bisher auf der Erde zu kriechen, das heißt an Dingen, Menschen und Gefühlen anzuhaften, werden wir dann die Leichtigkeit, Schönheit und Freiheit des Menschengeistes realisiert haben. Bis dorthin ist noch ein Weg zurückzulegen – und dieser Weg ist ein Pfad der Wandlung. An welcher Station wir uns zur Zeit befinden, muß ein jeder für sich selbst ergründen.

HERMANN HESSE drückt diesen Prozeß der allmählichen Menschwerdung in seinem »Demian« so aus:
»Das Leben jedes Menschen ist ein Weg zu sich selber hin, der Versuch eines Weges, die Andeutung eines Pfades. Kein Mensch ist jemals ganz und gar er selbst gewesen; jeder strebt dennoch, es zu werden, einer dumpf, einer lichter, jeder wie er kann. Jeder trägt Reste von seiner Geburt, Schleim und Eischalen einer Urwelt, bis zum Ende mit sich hin. Mancher wird niemals Mensch, bleibt Frosch, bleibt Eidechse, bleibt Ameise. Mancher ist oben Mensch und unten Fisch. Aber jeder ist ein Wurf der Natur nach dem Menschen hin.«

»Stirb und werde« – *Transformation als Lebensaufgabe*

Die Grundfrage, die vor allen therapeutischen Bemühungen steht, ist die nach der Veränderbarkeit und Wandlungsfähigkeit des Menschen. Ist es uns möglich, alte, eingefahrene eingespurte Verhaltensmuster, die einengen und die Luft zum Atmen nehmen, die beziehungs- und lebensunfähig machen, zu überwinden? Wenn ja, wie drückt sich dieser Vorgang in Traum und Horoskop aus? Wie können diese beiden Methoden hilfreich zu einem gelungenen Transformationsprozeß beitragen?

Was wir selbst erschaffen, das können wir auch verändern. Das gilt auch für unsere negativen, selbstzerstörerischen und infantil gebliebenen Verhaltensweisen und Denkgewohnheiten. Diese sind nicht nur irgendwann einmal in der Vergangenheit initiiert worden, sondern wir erzeugen und zementieren sie ständig unbewußt aufs neue. Der Klient, der sich immer wieder vorsagt: »Mich mag keiner«, »Ich bin nicht liebenswert«, »Alle sind gegen mich«, schafft sich durch die permanente Wiederholung dieser negativen »Zaubersprüche« stets neue Situationen, die seine Aussagen bestätigen. Wer mit einem negativen Bild von sich auf die Welt zugeht, dem wird diese unweigerlich auch ein negatives Spiegelbild vorhalten. Das Sprichwort »Wie man in den Wald ruft, so schallt es heraus« bewahrheitet sich hier.

Wirkliche Transformation, die uns von einer niederen auf eine höhere Bewußtseinsebene hinaufzieht, ist nun alles andere als eine theoretische Angelegenheit. Es geht dabei vielmehr um eine grundlegende seelisch-energetische Veränderung im Menschen. Das gilt für Teilbereiche unseres Daseins wie letztlich auch für die entscheidende Verwandlung eines Individuums zum wahren Menschsein an sich (im Osten als »Erleuchtung« bezeichnet).

Das transformative Stadium, das wir zu durchlaufen haben, bis wir geläutert sind und sich wesentliche Verhaltensänderungen zeigen, ist identisch mit dem »Fegefeuer« der christlichen Vorstellungswelt. Schließlich bedeutet Wandlung in der Regel einen schmerzhaften Prozeß des Loslassens und der Seelenreinigung. Das liegt daran, daß wir auch die negativen Muster irgendwie liebgewonnen haben und nicht mehr loslassen wollen, selbst wenn wir uns das Gegenteil einreden. Transformation macht angst, weil es ans »Eingemachte« geht, weil wir nicht wissen, was danach sein wird, wie die Welt aussieht, wenn wir anders geworden sind.

Wie kommt nun der transformative Prozeß in Gang? LYALL WATSON bringt zu diesem Thema die Erkenntnisse der modernen Wissenschaft auf den Punkt: »Es wird immer klarer, daß Dinge beobachten sie verändern heißt …« (*»Der unbewußte Mensch«*, S. 22). Der Autor vollzieht hier den Brückenschlag zwischen der Ebene der theoretischen Physik und dem

Alltagsleben und macht damit deutlich, daß ein wesentlicher Schritt zur Veränderung bereits in der Beobachtung liegt. Beobachten bedeutet im Sinne der Selbstwerdung, daß wir die eigenen (subtilen) Reaktionen kennenlernen und ein Gespür für uns und unser Verhalten entwickeln.

Das Horoskop hat während der unübersichtlichen und undurchschaubaren Wandlungsprozesse eine stützende Funktion. Es erlaubt uns, quasi aus der Vogelperspektive, den Verwandlungsvorgang zu betrachten, noch während wir emotional mittendrin stecken. Die Konstellationen zeigen uns, was für uns nötig und möglich ist, und eröffnen uns dadurch Aussichten auf Entwicklungschancen. Und wenn wir ein Gefühl für den Gewinn bekommen, der uns winkt, dann werden wir nicht zögern, den Einsatz zu wagen.

Nehmen wir als Beispiel einen Menschen mit Minderwertigkeitskomplexen. Solange er überhaupt keine Vorstellung davon hat, wie sich das Leben mit einem größeren Selbstbewußtsein anfühlen könnte und daß auch er dieses Potential in sich trägt (in seinem SONNEN-Wesen), solange wird er wohl auch kaum eine Motivation verspüren, sich auf die langwierige, anstrengende, aber auch lohnende Reise zu sich selbst zu begeben. Über die astroenergetische Symbolik als Medium kann ihm, zumindest für Augenblicke, eine Ahnung von dieser Kraft zuteil werden, die auch in ihm verborgen liegt – etwa in einem Seminar zum Thema LÖWE-SONNE oder in seinen Träumen.

Wandlung ist ein dynamischer Prozeß und wird in erster Linie durch das Spannungsverhältnis zwischen Innen- und Außenwelt, zwischen Anlagepotential und Umweltanforderungen in Gang gesetzt. Wenn unsere Möglichkeiten, Vorlieben und Eigenarten den Anforderungen der Welt zuwiderlaufen, entsteht eine Reibung, die uns herausfordert, diese Widersprüche zu überwinden. Im Horoskop können wir diesen Vorgang in dem Verhältnis der Häuser (unsere Aufgaben und Umweltsituationen) zu den Tierkreiszeichen (Anlagen) nachvollziehen. Transformation heißt dann, die alten energetischen Strukturen (Anlagen, die aus früheren Existenzen entwickelt wurden) den neuen Gegebenheiten anzupassen, die Anforderungen der neuen Inkarnation zu integrieren, um als »neuer Mensch« gewandelt die Erdenschule mit bestandenem Examen zu verlassen.

Massive Wandlungshindernisse stellen unsere Verdrängungen dar. Da sie unbewußt geschehen, bedarf es meist der Träume (oder therapeutisch geschulter Menschen), um sie ans Licht zu bringen. Und weil das Hervorholen von verdrängtem seelischen Material immer mit Angst verbunden ist, geht der Traumregisseur auch sehr behutsam damit um, wenn er diese heiklen Zusammenhänge in Szene setzt. Wir behalten nur das im Gedächtnis, was wir auch verkraften können.

Jeder Traum ist ein Blick hinter die Kulissen des vordergründigen Anscheins und bringt uns mit Tiefenschichten in Berührung, die C. G.

Jung das *persönliche Unbewußte* und das *kollektive Unbewußte* genannt hat. Jede wirkliche Transformation spielt sich in diesen seelischen Tiefenschichten ab, weshalb gerade in Wandlungszeiten viele archaische Bilder über Träume und Phantasien in unser Bewußtsein gelangen. Vielleicht müssen wir mit Drachen und anderen Urtieren kämpfen, oder wir befinden uns auf einer märchenhaften Schatzsuche. Mythen und Märchen begleiten uns auf dem schwierigen Weg der tiefgreifenden inneren Wandlungen – wenn nicht bewußt, so doch häufig im Traum. So war für einen jungen Mann ein Traum von Hänsel und Gretel als Symbol für die von ihm geforderte Ablösung vom Elternhaus zu deuten – sicher eine der kompliziertesten Veränderungen im Leben.

Wandlungen und die Hindernisse dabei lassen sich im Traumgeschehen nachvollziehen, wenn wir unsere Träume über eine längere Zeit beobachten. So wie im Märchen verzauberte Königssöhne und Prinzessinnen wieder ihre menschliche Gestalt erlangen, wenn die Aufgaben gelöst wurden, ist auch unsere Veränderung möglich; wir erfahren durch die Traumsprache, welche Seelenteile befreit und welche noch zu erlösen sind. Wir werden außerdem feststellen, daß in transformativen Zeiten vermehrt entsprechende Symbole in den nächtlichen Botschaften auftauchen – wie Frosch, Schlange, Raupe beziehungsweise Schmetterling. Und in der allmählichen Wandlung von immer wiederkehrenden Traumsymbolen oder -handlungen erkennen wir das Voranschreiten innerer Veränderungsprozesse.

Ein Klient, der in vielen Träumen vor Urtieren die Flucht ergriffen hatte und schließlich doch wagte, einem riesigen Saurier entgegenzutreten, anstatt weiterhin zu fliehen, konnte eine erleichternde Feststellung machen: Je näher er dem Untier kam, desto kleiner wurde es. Und als der Träumer ihm schließlich vis-à-vis gegenüberstand, war es auf seine eigene Körpergröße zusammengeschrumpft und hatte alles Bedrohliche verloren. Dieser Traum spiegelt eine wesentliche Wandlung im Verhalten des Träumers wider: Anstatt vor scheinbar lebensbedrohlichen Situationen davonzulaufen, stellt er sich ihnen nun. Dann kann er, wie der Traum aufzeigt, erleichtert feststellen, daß er das Problem durch die Verdrängungen künstlich aufgebläht hatte und daß es bei genauerem Besehen doch zu bewältigen war. Hier greift das Sprichwort: »Nichts wird so heiß gegessen, wie es gekocht wird.«

Wandlung durch Beziehung – das Compositehoroskop

Verwandlung wird möglich, wenn wir uns darauf einlassen, daß das Du anders ist. Durch den Partner, durch die Außenwelt überhaupt gelangen neue Elemente in unsere Wesensstruktur, die uns im positiven Falle bereichern, ergänzen, erweitern, die uns aber immer mehr oder weniger stark verändern.

Leben bedeutet Veränderung, Sillstand ist Tod! Mit dem Lebensfluß mitzufließen setzt eine stete Wandlungsbereitschaft voraus. Ob wir wollen oder nicht, wir erfahren ständig Verwandlung – sonst wären wir nicht existenzfähig. Je stärker wir an Altem und Gewohntem klammern, desto schmerzhafter und schwieriger wird sich dieser Prozeß gestalten. Doch bereits auf der physischen Ebene sehen wir, daß die Körperzellen in ständiger Bewegung sind. Durch die Zellteilung regeneriert die Physis; ohne sie wäre kein körperliches Leben möglich! Jeweils nach sieben Jahren erneuert sich unsere gesamte Zellstruktur. Und was für das körperliche Leben gilt, das läßt sich auch auf die Psyche übertragen. Der Unterschied besteht jedoch darin, daß wir, was die seelische Ebene anbelangt, der Wandlung häufig mit Angst und Widerstand begegnen. Da der transformative Prozeß aber ein wesentliches Gesetz der Evolution darstellt, läßt er sich auf Dauer nicht aufhalten.

Beziehung bedeutet Wandlung! In welche Richtung sie geht, welche Bereiche in den verschiedenen Verbindungen besonders betroffen sind, sagt uns das *Compositehoroskop*. Im Gegensatz zum *astrologischen Partnervergleich,* der das energetische Wechselspiel zwischen zwei (oder mehr) Individuen aufzeigt, stellt das Composite das eigenständige Wesen einer Beziehung astrosymbolisch dar. In der Regel wird es sich dabei um die Verbindung zweier Menschen handeln, doch ist es ebenso denkbar, Composites für die Beziehung zwischen Menschen und Situationen sowie Mehrfachcomposites für drei und mehr Personen zu erstellen. Je komplizierter die Compositestruktur, desto schwieriger wird sich allerdings auch die Deutung gestalten!

Das Compositehoroskop ist aus der Erkenntnis geboren, daß sich durch das Zusammentreffen von Menschen ein »Beziehungsgeist« entwickelt, der unabhängig von seinen Urhebern existiert und als neues energetisches Muster, als Dynamik der Beziehung verstanden werden kann. In der Gruppenarbeit kennen wir dieses Phänomen unter dem Begriff der *Gruppendynamik*. Das Compositehoroskop stellt dementsprechend ein für alle Beteiligten gültiges Beziehungshoroskop dar, das sich aus den Halbsummen der einzelnen Werte der Geburtshoroskope errechnet (Berechnungsbeispiel im SKORPION-Band). Es ist wie das Horoskop eines Individuums zu deuten, nur sind die Resultate nicht auf einen einzelnen, sondern auf die Beziehung an sich zu übertragen. Darin besteht die Hauptschwierigkeit der Compositearbeit. Aussagen über ein »unsichtbares Wesen« zu machen, das dieser Beziehungsgeist nun einmal ist, fällt uns zunächst schwer. Schon deshalb, weil wir *mittendrin* stehen, meist zuwenig Distanz zu der Verbindung haben. Die Arbeit mit dem Composite kann so aber auch dazu dienen, den nötigen Abstand zu gewinnen und die Eigendynamik einer Partnerschaft zu erfassen.

Wie gehen wir vor? Wie bei der Arbeit mit dem Geburtshoroskop läuft das Composite im Hintergrund des Beziehungslebens mit; wir versuchen, die Astrosymbolik auf die Realität zu übertragen und so allmählich die Konturen, die astrologisch vorgezeichnet sind, im realen Leben zu erkennen.

Jede Verbindung sollte dem individuellen Potential, das ihr zugrunde liegt, möglichst gerecht werden. C. G. JUNG dazu: »Das Zusammentreffen von zwei Persönlichkeiten ist wie die Mischung zweier verschiedener chemischer Körper: Tritt eine Verbindung überhaupt ein, so sind beide gewandelt.«

Ein Blick in das Reich der Chemie mag uns helfen, die energetischen Abläufe in einer lebendigen Beziehung zu verstehen: Wenn zwei Atome Wasserstoff (H_2) sich mit einem Atom Sauerstoff (O) verbinden, dann entsteht als neue Größe das uns vertraute Element Wasser (H_2O), genaugenommen ein Wassermolekül. Trotzdem existieren die Bausteine dieses Moleküls, die beiden Wasserstoffatome und das Sauerstoffatom, auch für sich weiter und lassen sich durch Erhitzen des Wassers wieder voneinander trennen.

Wie in der Chemie ist die entscheidende Frage auch bei den zwischenmenschlichen Beziehungen, ob eine *wirkliche* Vereinigung stattfindet. Ob sich die Partner auf die Beziehung einlassen können, damit sich deren Eigendynamik voll entfalten kann. Damit sind nicht ausschließlich Liebesbeziehungen gemeint, sondern alle möglichen Arten von Verbindungen, wie etwa Geschäftspartnerschaften oder helfende Beziehungen. Sich auf eine Beziehung einlassen heißt im astroenergetischen Sinne, das Composite zu verwirklichen: die Themen, Aufgaben und Herausforderungen angehen, *das* miteinander zu leben, was in dieser Partnerschaft ansteht und durch das Composite angezeigt wird.

Sind wir aber auch bereit, uns auf eine Verbindung einzulassen, deren Beziehungsdynamik so gar nicht unseren Vorstellungen entspricht? Häufig hängen wir mehr oder minder romantischen Beziehungsidealen oder -bildern nach und verlieren den Blick für die reale Qualität unserer Beziehung. Doch wir leben völlig an einer Partnerschaft vorbei, wenn wir, anstatt ihre Aufgaben und Potentiale zu erfassen, uns gegen den lebendigen Entwicklungsprozeß stellen, der durch diese Verbindung *unwillkürlich* aktiviert wird. Dann ist es schon besser, sich seine Vorbehalte und Widerstände einzugestehen und diese Bindung zu lösen oder auf eine andere Ebene zu bringen.

Ein Beispiel: Im Geburtshoroskop eines Menschen ist das ERD-Element betont und Bodenständigkeit ein grundlegendes Lebensthema. Weist das Composite mit seinem Partner eine Betonung des LUFT-Elements auf, besteht für beide die Herausforderung, eine »luftig-leichte Beziehungsmelodie« zu komponieren, einen freien und unkonventionellen Umgang miteinander zu entwickeln, statt etwa irdische Güter und Sicherheiten (Erdelement) anzusammeln. Für den »erdschweren« Partner in dieser Konstellation mag das zuerst keine leichte Aufgabe sein, steht sie doch in (scheinbarem) Widerspruch zu seiner Weltsicht. Im positiven Falle wird der ERD-Partner einerseits seine Qualitäten, das heißt die nötige Stabilität und Struktur, in die Beziehung einbringen, damit aus dem Luftelement keine Luftschlösser werden. Und zum anderen hat er die Möglichkeit, im Laufe dieser Beziehung seine Einseitigkeiten auszugleichen und der Erdschwere die nötige Leichtigkeit gegenüberzustellen.

Das Compositehoroskop ist eine astrologische Methode, um die Vielfalt der Beziehungsstrukturen zu erkennen und dadurch besser, weil bewußter, zu leben – neigen wir doch dazu, einmal eingefahrene Verhaltensmuster, mit denen wir uns sicher fühlen, immer wieder zu reproduzieren. Dabei verhindern wir es, jeder Situation neu und offen zu begegnen. In der Regel haben wir auch unsere Beziehungsmuster aus Kindertagen ins Erwachsenendasein hinübergerettet. Das führt dann dazu, daß wir dem Wesen unserer real existierenden Ehe kaum gerecht werden, sondern unbewußt die elterliche »Beziehungskiste« wiederholen.

Das Composite fordert uns auf, die Beziehungskisten zu öffnen und den *Inhalt* anzuschauen, denn letztlich zählt nicht die Verpackung!

Natürlich ist es niemand anzuraten, eine Partnerschaft von der Analyse eines Compositehoroskops allein abhängig zu machen! Das wäre lediglich ein Beweis unserer Kopflastigkeit und der Angst vor dem wirklichen Leben. Der für das Zusammenleben viel wesentlichere, seelische Bereich darf durch die astro-*logische* Arbeit nicht unter den Tisch fallen. Im Gegenteil: Es kann bei der Compositebetrachtung nur darum gehen, *das* zu erkennen und zu erspüren, was *sowieso* bereits hinter den Kulissen gewirkt, gebrodelt und reagiert hat – eben um sich besser auf die wirklichen Anforderungen einlassen zu können. Oder die Konsequenzen daraus zu ziehen, wenn man das, was diese Partnerschaft hergibt, partout nicht haben möchte!

Hier sind die Träume wichtige Ratgeber; sie zeigen uns auf, ob eine Verbindung uns fördert oder sich hinderlich auf unsere Entwicklung auswirkt. Denn das, was wir keinem Horoskop entnehmen können, also auch nicht dem Composite, ist das Niveau, auf dem diese Konstellationen gelebt werden. Suchen wir in einem Composite nach Begründungen, eine Beziehung zu lösen, weil sie uns zu anstrengend geworden ist, dann werden wir diese sicher auch ausfindig machen. Meist muß dann der erstbeste Spannungsaspekt dafür herhalten, um eine Trennung vor uns selbst zu rechtfertigen. Wer aber sagt uns, daß es nicht gerade lohnenswert wäre, diese Herausforderung anzunehmen? Es könnte die Chance unseres Lebens sein, um persönlich und im Rahmen der Partnerschaft einen Schritt weiterzukommen! Es könnte sich allerdings auch als energieraubende Fehlentscheidung herausstellen. Wer sagt uns, was richtig, was stimmig für uns ist? Unsere Freunde und Bekannten, Eltern und Verwandten? Wenn wir genau hinhören, dann werden wir feststellen, daß jeder dieser Zeitgenossen eben auch nur seine eigenen Vorstellungen äußern kann, die in erster Linie mit ihm selbst zu tun haben. Wer aber kennt uns besser als die Seite in uns, die wir Seele nennen?

Natürlich gibt es genügend Beziehungen, die hinten und vorne nicht stimmen und die aus Gründen eingegangen wurden, die keine ausreichende Basis darstellen – etwa Lebensangst oder Unselbständigkeit. In solch einem Fall kann die Betrachtung eines Composites möglicherweise helfen, die notwendigen Schritte zu unternehmen, um unerträgliche Bedingungen zu verändern. Voraussetzung dabei ist natürlich eine fundierte astrologische Symbolkenntnis unter Einbeziehung des Traummaterials, um zu vermeiden, daß man sich selbst »in die Tasche lügt«, was wir leider nur allzugerne tun.
Mehr dazu im SKORPION-Band.

Energieübertragung

Die gegenseitige Beeinflußbarkeit (im positiven wie im negativen Sinne), die bei allen Beteiligten Veränderungen und Wandel bewirkt, ist auf das grundlegende Prinzip der energetischen Übertragung zurückzuführen. Der permanente Informationsaustausch, durch den wir auf der Ebene des kollektiven Unbewußten miteinander in Verbindung stehen, verhindert, daß wir bleiben, wie wir waren. Kein Mensch verläßt diese Erde mit derselben Energiestruktur, die er bei seiner Geburt mitgebracht hat. Diese neuen, veränderten inneren Gegebenheiten finden ihren Niederschlag in dem neuen Geburtshoroskop der nächsten Inkarnation.

Jede Erscheinung in der stofflichen Welt ist Ausdruck einer energetischen Konstellation; je vielschichtiger die im Hintergrund wirkende Kraft, desto komplexer das Wesen der Erscheinung. Das Zusammenwirken von zwei oder mehr Menschen ergibt eine neues »Energiegemisch«, das die Beteiligten verwandelt, wie wir im Kapitel über das Composite gesehen haben. Hinter diesen *lebendigen* Wirkungen, die Menschen aufeinander haben, stehen die zumeist unbewußten *Energieübertragungen,* von denen hier die Rede sein soll. Der psychoanalytische Übertragungsbegriff wurde im Rahmen der Forschungsarbeit von SIGMUND FREUD geprägt. Er ist Ausdruck des Phänomens »der gefühlsmäßigen Einstellung des Patienten zum Psychotherapeuten in Analogie zur gefühlsmäßigen Einstellung des Patienten zu seinen frühen und frühesten (intrafamiliären) Bezugspersonen« (»*Lexikon der Psy-*

chologie«). Das Erkennen der Übertragungen positiver oder negativer Gefühle in der psychoanalytischen Situation macht sich der Analytiker zunutze, um an das eigentliche, das dahinterstehende Gefühlsmaterial zu kommen. Dieser Vorgang spielt sich aber nicht nur auf der Empfindungsebene zwischen den Beteiligten ab. Man erkannte, daß die übertragenen Gefühle auch unbewußt ausagiert und in Szene gesetzt werden.

In bezug auf die analytische Psychologie C. G. JUNGS interpretiert VERENA KAST den innerpsychischen Vorgang zwischen Therapeut und Klient folgendermaßen: »Zwischen dem Unbewußten des Analytikers und dem Unbewußten des Analysanden scheint eine geheimnisvolle Beziehung oder eine Fusion zu existieren. Dieses gemeinsame Unbewußte ist in der analytischen Beziehung als Atmosphäre der Beziehung spürbar« (»*Die Dynamik der Symbole«,* S. 181).

Aus der Sicht der *energetischen Astrologie* erscheinen uns *alle* zwischenmenschlichen Begegnungen in gewisser Weise als Energieübertragungen. Im Gegensatz zu dem speziellen, auf die therapeutische Situation begrenzten Übertragungsbegriff ist hier die grundsätzliche Tatsache der Energieübertragungen angesprochen. Doch dieser erweiterte Übertragungsbegriff beschränkt sich nicht auf die energetischen Wirkungen, die wir Menschen aufeinander haben, sondern schließt den gesamten Bereich der äußeren und inneren Umwelt mit ein. Die Überzeugung, daß generell alle Erscheinungen energetische Wirkungen haben, bildet ja gerade die Grundlage und das Wesen einer energetischen Astrologie.

Das Erkennen des Übertragungsphänomens spielt natürlich gerade für helfende Beziehungen eine wichtige Rolle, etwa im Verhältnis zwischen Lehrer und Schüler, Therapeut und Patient, Astrologe und Klient oder Eltern und Kind. Entscheidend für das Gelingen dieser Beziehungen ist nicht, was der Helfer oder Erzieher sagt, sondern was er psychisch vermittelt. Damit sind das energetische Potential und dessen Niveau gemeint beziehungsweise die Qualitäten, die der Betreffende integriert und realisiert hat. Die verhängnisvolle Überschätzung der Theorie in Pädagogik und Erziehung läßt viele ratlose und frustrierte Eltern, Erzieher oder professionelle Helfer zurück. Sie können sich nicht erklären, warum ihr Kind, Schüler oder Klient die wohlgemeinten Ratschläge und Verhaltensregeln nicht verinnerlicht hat. Entscheidenden Einfluß bei jedem Erlernen von Verhalten, bei jeder Erziehung üben jedoch die inneren Vorgänge im zwischenmenschlichen Bereich aus. Das Wort *Erziehung* sagt uns, daß es sich dabei eben um ein Heraus-*Ziehen* aus dem unbewußten und unerlösten (im Märchen: verzauberten) Zustand handelt. Wer dieser verantwortungsvollen Aufgabe gerecht werden will, braucht selbst erst einen festen Stand. Will ich jemand aus einer Fallgrube hochziehen, darf ich mich nicht selbst in diesem Loch befinden, und ich muß bei der Rettungsaktion aufpassen, nicht auch darin zu landen. C. G. JUNG meint dazu: »Denn es wird unvermeidlich der Tag kommen, an dem das, was der Erzieher mit Worten lehrt, nicht länger wirksam ist, sondern nur noch das, was er ist. Jeder Erzieher – und ich gebrauche diesen Begriff in seinem weitesten Sinne – sollte sich ständig fragen, ob er wirklich nach bestem Wissen und Gewissen seine Lehren mit seiner eigenen Person und seinem eigenen Leben erfüllt. Die Psychotherapie hat uns gelehrt, daß im Endeffekt nicht das Wissen, nicht die technischen Fähigkeiten die heilende Wirkung haben, sondern die Persönlichkeit des Arztes. Und genauso verhält es sich mit der Erziehung: Sie setzt Selbst-Erziehung voraus« (»*Die Bedeutung des Unbewußten in der individuellen Erziehung*«).

In der tantrischen Tradition des tibetischen Buddhismus spielt die energetische Übertragung zwischen dem spirituellen Lehrer und dem Schüler eine wichtige Rolle. Der Schüler erfährt in diesem Transformationsprozeß durch seinen Lama (den tibetischen Meditationsmeister) die Übertragung von dessen spiritueller Reife, die allmählich in seinen inneren Bestand übergeht. Es werden zwar auch in dieser Lehrer-Schüler-Beziehung Belehrungen gegeben und das Studium wie das Praktizieren der buddhistischen Philosophie vorausgesetzt. Entscheidend für die Entwicklung eines höheren Bewußtseins sind für die Anhänger dieser Lehre jedoch die Vorgänge, die sich zwischen der Psyche des Schülers und des Lehrers durch Energieübertragung abspielen.

CHÖGYAM TRUNGPA spricht in diesem Zusammenhang von *Übermittlung*: »Übermittlung bedeutet die Ausweitung spiritueller Wachheit von einer Person auf eine andere. Wachheit wird eher ausgeweitet als übertragen. Der Lehrer oder Übermittler weitet seine eigene Inspiration aus. Er gibt seine Erfahrung aber nicht an jemanden weg, um dann zu einem leeren Ballon zu werden. Der Lehrer erzeugt ständig Wachheit und Inspiration, ohne jemals leer zu werden. Für den Schüler ist Übermittlung also, als ob er mit Strom aufgeladen wird« (»*Feuer trinken, Erde atmen – die Magie des Tantra*«, S. 72).

Vor diesem Hintergrund wird deutlich, daß es weniger darauf ankommt, welche Theorien oder Modelle der Selbsterfahrung und Bewußtseinsentfaltung jemand lehrt, als vielmehr, was dieser davon selbst in sich entwickelt hat und *vorlebt*.

Um die Übertragungsvorgänge bewußter zu erfassen, hilft uns ein geübter Blick auf die Horoskope der Betreffenden, also ein Partnervergleich. Hier fällt auch der enge Zusammenhang zwischen Übertragung und Projektion ins Auge, denn was ich in die Mitmenschen projiziere (in positiver wie negativer Hinsicht), fördert die Übertragung. Ein Schüler beispielsweise, dessen Lehrer eine gute Projektionsfläche für natürliche Autorität abgibt, wird in der Übertragung diese Qualität allmählich in sich selbst entwickeln.

Das Projektionsprinzip

Ich erinnere mich daran, was wir als Kinder häufig lauthals erwiderten, wenn man uns schlechte Eigenschaften zuschrieb. Die prompte Antwort auf eine Beleidigung oder Beschimpfung lautete: »Was man sagt, das ist man selber.« Freilich wußten wir damals noch nichts vom psychischen Mechanismus des Projektionsprinzips, doch dieser Kinderspruch trifft den Kern der Sache. Was man an sich selbst nicht leiden kann (und deshalb verdrängen muß, seien es positive oder negative Eigenschaften), sieht man nur allzu deutlich am Gegenüber und reagiert besonders sensibel darauf. Problematisch dabei ist die felsenfeste Überzeugung, daß das Gegenüber die Eigenschaften tatsächlich hat. Alle *gefühlsbeladenen* Urteile beziehungsweise emotionalen Wertungen sind mehr oder minder projektiven Charakters. Und das Entscheidende dabei ist, daß die Projektion noch gar nichts über die bewertete Sache aussagt!

Nun ist die Projektion nicht von vornherein von Übel. Im Gegenteil! Sie ist für bestimmte Entwicklungsphasen absolut notwendig. Das kleine Kind, das sich selbst noch kaum differenziert wahrnehmen kann, muß die verschiedenen inneren Wesensseiten zunächst auf seine Umwelt projizieren, um sich darin zu spiegeln. Die leibliche Mutter dient dabei in der Regel als Reflektor für das Weiblich-Mütterliche (MOND-Prinzip), der reale Vater für die väterliche Wesensseite (SATURN), die noch unentwickelt in der Psyche des neuen Erdenbürgers verborgen ist. Über die Projektionen soll unser seelisch-geistiges Potential Schritt für Schritt bewußtgemacht und integriert werden. Das wesentliche Merkmal eines eigenständigen und freien Individuums ist, wenn es die Projektionen allmählich zurücknimmt und auflöst. Vor allem die Liebesbeziehungen fungieren häufig als Indikator dafür, ob und in welchem Maße die Mutter-/Vater-Projektionen noch wirksam sind. Der Grad der emotionalen Abhängigkeit vom Partner und von seinen Reaktionen ist ein sensibler Anzeiger dafür. Wenn wir im sprichwörtlichen Sinne unser Herz verschenken, dann verlieren wir unsere Autonomie und sind auf den »Besitzer« unseres Herzens als Projektionsfläche angewiesen.

Projektionen laufen unbewußt ab; werden wir uns ihrer bewußt, lösen sie sich langsam auf. Mitmenschen, auf die wir bislang unsere Wut projizieren konnten, verlieren dann ihr ausschließlich »böses Antlitz«. Wir realisieren, daß die ausgelöste Emotion bereits vor der Konfrontation in uns schwelte und nur eines Auslösereizes bedurfte. JUNG schreibt dazu: »Die infolge der Verdrängung entstehende Projektion wird vom Individuum nicht bewußt *gemacht,* sondern ergibt sich automatisch und wird auch als solche nicht erkannt, wenn nicht ganz besondere Bedingungen eintreten, welche die Zurücknahme der Projektion erzwingen« (»*Grundwerk*«, Band 7, S. 67).

Der Zusammenhang zwischen Verdrängung und Projektion liegt auf der Hand: Nur was mir selbst nicht bewußt ist – und das sind eben die verdrängten Inhalte –, läßt sich auf andere projizieren. JUNG weiter: »Der ›Vorteil‹ der Projektion besteht darin, daß man den peinlichen Konflikt scheinbar endgültig losgeworden ist. Ein anderer oder äußere Umstände tragen nunmehr die Verantwortung.« Der »Vorteil« zeigt bei genauerem Hinsehen jedoch seinen Pferdefuß. Lassen wir eine – in Krisenzeiten vielleicht vorübergehend notwendige – Projektion bestehen, wird die Entwicklung der Persönlichkeit blockiert.

Dem Projektionsprinzip begegnet man auch in der Geschichte der Astrologie. Wie bereits an anderer Stelle aufgezeigt, projizierten die Väter der Astrologie unbewußt die verschiedenen Wesensaspekte des Menschen auf den Himmel und sahen die Gestirne als Gottheiten an, die ihr Leben beeinflußten und lenkten. Auch als die Planetengötter ausgedient hatten, bestand die Projektion weiter, nur waren jetzt die Himmelskörper selbst die Verursacher von Glück und Übel. Die moderne Astrologie nun hat sich zur Aufgabe gemacht, diese Projektion aufzulösen; sie betrachtet die Sternkonstellationen als kosmische *Anzeiger* der archetypischen, den Menschen durchtönenden Wesenskräfte. In der Zurücknahme der astrologischen Projektion (»die Sterne sind schuld«) proben wir gleichsam die Auflösung der zwischenmenschlichen Projektion (»der andere ist schuld«) beziehungsweise der allgemeinen irdischen Projektion (»die Welt und deren Zustand sind schuld«).

Wir beginnen allmählich zu begreifen, daß es sich bei den Botschaften des Außen (des Nicht-Ich-Bereichs), egal ob an den Sternenhimmel geschrieben oder durch Mitmenschen unfreiwillig verkörpert, in großem Maße um Reflexionen unserer eigenen Wünsche, Gefühle, Ängste und Vorstellungen handelt. Je mehr wir von dem *in uns* wiederfinden, was wir ehedem auf die Außenwelt projizierten, desto näher kommen wir schließlich der Erkenntnis: Wir sind alles auch selbst! Die ganze Welt beruhte mehr oder minder auf einer Projektion! Nicht, daß es bei dieser radikalen Überlegung darum ginge, die Existenz des Außenbereichs zu leugnen; der springende Punkt ist unsere *Sichtweise* der Welt! Je geringer die Selbsterkenntnis, desto weniger sehen wir die Objekte der Welt, wie sie wirklich sind, desto massiver unsere Projektionen. Selbsterkenntnis und der Abbau von Projektionen gehen Hand in Hand.

Als Botschaften des Nicht-Ich-Bereichs können wir auch die Träume verstehen, da sie selbständig neben unserer bewußten Persönlichkeit existieren. Die Träume sind gleichsam Projektionen unseres Wesens nach innen. Wir betrachten uns quasi selbst und stellen unser Sein dar, wie es ist, wenn wir träumen. Vergleichen wir den Traumvorgang mit einer Kinovorstellung, so haben wir es in beiden Fällen mit einer Vorführung zu tun: Bilder werden auf eine stoffliche beziehungsweise geistige Leinwand projiziert. Der Projektor ist unsere Psyche, Filmvorführer im Traumkino ist der Traumregisseur, als Leinwand dient unsere Lebenskulisse. Welche Filme gezeigt werden, hängt in beiden Fällen vom Publikum ab. Was die Zuschauer bewegt und für sie Sinn macht, wird vorgeführt. Eintrittspreise sind in beiden Filmtheatern zu entrichten! Auch das Traumkino wird sich für unser Bewußtsein nur dann öffnen, wenn wir Zeit, Energie und Interesse für die Traumvorstellungen aufbringen.

Projektionen werden in den Träumen sichtbar, wie das Beispiel einer jungen Frau zeigt, die in ihren neuen Partner übermenschliche Eigenschaften hineinsah. Im Traum fand sie ihren Geliebten auf ein Podest erhoben, während sie von unten zu ihm hinaufblickte. Durch dieses sprichwörtlich zu verstehende Bild (»jemand auf ein Podest erheben«) und den weiteren Traumverlauf wurde sie aufgefordert, ihre einseitige Sicht zu korrigieren. Die Erfahrung zeigt, daß es sich mit einer solchen Projektion für beide Partner schlecht leben läßt. Der Projizierende wird seinen Lebensgefährten (unbewußt) an diesem hohen Ideal messen oder gar neidisch beziehungsweise eifersüchtig darauf reagieren. Und die »Projektionsfläche« wird sich sehr wahrscheinlich unbewußt darum bemühen, diesem Idealbild zu entsprechen, anstatt das eigene Wesen zu entfalten.

Damit eine innere Begegnung und Berührung mit dem Du Wirklichkeit werden kann, ist die Auflösung der Projektionen nötig. Dann erst vermögen wir den anderen zu sehen, wie er wirklich ist, und treffen uns auf gleicher Ebene. In dem genannten Beispiel verkörperte der Freund all die geistig-spirituellen Eigenschaften (JUPITER-Kraft), die in der Träumerin verschüttet waren. Damit sie überhaupt wieder ein Gefühl und Bewußtsein für das SCHÜTZE-JUPITER-Prinzip bekommen und die Suche in sich selbst beginnen konnte, war die Projektion auf den Partner (einen SCHÜTZE-Geborenen!) notwendig. Die Träume halfen ihr, die projizierten »Qualitäten« allmählich in der eigenen Seele zu entdecken.

Die Projektion ist ein psychischer Mechanismus, durch den wir die Lebensrätsel außerhalb unserer selbst erfahren und begreifen können. Gehen wir davon aus, daß jede Projektion, wie JUNG sagt, aus einer Verdrängung resultiert, besteht die vordringliche Lebensaufgabe in deren Auflösung und Bewältigung. Um als Geistwesen auf dem irdischen Plan überhaupt geboren zu werden und heranwachsen zu können, war es nötig, das Bewußtsein unseres grenzenlosen und ewigen Seins zu verdrängen. Wie sonst hätten wir das Dasein im Kerker von Zeit und Raum ertragen können? Für den kleinen Seelenvogel stellte es eine Frage des Überlebens dar, die Gitterstäbe seines Gefängnisses zunächst nicht zu registrieren. Deshalb verdrängte er sein Vogelwesen. Doch wir wollen nicht auf der Stufe der kindlichen Seele stehenbleiben! Die Evolution treibt uns zu immer neuen Erfahrungen und Erkenntnissen – vor allem über uns selbst. Schrittweise sollen wir das Dunkel der Verdrängungen beleuchten und unser wahres Wesen im Licht des Bewußtseins erstrahlen lassen. Um Meister der Materie zu werden, ist es vor allem nötig, uns selbst mit allen Unvollkommenheiten anzunehmen und die Einschränkungen des irdischen Daseins auszuhalten. Denn bis wir zu der lichten Mitte vordringen, gibt es viel Unrat zu beseitigen, viele Wunden zu heilen, viel Ballast loszulassen.

All die Probleme, die durch unsere Verkörperung entstehen, ertragen wir zunächst nur, indem wir die Last des Daseins nach außen projizieren. Verantwortungsvolle Erzieher würden ein Kleinkind ja auch nicht schonungslos mit den Grausamkeiten dieser Welt konfrontieren. Die noch ungeschützte Seele könnte damit nicht fertig werden. Vor allem auch deshalb sind die Volksmärchen entstanden. Sie erlauben es, die allgemeinen menschlichen Konflikte, die Polarität von Gut und Böse in der Übertragung auf einer märchenhaft-phantastische Ebenen anzuschauen – ohne die Gefahr der psychischen Überforderung. Durch die Symbolik bleibt ein gewisser »Sicherheitsabstand« gewahrt, und der Zuhörer hat die Wahl, wie nahe er das dargestellte Problem an sich heranläßt.

Aber wir können nicht ewig Kinder bleiben! Schon das physische Wachstum ist Signal für die Notwendigkeit, auch psychisch erwachsen zu werden. Und das bedeutet vor allem, durch die »Hülle« der kindlichen Projektionen nach innen durchzudringen. Langsam, aber kontinuierlich! Bedienen wir uns der Projektionen als Schlüssel, öffnen wir die Zugänge zu den dahinterstehenden Wesenskräften. Auch wenn sich deren Aufdecken zuweilen als ausgesprochen peinlich für unser Ich-Bewußtsein herausstellt! Wer gibt schon gerne zu, Haßgefühle, Mordgelüste, Vergewaltigungsphantasien, Faulheit und anderes in sich zu tragen? Machen wir uns bewußt, daß es sich hier nicht um ein individuelles, sondern um ein allgemeines menschliches Lebensrätsel handelt, finden wir in der Solidarität des gemeinsamen Menschenweges den Mut und die Kraft, auch diese Hürde zu nehmen. Wenn es uns gelingt, die (notwendigen!) inneren Kämpfe nicht mehr nach außen zu projizieren, sondern in der Psyche auszutragen, wird es keine Kriege in der Außenwelt mehr geben.

9. SCHÜTZE
Der Sinn der Rätsel

Auf dem beschwerlichen Weg entlang und durch die Lebensrätsel tauchen nicht selten Zweifel auf, die in der Frage nach dem Sinn aller Mühen und Daseinskämpfe gipfeln. Existiert überhaupt so etwas wie eine tiefere Bedeutung? Gibt es einen Zusammenhang zwischen den zahlreichen Alltagserfahrungen und den chaotisch wirkenden Lebensläufen? Oder hat die herkömmliche Wissenschaft recht mit ihrer Behauptung, daß wir nur ein biochemisches Programm abspulen, bevor unser individuelles Sein schließlich im »schwarzen Loch« des Todes vollends ausgelöscht wird? Was ist mit dem Wort »Sinn« überhaupt gemeint? Tragen die Träume und die Astrologie zu der Sinnfindung bei, oder ist es eher so, daß jede Antwort zwei neue Fragen gebiert? Liegt die Lösung unserer Rätsel überhaupt darin, Antworten auf die vielen Impulse (die täglich und nächtlich auf uns einströmen) zu finden?

In der Bibel erfahren wir dazu Ermutigendes: »Bittet, dann wird euch gegeben; sucht, dann werdet ihr finden; klopft an, dann wird euch geöffnet. Denn wer bittet, der empfängt; wer sucht, der findet; und wer anklopft, dem wird geöffnet« (Matthäus 7, 7–8). Was heißt das nun? Um überhaupt sinnvolle und stimmige Antworten zu erhalten, müssen wir uns zunächst auf die *Suche* begeben! Erst müssen wir die richtigen *Fragen* finden. Fragen sind die Tore zu den Antworten. Und nur *individuell* stimmige Fragestellungen führen uns zu wirklichen Lösungen. Antworten gibt es zur Genüge! Doch nur jene, die auch tatsächlich Sinn für uns haben, die zur rechten Zeit gefragt werden und nicht nur den Intellekt befriedigen, sind die wahrhaftigen Wegweiser zu uns selbst.

Synthese des »Lebenspuzzles« – das Erkennen der Zusammenhänge

Für die Bewertung und Beurteilung sowohl unserer Existenz insgesamt als auch einer bestimmten Situation ist es unerläßlich, das Geschehen in seiner Gesamtheit zu überblicken. Zumindest, soweit das möglich ist. Wir sind gefordert, die verschiedenen Elemente in eine Synthese zu bringen, statt die Einzelteile aus dem Kontext zu reißen. Die Betrachtung der einzelnen Faktoren geht zwar immer der Synthese voran, doch dürfen wir nicht bei einer Bewertung der Teilinformationen stehenbleiben. Es verhält sich dabei wie mit einem Puzzlespiel, bei dem die Einzelteile für sich allein genommen ja auch keinen Sinn, kein ganzes Bild ergeben. Statt dessen macht es gerade den Reiz des Spiels aus, die passenden Stücke zu finden und aneinanderzufügen.

Unser Leben gleicht einem Mosaik. Jede Erfahrung, die wir im Laufe dieser Existenz machen, jeder Traum, den wir träumen, jedes Buch, das wir lesen, jeder Gedanke, jedes Gefühl entspricht einem größeren oder kleineren Mosaiksteinchen. Unseren Lebenssinn finden wir allerdings nur dann, wenn es uns gelingt, die vielfältigen Lebenserfahrungen und Eindrücke in eine *individuell sinnvolle* Verbindung zu bringen. Die Sinnkrise unserer »modernen« Zeit beruht auf der Unfähigkeit, Zusammenhänge zu erkennen und Beziehungen zwischen den äußeren Erfahrungen und der inneren Befindlichkeit herzustellen.

Wenn wir einen Menschen und seine Handlungen verstehen wollen, dann müssen wir vor allem die Hintergründe seines Tuns kennen: seine Veranlagung, das Milieu, in dem er aufgewachsen ist, sein berufliche Laufbahn, die familiäre Situation und so weiter. Ohne nähere Informationen über eine Person neigen wir in der Regel zu vorschnellen Urteilen, zu Vorurteilen.

Wie oft lesen wir beispielsweise in der Zeitung von Mord und anderen Gewalttaten, und die Täter erscheinen uns als wilde Bestien, die keine Gnade verdienen. Da ist die Mutter, die ihr Kleinkind erwürgt hat und jetzt gebrandmarkt wird. »Wie kann man nur so etwas Entsetzliches tun?«, reagieren wir spontan. Nie im Traum wären wir zu einer solch brutalen Handlung fähig! Wirklich? Kann nicht ein Mensch in Situationen geraten, die ihm derart ausweglos, sinnlos und hoffnungslos erscheinen und Grund genug für eine Verzweiflungstat sind? Vielleicht wußte die Kindsmörderin in ihrer seelischen oder materiellen Not nicht mehr, was sie tat. Möglicherweise wurde sie im Stich gelassen vom Partner, Eltern, Freunden.

Es existieren viele Gründe, deren Kenntnis unser Urteil milder stimmen würde. Und wer selbst Kinder hat, wird sich erinnern, daß es Augenblicke gibt, in denen man den Balg an die Wand klatschen könnte. Das traut man sich meist nur nicht zuzugeben. Um so größer ist dann die Erleichterung, wenn man, etwa in einem Seminar, feststellt, daß andere ähnliche Gefühle haben oder hatten. Die genannte Täterin hatte wahrscheinlich kein Ventil für ihre Emotionen gefunden und war zu schwach, die furchtbaren Gedanken und Haß- oder Verzweiflungsgefühle in Schach zu halten ...

Betrachten wir die Welt und ihre Erscheinungen aus dem Blickwinkel der *energetischen Astrologie,* ist für die Deutung außerdem noch die Zeitqualität wesentlich, die der kollektive wie individuelle *Kairos* des Menschen ausdrückt. Das Einbeziehen der »Himmelsschrift« erleichtert es, ein Geschehen oder einen Traum in seiner ganzen Tragweite zu erfassen. Es macht eben einen Unterschied, ob ich ein bestimmtes Erlebnis, einen Neuanfang oder einen Traum im SKORPION-, LÖWE- oder WASSERMANN-Monat habe. Die *astroenergetische Traumdeutung* liefert uns mit Blick auf die SONNEN-Position das *kollektive Schwerpunktthema,* das gerade ansteht und das wir in einen individuellen Zusammenhang mit unserem Leben zu bringen haben. Und für den astrologisch Fortgeschrittenen gibt es noch eine Vielzahl von Differenzierungsmöglichkeiten, um herauszufinden, was die Stunde geschlagen hat.

Nehmen wir als Beispiel eine Geschäftsgründung. Die eigentliche, die ganzheitliche Bedeutung dieses Unternehmens für den Gründer läßt sich im voraus, wenn überhaupt, nur intuitiv erfassen. Beziehen wir die Transite (siehe I.11) des Betreffenden in die Deutung seines Vorhabens ein, erlaubt uns die astrologische Symbolsprache, zumindest auf der *abstrakten* Ebene Vorhersagen darüber zu treffen. Ein Zeitgenosse, der gerade einen SATURN-Transit in Konjunktion mit seiner SONNE hat, wird die Aufgabe sehr wahrscheinlich mit wesentlich mehr Ernst und Disziplin angehen (müssen) als etwa jemand mit JUPITER-SONNE-Konjunktion. Letzterer wird das Unternehmen möglicherweise idealisieren, andererseits aber mehr Begeisterung entwickeln. Nur im lebendigen Austausch mit dem Betroffenen wird sich herausstellen, auf welchem Niveau und vor welchen Kulissen die Konstellationen zum Tragen kommen werden. Der grundsätzliche Unterschied bei äußerlich gleichen Bedingungen – wenn etwa zwei Bäckerläden zur gleichen Zeit in derselben Stadt eröffnen – ergibt sich durch die verschiedenen (Horoskop-)Konstellationen der Beteiligten. Der von SATURN Geprägte muß sich sein Geschäft wahrscheinlich stärker »im Schweiße seines Angesichts« aufbauen als der JUPITER-Geselle. Letzterer hat die Unternehmung eventuell geerbt und konnte sich ins gemachte Nest setzen. Wie dem auch sei – die »Sterne« zeigen es auf ihre Weise, in ihrer Symbolsprache an!

Vielleicht fragt sich der Leser an dieser Stelle, ob es den Aufwand überhaupt lohnt und man dem Schicksal nicht besser seinen Lauf lassen solle. Das ist natürlich eine grundsätzliche Frage: Können und dürfen wir als Menschen unser Geschick mitgestalten? Doch erinnern wir uns an den Bibelspruch am Anfang. »Sucht, so werdet ihr finden« ist eine Aufforderung von »höchster Instanz«, die uns zum Suchen beziehungsweise Fragen ermuntert! Solange wir das Schicksal als Ausrede für persönliches Mißgeschick gebrauchen, haben wir noch nicht begriffen, daß wir unserem Glück »auf die Sprünge helfen« dürfen und auch sollen (im Rahmen unserer Grenzen!). In unseren vielfältigen Lebenssituationen haben wir häufiger die Möglichkeit der Wahl, als uns bewußt ist! Und welche Entscheidung uns weiterbringt, welcher Weg an einer Lebenskreuzung uns direkter zum Ziel führt, hängt in erster Linie davon ab, wie sehr er unserem Wesen gerecht wird. Die Eröffnung eines Bäckerladens ist zunächst wertfrei zu sehen. Im *Zusammenhang* mit bestimmten Personen betrachtet taucht jedoch die Frage auf, ob und wie diese Tätigkeit dem Lebensplan der Betreffenden entspricht.

Gibt es überhaupt Fehlentscheidungen im Leben? Es kommt darauf an, was wir darunter verstehen. Unbestreitbar existieren Wege, die uns direkter, schneller und leichter ans Ziel bringen als andere. Wählen wir (unbewußt) einen Umweg, war dieser eben auch nötig, unerläßlich, um schließlich – nach vergeblichen Mühen und unüberwindbaren Hürden – zu erkennen, wo unser eigentlicher Pfad ist. Jeder kann das nur für sich selbst herausfinden! Und wieviel Umwege ein Mensch gehen will, ist schließlich auch seine Sache. Es kann sogar sein, daß diese spezielle Inkarnation besonders viele Irrwege fordert, um am Ende des »Auftritts im Erdentheater« den wahren Weg um so deutlicher aufleuchten zu lassen.

Wir sehen, wie wesentlich die Lebenssituation beziehungsweise die Konstellation eines Menschen als Mosaiksteine für die individuelle Deutung seines Horoskops oder Traumes sind. Dazu kommen die Einfälle und Erfahrungen des Betreffenden. Und wie ein Traumsymbol zu bewerten ist, hängt ebenfalls stark davon ab, in welchem Zusammenhang es im Traum erscheint, welche Vorerfahrungen der Träumer damit gemacht hat und welche Assoziationen es in ihm hervorruft. So unterscheidet sich etwa ein Mensch, der mit Hunden aufgewachsen ist und einen guten Draht zu Tieren hat, in dieser Hinsicht natürlich von einem Menschen, der hauptsächlich negative und angstbesetzte Erfahrungen in die Deutung eines Hundetraumes einbringt. Aber auch der Traumkontext selbst ist sehr entscheidend für die Analyse. Die Sonne beispielsweise stellt ein kollektives Symbol für Kraft, Energie, Wärme und Bewußtsein dar. Wie es sich mit diesen Dingen in einem bestimmten Traum verhält, hängt sehr von der Stellung der Traumsonne ab. Ein Sonnenaufgang im Traum läßt uns für den weiteren Traumverlauf ganz andere Schlüsse ziehen als ein Sonnenuntergang. Ein eindrucksvoller »indischer Sonnenuntergang«, den ich einst im Traum beobachten konnte, gab den Auftakt zu einer längeren Yin-Phase, während der sich wesentliche Prozesse vor allem in der Innenwelt abspielten. Ich kam mir selbst näher, während die Dinge außerhalb von mir zu stagnieren schienen. Als ich dann, etwa ein Jahr später, einen Traumspaziergang in der Morgendämmerung machte und wußte, daß die Sonne bald aufgehen würde, zeigte mir diese Traumszenerie, daß die Yin-Phase zu Ende ging und der nahende Sonnenaufgang zu neuer Aktivität und neuen »Abenteuern« rief. In meiner Lebensrealität konnte ich diese Deutung vor allem im Wandel meiner beruflichen Situation gut nachvollziehen. Eine neue Tätigkeit war in Sichtweite gerückt, und tatsächlich realisierte ich sie einige Zeit nach diesem Traum.

Häufig werden wir bei der Traumarbeit dazu aufgefordert, eine Verbindung zwischen der Vergangenheit und der gegenwärtigen Lebenssituation herzustellen. Viele Träume regen uns dazu an, den roten Faden zu suchen, der sich zwischen einer aktuellen Erfahrung und der Vergangenheit spinnt.

Eine Frau träumte:
»Ich stehe mit meiner Mutter an einer Tankstelle. Wir unterhalten uns über einen Mann, für den ich mich sehr interessiere. Sie meint, daß er aussieht wie meine erste (unglückliche) Jugendliebe.«

Nicht immer sprechen die Träume eine solch deutliche Sprache, wenn sie uns aufzeigen wollen, daß unser Verhalten nicht unserem Erwachsensein entspricht, sondern wir unbewußt und unwillkürlich reagieren wie Teenager oder Kinder. In diesem Falle machte sich die Träumerin heftige Selbstvorwürfe, weil sie eine gebotene Gelegenheit, einen Verehrer näher kennenzulernen, ausgeschlagen hatte. Sie fühlte sich wie damals, als sie im Jugendalter eine Chance verpaßte, was sie sich sehr übelnahm und anscheinend bis heute noch nicht richtig verarbeitet hat. In der aktuellen Situation werden die vergangenen Frustrationen wiederbelebt; die Träumerin hat Gelegenheit, sie in einem neuen Licht und aus der Perspektive der erwachsenen Frau zu betrachten.

Das Erkennen von Zusammenhängen bildet eine der wichtigsten Voraussetzungen für ein sinnvolles und glückliches Dasein. Nur wenn ich erkenne, was mir guttut und entspricht oder aber abträglich ist, kann ich mit Hilfe meiner Willenskraft gestaltend eingreifen. So wird derjenige, der beispielsweise allabendlich eine Kanne Kaffee trinkt und über Einschlafschwierigkeiten klagt, ohne eine Verbindung zwischen Kaffeekonsum und Schlafstörung herzustellen, die Wurzel des Problems kaum beheben können. Zusammenhänge festzustellen setzt ein gewisses Maß an Bewußtheit voraus und wirkt sich erweiternd auf unseren Horizont aus.

Träumend werden wir in immer neue Zusammenhänge gestellt, erleben uns von verschiedenen Seiten, reagieren in unterschiedlicher Weise und spielen in variierenden Konstellationen, sozusagen als »Vorübung«, unsere Alltagsthemen durch. Im großen »Sammelbecken des Unbewußten« werden *alle* Informationen und Eindrücke gespeichert, die wir jemals bewußt oder unbewußt in uns aufgenommen und meist schon längst wieder vergessen haben. Vielleicht träumen wir von einem Mitmenschen, den wir nur beiläufig in der Straßenbahn registriert, von dem wir weiter keine Notiz genommen haben. Möglicherweise hat er zwar nicht unser intellektuelles Interesse angesprochen, er ist aber von der Traumkraft als passendes Symbol erkannt worden, um uns mit einer inneren Wesensseite in Beziehung zu setzen. Der »Traumregisseur« hat vornehmlich die Aufgabe, aus diesen seelischen Puzzlestücken Traumbilder und -handlungen zu kreieren, die für unsere aktuelle Lage eine sinnvolle Entsprechung darstellen. Die Träume können wir uns als fortwährendes inneres Puzzlespiel vorstellen – und wenn wir uns bewußt mit ihnen beschäftigen, fördert das unsere Fähigkeit, die richtigen Zusammenhänge und Verbindungen auch im Wachzustand herzustellen.

Im Reich der Astrologie finden wir uns in neue, nämlich *kosmische* Zusammenhänge gestellt und bekommen ein Gefühl dafür, daß wir individuellen Anteil am Weltenplan haben. Wollen wir später darangehen, ein Horoskop zu deuten, ist vor allem die Kunst der Synthese der verschiedenen Konstellationen gefragt. Und nicht nur das! Die theoretischen Aussagen wollen im Kontext der Lebenswirklichkeit und unter Berücksichtigung des Bewußtheitsgrades relativiert und modifiziert werden. Auch die Tierkreiszeichen als die archetypischen Kräfte, die das Bild der Welt und des Menschen weben, erscheinen in individuellen Zusammenhängen und Kombinationen. Ein Tierkreiszeichen in seiner »Reinform« werden wir in der irdischen Welt nicht zu Gesicht bekommen. Es gibt ihn nicht, *den* STIER-Mann oder *die* KREBS-Frau! In unserer dreidimensionalen Welt sind wir statt dessen von unterschiedlichen energetischen Verbindungen umgeben.

Bei der Traum- wie bei der Horoskopdeutung sind wir gefordert – bei allem Wissen und aller Methodik –, den Ratsuchenden nicht aus den Augen zu verlieren. Ansonsten besteht die Gefahr, daß unsere Aussagen und Deutungen ohne Verbindung zu seiner Realität und damit steril und unpersönlich bleiben. Gerade das Horoskop lehrt uns doch, den Menschen als individuelles Wesen mit spezifischem Energiemuster zu begreifen. Jede Deutung hat daher immer das Individuum als Ziel. Es kann nicht darum gehen, einem Klienten fremde Wertmaßstäbe oder Vorstellungen zu vermitteln. Vielmehr ist der Ratsuchende selbst derjenige, der entscheidet, welche Deutungen für ihn stimmig sind und welche er verwerfen will. C. G. JUNG meint dazu:»Wer eine Suggestion vermeiden will, muß also eine Traumdeutung solange als ungültig ansehen, bis jene Formel gefunden ist, die das Einverständnis des Patienten erreicht« (*»Wirklichkeit der Seele«*, S. 61). Das Gesagte läßt sich natürlich ebenso auf die Horoskopdeutung übertragen.

Das Erkennen von Zusammenhängen bewirkt eine Stärkung und Erweiterung des Bewußtseins unserer selbst und der Welt. Das bedeutet auf die Astrologie bezogen aber auch, daß wir uns nicht damit begnügen dürfen, »vorgekaute« Weisheiten zu schlucken. Im Gegenteil: Wir sind gefordert, unsere eigenen Brücken zu bauen, wenn wir wirklich Selbsterfahrung auf unsere Fahnen geschrieben haben. Zum anderen können, wie gesagt, individuelle Aussagen nicht in allgemein gehaltenen Astrobüchern vermittelt werden, sondern sind selbst zu erarbeiten. Natürlich mag es uns im Blick auf unser Beziehungsthema inspirieren, in einem Astrolehrbuch über die VENUS nachzulesen; deren Konstellationen sind jedoch, entsprechend der verschiedenen Tierkreis- und Häuserpositionen sowie aller möglichen Aspekte, äußerst vielfältig. Wollte ein Autor dieser Vielfalt gerecht werden, müßten allein zum VENUS-Thema Hunderte von Bänden geschrieben werden, wenn wir davon ausgehen, daß ausführliche Fallbeispiele das

Gesagte untermauern sollen. Wer sollte die vielen Zentner bedrucktes Papier kaufen?

Gehen wir also von relativ allgemein gehaltenen Aussagen in den Astrobüchern aus, dann sparen wir uns die Frustration darüber, daß wir keine exakte Abbildung unseres Wesens geliefert bekommen. Was aber ist zu tun, um ein individuelles Niveau zu erreichen? Wir müssen selbst aktiv ins Geschehen eingreifen! Das heißt, wir müssen, entsprechend unseren Konstellationen, eigene Verbindungen knüpfen – niemand anderer kann das für uns tun, wenn das Ergebnis uns wirklich erreichen soll, wenn uns tatsächlich ein Licht aufgehen soll! Der Leser des Einführungsbandes und vor allem der Tierkreisbände wird daher häufig auf Zwischenverbindungen zu anderen Zeichen und Kapiteln hingewiesen. Nehmen wir als mögliches Beispiel einer Konstellation den MARS im STIER im dritten Haus. Wer dieses energetische Muster im Geburtshoroskop aufgezeichnet findet, hat nun folgende Schritte zu unternehmen, will er ein Gespür für diesen Komplex entwickeln: Zunächst wird er mit Hilfe des WIDDER-Bandes nachvollziehen, was die MARS-Kraft im allgemeinen bedeutet. In der Kombination mit den Aussagen zum STIER-Zeichen im STIER-Band wird er die anlagemäßige Prägung seines MARS erkennen. Steht MARS unter anderem für die Willenskraft, so ist diese im STIER-Zeichen eng mit Form und Materie verbunden und legt in der Regel ein eher zurückhaltendes Temperament nahe (mit allen Vor- und Nachteilen, die daraus resultieren!). Beziehen wir schließlich noch das Haus mit in die Deutung ein – in diesem Falle durch Konsultation des Kapitels über das dritte Haus im ZWILLINGE-Band –, ersehen wir, in welchen Lebensbereichen unsere Triebseite (MARS) am direktesten erreicht wird beziehungsweise welche Aufgaben in diesem Bereich zu bewältigen sind. Von den verschiedenen Möglichkeiten, Entsprechungsebenen und Fallbeispielen, die in den jeweiligen Bänden vorgestellt werden, wählt sich der Leser die Fakten aus, die auf seine Lage zutreffen, und stellt dadurch in eigener Regie die Zusammenhänge her, die individuell stimmig sind.

Beziehen wir in einem weiteren Schritt nun noch die Aspekte mit ein. Sagen wir, die obengenannte Konstellation befindet sich in einer Opposition zur VENUS im SKORPION im neunten Haus im Horoskop des Betreffenden. Zu den bisherigen Ergebnissen kommt dann eine Ermittlung des Oppositionsaspekts hinzu, die im WIDDER-Band nachgelesen werden kann. Beschreibungen zum VENUS-Prinzip sind dann im WAAGE-Band, zum SKORPION eben dort und zum neunten Haus im SCHÜTZE-Band zu finden. Natürlich sollte gerade ein Laie sich der Materie langsam annähern und nicht gleich alles auf einmal verstehen können wollen! Ist ein Zusammenhang erfaßt und innerlich nachvollzogen worden, kann mit dem Knüpfen weiterer Verbindungen begonnen werden.

Traumserien

Die Zusammenhänge zwischen den verschiedenen Ereignissen einer bestimmten Lebensphase lassen sich in den Träumen dieser Zeit erkennen. Träume, die in einer engen Relation zueinander stehen, bezeichnet man als *Traumserie*. Es sind die »seelischen Fortsetzungsgeschichten« des inneren Fernsehprogramms. Beziehen wir sie aufeinander, sind im Verlauf der einzelnen Träume einer Serie Stagnation, Rückschritte und Weiterentwicklungen zu erkennen.

Ist die Zeit gekommen und das *Kairos* herangereift, eine bestimmte Erfahrung zu machen, einem Archetypen zu begegnen und seine Inhalte in die Persönlichkeitsstruktur zu integrieren, unterstützen uns die Träume dabei. Sie kreisen um dieses Themenfeld, beleuchten es von allen Seiten und zeigen unseren wechselnden Standpunkt auf der Entwicklungsleiter so lange auf, bis wir das Rätsel dieser Aufgabe gelöst haben. Astroenergetisch betrachtet markieren die Transite der Planeten mit langen Umlaufzeiten, also JUPITER, SATURN, URANUS, NEPTUN und PLUTO (zuweilen auch MARS bei einer längeren Rückläufigkeit dieses Planeten) entsprechend ihrer symbolischen Bedeutung Aufgaben, deren längerfristige »energetische Wirkung« in den Traumserien ihren Niederschlag findet.

Mein zuvor genannter »indischer Sonnenuntergangstraum« leitete beispielsweise eine Lebensphase und eine damit verbundene Traumserie ein, die Bestimmtes von mir forderte: meinen Willen (MARS) auf wesentliche Dinge (SATURN) dieser Zeit zu richten, meinen Aktivitätsdrang einzuschränken, in mich zu gehen und zu prüfen, wo ich über das Ziel hinausschoß und Lebensenergie verschwendete, statt sie auf die wichtigen Aufgaben zu konzentrieren. Die astroenergetische Entsprechung der damaligen Zeitqualität spiegelte sich in dem Transit des SATURN im *Quadrat* zu meinen Natal-MARS wider, dessen hauptsächliche Wirkungsdauer etwa ein Jahr betrug. Weitere Träume dieser Serie kreisten beispielsweise um meine Seminartätigkeit, die sich in der Realität wie in den Träumen veränderte. Ich träumte davon, zusammen mit den Seminarteilnehmern den Seminarraum zu renovieren, was Erneuerung anzeigte. In weiteren Träumen kündete ein Bankraub davon, daß ich mir selbst Energie geraubt hatte. Ein Verkehrsstau machte mich auf eine Stockung aufmerksam und mahnte mich, innezuhalten und neue – freiere – Lebensstraßen zu suchen. Schließlich legte sogar mein Zahnarzt im Traum eine Pause ein, als ich gerade zur Behandlung wollte. Auch hier war zunächst Abwarten angesagt.

Wie dieses Beispiel zeigt, können in den Traumserien die verschiedensten Symbole auftauchen, deren Gesamtheit sich als zentrale Botschaft wie ein roter Faden durch die einzelnen Träume zieht. Das Wissen um die Zeitqualität und die astroenergetische Symbolik zeigt uns den roten Faden: hier die MARS-SATURN-Verbindung, deren Ausdrucksweisen und Entsprechungen in den Träumen ebenso wie im Alltag zu finden sind. Wenn wir wissen, wonach wir suchen, werden wir das Gesuchte leichter finden!

Relativ einfach sind Traumserien zu erkennen, deren Träume jeweils mit gleichen oder ähnlichen Bildern zu uns sprechen. Geht es darum, daß eine neue Einstellung oder ein neues Lebensgefühl in uns geboren werden soll, kann sich das in einer Geburtstraumserie ausdrücken. Die Komplikationen, die sich dabei im Traum zeigen, entsprechen den inneren Schwierigkeiten, das Neue zuzulassen. Wenn uns die Traumgeburt gelungen ist und wir das Traumbaby glücklich und heil in den Armen halten, hat zumindest dieser Teil der Serie einen Abschluß gefunden. Danach mag eine Phase der »Traumkinderpflege und -erziehung« folgen, die uns auf dem schwierigen Weg, das neugewonnene Lebensgut zu entwickeln, begleitend unterstützt.

Die Erkenntnis, daß es sich um eine Traumserie handelt, kann die Deutung der einzelnen Träume wesentlich erleichtern. C. G. JUNG dazu: »Hier handelt es sich nicht um *isolierte* Träume, sondern um zusammenhängende *Serien,* in deren Verlauf sich der Sinn allmählich von selber gewissermaßen herausentwickelt. Die Serie nämlich ist der Kontext, den der Träumer selber liefert. Es ist, wie wenn uns nicht *ein* Text, sondern viele vorlägen, welche die unbekannten Termini von allen Seiten beleuchten, so daß die Lektüre aller Texte an sich schon genügt, um die Sinnschwierigkeiten jedes einzelnen aufzuklären« (»*Grundwerk*«, Band 5, S. 52).

Ist uns die Lösung in dieser Runde nicht geglückt, kann es sein, daß die Serie ohne Ergebnis endet und wir beim nächsten Versuch wieder am Endpunkt der vorhergehenden Serie anknüpfen. JUNG zur Entwicklung der Träume: »Der Weg ist nicht geradlinig, sondern anscheinend zyklisch. Genauere Kenntnis hat ihn als *Spirale* erwiesen: Die Traummotive kehren nach gewissen Intervallen immer wieder zu bestimmten Formen zurück, die ihrer Art nach ein Zentrum bezeichnen« (ebd., S. 33).

Im Erkennen von Zyklen liegt wiederum eine der Stärken der Astrologie. SATURN-Transite markieren beispielsweise den bekannten Sieben-Jahre-Rhythmus. Bei der Wiederholung eines Transits kann es sehr sinnvoll sein, die Träume der vorhergehenden Serie mit in die Deutung einzubeziehen. Im Zusammenhang mit unseren damaligen Schwierigkeiten, Erfolgen und dem Mißlingen wird um so deutlicher, ob und wie weit wir uns – in bezug auf das betreffende Lebensthema – seitdem entwickelt haben.

Die astroenergetische Bestimmung von Richtung und Ziel

Ob wir es wissen oder nicht: Wir alle streben einem Ziel zu – und dieses Ziel tragen wir zutiefst in uns. Diese metaphysische Tatsache, die der Begriff Entelechie ausdrückt, meint die Kraft eines Organismus, seine Potentiale auch zu verwirklichen – beim meßbaren körperlichen Wachstum ebenso wie bei der seelisch-geistigen Entfaltung. Daß die Psyche eine Richtung verfolgt und die inneren Vorgänge nicht planlos und zufällig ablaufen, beschreibt JUNG folgendermaßen: »Es gibt keine ›zwecklosen‹ psychischen Vorgänge, das heißt, es ist eine Hypothese von größtem heuristischen Wert, daß das Psychische essentiell zielgerichtet sei« (»*Grundwerk*«, Band 7, S. 65).

Das Grundproblem des Menschen gipfelt in der Frage nach »richtig« oder »falsch«. Welcher Weg ist der rechte, welcher ein Irrweg? Die Antwort auf dieses Rätsel heißt: *Ausrichtung* der Kräfte! Die große Ähnlichkeit der beiden Wörter richtig und Richtung zeigt, wie sehr die Richtigkeit eines Vorhabens oder Daseins von seiner Richtung abhängt. Letztere entscheidet über den schöpferischen oder zerstörerischen Charakter, also über die Qualität eines Energieeinsatzes. Dabei ist das Wort Energie im weitesten Sinne zu verstehen, es meint unsere grundlegende *Ausrichtung* im Leben.

Das astrologische System, das ja keine statische Größe ist, sondern sich auf die permanenten Bewegungen der Himmelskörper stützt, kann uns gleichsam als Kompaß für den richtigen Kurs dienen. Ob wir dieser Fahrtrichtung folgen, liegt natürlich bei uns selbst. Die Planeten SONNE, MOND und der Aszendent durchreisen den Tierkreis nicht kreuz und quer, sondern in einer bestimmten Richtung, entgegen dem Uhrzeigersinn. Sehen wir einmal von der vorübergehenden Rückläufigkeit mancher Planeten ab, wird die Linksdrehung uneingeschränkt beibehalten. Die Umsetzung und Deutung dieser Richtung sind von größter Wichtigkeit für die Bewertung von inneren und äußeren Situationen, wie uns zwei kurze Beispiele aufzeigen sollen:

WIDDER, eingebettet im Tierkreis zwischen STIER und FISCHE:
Die Himmelskörper, die gerade das Zeichen WIDDER durchlaufen, treten anschließend in das Tierkreiszeichen STIER ein und nicht umgekehrt in die FISCHE, was der Fall wäre, wenn die Umlaufbahn mit dem Uhrzeigersinn verlaufen würde. Die *Richtigkeit* der tatsächlichen Bahn läßt sich von der Symbolik her leicht ableiten. WIDDER als das Prinzip der *Geburt* und des *Anfangs* bildet die Basis, die Grundlage für alles (weitere) Geschehen und nachfolgende Entwicklung. Logischerweise folgt nach diesem Feuerzeichen das Erdzeichen STIER, das das *Wachstum* (des neugeborenen Wesens oder der neuentstandenen Situation) symbolisiert. Würde die Entwicklung gegensätzlich verlaufen und das Wasserzeichen FISCHE dem WIDDER folgen, so bedeutete das die *Auflösung* des eben erst in die Welt getretenen Lebenskeims. Es dürfte einleuchten, daß das FISCHE-Prinzip der *Auflösung* und des *Endes eines Zyklus*, vom WIDDER-Archetypen des Anfangs her betrachtet, die letzte Station des Entwicklungswegs markiert.

Betrachten wir nun die Tierkreisachsen (die sich gegenüberliegenden Tierkreiszeichen) am Beispiel der Horoskopachse LÖWE-WASSERMANN. Der Jahreslauf der SONNE beispielsweise aktiviert (vom Anfangsprinzip des WIDDERS aus betrachtet!) *zuerst* das Zeichen des LÖWEN (im August), um sechs Monate später in den WASSERMANN einzutreten. Bezogen auf unsere Frage nach der Richtung stellt der LÖWE die *Basis, die Voraussetzung* für den WASSERMANN dar und nicht umgekehrt! In die Lebenspraxis übersetzt heißt das, daß die Entwicklung des LÖWE-Prinzips – also *Selbstbewußtsein, Ich-Identität, die Entfaltung der individuellen Persönlichkeit* – dem Engagement für den *Kollektivgeist* (WASSERMANN) vorausgehen muß. Jede funktionierende Gesellschaft oder Gruppe setzt das Vorhandensein integrer, eigenständiger Persönlichkeiten voraus, die ihre Individualität in die Gemeinschaft kreativ einzubringen vermögen, ohne in der Masse unterzugehen. Der Fehler des »real existierenden« Sozialismus bestand darin, daß die Entwicklung der freien Persönlichkeit zugunsten der Einfügung ins Kollektiv vernachlässigt wurde. Das konnte nicht richtig sein, denn es entsprach nicht der eigentlichen Richtung. Vielmehr versuchte man »das Pferd vom Schwanz her aufzuzäumen«, denn die positive Entwicklung des WASSERMANN-(Kollektiv-) Geistes ohne vorherige Integration des LÖWE-Archetypen ist schlichtweg unmöglich.

Umgekehrt ist es allein mit der Entfaltung des LÖWE-Potentials auch nicht getan. Die LÖWE-Kraft soll sich zum WASSERMANN hin orientieren, beispielsweise durch den Einsatz der Persönlichkeit (LÖWE) für die Belange der Gemeinschaft (WASSERMANN). Ein Stehenbleiben beim Individualismus oder Kapitalismus ohne soziale Ausrichtung beinhaltete – astrosymbolisch betrachtet – die Weigerung oder Unfähigkeit, sich von der Basis (LÖWE) auf das Ziel (WASSERMANN) zuzubewegen, ein Fehler, der etwa in einem rigorosen Monopolkapitalismus ohne soziale Verantwortlichkeit zum Ausdruck käme. Diese Aussage, das bitte ich den Leser doch zu bedenken, basiert nicht auf einer dogmatischen Haltung sondern auf den kosmischen Zyklen, die uns als himmlische Uhrzeiger die Entwicklungsrichtung widerspiegeln.

Weitere Beispiele dazu, die diese These untermauern und verdeutlichen, in den jeweiligen Tierkreisbänden.

Das Weltbild als Richtungsanzeiger

Wichtigstes Kriterium für die Ausrichtung unseres Lebenswegs ist das Weltbild, das bewußt oder unbewußt unser Denken und Handeln bestimmt. Die Frage nach dem Weltbild bringt uns in Berührung mit dem SCHÜTZE-Archetypen. Wenn wir die Erkenntnisse des vorausgegangenen Kapitels gleich praktisch anwenden, dann stellen wir fest, daß ZWILLINGE die Grundlage und Ausgangsposition des SCHÜTZE-Zeichens bildet. Übersetzt heißt das: Ein Weltbild ist eine individuelle Angelegenheit (Feuerzeichen SCHÜTZE) und setzt eine größtmögliche Offenheit den »Informationen« (ZWILLINGE) gegenüber voraus, die mir das Leben beziehungsweise das »kollektive Überbewußtsein« im Laufe der Zeit präsentiert. Daraus kann ich meine Schlüsse ziehen und mir mein individuelles Weltbild aufbauen. Das darf aber nicht statisch sein, denn ich erhalte ja weiterhin Impulse, die mich mit immer neuen Aspekten des Lebens konfrontieren und die bisherigen Erkenntnisse entsprechend meinem Entwicklungsstand modifizieren.

Wenn der Leser beispielsweise den Anstößen, die dieses Buch geben will, mit Interesse begegnet, *kann* sich das erweiternd auf sein Welt- und Menschenbild auswirken. Neue Sichtweisen entstehen immer aus dem dialogischen Prozeß, der zwischen den alten Vorstellungen und neuen Impulsen in Gang kommt. Dabei ist jeder selbst gefordert zu entscheiden, ob ein Weltbildwechsel oder eine Veränderung nötig ist! Und das hängt wiederum in großem Maße davon ab, wie glücklich und zufrieden wir mit unserem Leben sind.

Jede menschliche Handlung orientiert sich an einem Weltbild, sei es auch unbewußt. Die Richtung unseres Tuns wird von unseren *Glaubenssätzen* (nicht nur im religiösen Sinne gemeint!) bestimmt, die in ihrer Gesamtheit unser Welt- und Menschenbild prägen. Bei Astrologie und Traumarbeit macht es eben sehr große Unterschiede für die Horoskop- und Traumauswertung, welche Weltanschauung vom Berater/Therapeuten repräsentiert wird. Ein Ratsuchender, der sich von einem atheistisch eingestellten Astrologen beraten läßt, wird durch ihn andere Impulse erhalten als etwa von einem Kollegen mit spirituellem Hintergrund. Während letzterer aufgrund seines geistigen Weltbildes die Existenz des Ratsuchenden in einen größeren Zusammenhang eingebettet sieht, muß sich eine Bewertung der Lebensumstände aus materialistisch orientierter Sicht auf das irdische Dasein beschränken. Viele Lebenserfahrungen, Schicksalsschläge und schwierige Konstellationen werden – wenn man davon ausgeht, daß die menschliche Existenz mit dem physischen Tod völlig erlischt – sinnlos und ungerecht erscheinen müssen. Natürlich spielt es auch eine Rolle, ob das jeweilige Weltbild integriert worden ist oder nur Theorie blieb.

Man sollte also zunächst das Weltbild des Beraters oder Therapeuten genau unter die Lupe nehmen und sich fragen, ob die Ziele und das Menschenbild mit dem übereinstimmen, was man für sich selbst als wichtig und richtig erkannt hat. Umgekehrt kann es zuzeiten natürlich auch notwendig werden, die eigene Weltanschauung in Frage zu stellen und zu erweitern. Vor allem wer sich mit Methoden wie der Astrologie oder Traumarbeit beschäftigt, sollte sich im klaren über die »Gesinnung« des jeweiligen Systems, der betreffenden Ausrichtung beziehungsweise der ihrer Repräsentanten sein. Ob sie auch hält, was sie verspricht, ist natürlich eine andere Frage!

Gehen wir davon aus, daß ein wesentlicher Zweck der Träume und der astroenergetischen Arbeit das Zurückfinden zu unserem Ursprung ist, dann haben wir es hier mit *spirituellen* Methoden zu tun. Unser Begriff für spirituelle Lehre und Tradition, *Religion*, entstammt dem lateinischen *religio* und bedeutet soviel wie *Rückbindung*. Die Träume, die uns allnächtlich eine Brücke zu der inneren Quelle der Lebendigkeit und Kreativität bauen, sind in diesem Sinne unsere individuellsten religiösen Führer. C. G. JUNG betont in *»Praxis der Psychotherapie«*, daß der religiöse beziehungsweise spirituelle Bereich der Erfahrung nichts mit irgendwelchen Dogmen, Glaubensbekenntnissen oder Kategorien der Metaphysik zu tun hat, sondern eine grundlegende psychisch-energetische Funktion der Seele ist.

Wenngleich eine spirituell orientierte Methode die Tatsache früherer Inkarnationen impliziert, kann es doch in der therapeutischen Arbeit nicht Ziel und Aufgabe sein, sich mit »früheren Leben« auseinanderzusetzen – es sei denn, die Träume eines Klienten oder Seminarteilnehmers legen dieses Thema nahe (was aber äußerst selten vorkommt). Da die Seele in jeder Verkörperung aufs neue in die energetischen Thematiken initiiert wird, finden wir innerhalb einer Inkarnation alle notwendigen Elemente, die zur Bearbeitung anstehen und die zur Lösung der Lebensrätsel notwendig sind. Wir haben es deshalb nicht nötig, uns auf gefährliche psychische Gratwanderungen zu scheinbaren oder tatsächlichen Präexistenzen zu begeben. Es wird wohl seinen Sinn haben, wenn wir uns so lange nicht an frühere Leben erinnern, bis wir die nötige Ich-Stärke und Reife dafür erlangt haben. Dann mögen sich spontane Rückerinnerungen einstellen.

Dennoch ist es für das Verständnis des Lebensschicksals von großer Wichtigkeit, die Existenz eines »Geistfunkens« oder unsterblichen Selbst, das sich in vielen verschiedenen Formen und Existenzen zu vervollkommnen sucht, zumindest in Betracht zu ziehen. Machen wir uns nichts vor: Ein Bewußtsein über die Unsterblichkeit der Seele kann es für uns nur geben, wenn wir die Zeitlosigkeit und Unendlichkeit des Lebens selbst am eigenen Leib erleben konnten. Vielleicht haben wir auch eine Ahnung davon, ein Vertrauen oder einen Glauben an das spirituelle Wesen des Menschen. Dann vermögen wir die Lebenserfahrungen vor einem weiteren Horizont zu betrachten und der Hoffnungslosigkeit und Sinnlosigkeit eines ewigen Nichts eine unerschütterliche Zuversicht entgegenzusetzen.

Zukunftsentwürfe in der Traumbotschaft

Das in uns angelegte Ziel, nach dem wir uns ausrichten und auf das wir mit mehr oder weniger großen Umwegen zusteuern, ist zeitlich gesehen in der Zukunft angesiedelt. In unseren Träumen erhaschen wir zuweilen einen Blick auf künftiges Geschehen, wenn uns Entwicklungsmöglichkeiten aufgezeigt werden. Allerdings muß es nicht zwangsläufig auch so kommen, denn wir haben mit unserem freien Willen ja noch ein Wörtchen mitzureden. Im negativen Sinne bedeutet das aber auch, daß wir Chancen vertun und günstige Gelegenheiten ungenutzt verstreichen lassen können. Verpaßte Traumzüge sind da beliebte Symbole, mit denen die Seele uns auf Versäumnisse hinweist. Und manche Träume warnen uns eindringlich, innezuhalten oder vorsichtig zu sein, indem sie uns durch Traumunfälle oder sonstige Katastrophen drastische Konsequenzen vor Augen führen.

Andererseits ermutigen uns Träume, die richtungweisend in die Zukunft zeigen und seelischen (manchmal auch materiellen) Gewinn versprechen, einen eingeschlagenen Weg unbeirrt weiterzugehen und sich auch durch Widerstände und Hindernisse nicht davon abbringen zu lassen. Eine Träumerin beispielsweise fand sich im Traum auf einer Dachterrasse wieder, auf der getanzt wurde und es lustig zuging. In der nächsten Traumszene machte sie sich daran, einen Menschen zu befreien, dessen Kopf mit Seilen eingewickelt war. Im Gespräch mit der Träumerin ergab sich ein klarer Zusammenhang der beiden Traumbilder. Der zweite Teil des Traumes zeigte ihr, daß sie im wahrsten Sinne des Wortes begann, sich zu entwickeln und alte, einschnürende Denk- und Verhaltensweisen (der Kopf in der Schlinge!) abzustreifen. Als Belohnung für diese Mühe würde ihr durch das Bild vom Tanz auf der Dachterrasse ein beschwingteres und fröhlicheres Dasein in Aussicht gestellt. Die Dachterrasse ist hier als Traumort gewählt, um bildlich die *Aussicht* auf das mögliche neue Lebensgefühl zu unterstreichen. Natürlich liegt es auch in der Macht der Träumerin, diese Entwicklungsmöglichkeit erst einmal wieder auf Eis zu legen. Es ist eben die Frage, wieviel Energie wir für unsere Entfaltung aufzuwenden bereit sind.

Sehr häufig haben Träume die Funktion, uns auf etwas Kommendes vorzubereiten – sei es die anstehende Auseinandersetzung mit einem Menschen, den Verlust eines Partners oder eine andere wichtige berufliche oder familiäre Veränderung. Diese innere Einstimmung kann wie die Vorbereitung auf eine Schulprüfung entscheidend zu deren Gelingen beitragen. Eine Träumerin, die im Traum reinen Tisch gemacht hatte, faßte sich den Mut, das gleiche nun auch in ihrer unbefriedigenden Beziehung zu tun, als sie kurz nach dieser Traumbotschaft von ihrem Freund wieder einmal sehr enttäuscht wurde.

Träume, die in die Zukunft reichen, sollen uns häufig anspornen und neuen Mut machen. Denn wenn wir wissen oder zumindest erahnen, welcher Lohn für unsere Mühen auf uns wartet, welche Schätze auf dem Weg der Selbsterkenntnis nur darauf warten, entdeckt zu werden, verstärkt das unsere Motivation und Zuversicht. Wir reagieren in dieser Hinsicht nicht anders als unsere Sprößlinge, wenn ihnen als Belohnung für ihr Durchhalten bei einer Wanderung etwa eine Portion Eiskrem winkt. Ein in Aussicht gestelltes positives Erlebnis vermag uns aus der Zukunft heraus Kraft zu schicken, wirkt wie ein Magnet, der uns weiterzieht, auch wenn der Weg zuweilen steil, steinig oder schlammig werden sollte.

Empfangen wir keine derart richtungweisenden Traumbotschaften, vielleicht, weil die Traumerinnerung sehr zu wünschen übrigläßt, verfügen wir ja noch über die Macht der Phantasie. Wir können uns eine unserem Ziel entsprechende positive Affirmation suchen und darauf vertrauen, daß die Seele uns auf dem Weg dorthin unterstützt. Wollen wir etwa aufhören zu rauchen, malen wir uns aus, wie es ist, ohne Glimmstengel zu leben. Lassen wir unsere Phantasie schweifen und bestärken wir uns dabei durch angenehme Vorstellungen. Etwa die, daß wir dann gesünder sind, begehrenswerter, schöner – was auch immer für uns bedeutsam ist.

Bei solchen Übungen geht es nicht darum, der Gegenwart zu entfliehen, sondern uns darin zu bestärken, auf ein gesetztes Ziel zuzugehen. Daß wir uns dabei in Geduld üben müssen, keine zu hoch gesteckten Ziele verfolgen und nicht zwanghaft nach Erfolg streben sollten, versteht sich von selbst.

10. STEINBOCK
Die Ordnung der Rätsel

Das Zusammenspiel der Lebensrätsel verläuft geordnet; die verschiedenen Aufgaben entsprechen den Suchbegriffen in einem Kreuzworträtsel, die stimmig in dem Ganzen angeordnet sind und sich ergänzen. Für unseren Verstand erscheinen die Lebensrätsel dennoch auf den ersten Blick als chaotische Anhäufung von angenehmen und unangenehmen Ereignissen, Gefühlen und Gedanken. Häufig fällt uns die Vorstellung schwer, daß hinter allem Geschehen eine innere Ordnung walten soll. Vielleicht wollen wir auch gar keine Ordnung haben, fühlen uns im Chaos (vermeintlich) wohler, und der Gedanke, daß alle Erscheinungen in dieser Welt einem unsichtbaren Ordnungsprinzip folgen, stimmt uns beklommen.

Die Rätsel des Lebens lösen – das heißt vor allem auch, die verlorengegangene Ordnung wiederherzustellen. Daran zu arbeiten, daß jeder Teil des Ganzen wieder seinen angestammten Platz einnimmt. Orientierung zu finden in einer Welt, in der vordergründig ein blindes Geschick zu walten scheint. Bei genauerer Betrachtung werden wir allerdings feststellen: Die Lebensrätsel stellen ein von einer höheren Instanz ausgeklügeltes System dar, das vor allem auch C. G. JUNG in seinem Werk aufzuspüren versuchte. Denn was sind die Klassifikationen in Archetypen, Charaktertypen und Bewußtseinsfunktionen anderes als die Suche nach Zusammenhängen, die eine Ordnung erkennen lassen.

Astrologie als Ordnungssystem

Der deutsche Philosoph G. W. LEIBNIZ prägte den Satz: »Dum Deus calculat fit mundus« – »Indem Gott rechnet, entsteht die Welt«. Alle Erscheinungen der irdischen Sphäre haben ihren Ursprung in der Welt des reinen Geistes. Durch die Verdichtung und Absonderung dieser Energien aus der Ganzheit wird die physische Ebene geboren; eine Welt, die auf Gesetzmäßigkeiten und Rhythmen basiert. Alle Vorgänge und Beziehungen auf dieser Ebene richten sich nach Naturgesetzen, die erforscht und nachvollzogen werden können. Während die äußere Seite dieser kosmischen Strukturen von den Naturwissenschaften untersucht wird, ist es immer noch hauptsächlich den sogenannten Esoterikern vorbehalten, die inneren Gesetze ausfindig zu machen. Ein wiedererwachendes Bewußtsein für die »inneren Strukturen«, also das, was nach GOETHE »die Welt im Innersten zusammenhält«, ist heutzutage aber nötiger denn je. Durch die großen Wandlungs- und Anpassungsprozesse, die der Übergang in ein neues Zeitalter mit sich bringt, sind die alten Werte und Ordnungen durcheinandergeraten. Eine neue Orientierung hat sich noch nicht gefestigt; Ordnung im Chaos tut not. Wer könnte gegenwärtig mit Bestimmtheit sagen, was richtig und was falsch ist? Das Innere ist nach außen gekehrt, die weibliche Seite will männlich, die männliche weiblich sein, Gefühle werden gedacht, und Gedanken verhindern unsere Emotionen.

Allmählich realisieren wir, daß die Alleinregierung der Ratio die drängenden Probleme nicht mehr in den Griff bekommt und unsere Gefühle verwirrt. Rein logisch lassen sich die erforderlichen Veränderungen – sei es für das friedliche Zusammenleben der Völker, den Umweltschutz, die Energiepolitik, aber auch die Regeneration der Seele – nicht lösen. Konventionelle Denkmuster führen nur noch in Sackgassen!

Der sich konstellierende WASSERMANN-Archetyp, der Herrscher der kommenden Epoche, bringt es mit sich, daß erst einmal alles kopfsteht – vor allem unser Oberstübchen selbst! Wir werden mit den Paradoxien eines Archetypen konfrontiert, der immer lauter an die Türen unseres Bewußtseins klopft. *Das* innere Organ der kommenden Zeit heißt *Intuition*. Wenn die Konventionen versagen, brauchen wir unkonventionelle Ideen, Vorgehensweisen und Ordnungsstrukturen. Wir kommen nicht darum herum! Ändern wir uns nicht freiwillig, werden das überholte Gedankengut und die unzeitgemäßen gesellschaftlich-politischen Ordnungen von der Lebensbühne hinweggefegt. Dabei wird vieles zu Bruch gehen, das auch in der neuen Ära noch wertvolle Dienste geleistet hätte. Und es wird nicht ohne Leid und Schmerzen abgehen. Ändern wir uns freiwillig, passen wir uns den neuen Zeiterfordernissen – die die moderne Physik wissenschaftlich formuliert – aus freien Stücken an, lassen sich unnötige Bürden und Umwege vermeiden. Dabei tragen wir Menschen die Hauptverantwortung

10. STEINBOCK: Die Ordnung der Rätsel

für den Ausgang des gegenwärtigen Dramas. Wir selbst sind es, die uns und vor allem unseren Nachkommen mit den vergifteten Lebensgrundlagen ein schweres Erbe hinterlassen.

Die astrologische Erkenntnis eines neuen Zeitalters gibt nun nicht etwa den Sternen die Schuld an der Misere. Sie zeigen lediglich die dramatischen Umwälzungen an, die sich im kollektiven Menschheitsbewußtsein ebenso wie in der Individualseele abspielen. In der Psyche eines jeden Menschen findet dieser Kampf statt, weil die Erneuerungskräfte auf den Widerstand eines überholten Weltbildes treffen.

Unwillkürlich habe ich mit der Einbeziehung des WASSERMANN-Symbols bereits auf das astrologische Ordnungssystem zurückgegriffen, um die Anforderungen der Zeit zu bestimmen. Die volkstümliche Weisheit »Alles hat seine Zeit« findet in der Astrologie nicht nur ihre Bestätigung, sondern wird greifbar und nachvollziehbar. Der Beginn des WASSERMANN-Zeitalters läßt sich astronomisch durch die Wanderung des Frühlingspunkts bestimmen; daß ein *Evolutionssprung* des menschlichen Geistes stattfindet, kann astrologisch eben aus der WASSERMANN-Symbolik abgeleitet werden. Natürlich ist auch ohne die Astrologie deutlich zu erkennen, daß alle Lebensbereiche einem rasanten Wandel unterliegen und große Veränderungen geschehen oder anstehen. Die tieferen Zusammenhänge gehen uns durch eine meist oberflächliche Weltsicht jedoch häufig verloren.

Die Entfremdung des modernen Menschen von seinen inneren Wurzeln beruht darauf, daß er die seelischen Gesetzmäßigkeiten vergessen hat. Besinnen wir uns nicht mehr darauf, daß die Vorgänge in der äußeren Natur auf entsprechende Abläufe in der seelischen Natur zurückzuführen sind, rauben wir den Erscheinungen ihre Aura. Das Dasein erscheint dann ebenso hohl wie ein Schokoladenosterhase.

Der Siegeszug des (noch jungen!) Bewußtseins hatte zur Folge, daß die Qualitäten des Unbewußten verdrängt wurden. Der menschliche Verstand wähnte sich frei und unabhängig von all den bedrohlichen und bedrükkenden Zwängen mittelalterlicher Magie und schlitterte geradewegs ins andere Extrem: die völlige Haltlosigkeit in einem leeren und beziehungslosen Universum. Der äußere Zustand der Welt demonstriert die derzeitige innere Unordnung! Statt aber darüber zu schimpfen oder zu resignieren, sollten wir erkennen, daß dieses Chaos anscheinend nötig ist, damit wir eine neue, zeitgemäße Ordnung finden.

Plötzlich sind wir auf einem unbekannten Weg, in einem fremden Land. Die alten Wegweiser sind überholt. Um uns zurechtzufinden, sollten wir uns mit den hiesigen Gepflogenheiten und Gesetzen vertraut machen. Astrologie und Träume helfen uns, die unbekannten Erfahrungen zu übersetzen und Schritt für Schritt verlorenes seelisches Terrain wiederzuentdecken. Das Kollektivrätsel der heutigen Zeit fordert dazu auf, einen neuen

Zugang zu der irrationalen Welt des Unbewußten beziehungsweise des Überbewußtseins zu finden, ohne das mühsam errungene Ich-Bewußtsein aufs Spiel zu setzen.

Damit wir uns auf dem Weg durch die fremd gewordene psychisch-energetische Welt nicht verirren – und möglicherweise im Irrenhaus landen –, kann ein System sehr nützlich sein, das uns hilft, in den unbekannten seelischen Regionen Strukturen zu erkennen und Orientierung zu finden. Wie sehr uns die Träume Halt und Richtung angeben, kann jeder nachvollziehen, der sich für seine nächtlichen Begleiter öffnet. Und neben dieser individuellen Stütze stellt die Einbeziehung des astrologischen »Gebäudes« eine wundervolle Ergänzung und Bereicherung dar: Zeigt es uns doch, wie sehr das Individuum in kosmische, in kollektive Prozesse und Zyklen eingebettet ist. Wie ein präzises kosmisches Uhrwerk sagen uns die Gestirnskonstellationen, »was die Stunde geschlagen hat«. Sie öffnen uns dadurch die Augen für das, was *ist*. Mit diesen kollektiven Vorgängen sind wir alle innerlich verbunden, und unsere Seele reagiert direkt auf ihre »Flußrichtung«, während wir mit dem Kopf meist ganz woanders sind als im Hier und Jetzt. Wer registriert schon bewußt die Szenerie beim Spaziergang oder Stadtbummel? Die Gedanken kreisen um das Essen, zurückliegende Gespräche, Wünsche, Zukunftspläne. Wir sind nicht hier, wo wir sein sollten, und verpassen dadurch wertvolle Eindrücke, Begegnungen und Inspirationen. Schärfen wir hingegen den Blick für die Wirklichkeit, wandert alles langsam wieder an seinen Platz.

Das Bedürfnis des Menschen, das Chaos des Lebens zu durchschauen und einen individuell wie kollektiv nachvollziehbaren Sinn zu erkennen, drückt sich in seiner Suche nach geeigneten Erkenntnis- und Ordnungssystemen aus. Das derzeitige Interesse am Enneagramm mag dafür als ein Beispiel stehen. Andere Systeme orientieren oder orientierten sich etwa an Körpermerkmalen wie Hand- oder Stirnlinien oder an Phänomenen der Tierwelt (Vogelflug), um Zusammenhänge herauszufinden und hinter die Erscheinungen zu blicken.

Von allen Systemen, die der Mensch gefunden hat, erlaubt die Astrologie die weitaus differenziertesten und – mit Hilfe der modernen Astronomie – zeitlich präzisesten Aussagen. Der bekannte Psychoanalytiker FRITZ RIEMANN unterstreicht das in seinem Buch *»Lebenshilfe Astrologie«*; er bescheinigt der Astrologie eine »Differenziertheit, wie sie keine von Menschen geschaffene Methode oder Typologie erreicht« (S. 46).

Das astroenergetische Ordnungsmodell basiert auf mathematischen Berechnungen und Gleichungen und keineswegs auf willkürlichen Aneinanderreihungen. Es spiegelt eine Ordnung wider, bei der die Gestirne als kosmische Uhrzeiger fungieren. Auf dieser (abstrakten) Ebene gibt es keinen verschleiernden Mystizismus. Die Ordnung hat nach dem Grundsatz

10. STEINBOCK: Die Ordnung der Rätsel

»wie oben, so unten« beziehungsweise »wie im Himmel, so auf Erden« Gültigkeit.
Ein wesentlicher Ordnungsaspekt des astrologischen Systems ist der Tierkreis. Das Grundgerüst des Zodiaks ergibt sich aus den vier, astronomisch exakt bestimmbaren *Kardinalpunkten* Tagundnachtgleiche zum Frühlingsanfang (WIDDER), Sommersonnwend (KREBS), Herbstäquinoktium (WAAGE) und Wintersonnwend (STEINBOCK) – und nicht, wie häufig irrtümlich angenommen wird, aus gedachten Verbindungslinien zwischen verschiedenen Fixsternen (den Sternbildern an unserem Nachthimmel). Die übrigen Tierkreiszeichen sind in dieses System eingegliedert (siehe dazu unter I.6).

Eine Lieblingsbeschäftigung meines Sohnes ist das Puzzlespiel. Um die Teile richtig aneinanderzufügen, benutzt er als Hilfestellung die Abbildung des zu puzzlenden Bildes auf der Packung. Nach dieser Anleitung fügt er Stück für Stück die Teile aneinander, nach der Methode von Versuch und Irrtum, bis schließlich die passenden Stücke das fertige Bild ergeben. Hat er dann genug Übung im Zusammenfügen einer bildhaften Darstellung, verzichtet er bei weiteren Versuchen auf die Anleitung. Er hat es sozusagen im Gefühl, welche Teile zusammengehören. Übertragen wir dieses Beispiel auf die Astrologie, dann entspricht der Tierkreis dem vollständigen Bild auf der Puzzleverpackung. Wenn wir das verinnerlicht haben, wird der Blick auf die »Packung« entbehrlich.
Der Tierkreis ist darüber hinaus aber auch Abbild einer jeden Entwicklung. Die archetypische Grundstruktur jedes natürlichen (inneren und äußeren) Wachstums findet in ihm seine Darstellung. Die Geburt in diese Welt entspricht dem WIDDER-Zeichen, das zum Frühlingsanfang den »Startpunkt« für den Erdenweg markiert. Danach folgen – entsprechend der Richtung der Planetenbewegungen durch den Tierkreis – als nächste Stufen die STIER-Phase der Ausformung, die ZWILLINGE-Phase der Geschlechtsreifung beziehungsweise Polaritätsentwicklung, die KREBS-Phase der Schwangerschaft und Gefühlsentwicklung, die LÖWE-Phase der Persönlichkeitsentwicklung, die JUNGFRAU-Phase der Aufarbeitung bis hin zur FISCHE-Phase der Auflösung, der Beendigung dieses Zyklus. Jeder Schritt auf diesem Entwicklungsweg ist notwendig und sinnvoll; kein Glied aus der Kette (des Tierkreises) kann entfernt werden, ohne das Ganze zu zerstören.

Weil wir das Gefühl für natürliche Entwicklungen verloren haben, meinen wir häufig, die Dinge erzwingen zu müssen. Doch ein solches Vorgehen muß schon deshalb scheitern, weil die Zeit dann noch nicht oder nicht mehr reif für ein Vorhaben ist. Die Betrachtung des Tierkreiszyklus läßt unser Gespür für die Regelmäßigkeiten des Lebens wieder wachsen. Der

Makrokosmos des Universums, also des Kollektivs, wie der Mikrokosmos des Einzelmenschen, des Tieres, der Pflanze oder der individuellen Lebenssituationen – alle diese Phänomene treten ihre »Reise« nach den gleichen Gesetzen und Rhythmen an, die der Tierkreis widerspiegelt. Vergleichbar damit wäre etwa das buddhistische Lebensrad, das ebenfalls (nur in anderer Symbolik und weniger differenziert) auf die Existenz eines archetypischen Entwicklungsmusters hinweist.

Die Anordnung der Kräfte im Tierkreis beziehungsweise im persönlichen Horoskop entspricht einem kollektiven oder individuellen *Mandala*. Und zwar einem Mandala mit sowohl räumlicher als auch zeitlicher Aussagekraft. Wir erfahren nicht nur, *welche* archetypischen Energien *wie* zueinander gelangt sind, sondern auch, *wann* diese Kräfte von *welcher* Seite her auf uns und die Welt einwirken. Bereits C. G. JUNG erkannte den Mandalacharakter des Tierkreises und die »Zeitsymbolik des Mandala«. In Band 5 des »*Grundwerkes*« lesen wir: »Das Horoskop selber ist ein Mandala (eine Uhr)... Die Mandalas der kirchlichen Kunst, insbesondere die Fußbodenmandalas vor dem Hochalter oder unter der Vierung, benützen häufig den Tierkreis oder die Jahreszeiten« (S. 218).

Das von JUNG geprägte Modell des Individuationswegs entspringt seiner Erkenntnis allgemeingültiger Entwicklungsgesetze. Dieses Modell findet im Tierkreissystem seine Bestätigung, Differenzierung und Erweiterung über den Bereich des Individuellen hinaus.

Die Tierkreisordnung wurde vom Menschen ebensowenig erdacht, wie die Jahreszeiten oder andere Zyklen der Natur erfunden wurden. Es handelt sich vielmehr um kosmische Gesetze, die über die Beobachtung des Sternenhimmels abgeleitet wurden und ihren Niederschlag im astrologischen System gefunden haben.

Kommen wir noch einmal auf LEIBNIZ zurück: »Indem Gott rechnet, entsteht die Welt.« Die Grundlage der astrologischen Deutung stellt die mathematische Berechnung des Horoskops dar. Gott würfelt nicht! Auch die Konstellationen werden nicht ausgeknobelt, sondern nach mathematischen Kriterien berechnet. Gerade für den Anfänger in der Astrologie ist es wichtig und interessant, diesen Rechnungsweg nachzuvollziehen, um zu erkennen, wie die einzelnen Werte zustande kommen (die Horoskopberechnung wird im STEINBOCK-Band erläutert). Danach kann man sich getrost die Rechenarbeiten vom Computer abnehmen lassen. Schließlich besteht der wesentlichere Teil der Astrologie in ihrer praktischen Anwendung.

Die Felderwanderung – ein astrologisches Entwicklungsmodell

Der Begriff »Felderwanderung« bezeichnet eine Variante des astrologischen Ordnungssystems zur Bestimmung der Zeitqualität. Ähnlich dem Ansatz der Entwicklungpsychologie will dieses System eine Hilfe sein, um regelmäßige Entwicklungszyklen zu erkennen. Die Entsprechungen und Merkmale der Tierkreiszeichen sind hier der Maßstab bei der Interpretation und Bewertung des jeweiligen Entwicklungsabschnitts. Fehlentwicklungen können anhand der »astroenergetischen Norm« erkannt, korrigiert, aber auch von *individuell stimmigen* Abweichungen unterschieden werden.

Nehmen wir als Beispiel die Entwicklungsphase des ersten Hauses (von der Geburt bis zum sechsten/siebten Lebensjahr), das dem WIDDER entspricht. Es ist – dem WIDDER-Archetypen gemäß – vor allem die Zeit der *Initiationen* sowie der Entwicklung der *Trieb-* und *Willenskraft*. Das Tierkreiszeichen, das ins erste Haus fällt, prägt diese Entfaltung. Im Erdzeichen STIER wird sich diese von SIGMUND FREUD als Libido bezeichnete Lebenskraft vor allem an physische Formen (Erdelement) binden – an den menschlichen Körper oder die Erscheinungen in der Umwelt. Bei Kindern mit dieser Konstellation ist besonders darauf zu achten, daß die Entwicklung der Triebkräfte nicht übermäßig blockiert wird, da sich STIER und WIDDER wie Bremse und Gaspedal zueinander verhalten.

Ein Klient mit dieser Horoskopkonstellation berichtete, als kleines Kind sehr bald Gefallen am Bravsein (STIER-Entsprechung) gefunden zu haben, da Anerkennung und Zuwendung der Lohn waren. Der Preis dafür war die Verdrängung der »wilden Seelenteile« (WIDDER), die in dieser Lebensphase eigentlich ausgelebt und integriert werden sollen. Ein Traumbild aus der Zeit, das dem Klienten noch in deutlicher Erinnerung war, zeigte die Flucht vor einem Wolf; der Träumer konnte sich retten, indem er sich in einen Marienkäfer verwandelte. Als kleiner Käfer, verbunden mit dem Mariensymbol der Reinheit und des Gutseins, war er vor den Triebansprüchen seines eigenen Wesens (scheinbar) sicher, aber auch der »wölfischen Kräfte«, die sich ihm annähern wollten, beraubt.

Stehen Planeten im ersten Haus, symbolisieren diese die Kräfte beziehungsweise Wesensteile, die in dieser Inkarnation eine *Neugeburt* erfahren werden. Den Initiationszeitpunkt liefert uns die genaue Position des betreffenden Gestirns im Horoskop.

Wie das genannte Beispiel zeigt, lassen sich die Herausforderungen und Auswirkungen der verschiedenen Entwicklungsstadien – sichtbar gemacht durch die Felderwanderung – auch über die Träume erfassen. Es sind häufig markante Träume und vor allem Traumserien, die auf die entscheidenden Entwicklungsprozesse einer Periode hinweisen. Auch in der Rückschau können die Träume eines Sechs- beziehungsweise Sieben-Jahre-Zyklus vor der astroenergetischen Hauptüberschrift des jeweiligen Hauses, der Zeichen und der hineinwirkenden Planeten gedeutet werden. Die astroenergetischen Entsprechungen erleichtern es, den roten Faden einer Entwicklungsstufe zu entdecken, der sich durch die verschiedenen Traumaussagen zieht und den Kern des individuellen Erlebens bildet.

Das irdische Dasein gleicht einer Reise durch Raum und Zeit. Die *Felderrhythmik* (Felderwanderung) zeigt uns, wie ein Zugfahrplan, die jeweiligen Stationen und Reisezeiten an. Zu wissen, *wann* wir *welche* (psychischen) Regionen bereisen, ist von großem Vorteil für unsere irdische Exkursion. Würden wir ein Flugzeug besteigen, ohne das Ziel zu kennen? Wohl kaum! Ausrüstung und Vorbereitungen hängen vom Reiseziel ab. Geht es in den kühlen Norden, brauchen wir andere Kleidung, als wenn wir in die Tropen reisten. Wenn uns bewußt ist, welche Anforderungen, Chancen und Schwierigkeiten eine bestimmte Lebensphase *natürlicherweise* mit sich bringt, können wir besser damit leben und freier damit umgehen.

Die Grobunterteilung der Lebenszeit in Kindheit, Jugend, Reifezeit und Alter wird durch die Felderwanderung differenziert: Sie unterscheidet zwölf verschiedene Erfahrungsbereiche beziehungsweise »energetische Zonen«. Wir beginnen unsere Lebensreise mit der Geburt und bewegen uns – in der Sprache der Symbole – vom Aszendenten (des Geburtshoroskops) ausgehend durch die Häuser. Die Position, die wir gegenwärtig in der Felderwanderung einnehmen, hat der Schweizer Astrologe BRUNO HUBER »Alterspunkt« genannt. Dieser Punkt wandert mit unserem Alter; jeder Aufenthaltsort ist ein vorübergehender, wir entwickeln uns schrittweise weiter. Solange diese Existenz andauert, durchreisen wir – symbolisch betrachtet – nacheinander die Felder (Erfahrungsbereiche) des Horoskops. Sie zeigen die einzelnen Entwicklungsschritte an, die zum entsprechenden Zeitpunkt zu integrieren sind. Der kollektive Aspekt dieser Betrachtungsweise besteht darin, daß wir alle im gleichen Alter ein bestimmtes Haus betreten und durchwandern, während die unterschiedlichen Konstellationen (Tierkreiszeichen und Planeten in den Häusern) die individuelle Seite darstellen.

Wie die Einreise in ein anderes Land, bringen die Übergänge von einem Erfahrungsbereich in den nächsten gewöhnlich größere Umstellungen mit sich. Der Übergang vom fünften in das sechste Haus (etwa mit dreißig Jahren) beispielsweise bewirkt eine Umpolung des energetischen Schwerpunkts von der *Egoentwicklung* des fünften (LÖWE-Haus) zur *Anpassung* an die Gemeinschaftsstrukturen des sechsten (JUNGFRAU-Haus).

In der Frage, welche Zeiträume bei diesem System zugrunde zu legen sind, findet man in der astrologischen Fachwelt unterschiedliche Auffassungen. Einige Richtungen favorisieren einen Sieben-Jahre-Zyklus (pro Haus) entgegen dem Uhrzeigersinn. Das bedeutet, daß wir alle sieben Jahre ein neues

Erfahrungsfeld betreten: mit sieben Jahren Haus zwei, mit vierzehn Jahren Haus drei etc. BRUNO HUBER, einer der Pioniere auf diesem Gebiet, geht mit seiner Methode der »Altersprogression« von sechs Jahren pro Häuserbereich aus. HANS TAEGER, der Begründer der Astroenergetik, vereinigte beide Rhythmen zu einem sechsjährigen direktionalen und siebenjährigen retrograden Zyklus. Nach seiner Auffassung existieren – entsprechend der Polarität des irdischen Daseins – beide Kreisläufe, und zwar im Sinne der Lehre von Yin und Yang in gegenläufiger Richtung. Der Sechs-Jahre-Zyklus, der seiner Meinung nach mehr den Bereich der äußeren Erfahrungen beschreibt, bewegt sich gegen den Uhrzeigersinn (in Richtung der Planeten) beginnend am Aszendenten von Haus eins bis Haus zwölf. Dagegen stellt er die rückläufige Bewegung des Aszendenten von Haus zwölf bis Haus eins. Dieser Sieben-Jahre-Zyklus entspricht laut TAEGER den innerpsychischen Abläufen während einer Periode.

Welcher Rhythmus für Sie als Leser der passende ist, kann nur durch Eigenbeobachtungen herausgefunden werden. Ich halte sowohl den Sechs- als auch den Sieben-Jahre-Rhythmus für sinnvoll. Beide entsprechen wichtigen Planetenzyklen, der Sechserrhythmus dem JUPITER und der Siebener dem SATURN. Möglicherweise ist auch die individuelle Betonung im Horoskop dafür ausschlaggebend, welchen der beiden Zyklen wir deutlicher registrieren. Als SCHÜTZE-Geborener (Planetenentsprechung: JUPITER) habe ich mich stärker am direktionalen Sechs-Jahre-Rhythmus orientiert und konnte die astroenergetischen Aussagen des Geburtshoroskops gut auf meine Lebenssituation beziehen. Ich stellte dabei fest, daß äußere und innere Prozesse – im Sinne der Jungschen *Synchronizität* – parallel abliefen. Als Beispiel möchte ich den Übergang des Alterspunkts über die PLUTO-Stellung (Konjunktion) im Horoskop kurz skizzieren. Es ist die Lebensphase, in der wir entscheidende Transformationsimpulse erhalten. PLUTO ist das astroenergetische Symbol für die Kraft der Wandlung und die Zerstörung überholter Formen; *wann* wir in dieses Energiefeld eintreten, sagt uns die Felderwanderung, *was* in unserem individuellen Dasein geläutert und gewandelt werden soll, darüber gibt PLUTOS Haus und Zeichenposition Auskunft.

Für den Sechserrhythmus spricht die mittlere Lebenserwartung des West- und Mitteleuropäers von etwa zweiundsiebzig Jahren. Das entspricht exakt der Zeit, die der Alterspunkt benötigt, um den Tierkreis zu durchlaufen, wenn wir sechs Jahre pro Haus (bei insgesamt zwölf Häusern) ansetzen. Wer begnadet ist, dieses Alter zu überschreiten, beginnt mit Erreichen des zweiundsiebzigsten Lebensjahres erneut im ersten Haus; im Normalfallfall natürlich auf einer höheren Ebene. Die sogenannte »zweite Kindheit« entspricht diesem Lebensalter.

Ausgehend von sechs Jahren pro Haus – die im Rahmen der *energetischen*

Astrologie jeweils gleich groß sind und dreißig Kreisgrade betragen – legen wir fünf Grad innerhalb eines Jahres zurück. Um die aktuelle Position herauszufinden, zählen wir vom Aszendenten aus die Lebensjahre entgegen dem Uhrzeigersinn entlang des Häuserkreises. Vierunddreißigjährig haben wir zum Beispiel bereits die Erfahrungsbereiche der ersten fünf Häuser durchschritten (5 × 6 = 30) und befinden uns zwanzig Kreisgrade (die restlichen vier Jahre multipliziert mit fünf Graden pro Jahr) im sechsten Haus.

Um den Alterspunkt astrologisch zu deuten, finden wir heraus, in welchem Haus und Tierkreiszeichen er steht und welche Aspekte er zu den Geburtskonstellationen bildet (siehe dazu das Aspekte-Kapitel I.7).

Nicht nur für Menschen, sondern auch für Ereignisse läßt sich das Felderwanderungssystem zur Bestimmung der Zeitqualität benutzen. Der »innere Gehalt« eines abgesteckten Zeitraums kann so astrosymbolisch sichtbar gemacht werden. Ist der zeitliche Verlauf eines Geschehens bekannt, ist es möglich, die Verweildauer pro Haus exakt zu berechnen – etwa für ein Seminar, das einen genauen Anfangs- und Schlußpunkt hat. Wir dividieren die dreihundertsechzig Grade des Tierkreises durch die Zeitspanne zwischen Beginn und Ende, also die Gesamtdauer des Kurses. Als Resultat erhalten wir die Anzahl der Tierkreisgrade, die wir innerhalb einer Stunde passieren. Beträgt die Seminardauer sechsunddreißig Stunden (auch die Pausen sowie Schlafens- und Essenszeiten mitgerechnet!), dann ergibt sich folgender Dreisatz:

$$360 \text{ Grad} = 36 \text{ Stunden}$$
$$X = 1 \text{ Stunde}$$

$$X = \frac{360 \text{ Grad} \times 1 \text{ Stunde}}{36 \text{ Stunden}}$$

Übersetzt: Dreihundertsechzig Grad multipliziert mit einer Stunde dividiert durch sechsunddreißig Stunden: Resultat zehn Grad pro Stunde. Übertragen wir diesen Wert auf das Dreißig-Grad-Häusersystem, dann beträgt die Dauer eines Häuserdurchlaufs drei Stunden (nach drei Stunden tritt das Ereignis in die Phase des zweiten Hauses ein, nach sechs Stunden ins dritte Haus und so weiter).

Wir wenden die astrologische Symbolik zur Deutung nun ebenso an wie beim menschlichen Entwicklungszyklus, mit dem Unterschied, daß wir die Inhalte hier auf ein *Ereignis* zu beziehen haben. Die Phase des Durchlaufs durch das erste Haus entspricht dann der Initiationszeit, bis im zwölften Haus die Auflösungsphase einsetzt. Von besonderem Interesse sind auch hier die Planetenberührungen mit dem fortschreitenden Felderwanderungspunkt. Im Wissen um die astroenergetische Symbolik können wir uns die Rhythmen der Zeitqualität zunutze machen und Aktionen und Vorhaben den Zeiterfordernissen anpassen. Gehen wir damit richtig, also nicht zu kopflastig und verkrampft um, werden wir dabei unsere intuitiven Gefühle bestätigt finden! Außerdem sind wir auf bestimmte, sich mit Notwendigkeit auswirkende Konstellationen besser vorbereitet und werden – beispielsweise bei der *Konjunktion* des Felderwanderungspunkts mit dem SATURN (des Ereignishoroskops) – im besonderen Maße mit SATURN-Entsprechungen (etwa mit Widerständen und ausgeprägter Ernsthaftigkeit) zu rechnen haben. Wenn wir die Kursstruktur selbst bestimmen können, werden wir in diesen Zeitraum (bei Wochenendseminaren etwa plus/minus zwei Stunden) nicht gerade Übungen einplanen, die dem SATURN-Prinzip zuwiderlaufen, etwa einen bunten Vergnügungsabend. Das ist natürlich eine sehr allgemeine Aussage, die durch die Würdigung des gesamten Horoskops bestätigt oder modifiziert werden muß.

Das Horoskop als Lehrplan des Lebens und als »Karmagramm«

Unser irdisches Dasein ist weder zufällig noch sinnlos! Wir alle streben – meist ohne es überhaupt zu wissen – einem in uns angelegten Ziel entgegen. Auf dem Weg zu unserem individuellen Sein durchlaufen wir verschiedene Reifungsstufen. Unser Heimatplanet Erde fungiert dabei als überdimensionales Schulhaus, die Ereignisse der vergänglichen Existenz stellen die Übungs- und Prüfungsaufgaben dar, die wir zu meistern und in unser zeitloses Sein zu integrieren haben. Die Unterrichtsfächer beziehungsweise die Disziplinen, die wir erlernen und verinnerlichen sollen, sind die Inhalte der Archetypen, der Tierkreiszeichen. Die »Schulordnung« sieht vor, im Laufe der Inkarnationen die Gesamtheit der zwölf »Fachbereiche« durchzuarbeiten. Dabei ändern sich die Schwerpunkte von Existenz zu Existenz.

Symbolischen Ausdruck finden die unterschiedlichen »Unterrichtsschwerpunkte« in den spezifischen Konstellationen der Horoskope. Welches »Fach« die zentrale Rolle im Leben spielen wird oder spielen soll, zeigt beispielsweise die SONNEN-Position, das sogenannte Sternzeichen. Aber die Ausbildungsstruktur ist noch weitaus komplexer. Wie die Lehrpläne in modernen Betrieben beschreibt das Horoskop jene Bereiche, die wir im Laufe unseres Lebens erlernen sollen – und unbewußt auch wollen! Mit großer zeitlicher und inhaltlicher Präzision spiegelt der Horoskoplehrplan die mannigfaltigen Lernfelder und die jeweilige Ausbildungsdauer wider. Wie in der Schule, so werden wir auch in der »Schule des Lebens« zuzeiten geprüft. Bei Nichtbestehen werden wir die Klasse eben wiederholen. Letztlich ist es nur eine Frage der Zeit, bis wir alle unser Klassenziel erreicht haben und in höhere Existenzformen aufsteigen dürfen. Das Lernen in der Lebensschule ist natürlich nicht auf Wissenserwerb beschränkt –

wie das die Regel in den uns bekannten schulischen Einrichtungen ist! Wissen allein genügt eben nicht, um das Bewußtsein weiterzuentwickeln; es ist vielmehr eine Frage der Ganzheit. Alle zwölf Energien gilt es dabei zu integrieren – und die sind seelischer, spiritueller, geistiger und physischer Natur.

Stellen wir uns vor, wir machen eine Banklehre, gehen jedoch dabei nach dem Lehrplan eines Schreiners vor – welches Durcheinander und unnötige Schwierigkeiten würde das heraufbeschwören. In der beruflichen Realität kommt so etwas natürlich nicht vor, sehr häufig jedoch in der Schule des Lebens. Ist es nicht so, daß wir uns viel zu sehr an den Vorstellungen der Mitmenschen, den Werten einer Gesellschaft, also fremden Verhaltensnormen, orientieren, anstatt unseren ureigenen Entwicklungplan zu entdecken und ihm zu folgen? Müssen wir uns über massive Hindernisse wundern, wenn der Weg, den wir gehen, nicht der unsere ist? Wenn etwa ein geborener Künstler sich in die Zwangsjacke einer Tätigkeit in der Wirtschaft stecken läßt oder ein eher handwerklich begabter Mensch die akadamischen Ambitionen seiner Eltern befriedigen soll? Kann es andererseits aber hilfreich sein, ein ominöses Schicksal dafür anzuklagen, wenn wir an einem Lebensmodell scheitern, das uns nicht angemessen ist? Oder wenn wir unglücklich vor Heimweh nach uns selbst sind, weil wir in fremden Regionen wandeln, die uns nicht entsprechen?

Träume und Horoskop sind uns in einer solchen Situation Lichtblicke, die ein allmähliches Einschwenken in den ureigenen Lebensweg ermöglichen. Wir werden dann erkennen, daß auch die vorhergehende Phase der Unbewußtheit eine notwendige Entwicklungsstufe gewesen ist. Der entscheidende Schritt jedoch besteht im Erwachen aus dem Schlafzustand einer unbewußten Lebensweise. Astrologie und Traumarbeit können dabei als Wecker fungieren – falls wir überhaupt aufgeweckt werden wollen.

Natürlich ist es nicht damit getan, zum Astrologen zu gehen, um Deutungen zu konsumieren und die eigene Verantwortung abzugeben. Weit gefehlt! Astrologische Fachmänner und -frauen können uns lehren, den Lehrplan zu lesen. Doch begreifen und umsetzen müssen wir ihn schon selbst – so, wie wir auch unsere Träume mit Leben erfüllen und in die Tat umsetzen müssen, um ihnen gerecht zu werden.

Warum hat der eine soviel Glück in materieller Hinsicht, während sein Nachbar scheinbar nur vom Pech verfolgt wird? Was zeichnet den Kollegen aus, daß er so gut mit seinen Mitmenschen klarkommt, während der Nebenmann überall aneckt und sich unbeliebt macht? Es sind die unterschiedlichen Aufgabenschwerpunkte und Reifegrade, die uns Menschen bei aller Gemeinsamkeit doch wesentlich unterscheiden. Und es hat einen Grund, eine Ursache, wenn wir finanziell sorglos leben können, ein glückliches Familienleben haben oder andererseits uns ständig mit Hindernissen herumschlagen müssen. Diese Ursache liegt in unserem selbstgewählten Lehrplan begründet. Es macht deshalb keinen Sinn, sich über dieses Leben zu beschweren. Statt dessen können wir uns fragen, was die Lebenslage über uns aussagt. Warum haben wir uns dieses Leben ausgesucht? Wie kann es möglich sein, daß die unzähligen Menschen, deren Erdendasein von unsagbarer Not, Pein und Armut geprägt ist, freiwillig ein solches Dasein gewählt haben sollen? Impliziert eine solche Sichtweise nicht einen Fatalismus, der die Bessergestellten aus der Verantwortung für den Mitmenschen entläßt?

Nein! Von der Pflicht, dem Nächsten zu helfen, ist durch diese Sichtweise niemand befreit. Aber woraus erwächst das Gebot, etwas zu tun oder es zu lassen? Sind es moralische Werte einer Zeit und Gesellschaft? Ist es schlechtes Gewissen oder die Hoffnung, dadurch in den Himmel zu kommen? Es gibt sicher allerlei Motive. Doch ob sie unserem individuellen Lehrplan gerecht werden, ist fraglich. Wir sind mit einer bestimmten Aufgabe in diese Welt gekommen, und unser höchstes Ziel kann es darum nur sein, dieser Bestimmung gerecht zu werden! Welche Richtlinien sollten gültiger sein als der uns innewohnende Entwicklungsplan? Ist es nicht so, daß wir Gottes Willen gerade dadurch tun, daß wir unserer Seele folgen, anstatt irgendeinem, von Menschen aufgestellten, Moralkodex zu huldigen? Heißt es nicht in der Bibel: »Man soll Gott mehr gehorchen als den Menschen«?

Das Horoskop kann in dieser Hinsicht als »Karmagramm« verstanden werden. Der Begriff Karma, der aus der indischen Philosophie stammt, sagt uns, daß über die Einzelinkarnation hinausreichend ein unvergänglicher innerer Wesenskern als verbindendes Glied existiert.

Wir werden nicht als unbeschriebenes Blatt zufällig in ein bestimmtes Milieu hineingeboren, sondern wählen (entsprechend dem seelischen Reifegrad) vor der Verkörperung die Eltern und Umgebung aus, die unserem neuen Lebensplan am ehesten gerecht werden. Elternhaus und die weiteren Lebensstationen werden dem inneren »Programm« Rechung tragen. Es ist verständlich, daß wir uns mit den guten, schönen und angenehmen Seiten des Lebens leichter identifizieren können als mit den Schattenseiten. Für eine Seele aber, die nach Entfaltung strebt und für deren raum- und zeitloses Wesen ein Erdenleben wie ein kurzer Ausflug erscheinen muß, ist Komfort völlig nebensächlich – falls wir dieses Thema nicht als Schwerpunkt auf unserem Lehrplan stehen haben.

Das Horoskop als Karmagramm drückt durch seine Konstellationen astrosymbolisch unser Karma aus. Auch wenn uns jetzt nicht mehr bewußt ist, wie wir dazu gekommen sind – und uns die Erinnerung an die »Schandtaten« der vergangenen Leben erspart bleibt –, ermöglicht uns diese Hintergrundbeleuchtung doch zu verstehen, daß unsere Erfahrungen eingeplant und deshalb mehr oder minder unvermeidlich sind. Was wir verändern können, was unser freier Wille ausrichten kann, gelingt nicht durch Austricksen des Schicksals – dazu sind wir nicht in der Lage! –, sondern durch ein immer tieferes Verständnis unserer Existenz. Und als angenehmer »Nebeneffekt« einer bewußteren Wahrnehmung und Akzeptanz unserer Aufgaben ist uns zuweilen die freie Wahl der Kulisse für die jeweilige Lektion gestattet. Ein – nicht nur intellektuelles – Studium des Horoskops kann uns zu der Einsicht verhelfen, daß die Umstände unseres Lebens weder zufällig noch chaotisch über uns hereinbrechen, sondern, wie nach einem sorgfältig ausgearbeiteten Lebensentwurf, planmäßig in Erscheinung treten.

Träume – die Politik des Unbewußten

Als entscheidende ordnende Kraft in unserem Staatsgefüge versteht sich die Politik. Vom Standpunkt gesellschaftspolitischer Akteure mag die innere Arbeit mit den Träumen als unpolitische Selbstversunkenheit oder narzißtische Selbstbespiegelung erscheinen. Man unterstellt dabei eine Abwendung von den gesellschaftlichen Herausforderungen des täglichen Lebens wie etwa der Umweltproblematik, Arbeitslosigkeit, dem Rechtsradikalismus und so fort. Um die Bedeutung der Traumarbeit vor diesem Hintergrund zu beleuchten, sollte zunächst der Begriff »Politik« definiert werden. Das »*dtv-Brockhaus-Lexikon*« versteht darunter im weiteren Sinne »jede Beschäftigung mit und jede Einflußnahme auf Gestaltung und Ordnung des Gemeinwesens«.

Woraus setzt sich aber dieses Gemeinwesen zusammen, wenn nicht aus den einzelnen Individuen? Die beste und auf Dauer einzig erfolgversprechende Art der positiven Gestaltung des Kollektivs kann daher nur in der Weiterentwicklung des Einzelwesens bestehen. Je mehr Staatsbürger, als Teile des Ganzen, den ihnen *entsprechenden Platz* einnehmen, desto größer werden Ordnung und Harmonie des ganzen Volkes sein. Im entgegengesetzten Fall kann man eigentlich nicht von einer Gemeinschaft sprechen, sondern lediglich von einer Ansammlung von Einzelpersonen. Im kleinen läßt sich dieser Unterschied im Gruppenerleben nachvollziehen. Da sind einerseits die Gruppen, die wirklich eine funktionierende Einheit bilden und den Namen verdienen, andererseits die Ansammlungen von Egos, die keine Gemeinsamkeit herstellen können und deshalb als Gemeinschaft handlungsunfähig sind.

C. G. Jungs Kommentar zu diesem Thema: »Es ist ohne weiteres klar, daß eine soziale Gruppe, die aus verkrüppelten Individuen besteht, keine gesunde und auf die Dauer lebensfähige Institution sein kann; denn nur diejenige Sozietät, welche ihren inneren Zusammenhang und ihre Kollektivwerte bei größtmöglicher Freiheit des einzelnen bewahren kann, hat eine Anwartschaft auf dauerhafte Lebendigkeit. Da das Individuum nicht nur Einzelwesen ist, sondern auch kollektive Beziehung zu seiner Existenz voraussetzt, so führt auch der Prozeß der Individuation nicht in die *Vereinzelung*, sondern in einen intensiveren und allgemeineren Kollektivzusammenhang.« (»*Gesammelte Werke*«, Band 6, S. 825).

C. G. JUNG postulierte in seinem Werk die moralische Pflicht des zivilisierten Menschen zur Individuation. Er meinte damit in erster Linie die Notwendigkeit, die infantilen Projektionen zurückzunehmen und wirklich erwachsen zu werden, das heißt Eigenverantwortung zu übernehmen. Wie die leidvollen Ereignisse der Hitlerzeit lehren, ist es eben auch von eminenter kollektiver Bedeutung, ob der einzelne Bürger eine integre Persönlichkeit entwickelt hat oder für dubiose Zwecke manipulierbar ist. Die gegenwärtig wachsende Ausländerfeindlichkeit nicht nur in Deutschland bringt uns allen in Erinnerung, wie leicht die zerstörerischen Kräfte aus dem Unbewußten heraus das Ich-Bewußtsein überfluten können, so daß zum Beispiel dumpfe Haßgefühle und die Angst vor dem Fremden aus dunkler Vergangenheit sich den Weg nach oben bahnen: destruktiv, weil unterentwickelt und nicht in die Persönlichkeitsstruktur integriert! Die Gefühle sind *Schatten* geblieben und unserem Bewußtsein fremd – und werden zur Abwehr auf den fremden Mitmenschen projiziert!

Die Arbeit an der Individuation, mit der vorrangigen Aufgabe, die Schattenseiten – etwa über die Träume – zu integrieren, ist daher als eine wesentliche Grundlage der Politik- und Gesellschaftsfähigkeit eines Individuums anzusehen.

Die Seele, die ein größeres, weiteres Panorama der Existenz vor »Augen« hat als unser Ego, macht Politik über die Träume. Wegweisende Ratschläge und Perspektiven, die weit über die beschränkte rationale Ebene hinausreichen, werden nicht ausgedacht, sondern geträumt oder in Visionen geschaut. Im alten China bedienten sich die Herrscher des I-Ging-Orakels, und die alten Griechen befragten in wichtigen Staatsangelegenheiten das Orakel von Delphi. Damals existierte noch ein Gespür für die Relation zwischen dem Ich und dem Unter- beziehungsweise Überbewußtsein, auch wenn diese Begriffe sicher noch nicht zum Wortschatz zählten. Unsere Vor-Vorfahren verfügten über die notwendige Bescheidenheit, um zu erkennen, daß sie vom Verstand allein das Volkswohl nicht abhängig machen konnten. Die Politik der heutigen Zeit sieht da ganz anders aus. Jede Partei tritt mit dem Anspruch an, den richtigen Weg in eine positive Zukunft zu weisen und die besten Konzepte dafür zu liefern. Gleich, welche parteipolitische Couleur – in dieser Hinsicht existiert kein Unterschied: Politik ist die ausschließliche Domäne der Ratio. Tatsächlich ist aber durch die illusionslose Betrachtung der Welt leicht nachzuvollziehen, daß die »Nur-Kopf-Politik« in Sackgassen hineinführt und keine wirklichen Neuanfänge ermöglicht. Die Politikverdrossenheit unserer Tage hat eine wesentliche Ursache darin, daß die Menschen es allmählich leid sind, dieses unfruchtbare und kostspielige Schauspiel zu unterstützen. So sind wir alle gefordert, nach Alternativen zu suchen. Warum nicht einen Versuch mit Hilfe der Träume wagen?

Natürlich haben nicht alle Träume direkte kollektive Bedeutung und unmittelbare »politische Relevanz«. Nicht jeder Traum hat eine nationale Dimension wie der des Pharao im alten Ägypten. Das liegt aber sicher auch daran, daß die Traumkultur in unserer westlichen Zivilisation noch immer ein Schattendasein führt. Den Äußerungen der Seele wird mit einer Arroganz begegnet, die sich nur durch Unwissenheit entschuldigen läßt. Unser kleines Ego verhält sich dabei so, als wenn sich ein Fisch im großen Ozean über das Meer und seine Gesetzmäßigkeiten erheben wollte. Sicherlich würde eine zunehmende Integration der Träume in den Alltag hinein auch dazu führen, daß – von geigneten Medien geträumte – »große Träume« von vielleicht globaler Tragweite ins Bewußtsein der Menschen dringen. Die Seele weiß Lösungen, die unser einseitiges Denken nicht finden kann. Da wir die allermeisten Träume verschlafen, bleibt auch völlig unklar, wie viele prophetische und revolutionierende Träume gleich wieder in der Versenkung verschwinden.

Doch auch die Träume mit (scheinbar) ausschließlich individueller Bedeutung tragen indirekt zum Gemeinwohl bei, denn sie helfen dem Träumer beim Erwachsenwerden. Nehmen wir als Beispiel den überarbeiteten Familienvater, der – aufgerüttelt durch (Alp-)Träume – sein Verhalten grundlegend ändert und sich etwa wieder mehr sich selbst und der Familie zuwendet. Sein Handeln wirkt sich nicht nur individuell aus, sondern auf die ganze Familie. Eine Kettenreaktion wird in Gang gesetzt, denn die betroffenen Angehörigen werden diese neuen Impulse früher oder später ebenfalls weitertragen. So könnten Scheidungen – mit ihren materiellen und psychischen Folgen – vermieden werden. Wäre das nicht die beste Art der Familienpolitik? Den Weg der Seele zu gehen bedeutet eine Politik zu betreiben und zu unterstützen, die ein freies, seiner selbst bewußtes Individuum zum Ziel hat, das seine Arbeit für die Welt kennt und dazu fähig ist. Es ist zumindest fraglich, ob die derzeit praktizierte Politik dasselbe Ziel verfolgt.

Die Astrologie könnte ihren Teil zu einer umsichtigeren und vorausschauenden Politik beitragen, da sie einen Blick auf künftige, alle Menschen betreffende Zeiterfordernisse gewährt. Kriege und wirtschaftliches Elend könnten vermieden, Unsummen von Steuergeldern gespart werden, wenn wir Änderungen des Zeitgeistes nur früh genug erkennen würden. Damit soll nicht der Hellseherei das Wort geredet werden, denn es kann nicht darum gehen, exakte Ereignisse der Zukunft vorauszuwissen. Die Erscheinungen der äußeren Welt können innerhalb eines gewissen Rahmens geformt werden. Ereignisse, welche die gesamte Menschheit betreffen, sind im Kollektivbewußtsein vorgeformt. Wird sich eine Nation der negativen »Gestalten« bewußt, die sie unbewußt in »Teamwork« erschafft – etwa Fremdenfeindlichkeit, Rezession, Kriege –, können rechtzeitig vor ihrem Auftreten positive schöpferische Gegenmaßnahmen ergriffen werden. Und andererseits könnten die Geniesprünge, die sich in der Volksseele herausbilden, früher wahrgenommen und umgesetzt werden.

Ein Beispiel dazu, bei dem es um die Verschwendung des Volksvermögens geht: Kurz vor dem Niedergang der kommunistischen Systeme in Osteuropa und der folgenden Wiedervereinigung der beiden deutschen Staaten wurde in der damaligen Bundeshauptstadt Bonn mit dem Bau eines neuen Plenarsaals für den Deutschen Bundestag begonnen. Eine absolute Fehlinvestition von etwa dreihundert Millionen DM, wie sich nach dem Mauerfall herausstellte, denn Berlin wurde als Hauptstadt reaktiviert. Für das Millionengebäude gibt es nach dem Umzug des Parlaments und der Regierung natürlich keine adäquate Verwendung mehr, die den Kostenaufwand rechtfertigen würde. Die vorherige Befragung der Träume beziehungsweise der »Sterne« hätte ermutigen können abzuwarten. Die markanten Konstellationen der kollektiv wirksamen Planeten URANUS (Kraft des Umbruchs) und NEPTUN (Auflösungsenergie) in diesen Jahren haben auf größere politische Veränderungen und Umbrüche hingewiesen. Ihre mehrjährige Konjunktion im STEINBOCK (Archetyp der Staatsmacht, Politik und der Grenzen) hat dramatische Veränderungen vor allem im Staatswesen und bei Grenzfragen angezeigt. Natürlich war die exakte Auswirkung nicht vorauszusehen! Mit wachem Blick auf das Weltgeschehen und Gespür für den Zeitgeist hätte man vor dem Hintergrund dieser sich notwendig auswirkenden Konstellation jedoch mögliche Entsprechungen ableiten und mit wichtigen Entscheidungen noch abwarten können.

Von weit größerer Tragweite als der Bundestagsumbau war und ist in diesem Zusammenhang der Umgang der regierenden Politiker mit der deutschen Wiedervereinigung. Statt eine allmähliche Annäherung und natürliches Zusammenwachsen zu ermöglichen, stellte der amtierende Bundeskanzler, ein WIDDER-Geborener, im Eilverfahren (wie es dem WIDDER-Prinzip entspricht) die politische Einheit her – wobei natürlich nicht gesagt ist, daß Politiker anderer Parteien tatsächlich wesentlich anders vorgegangen wären. Die negative Bilanz für das ehemalige Ost- und Westdeutschland, die in ökonomischer (enormer Anstieg der Staatsverschuldung und Arbeitslosigkeit) und psychologischer Hinsicht (die inneren Mauern zwischen den Ost- und den Westdeutschen) spürbar wird, verdeutlicht, daß auch die Kollektivseele Zeit für Zusammenwachsen, Wachstum und Veränderungen braucht oder gebraucht hätte.

Werfen wir noch einen Blick auf ein gegenwärtig umstrittenes Thema: den massiven Ausbau des Straßennetzes und die damit verbundene weitere

Zunahme des Individualverkehrs. Umweltschützer wie auch namhafte Verkehrsplaner halten eine solche Verkehrspolitik für einen Schritt in die falsche Richtung und fordern statt dessen einen grundlegenden Ausbau des öffentlichen Verkehrs. Was ist nun richtig? Sehen wir einmal von den allgemein bekannten massiven Umweltschäden ab, die der »Autowahn« verursacht, und werfen wir einen Blick in die »Sterne«. Das astrologische Symbol der Kollektivkraft, die auch den Bereich der öffentlichen Verkehrsmittel einschließt, ist das WASSERMANN-Zeichen. Zum einen wurde bereits dargestellt, daß wir uns derzeit in der Ära dieses Archetypen bewegen. Und zum anderen können wir astrologisch feststellen, daß der Zeitgeist 1996 mit dem URANUS-Wechsel und 1998 mit dem NEPTUN-Transit in den WASSERMANN sich ganz in Richtung auf das Kollektive, das heißt auch öffentliche Verkehrsmittel, entwickeln wird – freiwillig oder aus purer Notwendigkeit! Viele Milliarden Mark Steuergelder, die derzeit für den Ausbau der Autobahnen ausgegeben werden, sind vor dem Hintergrund dieser Konstellationen »in den Sand gesetzt« und könnten sinnvoller schon jetzt für die Erfordernisse der kommenden Zeit aufgewendet werden. Auch der Pharao im alten Ägypten folgte einst ohne sichtbare äußere Not dem Rat der Träume und begegnete der nahenden Hungerperiode durch das Anlegen von riesigen Vorräten.

Daß Traumarbeit und Astrologie in den politischen Bereich einbezogen werden, ist eine Zukunftsperspektive. Die gesellschaftspolitisch relevanten Träume – geträumt, gedeutet und umgesetzt von kompetenten »Traumparlamentariern« und eventuell ergänzt durch das astroenergetische Wissen um die Zeitqualität – würden helfen, die politischen Umwege und Sackgassen zu reduzieren. Vorausgesetzt natürlich, das »oberste Staatsziel« bewertet den Weg und die Belange der Seele höher als die rationalen Erwägungen und intellektuellen Ansichten der einzelnen. Bis sich ein solches auf die *Ewigkeit* der Seele ausgerichtetes Weltbild durchsetzt, wird wohl noch einige Zeit vergehen.

Ein Blick in die »Sterne« stimmt zuversichtlich. Zeigen diese doch für die kommenden Jahre und Jahrzehnte weitere tiefgreifende Veränderungen an, die einen Bewußtseinswandel hin zum Seelischen begünstigen werden.

Weitere Ausführungen zu diesem Thema und Traumbeispiele dazu finden Sie im STEINBOCK-Band.

11. WASSERMANN
Die Rätsel als Orakel

Haben wir bei unserer Betrachtung der Lebensrätsel deren innere Ordnung und Stimmigkeit erkannt, kommen wir nicht umhin, sie direkt mit unserem Dasein in Verbindung zu bringen. Was uns auch im Alltag oder im Traum widerfährt – es steht in einem intimen Zusammenhang mit uns. Kein blinder Zufall kann mehr zum Sündenbock gemacht werden, wenn wir realisieren, daß wir alles, was uns begegnet, auch selbst sind. Es klingt paradox: Nachdem wir das Rätsel gelöst haben und nun wissen, daß alles Geschehen eine bestimmte Bedeutung und Botschaft für uns hat, haben wir doch auch den grundsätzlich rätselhaften Charakter der Dinge und Ereignisse erkannt. Es ist klar: Stünden die Dinge des Lebens nicht in einer inneren Berührung mit und Entsprechung zu unserem Dasein, hätten sie uns auch nichts zu sagen, keine Botschaft zu vermitteln, kein Rätsel aufzugeben.

Daran, daß die Erscheinungen dieser Welt uns Rätsel aufgeben, wird ihre orakelhafte Bedeutung sichtbar. Umgekehrt wurzeln alle Orakelsysteme im einem Weltbild, das keine planlosen, sondern vielmehr sinnvolle Zufälle zur Grundlage hat.

»Wie oben, so unten« – das Leben als Entsprechung

Die spätantike Mystik hat uns den folgenden tiefsinnigen Satz aus der *»Tabula smaragdina«* des HERMES TRISMEGISTOS hinterlassen:

»Himmel oben / Himmel unten / Sterne oben / Sterne unten. Alles was oben / Dies ist auch unten / Erfasse es, und freue dich.«

Kommt uns da nicht irgend etwas bekannt vor? Drücken wir nicht im christlichen Vaterunser das gleiche aus, wenn wir beten: »Wie im Himmel, also auch auf Erden«? Was aber ist die eigentliche Bedeutung dieser Bitte und Feststellung? Und hat diese Erkenntnis Auswirkungen auf das alltägliche Leben?

Ja – denn sie stellt das rationale und lineare Denken unserer heutigen Zeit grundlegend auf den Kopf. Das oberste Prinzip unseres naturwissenschaftlichen Weltbildes, die Kausalbeziehung des Wenn – Dann, wird dadurch entthront. Was ist der Unterschied? Würde der Satz lauten: »Wenn im Himmel, dann auf Erden«, bliebe alles beim alten. Das entspricht auch einer überholten Sicht der Astrologie, die kausale Beziehungen zwischen den Himmelserscheinungen und den irdischen Geschehnissen herstellt(e): »*Wenn* der Saturn in Opposition zum Mars steht, *dann* geschieht ein Unglück.« Das unterscheidet sich fundamental von der Aussage »*wie* (im Himmel) – *so auch* (auf Erden)«. Anstatt ursächliche Beziehungen zwischen den Erscheinungen der verschiedenen Ebenen herzustellen, haben wir es bei dieser Sichtweise mit *Entsprechungen* zu tun. Ein Autounfall ist dann nicht mehr Resultat einer astrologischen Konstellation, sondern deren mögliche irdische *Analogie*.

»Wie oben – so unten« setzt aber nicht nur das kosmische Geschehen in Beziehung zu den Erscheinungen der irdischen Welt, sondern macht gleichermaßen die Verbundenheit des äußeren Kosmos mit der Innenwelt deutlich. »Wie außen – so innen« lautet die Übersetzung, wenn wir den Himmel als die innere Welt des Seelisch-Geistigen und die Erde als deren physische Außenseite ansehen. Dieses Prinzip, das wir als »Denken in Analogien« bezeichnen können, läßt sich auf alle Lebensbereiche anwenden. Jede innere seelische Konstellation findet ihre Entsprechung auf körperlicher und auf kosmischer Ebene. Und umgekehrt spiegeln die kosmischen Zyklen – als himmlische Uhr sozusagen – wider, *was* die Stunde für die Gemeinschaft wie für den einzelnen geschlagen hat, welche Zeitqualität vorherrscht. Egal welche Dimension wir betrachten – Kosmos, Physis, Seele –, jede steht in einer sinnvollen Entsprechung zu den anderen. Dieses Prinzip der Entsprechungen liefert uns Antworten auf Fragen, die vom Kausalgesetz nicht erklärt werden können.

Ein alltägliches Beispiel: Warum reagiert der eine Kettenraucher auf sein Laster mit dem physischen Symptom Lungenkrebs, während ein anderer ein hohes Alter in Gesundheit erreicht und zum hundertsten Geburtstag der erstaunten Öffentlichkeit verkündet, das Rauchen habe ihn »fit gehalten«? Gäbe es *nur* einen kausalen Zusammenhang zwischen Rauchen und Lungenkrebs, müßte letztendlich ein jeder Raucher früher oder später – je nach Konstitution und anderen individuellen Bedingungen – dieses Krankheitsbild entwickeln. Dem ist aber nicht so, wie uns die Lebenspraxis zeigt. Betrachten wir das Phänomen unter dem Aspekt der Entsprechungen, dann müssen wir zunächst nach dem *Warum* des Rauchens fragen. Welcher inneren Konstellation entspricht der kontinuierliche Griff zur Zigarette? An diesem Punkt liegen die Unterschiede. Wollen wir damit etwas überdecken, oder rauchen wir wirklich aus Freude am Tabakgenuß? Verbergen wir Unsicherheit oder Kommunikationsschwierigkeiten hinter dem Glimmstengel? Das Rauchen unter letztgenannten Vorzeichen entspringt sicher keiner gesunden inneren Einstellung. Jede Verdrängung von Impulsen, auch von unangenehmen, bedeutet letztlich ein Unterdrücken von aufkommender Lebendigkeit. Wie jede innere Verfassung früher oder später auch körperliche Auswirkungen zeigt, so auch diese lebensfeindliche Einstellung, wenn wir unseren Ängsten, Aggressionen, Leidenschaften, unserer Trauer etc. keinen Raum geben. Die lebenszerstörende (besser gesagt: die Lebensform vernichtende) Krankheit Krebs stellt dann eine physische Entsprechung zur seelischen Lebensfeindlichkeit dar. Nikotin und Teer wirken als Medium, damit sich die Krankheit körperlich manifestieren kann. Sie bilden das physische Pendant zu den psychischen Schadstoffen. Beseitigen wir die Entsprechung (hier: das Rauchen), ohne die innere Konstellation zu verändern, werden sich andere passende Analogien (zum Beispiel ein anderes Suchtverhalten) einstellen. Wenn wir jedoch den inneren Grund für die körperlichen Symptome begreifen, kann uns das zum Schlüssel des Rätsels werden, dessen Lösung wir bisher ausgewichen sind. Mit wachsendem Bewußtsein werden wir reif für »höhere« Entsprechungen.

Dieses Beispiel läßt sich auf alle anderen Ebenen übertragen. Ist Zucker nun schädlich oder nicht? Nach dem Entsprechungsprinzip macht uns nicht der Zuckergenuß krank, sondern der Mangel an Gefühlen, den wir durch erhöhten Zuckerkonsum erfolglos zu kompensieren versuchen. Innere Problematiken können eben nicht allein auf der äußeren Ebene behoben werden. Ich ändere nichts an meinem Problem, wenn ich einsam oder frustriert massenweise Süßwaren verspeise, um diesen Zustand zu »versüßen«. Es geht nicht in erster Linie darum, ob Schokolade im allgemeinen eine schädliche Wirkung auf den Körper hat, ein übermäßiger Zukkerkonsum *entspricht* vielmehr häufig einem unverarbeiteten kindlichen Defizit an Nähe und Zuwendung. Bin ich frei von solchen inneren Konflikten, macht mich auch der Zucker oder die Zigarette nicht krank – denn dann werde ich kein oder viel weniger Verlangen danach haben.

Überhaupt können wir feststellen, daß alle Erscheinungen in dieser Welt Entsprechungen unserer energetischen Konstellation sind. Unser Körper, unsere Träume, unser Umfeld, die Zeit, in der wir leben, unser Heimatplanet – alles Analogien unserer innersten Wesensnatur beziehungsweise des Reifegrades der Seele und ihrer Aufgaben. Die Stadt, in der wir leben, unser Partner, unsere Kinder, die Arbeit: Wohin wir auch blicken, sind wir umgeben von Menschen, Dingen und Situationen, die irgendwie in einer sinnvollen Entsprechung zu uns stehen. Das bedeutet nun nicht, daß alles so bleiben muß, wie es ist. Im Gegenteil! Wir sind ja gerade deshalb in die Lebensschule gekommen, um an der Formung unseres Wesens weiterzuarbeiten. Wenn uns ein Wandel gelingt, verändern sich auch die Entsprechungen und unser Umgang damit. Nach der Bearbeitung und Lösung eines Themas, das sich beispielsweise in unserem Broterwerb ausgedrückt hat, steht die Tür offen für eine berufliche Verbesserung oder Veränderung. Gelingt es uns trotz aller Mühe nicht, eine schönere Wohnung zu finden oder zu finanzieren, dann scheint oft die alte, vielleicht ungeliebte Behausung uns mehr zu entsprechen als die anderen. Warum, das kann nur jeder für sich selbst herausfinden!

Vor pauschalen Deutungen und Bewertungen der äußeren Umstände im Sinne von Entsprechungen sei jedoch gewarnt. Nicht jeder Millionär muß gleichzeitig einen guten Zugang zu seinem inneren Reichtum haben! Es ist nicht auszuschließen, daß der Preis, den er für seinen materiellen Besitz bezahlt, in der Verdrängung der seelischen Ebene besteht. So gesehen wäre sein Millionärsdasein eine Entsprechung seines Materialismus. Sicherlich gibt es aber auch wohlhabende Menschen, die tatsächlich ihren inneren Reichtum im Außen widergespiegelt finden. Sie unterscheiden sich vom Materialisten dadurch, daß sie an ihrem Besitz nicht krampfhaft hängen und ihn sinnvoll – gemäß seiner Entsprechung! – einsetzen. Fazit: Ohne den individuellen Menschen, um den es geht, wirklich zu kennen, sollte man sich vor Deutungen hüten! In erster Linie ist eine solche Interpretationsweise für die eigenen Lebensumstände sinnvoll anzuwenden.

Nicht selten trifft es zu, daß die Entwicklung eines inneren Wesensteils hinter dem Lebensalter zurückgeblieben ist. Auf dem Papier mag man dann zwar als erwachsen gelten – mit allen Rechten und Pflichten –, der betreffende psychische Bereich ist jedoch nicht weiter entwickelt als bei einem Kleinkind oder Jugendlichen. Der Umstand wird in unserer Lebenssituation seine Entsprechung finden: in einem unbefriedigenden Job, schwierigen Kindern oder Partnern oder anderem. Es mag paradox klingen, doch wenn unser körperliches Alter nicht in Entsprechung zur seelischen Reife steht, dann findet auch das seinen Niederschlag in einer sonstwie gearteten Korrelation.

Wir tragen aber nicht nur eine Seite in uns, wie auch NOVALIS erkannte: »Jeder Mensch ist eine kleine Familie.« Jedes dieser unterschiedlich beschaffenen und entwickelten »Familienmitglieder« unserer Psyche findet sein Pendant in der Außenwelt. Je wichtiger uns die jeweilige innere Instanz ist, je mehr wir uns damit identifizieren, desto größeren Raum wird die korrespondierende Entsprechung in unserer Lebenssituation einnehmen. Wollen wir in Erfahrung bringen, welcher Wesenszug Priorität besitzt, brauchen wir nur darauf zu schauen, was in unserem Alltagsleben die Hauptrolle spielt.

Im Wort Entsprechung klingt auch »sprechen« an. Und es ist auch so, daß die Entsprechungen uns ansprechen wollen. Tag für Tag. Immer aufs neue sprechen unsere Angewohnheiten, unsere Lebenslage, unser Körper, unsere Träume zu uns. Die Entsprechung will uns etwas sagen – darüber, wie es in uns aussieht.

Vielleicht will der Leser an dieser Stelle einmal innehalten, sich auf einen eigenen Lebensbereich konzentrieren (am besten einen, der sich spontan meldet!) und sich selbst die Fragen stellen: »Für welche innere Konstellation könnte diese oder jene Gewohnheit oder Lebenslage eine äußere Entsprechung sein? Was verrät mir die physische Ebene über mein inneres Befinden? Welche Einstellung oder welches Verhalten müßte ich innerlich ändern und aufarbeiten, damit sich der äußere Bezugsrahmen ändern kann? Oder umgekehrt: Welche äußere Veränderung, welcher Entzug von Dingen oder Gewohnheiten bringt mich wieder in direkten Bezug zu dem korrespondierenden inneren Komplex und hilft mir, eine notwendige innere Wandlung zu vollziehen?«

Mit der Deutung des Horoskops ergänzen wir die Entsprechungen des Alltags durch die astroenergetischen Analogien. Beim Blick auf unser Geburtsbild sollten wir uns vorrangig die Frage stellen: In welcher Entsprechung steht mein alltägliches Leben und Erleben zu dieser symbolischen Konfiguration? Und um diese Frage beantworten zu können, müssen wir einiges über die Entsprechungen der astrologischen Symbole wissen. Dabei geht es nicht etwa darum, alle möglichen Analogien auswendig zu lernen – das wäre stumpfsinnig und unkreativ. Vielmehr sind wir dazu aufgefordert, ein »Gespür« für die Tierkreiszeichen zu entwickeln. Kennen wir das jeweilige Prinzip, fällt es nicht mehr schwer, seine Entsprechungen in den verschiedenen Lebensbereichen herauszufinden. Umgekehrt tragen die mannigfachen Entsprechungen der »Sternzeichen« dazu bei, die dahinter wirkenden Archetypen zu erahnen. Die astrologische Symbolik wird dann zu einem Bindeglied zwischen der Analogie und der eigentlichen Bedeutung.

Kommen wir zurück auf unser Beispiel von den Süßigkeiten: Wir haben es hier mit der Entsprechung des KREBS-Archetypen auf der Nahrungsebene (STIER-Bereich) zu tun. Beim KREBS treffen wir auf die Welt der Gefühle, das weiblich-mütterliche Prinzip, das Seelisch-Naturhafte. Süßigkeiten und Gefühle – zwei grundverschiedene Aspekte der Welt, die doch über die Entsprechungen in einer senkrechten Linie miteinander in Verbindung stehen. Ob Psyche oder Beruf, Körper, Krankheitsbild, Gegenstände, Tiere, Pflanzenwelt und Mineralien – auf jeder Seinsebene kommen die Tierkeiszeichen zum Ausdruck. Auf sie ist alles zurückzuführen, sie sind die *Überschriften* und *Bindeglieder* ihrer vielfältigen Entsprechungen.

Alle Entsprechungen eines Archetypen sind also in *senkrechter* Linie miteinander verwandt. Sie lassen sich miteinander in Beziehung setzen, ergänzen und erklären sich dadurch gegenseitig und tragen auf ihre Weise zur Lösung der Rätsel bei. Nehmen wir als Beipiel das JUNGFRAU-Zeichen. Entsprechungen sind beispielsweise: Gesundheit, Reinheit, Arbeit, Bereitschaft zu dienen, Treue, Bescheidenheit, Fähigkeit zu Analyse, Diagnose, Zweifel, Problembewußtsein, Effektivität, Methodik, Kritikfähigkeit. Vorausgesetzt wir wissen um die Beziehung zum JUNGFRAU-Prinzip, können wir Verbindungen zwischen ihnen herstellen. Eine Kurzfassung dazu: *Gesundheit* setzt *Arbeit* an der seelischen und körperlichen *Reinigung* voraus. Um *effektiv* an seinen Problemen arbeiten zu können, sind eine vorherige *Analyse* und *Diagnose* notwendig. *Zweifel* an der bisherigen Lebensweise sind angebracht, damit wir überhaupt damit beginnen, unser Dasein zu *problematisieren*. Für eine *effektive Seelenreinigung* ist eine individuell stimmige *Methode* hilfreich. Um die Spreu vom Weizen zu trennen, benötigen wir eine gute Portion *Kritikfähigkeit.* Andererseits sollten wir *Zweifel* und *Kritik* immer zusammen mit *Bescheidenheit* walten lassen, da erstere sonst leicht in Arroganz und Negativismus umkippen. Die *Gesundheit* ist eng verbunden mit der Bereitschaft zu *dienen:* Wir werden krank, wenn wir unsere Lebenskraft in den Dienst fremder Interessen stellen, statt der eigenen. Wir müssen uns *selbst treu* bleiben – und das erreichen wir entweder, indem wir die Sache, der wir dienen, wirklich zu unserer Sache machen, oder indem wir herausfinden, *wo* unser Platz im Leben ist, wo wir hingehören, wo unser Dienst an der Allgemeinheit verlangt wird, wo wir am effektivsten dem Leben dienen können.

Den Entsprechungen der Tierkreiszeichen ist ein ausführliches Kapitel in jedem Tierkreisband gewidmet. Dort findet der interessierte Leser all die Informationen und Beispiele, die er für das Eigenstudium benötigt. Um welche Bereiche es sich dabei handelt und wie sie astroenergetisch zu deuten sind, wird im vierten Teil dieses Buches dargestellt.

Alles hat seine Zeit: der energetische Fahrplan der Transite

Was werden wir tun, wenn wir mit dem Zug nach München fahren wollen? Keine Frage! Wir werfen einen Blick in den Fahrplan und finden heraus, zu welcher Zeit wir uns an welchem Bahnsteig einfinden müssen, um den gewünschten Anschluß zu erreichen. Ein solch zielstrebiges Vorgehen ist unerläßlich, wenn wir tatsächlich zu einem bestimmten Zeitpunkt in diese spezielle Stadt wollen. Doch selbst wenn wir in den falschen Reisezug eingestiegen sind, kann uns der Zugbegleiter im Abteil noch Aufschluß darüber geben, wohin uns dieser Zug bringt. Wir erhalten Auskunft über Umsteigemöglichkeiten und Anschlußzüge. Sehr selten nur wird es uns völlig egal sein, wann wir wohin geraten.

Während man beim Bahnfahren ein zeitliches Organisationssystem braucht, stellt die Astrologie ein »energetisches Kursbuch« dar; sie zeigt durch die Gestirnsbewegungen an, zu *welcher* Zeit *welche* »energetischen Züge« in *welche* Richtungen abfahren. Will man beispielsweise wissen, welcher Archetyp im kosmischen Sinfonieorchester derzeit die erste Geige spielt, dann ist der »SONNEN-Fahrplan« angesprochen. Für Fragen des allgemeinen Zeitgeistes wäre das Kursbuch des URANUS zuständig, während beispielsweise die inneren Gezeiten der Gefühle und Launen durch den MOND-Plan verkündet werden.

Alle diese »Zeitpläne« – ergänzt durch die »Programme« der restlichen Himmelskörper – bezeichnet man in ihrer Gesamtheit als die astroenergetischen *Transite.* Die Gestirnsbewegungen im Sonnensystem vor dem Hintergrund des Zodiaks sind die kosmischen Uhrzeiger der irdischen Ereignisse, die im Menschen und in der Außenwelt geschehen. Individuell reagieren wir je nach Konstellation und Bewußtseinsgrad entsprechend und unwillkürlich auf die so angezeigte, sich wandelnde Qualität der Zeit.

Um herauszufinden, welche (Planeten-)Transite zu welcher Zeit wirksam werden, genügt ein Blick in die Ephemeriden (Gestirnsstandtabellen). Mit etwas Übung bestimmen wir so in wenigen Augenblicken die *kollektive Wirkung* der Transite. Wenn beispielsweise der URANUS gegenwärtig den STEINBOCK durchzieht, dann ist der Zeitgeist (URANUS-Entsprechung) unter anderem dadurch geprägt, daß Grenzen und überholte (politische, wirtschaftliche, soziale) Strukturen (STEINBOCK) radikalen Umbrüchen (URANUS) ausgesetzt sind. Kollektiv ist die Wirkung deshalb, weil die aktuelle URANUS-Position im Tierkreis (STEINBOCK) zu dieser Zeit für alle Erdbewohner gilt und wirksam ist.

Der nächste Schritt der Transiteauswertung besteht dann darin, die herausgefundenen kollektiv gültigen Aspekte mit den individuellen Konstellationen in Beziehung zu bringen. Auf das Beispiel bezogen untersuchen wir die Verbindungen, die der transitierende URANUS mit unseren persönlichen Horoskopstellungen eingeht. Die aussagekräftigen Winkelverbindungen beziehungsweise *Aspekte*, die sich zwischen den aktuellen Planetenständen und den Geburtspositionen ergeben, und die individuelle Häusersposition stellen die persönliche Seite der Transite dar. Beispiel Geburtstag: Hier ist die SONNE in ihrem Jahreslauf exakt an die Tierkreisposition vorgerückt, die sie zum Zeitpunkt unserer Geburt einnahm. Wir sprechen dann von einer SONNEN-*Konjunktion*.

Unser Ich verfügt über einen freien Willen. Er ist eingebettet in und begrenzt durch die (inner-)kosmischen Zusammenhänge. Es ist also nicht so, daß alles zu jeder x-beliebigen Zeit passieren könnte! Vielmehr benötigen wir den »passenden Zug«, das heißt die entsprechende Zeitqualität, um in eine bestimmte (psychische) »Region« zu gelangen beziehungsweise eine spezifische Erfahrung zu machen. Ungeduld scheint aus dieser Sicht völlig sinnlos. Wer zu früh am Bahnhof erscheint, muß dort eine längere, möglicherweise nervenzehrende Wartezeit auf sich nehmen, bis der gewünschte Anschlußzug eintrifft. Wir hätten besser noch ein Bad genommen oder mit unseren Kindern gespielt! Bei solcher Ungeduld finden wir uns möglicherweise im falschen Zug wieder, und die Reisezeit verlängert sich durch die Umwege. Versäumen wir aber andererseits den Anschluß, haben wir mit dem abgefahrenen Zug eine Chance verpaßt. Freilich wird es häufig so sein, daß uns zu späterer Stunde diese Möglichkeit noch einmal geboten wird. Man sollte jedoch nicht darauf spekulieren: Manche Gelegenheiten bieten sich eben nur einmal im Leben. Es handelt sich dabei um »Zeitzüge«, deren Zeittakt Jahrzehnte oder Jahrhunderte beträgt und die wir, wenn überhaupt in unserer beschränkten irdischen Lebenszeit, nur einmal besteigen können. Auf der Ebene der Transite sind das die Umlaufzeiten der äußeren Planeten wie URANUS, NEPTUN und PLUTO, die zwischen vierundachtzig Jahren (URANUS) und etwa zweihundertfünfzig Jahren (PLUTO) liegen. Wenn PLUTO mehr als zweihundert Jahre benötigt, um eine Transitwiederholung zu einer Geburtshoroskop-Stellung einzunehmen, so geht das eben über die begrenzte Lebensdauer unseres physischen Körpers hinaus.

Ich schreibe dieses Buch am Computer. Nicht, daß ich mich als Computerfreak bezeichnen würde. Im Gegenteil – ich habe mir lange Zeit nicht vorstellen können, einmal selbst eine solche Maschine zu besitzen. Doch als die Zeit dafür reif wurde, habe ich die Gelegenheit ergriffen und bin in diesen Zug eingestiegen. In meinen Gedanken war bis zu diesem Zeitpunkt kein Platz für ein solches elektronisches Gerät. Es gab weder die Notwendigkeit, noch ahnte ich, um wieviel effektiver man damit Bücher schreiben kann. Bis ich den Gatten einer Kollegin kennenlernte. Er war ebenfalls Autor und arbeitete ausschließlich am Computer. Etwa zum Zeitpunkt dieses inspirierenden Treffens nahm auch die Idee zu der Tierkreis-Buchreihe Form an, was für die nächste Zeit umfangreiche Schreibarbeiten versprach. Astroenergetisch gesehen durchlebte ich gerade einen URANUS-Transit, genauer gesagt dessen *Konjunktion* mit meinem MC (Himmelsmitte) im STEINBOCK im neunten Haus (SCHÜTZE-Haus). Diese astroenergetische Entsprechung half mir, die »Gunst der Stunde« als solche zu erkennen und in den bereitstehenden Zeitzug einzusteigen. Die Transite sagten mir, daß mit dem URANUS im STEINBOCK eine *radikale Veränderung* (URANUS) in mein *Berufsleben* (MC im STEINBOCK) eintreten wollte, mit der ich mich auch identifizieren konnte (Konjunktion). Gleichzeitig bedeutete mir die URANUS-Symbolik auch, das Vorhaben mit *entsprechenden* Mitteln (*Computer* ist URANUS-Entsprechung!) auszuführen. Diese Konstellation spielte sich in meinem neunten Haus (SCHÜTZE-Haus) ab: Jener Bekannte als SCHÜTZE-Geborener trug wesentlich dazu bei, mich für diesen Weg zu *begeistern* (SCHÜTZE-Entsprechung). Als ich dann mit dem Projekt und der Computerarbeit begann, realisierte ich, daß ein solches technische Hilfsmittel mein Unternehmen sehr erleichterte. Der Erwerb des Geräts im JUNGFRAU-Monat bestätigte mir, daß für mich die *Effektivität* und *Ökonomie* bei der *Schreibarbeit* (JUNGFRAU-Entsprechung!) von zentraler Bedeutung sind und nicht etwa Computerspiele, Berechnungen und dergleichen. Es war sicher kein Zufall, daß mich eine Bekannte mit JUNGFRAU-Betonung in diese Arbeit einwies. Dabei muß ich ergänzend feststellen, daß der Computer sozusagen nur ein »Nebenprodukt« dieses URANUS-Transits war. Die Hauptentsprechung dieser Zeit stellte der radikale berufliche *Umbruch* – der Wechsel vom Sozialpädagogen zum freiberuflichen Autor und Seminarleiter. Das Wissen um meinen *Kairos*, um meine ganz individuelle Konstellation während

11. WASSERMANN: Die Rätsel als Orakel

dieser »uranischen« Zeit sowie die Träume halfen mir entscheidend, die Bedenken zu überwinden und den Sprung zu wagen. Hätte ich diese Möglichkeit, die meinen zentralen Interessen ideal entsprochen hatte, nicht ergriffen, würde sich eine andere, wahrscheinlich weniger fabelhafte Entsprechung manifestiert haben. Was das hätte sein können, darüber läßt sich im Nachhinein natürlich nur spekulieren. Mir ist jedenfalls klar, daß ich nichts anderes hätte haben wollen als das, was mir durch diesen Transit und die »Begleitträume« sozusagen ins Haus flatterte: einen Verlagsvertrag über dieses Buchprojekt ...

Bei diesem Transitebeispiel sind auch astrologische Sachverhalte zur Sprache gekommen, die der Leser und die Leserin nicht unbedingt sofort nachvollziehen kann. Die astrologisch nicht oder wenig Bewanderten sollten das Gelesene bei Interesse durch die Lektüre der Tierkreisbände (hier vor allem STEINBOCK-Band, WASSERMANN-Band für URANUS-Deutung und LÖWE-Band für MC-Definition) vertiefen.

Über die Berücksichtigung der Transite bei der therapeutischen Arbeit schreibt FRITZ RIEMANN in seiner *»Lebenshilfe Astrologie«* wie folgt:

»Für den Therapeuten bedeutet die Kenntnis der schicksalhaft fälligen Entwicklungsrhythmen, daß er Krisen eines Patienten ... in gewissen Grenzen voraussehen kann. Durch die Kenntnis der Transite hat der Therapeut zumindest eine Kontrollmöglichkeit mehr über die Situation eines Patienten zur Verfügung, und er kann sein therapeutisches Verhalten danach modifizieren, Entwicklungskrisen des Patienten als solche erkennen, die er sonst vielleicht als Regression, Widerstand oder als Agieren ansehen würde. Auch die erkennbare zeitliche Begrenzung solcher Transite kann schon eine Hilfe bedeuten« (S. 52).

Wie RIEMANN berichtet, können uns die Transite, die ja immer zeitlich begrenzte Zyklen markieren, ein Gefühl und Vertrauen dafür vermitteln, daß alle Lebenslagen, Krisen und auch euphorische Empfindungen, wie Ebbe und Flut kommen und wieder vergehen werden. Gerade in schweren Krisensituationen kann die (astrologische) Bestätigung der zeitlichen Begrenztheit große Erleichterung schaffen. Vor allem auch deshalb, weil die Zeiträume durch die Transite realtiv genau abgesteckt sind. Je nach Umlaufgeschwindigkeit variieren sie zwischen einigen Stunden (MOND-Zyklus) und einigen Jahren (PLUTO- und NEPTUN-Zyklus).

Der Begriff Transit entstammt dem lateinischen Wort transire, was hinübergehen, durchgehen bedeutet. Ein astrologischer Transit markiert dementsprechend einen Durchgang durch eine bestimmte Lebenserfahrung. Die Dauer eines Transits korreliert mit der Umlaufgeschwindigkeit des jeweiligen Planeten und variiert, wie gesagt, von kurzen Zeiträumen bis hin zu Generationen.

Lag in früherer Zeit der Schwerpunkt bei der Transitedeutung auf der Prognose konkreter Ereignisse, so verlagert er sich mittlerweile stärker auf das Erkennen innerer Zyklen und seelischer Gegebenheiten. Durch die Transite haben wir die Möglichkeit, eine Beziehung zu den vergangenen und zukünftigen Lebenslagen herzustellen. Das liegt daran, daß die Transite der *individuellen* »Planetenkräfte« mindestens einmal im Leben wiederkehren. Während der MOND-Zyklus sich etwa alle neunundzwanzig Tage wiederholt, kehrt der SATURN zirka alle neunundzwanzig Jahre an seine Ausgangsposition zurück. Auf der MOND-Ebene (Gefühle, innere Bilder) lassen sich die Transite deshalb am intensivsten erforschen und beobachten, weil sie sich im Monatsrhythmus wiederholen. Was wir bei den MOND-Transiten als kurzzeitiges und flüchtiges inneres Aufflackern erleben, bringen die wesentlich länger wirkenden SATURN-Transite auf den Boden der irdischen Wirklichkeit. Die Gefühle, die wir bei den MOND-Transiten relativ oft erfahren, manifestieren sich in der äußeren Lebenssituation (treten als »äußeres« Schicksal in Erscheinung), wenn der SATURN die entsprechende Horoskopposition berührt. Wenn man also die Defizite einer bestimmten inneren Konstellation auf der MOND-Ebene der Gefühle, Träume und Phantasien frühzeitig erkennt, kann man auch rechtzeitig an der Entwicklung jenes Komplexes arbeiten. Tritt dann die saturnale Ebene (SATURN-Transit) auf den Plan, wird die Realisierung um so weniger leidvoll ausfallen.

Vor allem die Untersuchung der rückkehrenden SATURN-Transite gestaltet sich als eine spannende Angelegenheit. Dieser Zyklus ist so gelagert, daß er von Menschen mit durchschnittlicher Lebenserwartung zwei- bis dreimal erlebt wird. Die Rückkehr des SATURN zu seinem ursprünglichen Standort innerhalb von etwa neunundzwanzig Jahren legt es nahe, die aktuellen Ereignisse und Erfahrungen in engem Zusammenhang mit der damaligen Zeit zu sehen. Das Erinnern vergangener Lebensumstände macht uns sensibler für die Anforderungen der Gegenwart. Zudem versetzt uns dieser Vergleich in die Lage, Entwicklungen, Regressionen oder Stagnationen bewußter zu erkennen.

Nicht selten werden etwa Trennungserlebnisse durch die SATURN-Transite markiert. Nehmen wir als Beispiel die Klienten, die – angeregt durch die Transitemethode – nachempfinden konnten, daß eine aktuelle Krise in der Partnerschaft ihre Parallele in entsprechenden Kindheitserlebnissen (vielleicht die Scheidung der Eltern) hatte. Diese Ratsuchenden sind meist eher in der Lage zu erkennen, daß ihre gegenwärtigen emotionalen Reaktionen genau dem Seelenzustand des Kindes entsprechen, das sie damals waren, als eine einschneidende Veränderung zu seelischen Wunden führte. Der Betreffende wird gleichzeitig aber auch eingestehen, daß seitdem viele Jahre ins Land gezogen sind und die äußeren Gegebenheiten sich grundlegend verändert haben. Aus dem einstmals seelisch und materiell abhängigen Kind ist ein erwachsener Mensch geworden, der in der Regel selbst für seine Belange sorgen kann. Zumindest in materieller Hinsicht, denn die emotionale Reaktion zeigt häufig, daß die Entwicklung der Gefühle stehengeblieben ist. Wird dem Betreffenden aber bewußt, daß seine Gefühle in der aktuellen Beziehungskrise genau dieselben sind wie seinerzeit, als sich die Eltern scheiden ließen (oder ähnliches), dann ist schon ein großer Schritt getan.

Durch die Transitemethode wurde in diesem Fall die Erkenntnis gestärkt, daß die Gefühlslage nicht dem Lebensalter entsprach. Ein derartiges Aha-Erlebnis kann die nötige Kraft und Motivation verleihen, um den ungelösten seelischen Konflikt aufzuarbeiten.

Nach dem gleichen Prinzip läßt sich natürlich auch in die Zukunft blicken. Dabei geht es nicht darum, konkrete Ereignisse vorherzusehen, sondern ein Gefühl dafür zu bekommen, wie wir uns werden. Der Schwerpunkt dieser Betrachtungen liegt in der Gegenwart, die wir bewußter und kritischer betrachten lernen, wenn wir uns Gedanken um kommende Transite machen. Wir fragen uns, wie wir damals reagiert haben, als diese Zeitqualität schon einmal ins Haus stand, überprüfen, wo wir jetzt stehen, und imaginieren, wo uns der eingeschlagene Kurs angesichts des bevorstehenden Transits hinzuführen mag.

Die Transite stellen die »Vorzeichen« dar, unter denen die verschiedenen Ereignisse stattfinden; sie zeigen an, welches Gewicht einem bestimmten Geschehen zukommt. Da wir ja meistens erst im nachhinein die Tragweite des Vorgefallenen beurteilen können – und Fehlentwicklungen bedauern, Fehlentscheidungen bereuen –, finden wir nun in den Transiten deutliche Hinweise auf die verschiedenen Aspekte einer Situation oder Lebensphase. Wir sind dadurch viel eher in der Lage, uns beizeiten auf die Zeiterfordernisse, die Möglichkeiten und Grenzen einzustellen.

Ein bekanntes Beispiel ist der Stern von Bethlehem, der den Weisen aus dem Morgenland die Geburt des Christus anzeigte. Die Ansicht des deutschen Astronomen und Astrologen JOHANNES KEPLER (1571–1630), der diesen Stern als Konjunktion der Planeten SATURN, JUPITER und MARS in den FISCHEN identifizierte, die sich im Jahr 7 vor Christi Geburt am Himmel vollzogen hatte, wird heute in astronomischen Kreisen allgemein anerkannt. Vor dem Hintergrund dieser Sternenkonstellation beziehungsweise Zeitqualität – das wußten die drei Könige und Astrologen anscheinend – konnte sich die Prophezeiung erfüllen und der Messias in die Welt geboren werden. Natürlich macht dieses besondere Beispiel auch deutlich, daß wir bei solchen Überlegungen den Reifegrad der sich inkarnierenden Seele mit ins Kalkül ziehen müssen, denn schließlich erlangten nicht alle in diesem Zeitraum Geborenen das »Christus-Bewußtsein«.

Zurück zu uns Normalsterblichen. Ein weiteres Beispiel soll das Gesagte verdeutlichen. Nehmen wir PLUTO, den »Fürsten der Unterwelt«: Angesichts eines PLUTO-Transits erkennen wir, daß die gefühlten und erlebten Veränderungen wirklich tiefgreifende Spuren hinterlassen werden und der Betreffende, etwa nach einem PLUTO-Transit auf die Geburts-SONNE, ein »anderer Mensch« (in positiver wie negativer Hinsicht!) ist. Umgekehrt würde ein kurzzeitiger MOND-Transit zum Beispiel auf den Geburts-PLUTO lediglich ein momentanes Aufflackern von Veränderungswünschen aufzeigen, die in der Regel weniger ernst genommen werden. Äußere Geschehnisse und Begegnungen sind entsprechend zu bewerten.

Gerade für den Therapeuten ist der Blick auf die laufenden Transite des Klienten und von sich selbst ein wertvolles Instrument, um zu erkennen, welche Bedeutung die Therapie für beide hat. Schließlich stellt die Begegnung des Ratsuchenden mit dem Therapeuten beziehungsweise mit einer bestimmten Selbsterfahrungsmethode ebenfalls ein Medium der – durch die Transite angezeigten – inneren Prozesse der Betreffenden dar.

Näheres zu den Transiten der einzelnen Planeten finden Sie in den jeweiligen Tierkreisbänden.

Die Welt als Orakel

Außenwelt und Traumleben stehen in einer sinnvollen Entsprechung zu unserer seelisch-energetischen Konstellation und Entwicklung. JUNG hat in diesem Zusammenhang den Begriff der *Synchronizität* geprägt (siehe dazu den zweiten Teil dieses Buches). Doch hinter diesem wissenschaftlich klingenden Begriff verbirgt sich nichts anderes als die antike Vorstellung des *Orakels*. Im herkömmlichen Sinn bezeichnet dieses Wort Methoden der Orakelbefragung sowie Orakelstätten und deren Medien; eine Sichtweise des Lebens, die von »sinnvollen Zufällen« ausgeht, bezieht jedoch das gesamte menschliche Erleben ein. Im Gegensatz zu den willentlich herbeigeführten Prophezeiungen – den Orakeln im engeren Sinne – steht das »natürliche« und unwillkürliche Prinzip der Orakelhaftigkeit aller Erscheinungen.

Orakel haben den Zweck, Erkenntnis zu vermitteln. Wie das einstige delphische Orakel der Griechen kann uns das gesamte Erdendasein zur Weissagung werden, wenn wir es nur aus dem *entsprechenden* Blickwinkel sehen. Das Wort *Orakel* kommt von lateinisch *orare* und bedeutet *reden*. Alles, was zu uns spricht, jede Ausdrucksform der inneren und äußeren Umwelt, kann für uns zum Orakel werden, wenn wir nur gut genug zuhören. Umgekehrt haben aber auch wir selbst, haben unsere Existenz und unser Verhalten orakelhafte Bedeutung für die betroffenen Mitmenschen. Es ist interessant, sich gelegentlich zu fragen, welche Orakelrolle wir unwillkürlich für unsere Nächsten spielen! Auch diese Perspektive kann uns Selbsterkenntnis vermitteln, wenn wir im Laufe der Zeit erfassen, für welche Art von Orakel wir unbeabsichtigt Medium sind.

Der Aberglaube des Mittelalters – den wir auch heute noch nicht ganz abgelegt haben! – spiegelt zum Teil das Wissen um die Orakelfunktion des Menschen wider. Zum Teil deshalb, weil man sie nur kausal verstanden hat. Bestimmte Menschen, in deren Gegenwart regelmäßig Unglücksfälle geschahen, wurden damals als Träger des »bösen Blicks« stigmatisiert und geächtet. Man glaubte – und glaubt zum Teil noch heute –, daß eine direkte Wirkung von solchen Mitmenschen ausging, eine negative Ausstrahlung sozusagen, die das Mißgeschick heraufbeschwor. Ein Denken in Entsprechungen jedoch »rehabilitiert« diese Unglücklichen. In voller Anerkennung ihrer orakelhaften Bedeutung als Unglücks- oder Glücksboten werden sie doch lediglich als *Boten* und nicht als Auslöser von Unheil oder Erfolg angesehen.

Die individuelle energetische Konstellation gibt den Ausschlag, für welche Art Orakel ein Mensch unwillkürlich Medium ist. SATURN-Betonte werden eher den undankbaren Part von Schicksalsboten übernehmen, während JUPITER-Typen eher den Glückskurier spielen. Doch beide bewirken weder unser Schicksal, noch sind sie dafür verantwortlich zu machen. Betrachten wir diejenigen, die in unser Leben treten, unter dem Aspekt ihrer Orakelfunktion, dann begegnen wir in ihnen den verschiedenen archetypischen Kräften.

Die biblische Entsprechung dieser Sicht finden wir bei Matthäus (25,40): »Ich sage euch: Was ihr für einen meiner geringsten Brüder getan habt, das habt ihr mir getan.« Diese Aussage von Christus bestätigt, daß uns die Mitmenschen, und wir für sie, Medium für die tieferen Wesens- beziehungsweise Wirkkräfte sind. Die Astrologie schärft uns durch die Horoskope den Blick für das archetypische Prinzip, für das unsere Zeitgenossen als Orakel fungieren. Ich konnte beispielsweise beobachten, daß zur Zeit eines wichtigen SATURN-Transits im STEINBOCK besonders viele STEINBOCK-geborene oder -betonte Menschen meinen Weg kreuzten. Ziehen sich die »Boten« dieser Energie dann wieder zurück und tauchen andere »Energieträger« auf, können wir daraus schließen, daß sich die Zeitqualität und ihre Erfordernisse ändern.

Meine eigene orakelhafte Bedeutung als SCHÜTZE-Geborener wurde mir durch meine Tätigkeit in der Betreuung von Asylbewerbern deutlich. Bei den mir Zugeteilten gab es überdurchschnittliche Anerkennungsquoten (Glücksaspekt des JUPITER-SCHÜTZE-Prinzips); Abschiebungen hatte ich während meiner fast sechsjährigen Dienstzeit nicht zu beklagen, während meine Kollegen fortwährend mit akuten Problemfällen zu kämpfen hatten. Und als ich meine Tätigkeit aufgab und meine Klienten sozusagen übergab, tauchten postwendend auch hier derartige Probleme auf. Überdies änderte sich in der Zeit meines Ausscheidens die Asylrechtsprechung, und das Grundgesetz wurde sehr zum Nachteil der Asylsuchenden geändert.

Es wäre natürlich fatal und vermessen, wollte ich mir persönlich etwas auf diese Gegebenheiten einbilden. Ich fungierte eben lediglich als Medium von Energien, die mich mit jenen Asylsuchenden in Berührung brachten, zu denen eine Entsprechung bestand. Umgekehrt konnte ich die vielen erfolgreichen Asylverfahren als positive Orakel dafür werten, daß ich mehr und mehr meine »inneren Asylbewerber« (Symbol für vormals abgelehnte Wesensteile) zu integrieren imstande war.

Vielleicht mag der Leser an dieser Stelle einmal innehalten und solche Überlegungen im Hinblick auf die eigene Lebenslage anstellen. Auch die individuelle orakelhafte Bedeutung dieses Buches wäre eine Besinnung wert.

Das allgemeine Orakel des Lebens zielt nicht in erster Linie auf die Weissagung unserer Zukunft ab, doch können natürlich alle Zeitebenen davon betroffen sein. Je nach Lebenslage reagiert das Alltagsorakel mit entsprechenden prophetisch aufzufassenden Situationen und Begegnungen. Wenn wir zum Beispiel gerade die Weichen für zukünftige Projekte stellen, dann wird – der Bedeutung des Vorhabens entsprechend – das Leben darauf reagieren und uns bestärken oder warnen. Dabei dürfen wir jedoch nicht in abergläubische Ängstlichkeit verfallen und krampfhaft Ausschau nach guten oder schlechten Omen halten. Das zeugt nicht gerade von einem selbstbewußten Seinszustand, der ein Vertrauen in den Gang der Dinge voraussetzt. Die sogenannten Omen, die wir dann erhalten, werden sich sehr wahrscheinlich um unsere Lebensangst drehen. Mit genügend Urvertrauen mag es uns gelingen, die Orakelbedeutung der alltäglichen Erscheinungen mit Gelassenheit zu erfassen. Statt nur mit dem Kopf heranzugehen, sind vielmehr alle Sinne und vor allem unsere Intuituion gefragt. Die Ratio neigt aufgrund ihrer beschränkten Sichtweise der Dinge leicht dazu, etwas als negatives Orakel zu bewerten, während ein Einfühlen in die Lage oft zu ganz anderen Ergebnissen führt. Was unserem begrenzten Ich-Bewußtsein angst macht, kann von dem zeitlosen Wesen in uns mit einer viel größeren Weitsicht und Gelassenheit aufgenommen werden. Und: Letztlich dienen alle Erfahrungen dem einen Ziel, uns wieder näher zum inneren, spirituellen Zentrum zu bringen.

Auch wenn wir beginnen, den Alltag als »allgemeines Orakel« zu begreifen, werden wir trotzdem zuweilen das Bedürfnis haben, ein spezielles Orakelsystem zu benutzen, um tiefer in eine wichtige Sache einzudringen und uns mehr Klarheit darüber zu verschaffen. Man sollte allerdings vor der Befragung in sich gehen und prüfen, was man *wirklich* wissen will. Jedes

Orakel antwortet *immer* auf unser eigentliches Anliegen, das zuweilen von anderen Vorstellungen, Ängsten oder Illusionen überdeckt sein mag. In dem Fall werden wir die Antwort unverständlich finden oder leicht zu Fehlinterpretationen neigen.

Der Vorteil eines speziellen Orakels liegt darin, daß wir (zeitweise) unsere subjektive, emotionale Betroffenheit in einer (unangenehmen) Situation durch die Symbolsprache des Orakels überwinden. Sind wir beispielsweise durch das Verhalten unseres Ehepartners völlig aus dem Häuschen und drohen übereilt und überzogen zu reagieren, kann ein konsultiertes Orakelsystem (etwa I Ging, Tarot, Astroorakel) zu Mäßigung auffordern und Schlimmeres verhindern. Andererseits können Orakelantworten auch dazu beitragen, daß wir uns auf das Unausweichliche einlassen und auf unnötige Widerstände verzichten.

Prophetische Träume

Im Gegensatz zur erdgebundenen Ratio, die vor allem unsere irdische Existenz planen und bewältigen soll, vermag die zeitlose Seele die Wahrscheinlichkeit zukünftiger Ereignisse vorauszusehen. Neben den Zukunftsentwürfen, die uns häufig die Träume vermitteln, spielen auch sogenannte prophetische Träume eine große Rolle in der Menschheitsgeschichte. Im engeren Sinne verstanden, betrifft die Prophetie das Verkünden von Gottesbotschaften, als deren Sprecher die Propheten fungieren. Menschen mit dieser besonderen Gabe der Weissagung sind uns vor allem aus den biblischen Geschichten bekannt. Nicht selten dienten dabei die Träume als (göttliches) Sprachrohr, um eine evolutionäre Botschaft ins Menschheitsbewußtsein zu erheben. Derartige Impulse aus den lichten Höhen des lebendigen Geistes offenbarten (und offenbaren sich auch heute noch) als Erfindungen, Entdeckungen, künstlerische Schöpfungen oder in der visionären Schau künftiger Zeiterfordernisse.

Da dieses Sprachrohr in Vergessenheit geraten ist, kann man mit den Worten des Traumexperten Dr. HELMUT HARK die Träume als »Gottes vergessene Sprache« bezeichnen. Was verbirgt sich anderes hinter dem christlichen Gottesbegriff als die universale Macht des kollektiven »Überbewußtseins«? Je nach Vorliebe mag jeder seine eigene Bezeichnung für diese Kraft und Intelligenz haben, die unsere Vorstellung nicht zu fassen vermag. Jene Träume, welche aus den innersten Seelenschichten der göttlichen Sphäre in unser Tagesbewußtsein aufsteigen, sind prophetischer Natur. Die Inhalte solcher »großen Träume« haben evolutionäre Bedeutung und betreffen die Gesamtheit einer Gruppe, Nation oder die gesamte Menschheit.

Natürlich gibt es auch genügend Beispiele für ganz individuelle Zukunftsträume, die im wahrsten Sinne des Wortes eingetreten sind. Solche Träume haben das Leben der Betreffenden oft nachhaltig beeinflußt und sind daher für den einzelnen nicht minder bedeutsam. Dem Wort Prophetie wohnt jedoch eine Dimension inne, die über das persönliche Wohl und Wehe hinausgeht und am Geschick der Menschheit orientiert ist. So gesehen sind die prophetischen Träume sicher in der Minderzahl. Aber es ist keine Frage der Quantität! Wichtig für uns ist, daß es sie gibt, auch wenn die meisten dieser eminent wichtigen Träume wie die anderen nächtlichen Botschaften derzeit noch vergessen werden.

Ihre Wirkung tun sie dennoch, wie wir an den Kreationen der großen Meister sehen. Alle echten Kunstwerke und wahren Errungenschaften des Menschengeschlechtes verbindet ihre zeitlose Gültigkeit. Zeitlos deshalb, weil die Impulse zu ihrer Erschaffung aus den Sphären der Ewigkeit des reinen Geistes stammen. Das Ich-Bewußtsein kann sich solche Werke nicht ausdenken, wie sie beispielsweise GOETHES *»Faust«* oder die Kompositionen MOZARTS darstellen. Hier ist eine höhere Kraft am Werk, die sich in Traum oder Vision offenbart und – gleichgültig ob der Künstler den Traum erinnert – die Schöpfung unterhalb der Bewußtseinsschwelle vorbereitet.

Einen prophetischen Traum erkennt man daran, daß die emotionale Erschütterung und Betroffenheit nachhaltig sind. Auch ohne Deutungserfahrung spürt der Betreffende intuitiv die Bedeutsamkeit dieser traumhaft geschauten Bilder. Würden die Traumbotschaften ins Bewußtsein der Menschen gelangen, hätten sie ähnlich anrührende Wirkung wie die Mythen oder Volksmärchen. Die Seele spürt die Gültigkeit dieser Bilder; ein Gefühl für Sinn, Richtung und Vertrauen stellt sich ein. Prophetische Träume, die überdies in die Zukunft reichen, könnten als Vorbereitung auf die kommende Zeit wertvolle Hilfen zur Anpassung leisten und innerlich auf die Erfordernisse der neuen Zeitqualität einstimmen. Da wir uns gerade jetzt an der Schwelle eines neuen Zeitalters (des WASSERMANNS) befinden, ist das alles von einer ganz besonderen Aktualität. Als eine Entsprechung des WASSERMANN-Archetypen werden prophetische Träume eine große Rolle in dieser Epoche spielen.

Der Kosmos als Hologramm

Aus dem Griechischen stammend, steht der Begriff *holos* für *Ganzheit* und *Vollständigkeit*. Das Hologramm – ein Produkt technischer Innovation der neueren Zeit – ist ein räumliches Bild, das mittels Laserstrahlen erzeugt wird. Beleuchtet man Teile dieser dreidimensionalen Abbildung oder zerbricht man ein Hologrammbild, »rekonstruieren« die Teile jeweils das ganze Bild. Durch diese Eigenschaft wurde es zum Symbol eines neuen Weltbildes. Die Erkenntnis, daß jedes Teil einer Ganzheit das Ganze widerspiegelt beziehungsweise in sich trägt, entspricht der Sichtweise des WASSERMANNS und wird dem Geist des neuen Zeitalters gerecht.

Hat diese Feststellung nun Bedeutung für die Lebenspraxis, oder haben wir damit nur wieder ein philosophisches Konzept mehr gesponnen, das lediglich in den Köpfen herumspukt? In erster Linie hängt es natürlich vom einzelnen ab, wie er oder sie mit solchen Theorien umzugehen pflegt. Abgesehen davon handelt es sich bei diesem neuen Modell um eine Vorstellung vom Wesen des Kosmos, die alle unsere bisherigen Weltbilder auf den Kopf stellt.

Wenn wir als Synonym für die Einheit allen Lebens das Wort Gott verwenden, dann tragen wir als Einzelwesen im holographischen Sinne alle die Ganzheit, sprich das Göttliche, in uns. Ein Gedanke, der uns als Leitsatz zahlreicher spiritueller beziehungsweise esoterischer Traditionen bekannt sein dürfte. Im holographischen Weltbild findet er seine zeitgemäße Bestätigung. Da zu diesem Thema bereits genügend ansprechende Literatur existiert, beispielsweise »*Die sanfte Verschwörung*« von MARILYN FERGUSON, will ich mich hier auf einige Anmerkungen zur Astrologie bei diesem Thema beschränken.

Astrologisches Symbol der Ganzheit ist der Tierkreis, dessen Teile die Tierkreiszeichen bilden. Wenden wir auf dieses Modell die holographische Sichtweise an, dann fungiert jedes Tierkreiszeichen eben auch als Spiegel des ganzen Kreises. Wie können wir uns das bildlich vorstellen? Jedes Zeichen läßt sich demnach wieder in die Zwölfheit des Zodiaks unterteilen, wobei die Reihenfolge – die Grundstruktur – natürlich gewahrt bleiben muß. Die Tierkreiszeichen tragen jeweils alle Elemente des Ganzen in sich; beispielsweise der WIDDER wiederum eine WIDDER-, STIER-, ZWILLINGE-, KREBS- bis hin zur FISCHE-Seite. Die WIDDER-Seite des WIDDER wäre dann die WIDDER-Kraft in reinster Form, Energie pur! Seine STIER-Seite repräsentiert den *Formaspekt* der Energetik, der ZWILLINGE-Aspekt die Dualität, das heißt die Existenz sowohl positiv als auch negativ ausgerichteter Energie, und so weiter.

Diese Einteilung können wir für alle zwölf Zeichen vornehmen und erhalten dann hundertvierundvierzig Kombinationen. (Siehe dazu auch Kapitel II.1.)

Aber auch für die Deutung der Horoskopkonstellationen und Transite kann die holographische Betrachtung vertiefend wirken. Teilen wir jedes der zwölf Tierkreiszeichen jeweils wieder in zwölf Bereiche ein, dann erhalten wir zweieinhalb Kreisgrade pro Unterteilung. Dieser Wert ergibt sich, wenn wir die dreißig Grade eines Zeichens durch zwölf dividieren. Die ersten zweieinhalb Grade eines jeden Tierkreiszeichens markieren demnach einen Bereich, dessen *Hintergrundschwingung* dem WIDDER entspricht, die nachfolgende Einheit von zweieinhalb Grad markiert die STIER-Phase und so fort. Auf diese Weise erhalten wir ein differenzierteres Bild von unseren Horoskopkonstellationen. Dieses Unterteilungssystem ist die Antwort auf die Frage nach den unterschiedlichen Wirkungen der

Planeten *innerhalb* eines Zeichens. Das betreffende Tierkreiszeichen wird natürlich in seinem gesamten Wirkungsfeld im Vordergrund stehen, doch die Untertöne variieren – nach diesem System alle zweieinhalb Grad. Das Schema gibt uns auch Auskunft darüber, an welcher Stelle ein Tierkreiszeichen seine reinste Form zeigt. Im WIDDER wären das die ersten zweieinhalb Grad vom Anfang des Zeichens aus gerechnet, beim STIER von zweieinhalb bis fünf Grad und so fort.

12. FISCHE
Des Rätsels Lösung

Alle Erscheinungen, die in diese Welt hineingeboren werden, also einen Anfang haben, müssen zur gegebenen Zeit wieder zu einem Ende kommen. Unser Entwicklungsweg gleicht einem Hürdenlauf bei den Olympischen Spielen. Der Startschuß markiert den Beginn einer Wegstrecke, die alle Kräfte herausfordert und die durch das Zielband ihren Abschluß findet. Im Gegensatz zu den Sportwettkämpfen wird es am Zielpunkt der menschlichen Entfaltung jedoch nur Gewinner und keine Verlierer geben.

Natürlich müssen wir uns auf dem Individuationsweg ebenso wie die Sportler erst für die Weltmeisterschafts-Ausscheidung qualifizieren. Um die großen Rätsel, das heißt die archetypischen Lebensfragen lösen zu können, brauchen wir genügend Training durch die alltäglichen Anforderungen des Erdendaseins. Vergleichtbar mit den unterschiedlich großen Wettlaufparcours ist unsere Existenz in einzelne Zeitintervalle eingeteilt. Jede dieser Zeitspannen – vom Tagesablauf und Jahreszyklus über die Gesamtdauer dieser Verkörperung bis hin zur Gesamtheit der Inkarnationen unserer Seele – ist durch einen Anfangs- und Endpunkt markiert. Auch unser Universum wurde vor mehreren Milliarden Erdenjahren geboren und wird in ferner Zukunft seinen Schlußpunkt finden!

Wie alle Erscheinungen zu einem Abschluß kommen, werden wir eines Tages für unsere Lebensrätsel die passenden Lösungsschlüssel gefunden haben. Wenn wir den Weg eines Rätsel bis zu Ende gehen, öffnen sich uns die Pforten zu bislang verschlossenen (seelischen) Gefilden. Die Helden in den Volksmärchen wollen uns ermutigen und Vorbild sein, die Aufgaben, die uns das Leben stellt, selbstbewußt anzugehen. Wir können wie sie darauf vertrauen, daß selbst für die unlösbar erscheinenden Rätsel ein Schlüssel existiert, den wir finden können, falls wir das wollen! Ist es nicht so, daß in der Rückschau, am Ende einer Lebensphase, auch die scheinbar unüberbrückbaren Hindernisse meist als notwendige Stufen auf unserem Weg erkannt werden? Daß wir letztendlich – auf welche Art auch immer – doch zu einer Lösung gelangt sind? Das schließt auch Krankheit und sogar den physischen Tod mit ein, der seinen »Stachel« verliert, wenn wir um die Unsterblichkeit der Seele wissen.

Die Rückkehr zur Einheit

Der Rätsel Lösung besteht in der Rückkehr zur Einheit! Die Beschäftigung und Auseinandersetzung mit der Astrologie und den Träumen soll uns letztlich helfen, die verlorene (innere) Einheit wiederzufinden. Wie konnte es überhaupt zu der inneren Zerrissenheit des Menschen kommen? Was ist geschehen? Die Bibel kündet uns in ihrer Symbolsprache vom Sündenfall und der Vertreibung aus dem Paradies. Aus der Sicht der Tiefenpsychologie handelt es sich um den evolutionären Schritt von einem Zustand »paradiesischer« Unbewußtheit hin zur Entwicklung eines bewußten Selbst, den wir als Kollektiv wie auch individuell nachzuvollziehen haben. Wir haben es dabei also keineswegs mit einem Vorgang längst vergangener Zeiten zu tun, sondern mit dem fortwährenden Drama der menschlichen Existenz. Wie die Menschheit als Ganzes ist auch jeder einzelne von uns gefordert, mit der Vertreibung aus dem Paradies klarzukommen. Bereits die physische Geburt ist ein einschneidendes Trennungserlebnis, das dem Neugeborenen sehr viel abverlangt. Nach Monaten der innigen und symbiotischen Verschmelzung mit der Mutter muß sich der frischgebackene Erdenbürger mit dem wesentlich isolierteren Dasein als Einzelwesen anfreunden. Das kleine Kind befindet sich zumindest in seelischer Hinsicht noch in einem Zustand der Verbundenheit mit der Mutter und der Welt. Mit zunehmender Entfaltung seiner Ich-Identität geht dieses Gefühl der Einheit jedoch allmählich verloren. Der weitere Lebensweg gleicht einer Pilgerreise, deren Ziel das Wiederfinden der verlorenen Einheit darstellt. Haben wir dann zurückgefunden, sind wir nicht mehr dieselben wie am Anfang der Reise. Der Weg hat uns geläutert, uns zur Reife geführt, und wir haben den Bewußtseinskeim heranwachsen und blühen lassen.

Die Pilgerfahrt der Seele findet ihren astrosymbolischen Ausdruck in der Reise durch den Tierkreis. Wir treten mit der Geburt am Startpunkt WIDDER den Weg in diese Welt an und verlassen sie am Endpunkt FISCHE.

Ein wesentlicher Schritt dieses Entwicklungswegs besteht in der Entfaltung eines gesunden und stabilen *Egos,* eines Gefühls von Individualität und Besonderheit. Ein »Ich« zu haben bedeutet aber auch, getrennt zu sein von anderen Ichs, bedeutet eine (Bewußtseins-)Grenze, die unterscheidet zwischen Ich und Nicht-Ich, Subjekt und Objekt, Innenwelt und Außenwelt. Diese künstliche, in unserem Bewußtsein »konstruierte« Aufspaltung der *Einheit* des Seins in verschiedene Teile muß schließlich auf der weiteren Reise wieder überwunden werden. Die Einheit in den Dingen soll im Bewußtsein seiner selbst neu entdeckt werden; wir erleben sie –

zunächst nur für kurze Augenblicke – beispielsweise in der Liebe oder dem Staunen über die Natur als eine Offenbarung.

Einheit läßt sich nicht denken, sondern erahnen, erspüren, intuitiv erfühlen. Unser Verstand, der die Wirklichkeit selektiert und zerkleinert und dabei wie ein Fleischermesser funktioniert, ist eben nicht dazu geschaffen zu verbinden. Es sind vielmehr unsere seelischen Organe, die Intuition und das Einfühlungsvermögen, die uns mit der Dimension der Ewigkeit, Unendlichkeit und Einheit des Seins in Berührung bringen.

Wie wir unser Menschsein zunächst als eine Ansammlung gesondert nebeneinander existierender Funktionen und Situationen erleben, neigen wir dazu, auch unsere Horoskopkonstellationen als Symbole zeitlich und räumlich voneinander getrennter Lebenselemente zu bewerten. Bei rationaler Betrachtung gewinnen wir den Eindruck, daß sich unser Dasein chronologisch in Raum und Zeit entrollt, wie uns die astrologischen Transite symbolisch darstellen. Solche Überlegungen – die wir ja auch zur Genüge in diesem Buch angestellt haben – sind als vorbereitende Übungen völlig legitim und notwendig. Sie dienen als Training für den »Sprung« in das Wasser des Lebens.

Es verhält sich damit beispielsweise wie mit dem Studium von Büchern über ein fremdes Land: Als Vorbereitung und Einstimmung auf die Gebräuche und Sitten, das Klima und sonstige Eigenarten des Landes ist dieses Studium von Wichtigkeit. Doch wenn wir wirklich *lebendig* erfahren wollen, wie es sich in dieser unbekannten Gegend *anfühlt,* wie das Essen dort schmeckt, müssen wir schon selbst hinfahren. Die Theorie begegnet uns dann in der Praxis des Lebens.

Ebenso kann das eigentliche Ziel eines astrologischen Studiums der (unbekannten) Seelenbezirke auch nur eine Vorstufe und Ermutigung sein, uns auf diese Bereiche *einzulassen.* Das Wissen um MARS, VENUS, MERKUR und anderes soll in die *Erfahrung* einbezogen und innerlich nachvollzogen werden. In der inneren Schau erleben wir die Einheit der scheinbar voneinander getrennten Horoskopelemente.

Die Einheit eines Horoskops läßt sich ausschließlich intuitiv erkennen, und das bedeutet nichts anderes, als den Horoskopeigner in seiner Ganzheit zu erspüren. In diesem Sinne kann ein Horoskop als Medium dienen, sich in das Du wie in das eigene So-Sein *einzufühlen.* Dazu genügt das astrologische Wissen allein nicht! Mit der Einheit des Menschen verhält es sich so wie mit der einer Blume: Wenn wir sie auseinanderpflücken, halten wir zwar die Teile in der Hand, aber, wie GOETHE im *»Faust«* sagt, »fehlt leider! nur das geistige Band«. Diese geistige Band ist Symbol für die *Einheit* des Wesens.

Das Baden im lebendigen Fluß des Lebens

Das Leben ist ein fortwährender »energetischer Fluß«. Baden wir zu verschiedenen Zeiten an gleicher Stelle in diesem Fluß, ist es jeweils ein anderes Wasser, in das wir steigen. Aber auch wir selbst haben uns in der Zwischenzeit (wahrscheinlich unmerklich) verändert. »Pantha rei«, »alles fließt«, so formulierten die alten Griechen ihr Wissen um dieses lebendige Wechselspiel der Energien, das sich hinter den Erscheinungen der Dinge vollzieht. Auch im Buddhismus wird dieser Erkenntnis Rechnung getragen; man betrachtet die Objekte als Vorgänge statt als Dinge oder Substanzen. Diese Sichtweise wird von der modernen Physik bestätigt, wenn FRITJOF CAPRA in seinem »*Tao der Physik*« schreibt: »Wie die modernen Physiker sehen die Buddhisten alle Objekte als Vorgänge in einem universalen Fluß und verneinen die Existenz einer materiellen Substanz« (S. 203).

Bei den *Transiten* haben wir erkannt, daß alles in einem stetigen Fluß ist und daß ein jeder von uns ganz individuell darauf reagiert. Alles kommt zu seiner Zeit, und wir müssen nichts weiter tun, als den richtigen Moment des Zugreifens abwarten. Solange wir warten, solange die Situation noch nicht »reif« ist, dürfen wir uns weiter vom Lebensstrom tragen lassen, anstatt gegen die Wellen anzukämpfen und uns mühsam gegen die Flußrichtung zu stemmen. Wenn uns die Strömung zum Hafen oder Anlegeplatz getrieben hat, dann erst sind wir am Ball und gefordert, selbst Hand anzulegen, unseren bewußten Willen einzusetzen und ans Ufer zu schwimmen, um unseren Platz einzunehmen. Auch hier gilt dann wieder, die Dinge sich entwickeln zu lassen, erneut mit der Zeit und dem Gang der Dinge mitzugehen ...

Den lebendigen Strom der Energien kennt die indische Tradition unter dem Namen *Kundalini*. Diese Lehre geht davon aus, daß ein Netz von feinstofflichen Energiekanälen unseren Körper umspannt und durchzieht, deren energetische »Schaltstellen« oder Energiezentren als *Chakren* bezeichnet werden. Physische wie psychische Blockaden hindern die »Schlangenkraft«, wie die Kundalini auch genannt wird, daran, frei zu fließen und unseren Körper und unsere Seele mit ihrer Kraft zu erfüllen, zu erneuern, zu durchpulsen. PATRICIA GARFIELD beschreibt in ihrem Buch »*Der Weg des Traum-Mandala*« ihre Erfahrungen mit dieser Energie: »Nicht nur meine Augen sehen mit neuen Blicken und umfassen neue Möglichkeiten, auch mein Körper *fühlt sich* erneuert. Jetzt, da meine Energiezentren – zumindest zum Teil – geöffnet sind, erlebe ich alles mit der Intensität der Erstmaligkeit« (S. 222).

Solche Erfahrungen kann man nicht durch den *Willen* erzwingen, sondern sich nur dafür öffnen, bereit sein und vor allem die Hindernisse beseitigen, die wir unbewußt selbst aufgebaut haben. Loslassen bedeutet eben nicht, etwas zu tun, sondern eine Verkrampfung, ein Anklammern zu lösen. Es würde uns ja auch nicht einfallen, eine Teetasse über Tage oder Jahre festzuhalten, sondern wir stellen sie wieder ab, wenn wir getrunken haben und sie ihren Zweck erfüllt hat. Dadurch bewahren wir unsere *Handl*ungsfähigkeit.

C. G. JUNG schreibt in seinem Kommentar zu »*Das Geheimnis der goldenen Blüte*« von RICHARD WILHELM: »Das Geschehenlassen, das Tun im Nicht-Tun, das Sich-Lassen des Meister Eckehart wurde mir zum Schlüssel, mit dem es gelingt, die Türe zum Weg zu öffnen: Man muß psychisch geschehen lassen können. Das ist für uns eine wahre Kunst, von welcher unzählige Leute nichts verstehen, indem ihr Bewußtsein ständig helfend, korrigierend und negierend dazwischen springt und auf alle Fälle das einfache Werden des psychischen Prozesses nicht in Ruhe lassen kann« (S. 13 f.).

Vor allem darauf müssen wir bei der Beschäftigung mit der Astrologie besonders achten, daß wir nicht allein den Kopf benutzen! Daß wir nicht meinen, das Schicksal betrügen und uns durch die Kenntnis der Konstellationen an unangenehmen Erfahrungen vorbeimogeln zu können. Dieses Verhalten verrät Angst und Mißtrauen dem Leben gegenüber. Dabei wollen wir doch gerade die »seelische Enge« – die eigentliche Blockade des energetischen Flusses – überwinden. Hilfreich wird die Astrologie nur dann, wenn wir über sie begreifen lernen, daß alles seine Richtigkeit hat, was sich in unserem Leben entfalten will, auch wenn wir häufig nicht gleich den Sinn verstehen. Sogar die negativen Erscheinungen sind richtig, da sie ja lediglich unseren inneren Zustand widerspiegeln. Wenn wir begreifen, daß wir – auf der Subjektstufe gedeutet – alles selbst sind, was uns widerfährt, werden wir uns dem, was da kommt und uns *entgegenwartet,* nicht mehr verschließen. Vielmehr werden wir offen dafür sein, uns durch die Lebenssituationen selbst zu erfahren und zu erkennen.

Sind wir mit unserem Dasein im Fluß, sind wir es auch in unseren Träumen, deren Bilder harmonisch ineinander übergehen und sich unserem bewußten Ich fließend offenbaren. Bei einer inneren Blockade dagegen erreichen uns nur Traumfetzen, Bruchstücke, oder unsere Traumerinnerung versiegt vollends. Die Seele ist allerdings ständig bemüht, den ins Stocken geratenen Lebensfluß in Bewegung zu bringen, die Unterbrechung des Kanals zwischen den bewußten und unbewußten Teilen der Gesamtpersönlichkeit wieder aufzuheben. Und selbst wenn wir uns über längere Zeiträume nicht an unsere nächtlichen Begleiter erinnern können, fließen sie doch kontinuierlich Nacht für Nacht durch die dunklen Räume unserer Seele.

Vertrauen wir uns ihrer Führung an, besteigen wir gleichsam das Seelenschiff und begeben uns auf unsere individuelle Lebensreise! Vertrauen wächst langsam; es wird Zeit und viele Traumerfahrungen brauchen, bis wir der unbedingten Richtigkeit der Traumaussagen gewiß sind.

12. FISCHE: Des Rätsels Lösung

Sich auf die Träume einzulassen heißt, sich auf den Lebensfluß einzulassen, denn sie sind schließlich bildgewordener Ausdruck des Lebendigen in uns. Diese Hingabe an die überpersönlichen Kräfte *in uns* findet im »Vaterunser« in dem vertrauensvollen Wunsch »Dein Wille geschehe« seinen Ausdruck. Die höchste Stufe der Traumerkenntnis ist die Realisation der spirituellen Dimension, die Erkenntnis, daß sich »göttliche« Führung beziehungsweise das Wirken unseres *höheren Selbst* im Traumgeschehen ausdrückt.

Ich habe das bei vielen Träumen erleben können und gerade in wichtigen Entscheidungssituationen von dieser Führung profitiert. Es ist ja nicht so, daß wir im Spiel des Lebens nur willenlose Marionetten wären. Wir haben vielmehr die freie Wahl, ob wir die Richtung, die unsere Seele einschlagen möchte, bewußt in unserem Alltagsleben nachvollziehen wollen. Auch hier ist die grundsätzliche Frage, ob wir uns *anvertrauen* können. Die Träume geben unserem kleinen Ego die Gewißheit, daß wir nicht untergehen, sondern getragen werden von der Weisheit des »Überselbst«, wenn wir uns seiner Führung überlassen. Als ich beispielsweise vor der Entscheidung stand, meine hauptberufliche Tätigkeit zugunsten des Bücherschreibens und der Seminare aufzugeben, haben mir die Träume beständig die Stimmigkeit dieser Veränderung signalisiert und dadurch geholfen, die Gefühle der Unsicherheit zu überwinden, die mit der Aufgabe eines geregelten Einkommens und der sozialen Absicherung verbunden waren. Ich träumte:

»Ich sage meinem Chef, daß ich mich um eine andere Arbeit beworben habe, was dieser, ohne mit der Wimper zu zucken, billigt. Ich wundere mich, mit welch gelassenem Einverständnis er darauf reagiert. Zusammen mit einer Gruppe von Asylbewerbern verlasse ich das Wohnheim. Wir müssen über einen Zaun klettern und fahren dann mit einem Kleinbus weg. Ich habe eine elastische Legginshose an, die mir mehrmals runterrutscht und die ich wieder hochziehen muß.«

Erst einige Tage nach diesem Traum erfuhr ich von tiefgreifenden Veränderungen in meiner damaligen sozialpädagogischen Berufstätigkeit. Seit mehreren Jahren betreute ich Asylbewerber, als mir die bevorstehende Auflösung der Unterkunft und die damit verbundene Umverteilung der Bewohner mitgeteilt wurde. Statt dessen sollte dort ein zentrales Durchgangslager errichtet werden. Die Betreuung wollte man zwar fortsetzen, für mich persönlich hätte diese Veränderung jedoch eine einschneidende Verschlechterung meiner bisherigen sozialpädagogischen Arbeitssituation bedeutet. Parallel zu dieser Entwicklung erhielt ich die Zusage des Verlegers, das Buchprojekt zur »*Energetischen Astrologie und Traumarbeit*« zu realisieren.

Der Traum signalisierte die Veränderung meiner beruflichen Situation, bevor meinem Ich-Bewußtsein die Umstände bekannt waren, die dazu führten. Träumend hatte ich mich bereits entschieden, wie ich mich in der neuen Lage verhalten würde: Ich kündigte dem Vorgesetzten mein Ausscheiden an. Dessen Gelassenheit und Einverständnis wertete ich als ein positives Zeichen, das meine Entscheidung bestätigte. Auf der Subjektstufe gedeutet ist es die Zustimmung und Billigung meines Verhaltens durch den »inneren Chef« beziehungsweise die innere Autorität, die mir zeigt, daß meine Seele diesen Weg gehen möchte. Und auch in der Außenwelt, auf der Objektstufe, erlebte ich ermutigende und zustimmende Reaktionen. Die Tatsache, daß ich im Traum mit den Asylbewerbern das Haus verließ, führte ich einerseits auf die realen Umverlegungspläne zurück. Andererseits, auf der Subjektstufe, wurde mir gezeigt, daß ich meine »inneren Asylanten« – also schutzsuchende und ehemals heimatlose Wesensteile – integriert hatte. Diese Kräfte standen mir jetzt sozusagen als energetische Verstärkung zur Verfügung – immerhin handelte es sich um tatkräftige junge Männer. Die elastische Hose wertete ich als Zeichen einer größeren Elastizität im Leben, die meine neue Lebenssituation als freiberuflicher Autor und Seminarleiter mit sich bringen würde. Daß es einer gewissen Zeit der Einübung und Umstellung bedürfte, war offensichtlich; es wurde mir im Traum durch das Rutschen der Hose aufgezeigt. Dieses für mich ungewohnte Kleidungsstück symbolisiert die neuen Einstellungen und Verhaltensweisen, deren Entwicklung meine bisherige Tätigkeit forderte und die ich dann mit hinaus in die »Freiheit der Selbständigkeit« nahm. Die Überwindung der Traummauer und das Wegfahren in die Stadt bestätigten bildhaft diese Entwicklung.

Eine weitere Bestärkung fand ich in meinem Horoskop. Die aktuellen *Transite* zeigten eine äußerst günstige Phase für berufliche Veränderungen an. Im astrologischen Klartext: transitierender JUPITER im *Sextil* zu Natal SONNE-SATURN und *Konjunktion* zu Natal JUPITER in WAAGE-sechstes Haus bei gleichzeitigem *Trigon* des transitierenden SATURN im WASSERMANN zu Natal JUPITER. Während mir der transitierende JUPITER (das energetische Prinzip der *Ausweitung* im »Arbeitshaus«, dem sechsten Haus) berufliche Verbesserungen beziehungsweise eine Erweiterung anzeigte, lieferte der SATURN als Archetyp der *Verwirklichung* die notwendige Basis für diese Arbeit, die sich unter anderem im Vertragsabschluß mit dem Verlag manifestierte. Der bereits vorgestellte URANUS-Transit (siehe Kapitel I.11 über die Transite) trug seinen Teil dazu bei. Soviel dazu in aller Kürze.

Wenn in diesem Kapitel die Notwendigkeit betont wird, sich fallen zu lassen, darf das nicht als Plädoyer für Halt- und Orientierungslosigkeit mißverstanden werden. Niemand wird ernsthaft anstreben, zum Spielball der Interessen anderer Menschen zu werden. Wir sind schon gefordert, die *entsprechende Instanz* in uns ausfindig zu machen, die allein dazu geeignet ist, die Führung unseres Lebenswegs zu übernehmen. Bis wir unsere

»innere Führung« zweifelsfrei erkannt haben, werden wir einige psychische Spreu vom Weizen trennen müssen. Nicht alle Stimmen, die sich in uns zu Wort melden, sind das, wofür sie sich ausgeben. Selbstbetrug und Illusionen machen es uns zunächst schwierig herauszufinden, ob nicht doch der »Wolf im Schafspelz« zu uns spricht.

C. G. JUNG hat sich intensiv mit dieser Frage auseinandergesetzt. Er erkannte in der allumfassenden Lebenskraft (Libido) die innere Lebensführung: »Die Gottesidee ist nicht nur ein Bild, sondern eine Kraft ... Es gibt nichts anderes, als daß der Mensch mit diesem Willen irgendwie zusammengehe. Die Übereinstimmung mit der Libido ist keineswegs ein einfaches Sich-treiben-Lassen, indem nämlich die psychischen Kräfte keine einheitliche Richtung haben, sondern vielfach sogar gegeneinander gerichtet sind. Ein bloßes Sich-gehen-Lassen führt in kürzester Frist zu einer heillosen Verwirrung. Es ist oft schwer, wenn nicht geradezu unmöglich, die Grundströmung und damit die eigentliche Richtung zu erfühlen; auf alle Fälle sind dabei Kollisionen, Konflikte und Irrtümer nicht zu vermeiden« (»*Grundwerk*«, Band 7, S. 64).

Diese deutliche Warnung eines der größten Seelenkenner unserer Zeit sollten wir uns zu Herzen nehmen. Fehler auf dem Weg der Selbsterkenntnis sind vorprogrammiert! Sie sollten uns aber nicht entmutigen, sondern »Leitplanken« sein, die uns auf die rechte Straße zurückführen. Und wenn unser Ich noch nicht in der Lage ist, Umwege und Irrwege zu erkennen, geben ja die Träume wegweisend Hilfestellung.

Wer wieder mit sich und seinem Leben in Fluß gekommen ist, badet – symbolisch – im kosmischen Energiestrom. Er ist immer gegenwärtig und in jedem Augenblick anders und unbekannt neu. Astroenergetisch gesehen handelt es sich hier um die Kunst, das *Horoskop des Moments* zu leben, das ja nicht statisch ist, sondern – angezeigt durch die permanenten Planetenbewegungen – sich im ständigen Wandel befindet. Wir selbst werden dann zum *Medium* der jeweiligen energetischen Konstellation (Zeitqualität) und verleihen ihr durch unser So-Sein individuellen Ausdruck.

Lösungen im Traumgeschehen – Abschlußträume

Wie wir eine Situation zu bewerten haben, hängt vor allem von ihrem Ausgang ab. Nach dem Motto »Ende gut, alles gut« dürfen wir auch bei der Traumbotschaft zu einer positiven Beurteilung gelangen, wenn sich zum Schluß des Traumes eine Wendung zum Guten, das heißt eine Lösung, abzeichnet. Häufig wird erst noch einmal die Problematik in ihrer vollen Tragweite vor unserem geistigen Auge aufgerollt. Wir fliehen, kämpfen, sterben, stehen Ängste aus, stecken Niederlagen ein, wenden uns vom Partner ab, bis dann gegen Ende der Traumhandlung sich alles in Wohlgefallen auflöst, wir mit dem Verfolger Frieden schließen, zum Partner zurückfinden und so fort. Wir brauchen in einem solchen Fall nicht zu befürchten, daß wir insgeheim immer noch in den Anfängen der Problembewältigung stecken, sondern dürfen das erlösende Traumende als Bestätigung dafür nehmen, daß wir das entsprechende Thema durchgearbeitet und zu einem guten Abschluß gebracht haben oder doch kurz davor stehen. Es kann auch sein, daß der Traumregisseur uns in einer knappen, aber dennoch deutlichen »Traumnotiz« das Gelingen einer Problemlösung mitteilt, wie das zum Beispiel in dem folgenden Traum der Fall ist:

»Ich sehe im Traum das Gesicht meines Seelenfreundes und wundere mich, daß er keinen Bart mehr trägt.«

Für die Träumerin, eine alleinerziehende Mutter, bedeutete dieses kurze Traumstück einen großen Schritt vorwärts hin zu einer größeren Autonomie. Der sogenannte Seelenfreund, ein Therapeut, war für sie einerseits ein Helfer gewesen, bei dem sie sich Rat und Trost holte, aber andererseits machte sie sich auch abhängig von ihm. Der Traum zeigte ihr durch die bildliche Darstellung einer Redensart, daß der »Bart ab« war und sie die Ablösung geschafft hatte. Die Macht, die sie dem Freund verlieh und die im Bild des Bartes – seit alters her ein Herrschaftssymbol – ihren Ausdruck fand, lag nun wieder in ihr selbst begründet (dieses Beispiel ist dem Buch *Das Bilderbuch der Träume* von HILDEGARD SCHWARZ und mir entnommen).

Auch hier benötigten wir selbstverständlich den Kontext der Lebenssituation und die Einfälle der Träumerin, um den Traum als *Abschlußtraum* zu erkennen. Lösungsträume sind gleichermaßen Abschiedsträume, in denen wir uns von alten Gewohnheiten, Denkweisen, Idealen, überholten Beziehungen verabschieden, oder sie zeigen, daß wir Trennungen durch Verlassen beziehungsweise den Tod des Partners schließlich verarbeitet haben.

Jede Lösung setzt das Loslassen voraus. Solange wir uns an Dinge, Menschen, Situationen oder Vorstellungen anklammern, die uns nicht mehr entsprechen, wird die Lösung auf sich warten lassen. Wie fern oder nahe wir der Auflösung eines Problems sind, zeigt uns der Traum. Wenn die Traumhandlung plötzlich abreißt, dann haben wir auch in der Realität das Thema noch nicht bewältigt – zum Beispiel, wenn wir in einer bedrohlichen Traumsituation den rettenden Ausweg im Aufwachen suchen oder unsere Traumerinnerung abbricht. Oder wir haben Überlegungen, die wir im Traum anstellen, noch nicht in die (Traum-)Tat umsetzen können wie etwa ein Träumer, der vor mehreren Säcken randvoll gefüllt mit Brezeln verschiedenster Sorten steht und sich noch nicht entscheiden kann, ob und wo er nun zugreifen soll. Für ihn ist die Fülle des Lebens zum Greifen nahe, er müßte nur die Hand ausstrecken, doch noch wird er durch seine Gedanken davon abgehalten. (Weitere Beispiele für Lösungen im Traumgeschehen und Abschlußträume im FISCHE-Band.)

Auch ein negativer Ausgang des Traumes zeigt an, daß noch kein endgültiges Ergebnis erzielt werden konnte. Zu einer Lösung gekommen sein bedeutet immer, auch eine passende, individuell stimmige Antwort auf ein Rätsel gefunden zu haben. In diesem Sinne sind unsere Träume, ist das Horoskop, ja ist unser Leben ein überaus persönliches »Buch der Rätsel«, das zu entschlüsseln und zu lösen wir in diese Welt gekommen sind. Was wartet auf uns, wenn wir die Rätsel gelöst haben? Wenn es soweit ist, werden wir es wissen!

Zweiter Teil

Energetische Astrologie und Traumarbeit und die Lehre von C. G. Jung

C. G. JUNG gebührt das Verdienst, als Pionier der Seelenkunde durch sein Werk ein tieferes Verständnis für die Lebensrätsel vermittelt zu haben. Da es in der energetischen Astrologie und Traumarbeit viele Berührungspunkte zu seiner Lehre und Terminologie gibt, erscheint es sinnvoll und notwendig, Übereinstimmungen wie Unterschiede an dieser Stelle in der gebotenen Kürze aufzuzeigen. Gleichwohl ist mir daran gelegen, JUNGS Arbeit als Einstieg in eine Synthese der individuellen und der überindividuellen Psychologie zu würdigen. Die Zeit ist reif, eine Verbindung zwischen der Psychologie und der spirituellen beziehungsweise esoterischen Dimension herzustellen. Es wird immer deutlicher, daß einer psychologischen Arbeit ohne spirituellen Hintergrund der tiefere Sinn abgeht, weil ihr die Vision und das Ziel des wahren Menschseins – jenseits der erklärbaren Welt – fehlt. Andererseits läßt eine rein esoterisch orientierte Sicht des Daseins den individuellen Menschen mit seinen alltäglichen Sorgen und Nöten nur zu leicht außer acht und reagiert auf menschliche Probleme nicht selten überheblich.

Hier soll nun der Versuch gewagt werden, nicht nur auffällige Parallelen aufzuzeigen, sondern auch einen neuen Aspekt in die Betrachtung von JUNGS Werk einzubringen, der weiterführende Überlegungen ermöglicht. Indem wir grundlegende Thesen seiner analytischen Psychologie wie die Lehre von den *Archetypen* oder dem *kollektiven Unbewußten* in das astroenergetische Ordnungsgefüge integrieren, unternehmen wir einen ersten Versuch, diese differenzierter zu betrachten und zu verstehen. Eine ausführliche Behandlung der Lehre von JUNG unter astroenergetischen Gesichtspunkten ist hier allerdings nicht beabsichtigt und würde verständlicherweise den Rahmen dieser Einführung sprengen.

1.
Die Archetypen

Die Archetypen JUNGS spiegeln sich in den Tierkreiszeichen und Planeten der Astrologie wider. Wenn in diesem Buch von »Tierkreisarchetypen« die Rede ist, dann schon deshalb, um dem Wesen der Tierkreiszeichen und Planeten als den eigentlichen *Wirkkräften* beziehungsweise *Urenergien* gerecht zu werden. Es sind in diesem Sinne die Urbausteine aller physischen, seelischen oder geistigen Strukturen, also *Urprinzipien,* die sich im Horoskop zum Tierkreis zusammenfügen.

Der Kreisform des Zodiaks steht als Symbol für die Ganzheit und Einheit. Die spätantike Mystik sah Gott als einen Kreis, dessen Zentrum überall und dessen Umfang nirgends ist. Die Tierkreiszeichen als Felder oder Stationen dieser (unendlichen) Runde wären demnach als die zwölf Aspekte beziehungsweise Gesichter Gottes zu betrachten, deren Blick in die Welt gerichtet ist. Sie sind die Quelle der grundlegenden Lebensrätsel, die sich auf allen irdischen Ebenen – vom Mineral- bis zum Menschenreich, physisch wie psychisch – in unermeßlichen Variationen und Kombinationen ausdrücken. Je näher eine Erscheinung dem Wesenskern des Archetypen ist, umso reiner und unverfärbter (von den Einflüssen der stofflich-irdischen Welt) ist diese Ausdrucksform. Der Archetyp bildet das Zentrum, seine Auswirkungen sind mit den Wellen zu vergleichen, den ein ins Wasser geworfener Stein auslöst: Sie dehnen sich aus, werden breiter und flachen ab, je weiter sie sich vom Mittelpunkt entfernen. Die Zahl ihrer Schwingungen nimmt ab, sie erscheinen undeutlicher und gröber. Die Ausdrucksformen des Archetypen (die Wellen) dürfen nun aber nicht mit diesem selbst (dem Stein in unserem Bild) verwechselt werden, sondern sind als *Entsprechungen* des jeweiligen Urprinzips zu verstehen. Wir haben es hier mit dem Verhältnis von Ursache und Wirkung zu tun. Die Archetypen sind Ursache, während alle Erscheinungen hier auf Erden Auswirkungen dieser höheren *Wirklichkeitsebene* darstellen.

Entwicklung und Selbsterkenntnis meint vor diesem Hintergrund ein allmähliches Annähern an das Zentrum, ein Erahnen der hinter allem wirkenden Archetypen – bis hin zur Integration des Archetypus in unsere Persönlichkeitsstruktur. Oder besser ausgedrückt: ein Erwachen des kleinen Egos im Schoße der Ganzheit der Archetypen. Es ist ein Prozeß des Erwachens schlechthin, wie ihn ein GAUTAMA BUDDHA vor über zweieinhalb Jahrtausenden realisierte und vorlebte; ein Lüften des Schleiers der Maya, der großen Illusion, die die Welt der unsterblichen Archetypen vor dem Blick der vergänglichen Wesensseiten verbirgt. Ein Durchdringen zur eigentlichen, lebendigen Wahrheit, die uns hinter allen Erscheinungen *entgegenwartet.* Nicht die Gestalt der Dinge macht ihr lebendig-energetisches Wesen aus, sondern die unsichtbare Kraft, die es erschaffen hat und trägt.

Nehmen wir als anschauliches Beispiel dafür die Projektion eines Filmes auf eine Leinwand: Ein kleines Kind könnte meinen, daß die beweglichen Bilder Menschen und Tiere *sind,* doch wir Erwachsenen haben genug Überblick und Erfahrung, um zu erkennen, daß es sich eben nur um *Projektionen* der lebendigen Wirklichkeit handelt – erschaffen und erzeugt durch einen Filmprojektor. Analog dazu projizieren die archetypischen Kräfte dreidimensionale plastische Bilder in diese Welt, damit unsere *Psyche* eine Kulisse hat, um *sich selbst* langsam zu erkennen. Unserer Rationalität als dem Organ unserer Psyche, das auf die Bewältigung des irdischen Alltagslebens innerhalb von Zeit und Raum eingerichtet ist, muß die Welt der Archetypen notwendigerweise verschlossen bleiben, da sie jenseits räumlicher und zeitlicher Beschränkungen anzusiedeln sind. Ein adäquates inneres Organ zur Wahrnehmung höherer Bewußtseinsebenen stellt der »sechste Sinn« des Menschen dar, die Intuition, mit deren Hilfe wir in Erfahrungsbereiche vorstoßen können, die dem Verstand immer unerklärlich bleiben werden, aber aller Logik zum Trotz dennoch existieren. Dem Wesen der Archetypen wird eher das Erspüren denn empirisches Wissen, eher ein ganzheitliches Erfassen denn die intellektuelle Analyse gerecht.

Jung läßt keinen Zweifel an der Flüchtigkeit, dem Ungreifbaren der Archetypen, wenn er formuliert, daß sich ihr eigentlicher Bedeutungskern zwar umschreiben, aber nicht fassen läßt. Er schrieb dazu: »… was immer wir vom Archetypus aussagen, sind Veranschaulichungen und Konkretisierungen, die dem Bewußtsein angehören« (»*Gesammelte Werke*«, Band 8, S. 245). Weiterhin erklärte er: »Man darf sich keinen Augenblick der Illusion hingeben, ein Archetypus könne schließlich erklärt und damit erledigt werden. Auch der beste Erklärungsversuch ist nichts anderes als eine mehr oder weniger geglückte Übersetzung in eine andere Bildsprache« (»*Grundwerk*«, Band 2, S. 184).

Jungs Versuch, das Unbeschreibliche zu beschreiben und das Unsagbare auszudrücken, hat ebenso wie die Astrologie den Zweck, uns auf ein unbekanntes und unbegreifliches Ziel hin vorzutasten, vorzubereiten und einzustimmen. Es ist, als würden wir den Meeresgrund sondieren – zunächst vom sicheren Boot aus: Nötig sind ein Ausloten der Tiefe, Feststellen der Strömungen, Auskundschaften der Unterwasserflora und -fauna (um nicht gerade unter die Haifische zu geraten), das Überprüfen der Taucherausrüstung. Bis wir dann schließlich wagen, gut ausgerüstet kopfüber in das Meer hineinzuspringen. Die Erfahrung, wirklich im Wasser zu sein, wird dann eine spürbar andere Qualität haben als die theoretische Vorbereitung. Sie hat uns jedoch geholfen, das Risiko (für unsere kreatürlich-vergängliche Wesensseite) zu überblicken und zu verringern.

Die astroenergetische Symbolik ist – den nautischen Karten und Büchern

1. Die Archetypen

für den Seefahrer oder Taucher vergleichbar – als Orientierungshilfe zu verstehen. Wir haben mit den Astrosymbolen aber in der Tat sehr genaue und differenzierte seelische Landkarten und energetische Fahrpläne in der Hand, anhand derer wir die energetischen Strömungen lokalisieren können.

Die JUNGSCHE Lehre definiert die Archetypen als »Abstrakta«. JUNGS Mitarbeiterin JOLANDE JACOBI bezeichnet sie als »formal und nicht inhaltlich bestimmt« (»*Die Psychologie von C. G. Jung*«, S. 50). Auf die Astrologie übertragen deutet das auf den *abstrakten Charakter* der Tierkreiszeichen und Planeten, welche dem Wesen nach bestimmbar, aber nicht mit ihren Ausdrucksformen identisch sind. Ein zunehmender Abstraktionsgrad stellt das wesentliche Merkmal höherer Seinszustände dar; sie erreichen in der grobstofflichen Form ihren »niedrigsten« Ausdruck. Der Weg zu den Archetypen führt somit von der klar begrenzten Welt des sinnlich Greifbaren hinauf in das Reich des reinen Geistes der Urideen.

Diese Urprinzipien, die selbst gestaltlos sind, drücken sich entsprechend ihrer energetischen Eigenart nach »unten« hin (in der Welt der Erscheinungen) in den unterschiedlichsten Anordnungen beziehungsweise Formen aus.

JUNG zum Gestaltaspekt des Archetypus: »Ihre Form ist etwa dem Achsensystem des Kristalls zu vergleichen, welches die Kristallbildung in der Mutterlauge gewissermaßen präformiert (der Archetypus per se), ohne selbst eine materielle Existenz zu besitzen ... und ebenso besitzt der Archetypus zwar einen invariablen Bedeutungskern, der stets nur im Prinzip, nie aber auch konkret seine Erscheinungsweise bestimmt« (»*Gesammelte Werke*«, Band 7, S. 488).

Die Schwierigkeit, eine solch unbeschreibliche Wahrheit wie die Ebene der Archetypen mit unseren Worten auszudrücken, läßt sich nur mittels Analogien oder Gleichnissen umgehen, wie sie auch JUNG in diesem Beispiel benutzt. Aber haben wir nicht bereits in der Grundschule im Religionsunterricht kennengelernt, daß uns etwas in Form von Gleichnissen vermittelt wird? Erfuhren wir die Weisheiten des »spirituellen Meisters« des FISCHE-Zeitalters, des CHRISTUS, nicht durch zahlreiche Gleichnisse? Haben diese symbolisch zu verstehenden Geschichten unsere kindliche Seele nicht tiefer erreicht und ergriffen als nüchterne Tatsachenberichte?

CHRISTUS wollte grundlegende Wahrheiten übermitteln und benutzte dafür eine bildhafte Sprache. Nur dadurch konnte die Essenz, der tiefere Gehalt seiner Botschaften, das Herz der Menschen erreichen. Er sprach damit nicht unsere Logik an, sondern jene Wesensseite in uns, die diese Sprache versteht. Nehmen wir beispielsweise das Gleichnis vom verlorenen Sohn, wo es um das grundlegende Rätsel von der Trennung der Menschenseele (Sohn) vom Göttlichen (Vater) geht. Die Irrfahrt und der Niedergang des Sohnes sowie seine reumütige Heimkehr und freudige Begrüßung durch den Vater ergeben ein wundervolles Bild von der kosmischen Pilgerschaft der Seele, die ins Irdisch-Stoffliche »abgefallen« ist (der Schweinetrog, aus dem der verlorene Sohn schließlich sein kümmerliches Dasein fristet) und nach einer Zeit der Reue und inneren Läuterung schließlich wieder zum göttlichen Ursprung zurückfindet. Jeder mag selbst entscheiden, welche Version einen tieferen Eindruck macht und uns anrührt: das Gleichnis oder seine analytische Ausdeutung!

Die astrologische Zuordnung der Archetypen und ihre innere Bedeutung wurde nun keineswegs vom menschlichen Verstand erdacht oder erfunden. Das System der Astrologie – von unseren Urvätern und Urmüttern entdeckt – bildet vielmehr einen Rahmen, der das Wiederfinden der ewig gültigen inneren Wirklichkeiten und Gesetzmäßigkeiten erleichtern soll. Inwieweit dies dem astrologisch beziehungsweise astroenergetisch Forschenden letztlich gelingt, hängt natürlich wesentlich von ihm selbst ab. Wenn wir zum Beispiel den WIDDER-Archetypen charakterisieren und versuchen, anhand seiner Ausdrucksformen Rückschlüsse auf den Wesenskern zu ziehen, dann geschieht das nicht nach beliebigen Kriterien einer menschlichen Philosophie! Natürlich sind der Phantasie des einzelnen keine Grenzen gesetzt, einem Archetypen allerlei Eigenschaften oder Zuordnungen anzudichten. Das hat allerdings nichts mit wahrer Astrologie gemein, deren Geheimnisse sich dem Aspiranten je nach Bewußtseinsgrad allmählich *von selbst* erschließen. Die archetypischen Grundmuster offenbaren sich der interessierten und aufnahmebereiten Psyche.

JACOBI meint dazu, der Archetyp könne »auf vielen psychischen Stufen und Ebenen, in den verschiedensten Konstellationen auftauchen, paßt sich in seiner Erscheinungsform, in seiner ›Tracht‹ der jeweiligen Lage an und bleibt dennoch in seiner Grundstruktur und -bedeutung der nämliche ...« (ebd. S. 52). In der astroenergetischen Sprache bedeutet das: Wenn sich der WIDDER-Archetyp ausdrückt – in der Rakete, im elektrischen Strom, im Geburtsvorgang, im Schwert, in der Aggression oder der sexuellen Lust, dann ist er (der WIDDER) selbst weder das eine noch das andere, sondern, wie JUNG sagt, »das unbekannte Dritte, das sich mehr oder weniger treffend durch alle diese Gleichnisse ausdrücken läßt, das aber – was dem Intellekt stets ein Ärgernis bleiben wird – unbekannt und unformulierbar bleibt« (»*Gesammelte Werke*«, Band 7, S. 191).

Dieses nichtfaßbare Numinosum gehört einer Dimension an, die, wie JUNG etwa in »*Psychologie und Dichtung*« feststellt, jenseits von Gut und Böse und jenseits von Krankheit und Gesundheit anzusiedeln ist. In Kapitel I.3 haben wir bereits festgestellt, daß die Astrosymbole für sich genommen wertfrei sind. Wie die Archetypen bei JUNG können wir eben auch die Tierkreiszeichen und Planeten nicht als nur gut oder nur schlecht ansehen, wie fälschlicherweise aus Unkenntnis immer wieder suggeriert wird. Alle Urprinzipien gehören zu einer ganzheitlichen Sphäre, in der das Gute und

1. Die Archetypen

das Böse eine Einheit bilden. HERMANN HESSE ließ in seinem »*Demian*« mit dem Gott Abraxas eine überirdische Wesenskraft Gestalt annehmen, die beide Grundkräfte in sich selbst vereinigt: »›Das Göttliche und das Teuflische vereinigen‹, klang es mir nach. Hier konnte ich anknüpfen. Das war mir von den Gesprächen mit Demian in der allerletzten Zeit unserer Freundschaft her vertraut. Demian hatte damals gesagt, wir hätten wohl einen Gott, den wir verehrten, aber der stelle nur eine willkürliche abgetrennte Hälfte der Welt dar (es war die offizielle, erlaubte ›lichte‹ Welt). Man müsse aber die ganze Welt verehren können, also müsse man entweder einen Gott haben, der auch Teufel sei, oder man müsse neben dem Gottesdienst auch einen Dienst des Teufels einrichten. – Und nun war also Abraxas der Gott, der sowohl Gott wie Teufel war« (S. 93).

Für unseren polar ausgerichteten Verstand ist es undenkbar, daß die scheinbar so klar gezogene Grenze zwischen dem Guten und dem Übel, zwischen Licht und Schatten auf einer höheren Ebene nicht existieren soll. Vor allem mag es uns schwerfallen zu akzeptieren, daß das sogenannte Böse ebenso Teil des Ganzen sein soll wie das Gute. Bei HESSE ist es der Gott Abraxas, der beide Seiten in sich vereinigt – gemäß dem Sprichwort: »Wo Licht ist, da ist auch Schatten.«

Auch die Tierkreiszeichen und Planeten begegnen uns mit einem Doppelgesicht, das JUNG als Wesensmerkmal des Archetypischen ansieht. Gerade die Integration der Schattenseite ist ihm zufolge ein absolut notwendiger Schritt auf dem Weg zur Selbstwerdung, der Individuation. Übertragen wir das Gesagte nun auf die astrologische Symbolsprache, so erkennen wir beispielsweise das Prinzip der Zerstörung als Ausdrucksform der (wertfreien) Kräfte WIDDER oder SKORPION, die als Bestandteile des Tierkreises eben auch Wesenszüge unserer Welt sind. Dieses Vernichtungspotential – im Hinduismus mit der hochverehrten Gottheit *Shiva* gleichgesetzt – erfüllt unser kleines Ich, das heutzutage kaum mehr Anschluß an die archaischen Tiefenschichten des ewigen Seins hat, mit Angst und Schrecken. Und doch ist das *Vergehen* die Grundvoraussetzung für neues *Werden* und *Entstehen*.

Als mit dem Zeitalter der Aufklärung die Rationalisierung der Welt eingeläutet wurde, bedeutete das für die Menschheit einen großen Schritt heraus aus dem Bann der Vorherrschaft archaisch-unbewußter Seelenkräfte (und damit der Archetypen des *Wasserelements*, KREBS, SKORPION und FISCHE). Der Mensch begann, sich von unbewußten Zwängen und Ängsten zu lösen und schrittweise von seiner fast absolut subjektiven Weltsicht hin zu einer größeren Objektivität zu entwickeln. Das hat in mancher Hinsicht zu einer Humanisierung des Lebens geführt – man denke nur an den Hexenwahn des Mittelalters und das damit verbundene Leid vieler unschuldiger Frauen, das durch den Abbau magischer Ängste überwunden werden konnte. Jedoch: Das Kind (die Archetypen des *Wasserelements*, welche die fließende Wandlung verkörpern) wurde »mit dem Bade ausgeschüttet«, die archetypischen beziehungsweise archaischen Seelenkräfte wurden in den Hintergrund gedrängt. Da sich diese aber nicht abschieben, geschweige denn vernichten lassen, drängen sie mit Gewalt (scheinbar von außen kommend) wieder in unser Leben.

Vor allem jene archetypischen Kräfte, die dem Wohlbefinden unseres Egos abträglich, ja feindlich erscheinen, wurden zu Sündenböcken gemacht, vor denen man sich zu fürchten hatte. Astrologie verstand man in dieser Hinsicht als Hilfsmittel, den »bösen Einflüssen« zu entgehen. Der SKORPION als Archetyp der Wandlung und Vergänglichkeit, der uns eben auch mit der häßlichen (besser: dunklen) Seite der irdischen Welt konfrontiert, gilt heutzutage nicht gerade als gesellschaftsfähig. Man geht ihm beziehungsweise seinen Erscheinungen gerne aus dem Weg, hat flächendeckend Institutionen geschaffen, um menschliches Leid möglichst nicht in unser Bewußtsein dringen zu lassen. Kranke werden im Krankenhaus, Alte im Altersheim, Behinderte im Behindertenheim verwahrt, auch deshalb, um uns ihren Anblick zu ersparen. Das darf bitte nicht als Kritik an diesen Institutionen an sich verstanden werden, die ja wertvolle und notwendige Dienste leisten! Unsere Einstellung, sei sie auch unbewußt, ist dabei der springende Punkt. Im Gegensatz dazu ist man in Ländern wie Indien alltäglich mit der vernichtenden Seite der Gottheit *Schiwa* konfrontiert: Krankheit, Elend und Tod ereignen sich öffentlich, als Mahnmal der physischen Unbeständigkeit sozusagen, auf der Straße.

Da das wesentliche Grundgesetz in unserem Universum die Harmonie ist, das heißt der Ausgleich zwischen den archetypischen Kräften, drängt sich die ungeliebte SKORPION-Energie (vor allem jetzt zum Ende dieses Jahrtausends, da der SKORPION-Planet PLUTO durch sein eigenes Zeichen wandert) in Form der massiven Probleme und Auswirkungen der Umweltzerstörung (Ozonloch, Vergiftung und Zerstörung der Lebensgrundlagen) tagtäglich über die Nachrichten mit neuen Horrormeldungen in unser Bewußtsein. Auch hier wirkt ein kosmisches Naturgesetz: Wenn wir für unser Ganzsein notwendige innere Erfahrungen nicht freiwillig machen wollen, werden wir mit ihren Schattenseiten in der Außenwelt konfrontiert.

Die Zerstörungswut und das große Aggressionspotential vieler junger Menschen heute – die sich beispielsweise gegen Randgruppen wie Ausländer oder Asylbewerber richten – resultieren aus der Verdrängung des Kriegsgottes MARS beziehungsweise des WIDDER-Archetypen in unserer Gesellschaft. Wir ersehen daraus, daß die Unterdrückung von Seelenkräften niemals eine Lösung sein kann, da die verdrängten Emotionen unkontrollierbare Wirkungen entfalten. Gerade die Auseinandersetzung mit den Archetypen bewirkt, daß wir ihr Potential in die Persönlichkeit integrieren und damit nicht mehr das willenlose Werkzeug dieser Urgewalten sind.

1. Die Archetypen

Als ein weiterer ungeliebter »Geselle« muß SATURN beziehungsweise STEINBOCK – Archetyp der Begrenzung und Desillusionierung – für Projektionen herhalten; er galt lange Zeit als besonderer Bösewicht. Schließlich scheinen Grenzen und Hindernisse auf dem Lebensweg auf den ersten Blick ja nicht gerade erstrebenswert. In dem Moment aber, in dem mir die Notwendigkeit von Prüfungssituationen für die Weiterentwicklung klarwird, erhellt sich schlagartig das sonst so grimmig dreinblickende Antlitz des Chronos SATURN, der dann als Lichtbringer erlebt werden kann.

Andererseits werden bestimmte Archetypen gerne idealisiert, die scheinbar nur Schönes und Helles versprechen – wie WAAGE-VENUS oder SCHÜTZE-JUPITER! Das Resultat ist dann die bange Frage an den Astrologen, ob man denn ein »gutes« Horoskop habe: ohne SKORPION-Aszendent, sondern lieber mit WAAGE-Betonung oder ähnlichem.

Eine solche Einstellung verrät schlichte Schwarzweißmalerei. Die Archetypen jedoch stehen über der Dualität und jenseits aller Bewertungskriterien. Gut oder schlecht (will sagen: erlöst oder unerlöst) wird etwas erst durch den menschlichen Umgang mit den Energien. Die Lebensrätsel erwachsen aus unserer Verstrickung mit den Erscheinungen der irdischen Welt. Befreiung verspricht also nur die Lösung von der Formgebundenheit, indem wir zum formlosen Ursprung in uns selbst zurückfinden. Die Erkenntnis, daß sich alle konkreten Erfahrungen, alle persönlichen Probleme letztlich auf archetypische, sprich: kollektive, Grundprinzipien zurückführen lassen, befreit uns aus der Isolation, in die uns eine dominierende Ratio getrieben hat. Wir sind dann wieder in der Lage, Sinn und Bedeutung auch der scheinbar nur banalen Angelegenheit zu entdecken. Gleichzeitig werden wir dann wirklich handlungsfähig, um auch die konkreten Probleme des Erdendaseins anzugehen! Im Wissen um die Zeitlosigkeit und Ewigkeit werden wir den massiven Herausforderungen unserer Zeit mit mehr Gelassenheit, Ausdauer, Mut und Zuversicht begegnen.

Das Zurückfinden zu den Archetypen hinter den Erscheinungen ist die eigentliche *Religion,* bedeutet doch das lateinische Wort *religio* nichts anderes als die »Rückbindung an den Ursprung«. Wenn wir uns schrittweise der archetypischen Erfahrungsdimension beziehungsweise dem Zentrum der Tierkreiszeichen annähern, ist das im eigentlichen Sinne ein eher religiöses Anliegen denn ein analytisches Unterfangen. Auch JUNG bringt den Religionsbegriff ins Spiel und bezeichnet die Beziehung zwischen Bewußtsein und dem unbewußten archetypischen Seelengrund als »Urform der Religio«, die »auch jetzt noch die wirksame Essenz allen religiösen Lebens« bildet (*»Grundwerk«,* Band 2, S. 185).

Wenn wir nun mit Hilfe des astrologischen Ordnungssystems einen ersten Versuch unternehmen, die JUNGSCHEN Archetypen mit den Tierkreiszeichen in Beziehung zu bringen, folgen wir damit auch einer wesentlichen

Erkenntnis des Psychologen: »Wenn man nun die Archetypen nicht wegleugnen oder sonstwie unschädlich machen kann, so ist jede neu errungene Stufe von kultürlicher Bewußtseinsdifferenzierung mit der Aufgabe konfrontiert, eine neue und der Stufe entsprechende Deutung zu finden, um nämlich das in uns noch existierende Vergangenheitsleben mit dem Gegenwartsleben, das jenem zu entlaufen drohte, zu verknüpfen« (ebd., S. 182).

Nun, unschädlich sind die Archetypen ja schon deshalb nicht zu machen, da *sie* es sind, die alle Erscheinungen letztlich bewirken. Sollten wir diesen unmöglichen Versuch dennoch unternehmen, gliche das dem Bemühen eines zweidimensionalen Zelluloidwesens, den Filmprojektor auszuschalten. Und selbst wenn das gelänge, hätte sich die auf die Leinwand projizierte Gestalt damit nur selbst ausgelöscht. Die dreidimensional ausgerichtete Ratio des Menschen vermittelt den Eindruck, daß wir in einer dreidimensionalen Welt leben. Doch spätestens seit ALBERT EINSTEINS Relativitätstheorie wissen wir zumindest theoretisch, daß noch (mindestens) eine weitere Dimension existiert, die einem höheren Bewußtseinslevel entspricht und nicht allein durch ein Mehr an Wissen erkannt werden kann! EINSTEIN nannte diese vierte Dimension des Seins die »Raumzeit«, wobei er den engen Zusammenhang der Größen Raum und Zeit herstellte. Und dieser Bereich kosmischer Existenz bildet sicherlich nicht die letzte Stufe der Leiter, deren Ende in die Sphäre der Archetypen reicht.

Wir sehen also, daß wir uns mit den Urprinzipien beschäftigen müssen; wir können nicht davonlaufen, wenn sie an die Pforte unserer Wahrnehmung klopfen. Ist ihre Zeit gekommen, konstellieren sich Archetypen in unserem Leben und überschatten sozusagen die Daseinsbereiche, die diesen Urkräften zugeordnet sind. JUNG dazu: »Wenn sich im Leben etwas ereignet, was einem Archetypus entspricht, wird dieser aktiviert, und es tritt eine Zwanghaftigkeit auf, die, wie eine Instinktreaktion, sich wider Vernunft und Willen durchsetzt oder einen Konflikt hervorruft, der bis zum Pathologischen, das heißt zur Neurose, anwächst« (*»Grundwerk«*, Band 2, S. 120).

Wenn wir den Archetypen nun schon nicht entkommen können (Gott sei Dank! – denn aller Sinn und alle Kreativität entspringen diesem Urquell!), tun wir gut daran, uns bewußt damit auseinanderzusetzen, um der Gefahr einer psychischen Schädigung zu entgehen. Dabei ist es außerordentlich hilfreich zu wissen, was die Stunde geschlagen hat, *wann* bestimmte Energien wirksam werden oder, wie JUNG gesagt hätte, wann sich bestimmte Archetypen konstellieren.

Das (astrologische) Wissen um die Gesetzmäßigkeiten der archetypischen Zyklen und ihrer Wirkweisen auf unser individuelles Leben hilft uns, bewußter und deshalb auch freier damit umzugehen. Daß es keine Frage des Wollens, sondern vielmehr eine Notwendigkeit ist, sich mit den aktivierten archetypischen Kräften auseinanderzusetzen, um nicht das Spiel

1. Die Archetypen

von ihnen aufgezwungen zu bekommen, schildert JUNG in seiner Autobiographie »*Erinnerungen, Träume, Gedanken*«. Er berichtet von einer Lebensphase, während der sein Bewußtsein stark mit den unbewußten Seelenkräften konfrontiert war: »Um die Phantasien, die mich unterirdisch bewegten, zu fassen, mußte ich mich sozusagen in sie hinunterfallen lassen. Dagegen empfand ich nicht nur Widerstände, sondern ich fühlte auch ausgesprochene Angst. Ich fürchtete, meine Selbstkontrolle zu verlieren und eine Beute des Unbewußten zu werden, und was das heißt, war mir als Psychiater nur allzu klar. Ich mußte jedoch wagen, mich dieser Bilder zu bemächtigen. Wenn ich es nicht täte, riskierte ich, daß sie sich meiner bemächtigten« (S. 182).

In seinem Horoskop können wir nachvollziehen, was sich in dieser für das Werk so entscheidenden Phase (der Berührung mit dem Unbewußten) astroenergetisch zugetragen hat. Vor allem war es die FISCHE-NEPTUN-Energie (Archetyp der tiefsten Seelenschichten), die sich massiv in sein Bewußtsein gedrängt hat. Astrologisch ausgedrückt handelte es sich hier um den Transit (Durchzug) des NEPTUN in Konjunktion über die Radix-SONNE (= der Geburtsstand der SONNE im Horoskop). JUNG hatte das astrologische Instrumentarium nicht zur Hand, das ihm geholfen hätte, sich ein klareres Bild von seiner Lage zu machen. Es hätte ihm zusätzliche Sicherheit geben können, daß dieses Thema für ihn zu der Zeit an der Reihe war, und es hätte aufgezeigt, wie lange etwa die Phase intensiv wirken würde. Das Hauptproblem bei Krisenzeiten besteht ja meist darin, daß wir – da wir mittendrin stecken – Angst haben, dieser Zustand dauere ewig, was die Panik natürlich noch erheblich vergrößert. Dennoch hatte der Begründer der Archetypenlehre das Durchhaltevermögen und die Integrität, diese Periode psychischer Instabilität heil zu durchstehen und kreativ zu nutzen. Er vertraute den Eingebungen seiner Intuition; sie wies ihm zum Teil ungewöhnliche Wege, mit den das Bewußtsein überflutenden inneren Bildern umzugehen. Dadurch war es ihm möglich, den Seelenmächten die Ausdrucksmöglichkeiten und den Raum zu verschaffen, den sie auf massive Weise einforderten: etwa durch das Aufschreiben von und die Auseinandersetzung mit den Phantasien, das Malen vor allem von Mandalas und nicht zuletzt durch ein Zurückfinden zum kindlichen Spiel mit Steinen.

In seiner Autobiographie lesen wir dazu unter anderem: »Jeden Tag baute ich nach dem Mittagessen, wenn das Wetter es erlaubte. Kaum war ich mit dem Essen fertig, spielte ich, bis die Patienten kamen; und am Abend, wenn die Arbeit früh genug beendet war, ging ich wieder ans Bauen. Dabei klärten sich meine Gedanken, und ich konnte die Phantasien fassen, die ich ahnungsweise in mir fühlte« (S. 178).

Demgemäß ist auch die Arbeit mit der Astrologie und den Träumen als ein Weg zu verstehen, mit den archetypischen Kräften sinnvoll und schöpferisch umzugehen, um aus dieser Berührung Gewinn für unsere Gesamtpersönlichkeit zu ziehen. Es ist ein »Wandeln auf seelischen Pfaden«, die uns zu unserer Ganzheit zurückführen.

Die Archetypen sind nicht mit unseren Vorstellungen von etwas Numinosem zu verwechseln Hinter diesem Begriff verbergen sich vielmehr über alle Maßen lebendige energetische Kräfte, von denen JUNG sagt: »Archetypen waren und sind seelische Lebensmächte, welche ernst genommen werden wollen und auf die seltsamste Art auch dafür sorgen, daß sie zur Geltung kommen« (»*Grundwerk*«, Band 2, S. 181). Und JACOBI schreibt dazu: »Der Archetypus ist nicht nur ein Bild an sich, sondern zugleich auch Dynamis, welch letztere, in der Numinosität, der faszinierenden Kraft des archetypischen Bildes sich kundgibt« (»*Komplex, Archetypus, Symbol in der Psychologie C. G. Jungs*«, S. 14).

Für die *energetische Astrologie* sind es vor allem die Planeten, welche die dynamische Seite der Archetypen verkörpern (siehe Kapitel I.1). Durch das Geburtshoroskop werden wir (zunächst theoretisch-abstrakt) in die Lage versetzt, die Einwirkungen der Archetypen (Tierkreiszeichen und Planeten) auf unsere Lebenssituationen (Häuser) zu entdecken. Die Positionen der Planeten (als den lebendigen Emanationen der Archetypen in unserer Psyche) im Tierkreis geben Aufschluß darüber, wie die entsprechenden Kräfte gefärbt beziehungsweise geprägt und gelagert sind. Und schließlich ermöglicht uns der energetische Fahrplan der Planetenbewegungen (Transite), unseren Kairos, das heißt die Qualität der Zeit, zu bestimmen und so in Erfahrung zu bringen, welche archetypischen Kräfte sich wann konstellieren.

Zusammenfassend sei noch einmal dargestellt, welche differenzierenden Aussagen über die Archetypen uns die Astrologie ermöglicht:
1. Die Tierkreiszeichen selbst – als die einzelnen Glieder der Tierkreiskette – bilden die Verkörperungen der Archetypen, bezeichnet durch die astroenergetische Symbolsprache.
2. Die Position der Tierkreiszeichen im Zodiak spiegelt die Beziehungen der archetypischen Kräfte untereinander wider.
3. Die Archetypen drücken sich in der irdischen Welt als Kombinationen der zwölf Aspekte aus, die im Tierkreis beschrieben sind. Entsprechend der jeweiligen Wesensart rücken dabei bestimmte Faktoren in den Vordergrund oder Hintergrund (gleich unterschiedlichen Molekularverbindungen in der Chemie).
4. Durch die astroenergetischen Transite (Planetenbewegungen im Tierkreis) kann festgestellt werden, wie sich die Archetypen in der Zeit konstellieren, wie sie wirksam werden.

1. Die Archetypen

Zu 1.: In den Werken JUNGS begegnen wir vor allem dem Mutter-, Vater- und Kindarchetypen sowie dem Archetypen des alten Weisen. Weiterhin lassen sich die von ihm eingeführten Bezeichnungen der psychischen Wesensteile, die er Anima, Animus und Schatten nennt, zum engeren Kreis der archetypischen Seelenkräfte rechnen. Die Astrologie zeigt uns zwölf archetypische Kräfte, die nun zu klassifizieren und in Beziehung zu den JUNGSCHEN Archetypen zu setzen sind. Diese Aufgabe, die den Rahmen dieser Einführung sprengen würde, wird in den Tierkreisbänden fortgeführt. Im vorliegenden Buch möchte ich dem Leser die Zusammenhänge kurz aufzeigen; sie sollen im entsprechenden Band der Tierkreisreihe anhand von Fallbeispielen verdeutlicht werden. Durch ein solches Vorgehen können einerseits die Aussagen des genialen Seelenforschers differenziert werden, und andererseits dient seine ausführliche Darstellung der archetypischen Kräfte als vertiefende Beschreibung der Astrosymbole. Die Archetypen der Astrologie sind:

WIDDER:	Archetyp der Energetik/des männlichen Sexus
STIER:	Archetyp der Materie und Form/des Wachstums
ZWILLINGE:	Archetyp der Polarität/des Denkens
KREBS:	Archetyp des Seelischen/des Weiblich-Mütterlichen
LÖWE:	Archetyp des Selbst(-Bewußtseins)/der Mitte
JUNGFRAU:	Archetyp der Analyse/der Sozialisation
WAAGE:	Archetyp der Beziehungen/des weiblichen Eros
SKORPION:	Archetyp des Archaischen/der Wandlung
SCHÜTZE:	Archetyp des Sinnes/der Religio
STEINBOCK:	Archetyp der Struktur und Ordnung/des Väterlichen
WASSERMANN:	Archetyp des Überbewußtseins/der Evolution
FISCHE:	Archetyp der Einheit/der Auflösung

Bei dieser Kurzdarstellung der Archetypen wurden (beispielhafte) Überbegriffe verwandt, die die zentralen Themen bezeichnen. Erweiterung, Ableitung der Entsprechungen auf allen Ebenen, Deutung und ausführliche Beschreibung, das sei noch einmal gesagt, ist das Thema der einzelnen Tierkreisbände.

Betrachten wir in diesem Zusammenhang beispielsweise den Mutterarchetypen JUNGS, dann ergibt sich in erster Linie eine Zuordnung zum KREBS, während eine wesentliche Ausdrucksform des Vaterarchetypen im STEINBOCK liegt. Beim Kindarchetypen müssen wir zur Verdeutlichung der Zuordnung das »Geburtsthema« des WIDDER hier einführen. Unter diesem Gesichtspunkt entspricht der Kindarchetypus, als das junge, neugeborene Leben, dem WIDDER. Spricht JUNG in diesem Kontext vom »göttlichen Kind«, wird eine Differenzierung notwendig. Wir haben es hier mit einer Kombination der Prinzipien des Göttlichen und des Kindlich-Jungen zu tun. Astrosymbolisch ist damit die höchste Ausdrucksform der Konstellation SONNE (Gottessymbol) im WIDDER angesprochen.

Betrachten wir als nächstes Beispiel den Archetypus des »alten Weisen«, der dem STEINBOCK-Prinzip gleichzusetzen ist. Diesem Tierkreiszeichen entspricht das Zeitliche, das mühevolle Lernen durch die Alltagserfahrungen, was sich in der Lebensweisheit des Alters ausdrückt. Weiterhin ist aber auch das väterliche Prinzip gemeint; somit sind der Vaterarchetyp und der »alte Weise« zwei verschiedene Ausdrucksformen ein und desselben astroenergetischen Prinzips.

JUNG setzt den »alten Weisen« mit dem Archetyp des Sinnes gleich: »Ich habe mich deshalb begnügt, ihn als den *Archetypus des alten Weisen* beziehungsweise des *Sinnes* zu bezeichnen« (»*Grundwerk*«, Band 2, S. 110). Hier erkennt die astroenergetische Betrachtungsweise im Unterschied zu Jung zwei Archetypen: zum einen eben den STEINBOCK und zum anderen den SCHÜTZEN als das archetypische Sinnprinzip. Natürlich besteht ein enger Zusammenhang zwischen diesen beiden Grundprinzipien. Er drückt sich astrosymbolisch schon durch die örtliche Nähe, das Nebeneinander der beiden Zeichen, im Tierkreis aus. Übersetzt handelt es sich um das Zusammenspiel zwischen der geistig-spirituellen Energie (SCHÜTZE) und der Notwendigkeit, diese (potentiell vorhandene) Kraft in die irdische Welt (STEINBOCK) zu bringen. Betrachten wir den Tierkreis als Entwicklungsweg und die Tierkreiszeichen als Stationen auf diesem Weg, dann trägt die Entwicklungsstufe STEINBOCK – wenn alle vorhergehenden Entwicklungsschritte beziehungsweise Tierkreiszeichen integriert wurden – auch die SCHÜTZE-Ebene in sich. Unter dieser Voraussetzung können wir SCHÜTZE und STEINBOCK ohne Probleme in einem Atemzug erwähnen. Da es aber eher die Ausnahme ist, daß Entwicklungen reibungslos verlaufen, müssen wir die Tierkreiszeichen zunächst getrennt sehen. Wenn die spirituelle SCHÜTZE-Energie nicht im STEINBOCK eingebettet ist, fehlen Ziel, Vision und Begeisterung (SCHÜTZE), um die Hürden des alltäglichen Lebens zu nehmen und auch in Begrenzungen, Prüfungssituationen und Hindernissen auf dem Weg (STEINBOCK) einen Sinn zu erkennen.

Als weiteres Beispiel für die Beziehung zwischen astroenergetischer Deutung und JUNGS Archetypen sei der Mutterarchetyp und seine nährende und die verschlingende Seite kurz besprochen. Auch hier vermag die Übersetzung in die Sprache der Astrologie zur Differenzierung beizutragen. Grundsätzlich entspricht das Mutterprinzip dem KREBS und dem MOND. Die archaischen, verschlingenden, das heißt ins Unbewußte herabziehenden, Kräfte korrespondieren mit SKORPION-PLUTO, die nährende und behütende Funktion ist STIER-ERDE zugeordnet. Um die Seite

1. Die Archetypen

der »ernährenden« Mutter auszudrücken, wäre demnach die Konstellation MOND im STIER oder auf Häuserebene KREBS im STIER-Haus geeignet. Die »verschlingende« Kraft des Weiblich-Mütterlichen könnte dann zum Beispiel mit MOND im SKORPION bezeichnet werden (wobei diese Konstellationen natürlich auch noch andere Entsprechungen aufweisen). Das bedeutet nun nicht, daß alle Frauen mit den genannten energetischen Gegebenheiten automatisch ernährende oder verschlingende Muttertypen sind. Wenn wir astrologische Verbindungen auf ein Individuum übertragen wollen, müssen wir berücksichtigen, daß solche Konstellation nie »pur«, sondern immer im Zusammenhang mit den anderen Horoskopstellungen und dem Reifegrad gesehen werden müssen.

Allgemein betrachtet ließe sich auch aus dem SKORPION ein verschlingendes und aus dem STIER ein wachstumsförderndes Mutterbild ableiten, doch haben diese beiden Tierkreiszeichen eben noch viele andere Funktionen beziehungsweise Ausdrucksweisen, die je nach Horoskopstellung für uns zum Tragen kommen. Vor allem werden wir bei näherem Hinsehen erkennen, daß auch die scheinbar nur negativen Seiten der Astrosymbole ihr Gutes haben (und umgekehrt!).

Wie wir im KREBS-Band sehen werden, sind – über die beiden dargestellten Aspekte des Weiblich-Mütterlichen hinaus – die astrologischen Kombinationsmöglichkeiten mit dem MOND, dem KREBS und dem vierten Haus (= KREBS-Haus) bei weitem noch nicht ausgeschöpft. So ergibt eine Typenkombination aus KREBS und STEINBOCK etwa das Bild der alten Weisen beziehungsweise der alten weisen Mutter, wie sie etwa von MUTTER TERESA aus Indien verkörpert wird. Alle irdischen Ausdrucksformen gehen letztlich auf Archetypenkombinationen zurück, da sich die Urprinzipien in dieser Welt nicht in Reinform ausdrücken können. Die Urform ist das abstrakte Urbild des Archetypen, das als solches erahnt oder intuitiv gespürt werden kann, in der irdischen Sphäre jedoch einer Ergänzung bedarf, um sich zu inkarnieren. Der Mutterarchetyp tritt dann vor allem in der Frau hervor, die real Mutter ist und die als Medium für diesen Archetypus fungiert. Natürlich hat auch der Mann eine mütterliche Seite, und in seinem Horoskop sind die Prinzipien des Mütterlichen ebenfalls vertreten. Je nach Position des KREBS-MOND-vierten Hauses wird dieses Urprinzip eine gewichtige oder weniger wichtige Rolle spielen.

Zu 2.: Hier geht es um die energetischen Beziehungen zwischen den Archetypen, wie sie sich im Tierkreis konstellieren. Die verschiedenen Aspekte (siehe Kapitel I.7), welche die Tierkreiszeichen im Zodiak zueinander bilden, zeigen an, in welcher Weise die archetypischen Kräfte miteinander in Wechselwirkung treten – ob sie sich also, vereinfachend gesagt, in einem harmonisch fließenden oder einem Spannungsverhältnis befinden. Die nähere Untersuchung des Mutter- und des Vaterarchetypen (um bei unserem Beispiel zu bleiben) läßt einen *Oppositionsaspekt* erkennen, wenn wir ihre astroenergetischen Entsprechungen KREBS und STEINBOCK im Tierkreis lokalisieren. Die stehen sich nämlich in einem Hundertachtzig-Grad-Winkel genau gegenüber und bilden den Spannungsaspekt der Opposition, was auf die grundlegende Polarität beider Prinzipien verweist. Es handelt sich sozusagen um zwei Seiten einer Medaille, die sich ergänzen, aber auch bekämpfen können. Überwiegt im Leben eines Individuums eine dieser beiden archetypischen Kräfte, dann ist die Psyche im Ungleichgewicht – wie eine Waage, auf der die Gewichte ungleich verteilt sind. Das muß dann zwangsläufig zu Deformationen auf *beiden* Seiten führen. Ein überbetonter KREBS-Bereich zeigt eine dominierende mütterliche Seite an; das kann sich als gluckenhaftes überfürsorgliches beziehungsweise symbiotisches Verhalten äußern, das jemand bei der eigenen Mutter erfahren hat und nun möglicherweise an die eigenen Kinder weitergibt. Ist die Entwicklung der väterlichen Wesensteile (STEINBOCK; Distanzierungs- und Abnabelungsvermögen) blockiert, werden mütterliche Verhaltensmuster (KREBS; Gefühlsbereich, Nähe, Weichheit) übermächtig und führen zu Distanzlosigkeit, mimosenhafter Empfindlichkeit und ähnlichen. Den Hintergrund einer solchen psychischen Fehlentwicklung bildet in der Regel ein als schwach empfundener, physisch und/oder psychisch nicht vorhandener Vater in der Kindheit des Betreffenden. Natürlich ist auch der umgekehrte Fall denkbar, in dem das mütterliche Prinzip zu kurz kommt und ungesunderweise Härte und Gefühlskälte zu seelischen Deformationen führen. Wichtig ist an dieser Stelle unserer Untersuchungen die Feststellung, daß zwischen dem Mutter- und dem Vaterarchetypen ein *archetypischer Spannungsaspekt* besteht und damit eine von sechs grundlegenden Tierkreispolaritäten. Andere Beziehungsverhältnisse der Archetypen zueinander wären das Quadrat (Zeichen, die im Neunzig-Grad-Winkel zueinander stehen, also das jeweils dritte Tierkreiszeichen danach und davor), Trigon (hundertzwanzig Grad oder viertes Zeichen davor und danach), Sextil (sechzig Grad oder übernächstes und vorletztes Zeichen), um nur die bekanntesten zu nennen.

Das Erkennen der Beziehungen zwischen den Archetypen kann uns helfen, die alltäglichen Probleme besser zu verstehen: indem wir nämlich feststellen, daß jeder auch noch so banal scheinende irdische Konflikt, aber auch jede Harmonie, auf ein archetypisches Grundmuster zurückgeführt werden kann. In unserem Beispiel der Kontroverse zwischen Nähe und Distanz, Gefühl und Verstand handelt es sich eben um den archetypischen Gegensatz zwischen KREBS- und STEINBOCK-Energie.

Zu 3.: In der irdischen Welt kommen die Archetypen in kombinierter Form zum Ausdruck. Bei einer holographischen Sichtweise des Lebens, das haben wir im Kapitel I.11 festgestellt, kleidet sich jeder Tierkreisarchetyp wie-

1. Die Archetypen

derum in (zwölf) verschiedene »Gewänder«. Je nach Wesensart werden einem Archetypen manche »Kleider« besser, andere wiederum schlechter stehen.

In der astroenergetischen Sprache ausgedrückt, tritt der WIDDER-Archetyp im Widdergewand, Stierkostüm, Zwillingekleid und anderen auf. Es handelt sich also um die zwölf Gesichter beziehungsweise Aspekte des WIDDER, und die gleiche Prozedur können wir auch mit den anderen Tierkreiszeichen durchführen. Bleiben wir beim WIDDER: Einerseits haben wir es mit dem Archetypen der *Energetik* an sich zu tun, aber zugleich, holographisch verstanden, findet auch die *energetische Seite* eines *jeden anderen* Tierkreisarchetypen im jeweils zugeordneten Planeten ihren Ausdruck. Also hat beispielsweise auch der KREBS eine energetische Seite, nämlich den MOND.

Beim WIDDER steht natürlich dessen Wesensprinzip, die *Energetik* (also der MARS), im Vordergrund, aber er hat eben auch noch andere Perspektiven. Und so besteht sein STIER-Aspekt in dem Impuls der (immateriellen) Energie, sich in der physischen Welt zu manifestieren. Diese Tendenz der Energetik, sich auch stofflich zu offenbaren, wird nicht zuletzt durch die moderne Physik postuliert, die mit wissenschaftlichen Methoden feststellt, daß die Urbausteine unserer erfahrbaren Welt (die subatomaren Teilchen) sowohl eine energetische beziehungsweise elektromagnetische Seite haben (die sich in ihrer Wellennatur ausdrückt) als auch durch ihre Teilchennatur Ausdruck einer materiellen Wirklichkeit sind.

Ein weiteres Beispiel soll die »Verschachtelung« der Tierkreisarchetypen verdeutlichen. Nehmen wir den STEINBOCK und seine Entsprechung »Staat« als *Überbegriff* für die weiteren Differenzierungen. Das *Gewaltmonopol* des Staates stellt die WIDDER-Seite dar, die Aufgabe zu *schützen* die STIER-Seite, die *Legislative* die STEINBOCK-Seite und so fort.

Auf einer ganz anderen Ebene soll die irdische Erscheinung »Kirschbaum« die archetypische Kombinationsvielfalt veranschaulichen: In erster Linie gehören die Bäume als Vertreter des Pflanzenreichs dem KREBS an. Weiterhin haben die Obstbäume eine Verbindung zum Nahrungsprinzip des STIER, und als Sinnbild der Erotik läßt sich die Kirsche der WAAGE zuordnen. Außerdem können die verschiedenen Teile des Baumes zu unterschiedlichen Archetypen in Beziehung gebracht werden; betrachten wir dann die verschiedenen Funktionen eines Baumes, sind ebenfalls wieder differierende Urprinzipien angesprochen. Der Leser sollte sich deshalb nicht darüber wundern, wenn manche »großen Symbole« in mehreren Tierkreisbüchern, nur eben unter jeweils verschiedenen Aspekten gedeutet sind. So ist es beispielsweise durchaus sinnvoll und stimmig, den Baum sowohl im STIER-Band (als Sinnbild des Wachstums, des Schutzes und der Ernährung) als auch im SCHÜTZE-Band (als Symbol der Verbindung von Himmel und Erde) zu interpretieren.

Wenn die zwölf Tierkreiszeichen jeweils zwölf Seiten haben, dann ergeben sich insgesamt hundertvierundvierzig Kombinationsmöglichkeiten. In JUNGS Werk finden sich einige dieser Aspekte häufiger wieder. So spricht er des öfteren von der *Doppelnatur* der Archetypen, die sich zum Beispiel im »doppelgesichtigen Mutterarchetypus« ausdrückt. In der astroenergetischen Sprache ist das der ZWILLINGE-Aspekt der Archetypen; in bezug auf die Polarität des Mutterarchetypen sprechen wir von der ZWILLINGE-Seite des KREBS-Zeichens. Die Jungsche Archetypen*dynamik* schlägt sich indessen im WIDDER-Aspekt eines jeden Urprinzips nieder. Und wenn Jung sagt: »Das Auftauchen der Archetypen hat ... einen ausgesprochenen *numinosen* Charakter ...« (»*Grundwerk*«, Band 2, S. 47/48), dann ist damit der SKORPION-Aspekt der Archetypen gemeint. Weiterhin entspräche die *Struktur* der Archetypen ihrer STEINBOCK-Dimension. Weitere Entsprechungen kann sich der Leser anhand der obigen Aufstellung und mit Hilfe der Tierkreisbände selbst ableiten.

Um unnötige Wiederholungen zu vermeiden, sei für die unter 4. (auf Seite 234) genannten Transite auf das entsprechende Thema in Kapitel I.11 sowie auf das Kapitel »Synchronizität« (II.4) verwiesen.

2.
Das kollektive Unbewußte

Die Tiefendimension, der die Archetypen beziehungsweise Tierkreiszeichen angehören, bezeichnete JUNG als das *kollektive Unbewußte*: »Die Inhalte des kollektiven Unbewußten dagegen sind die sogenannten *Archetypen*« (»*Grundwerk*«, Band 2, S. 78). Er differenziert diesen überindividuellen Erfahrungsbereich von einer Ebene des Unbewußten, die er als persönlich bezeichnet: »Eine gewissermaßen oberflächliche Schicht des Unbewußten ist zweifellos persönlich. Wir nennen sie das *persönliche Unbewußte*. Dieses ruht aber auf einer tieferen Schicht, welche nicht mehr persönlicher Erfahrung und Erwerbung entstammt, sondern angeboren ist. Diese tiefere Schicht ist das sogenannte *kollektive Unbewußte*. Ich habe den Ausdruck ›kollektiv‹ gewählt, weil dieses Unbewußte nicht individueller, sondern allgemeiner Natur ist, das heißt, es hat im Gegensatz zur persönlichen Psyche Inhalte und Verhaltensweisen, welche überall und in allen Individuen ... die gleichen sind. Es ist, mit anderen Worten, in allen Menschen sich selbst identisch und bildet damit eine in jedermann vorhandene, allgemeine seelische Grundlage überpersönlicher Natur« (»*Grundwerk*«, Band 2, S. 77).

In der Astrologie finden wir drei Tierkreiszeichen, die dem von JUNG geprägten Begriff eines kollektiven Unbewußten am nächsten kommen. Es

2. Das kollektive Unbewußte

sind dies SKORPION, WASSERMANN und FISCHE, deren kollektive Bedeutung sich, wie schon erwähnt, aus den langen Umlaufzeiten ihrer Planeten PLUTO, URANUS und NEPTUN durch den Tierkreis (achtundachtzig bis zweihundertachtundvierzig Jahre) ableiten läßt. Sie verweilen für einige Jahre im selben Zeichen und sind dadurch die Indikatoren für Generationsthematiken, also solche kollektiver Natur. Ein weiteres (symbolisches) Zeichen ihrer überpersönlichen Wesensart ist, daß diese Planeten am Nachthimmel mit bloßem Auge nicht zu sehen sind.

Natürlich gehören *alle* Tierkreisarchetypen einer überpersönlichen Dimension an und können damit dem *kollektiven Unbewußten* zugerechnet werden. *Gleichzeitig* entsprechen diese kollektiven Gestalt- und Wirkkräfte verschiedenen Bewußtseinsebenen, deren Bogen sich vom Individualbewußtsein über das persönliche Unbewußte bis hin zu kollektiven Erfahrungsbereichen spannt. Den individuellen Bereichen (zum Beispiel LÖWE als Symbol des Selbst) liegen ebenso wie den transpersonalen archetypische Urbilder zugrunde. Bei den Archetypen müssen wir Paradoxien wie diese in Kauf nehmen. Doch paradox wird die Multidimensionalität der Archetypen lediglich unserem Verstand erscheinen, während die Intuition unseren Bezug zur Welt der Urbilder erkennt.

Kommen wir zurück zu JUNGS Begriff des *kollektiven Unbewußten*. Es ist darin eine Wirklichkeit ausgedrückt, die weit über SIGMUND FREUDS Definition der unbewußten Psyche hinausgeht. Die bekannte amerikanische Astrologin LIZ GREENE schreibt dazu in ihrem Buch »Kosmos und Seele«: »Wir können nun zu ahnen beginnen, was das Unbewußte tatsächlich bedeutet. Freud glaubte, es sei ein Mülleimer, in den der persönlich angesammelte, von einem selbst abgelehnte Schutt gekippt werde; er glaubte, daß sein Inhalt beinahe ausschließlich aus verdrängten, für das bewußte Ich und für die menschliche Gesellschaft, in der wir leben, unannehmbaren Wünschen bestehe ...«

Die Autorin steht der Ansicht JUNGS näher, wenn sie schreibt: »Das Unbewußte öffnet sich nach unten und nach oben, wie ein Behälter voll ungeheurer Energien, eine Matrix, der alle Dinge entspringen; und es endet nicht auf dem Niveau des einzelnen, sondern mündet in ein großes kollektives Meer jenseits aller menschlichen Grenzen ein, das bis zum Unbekannten reicht« (ebd., S. 34/35).

Vielleicht haben wir uns die ganze Tragweite dieses Unterschieds noch nicht so recht klargemacht und mit dem kollektiven Unbewußten bislang noch nicht sehr viel anfangen können. Die tiefere Bedeutung dieser immensen Erweiterung unseres Bildes vom Reich der Psyche kann der bewußten Erkenntnis auch nur allmählich erschlossen werden. Immerhin sieht sich der zivilisierte Mensch hier unvermittelt einer Seelendimension gegenüber, die weder mit dem Kopf gedacht noch mit den physischen Sinnen wahrgenommen werden kann. Statt dessen gilt es, die »inneren Antennen« auszufahren, um diese Seinsdimension zu erfassen. Die astrologischen Symbole tragen im Sinne der Amplifikation dazu bei, ein *Gespür* für die Tiefe des »Nicht-Ichs« zu entwickeln und dem Bewußtsein so die Seelenräume zu erschließen, die bislang nicht in seiner Reichweite lagen. Anders ausgedrückt geht es darum, das Ich-Bewußtsein allmählich mit einem unendlich größeren *kosmischen Bewußtsein* zu verbinden.

Die *Notwendigkeit* des modernen Menschen, diese Integrationsarbeit zu leisten und sich mit den überpersönlichen Inhalten seiner seelisch-geistigen Natur auseinanderzusetzen, beschreibt JUNG im Kapitel »Über die Archetypen des kollektiven Unbewußten« (»*Grundwerk*«, Band 2, S. 81 ff.). Er stellt fest, daß uns heutigen Menschen westlicher Denkart die *Symbole* – vor allem die religiösen – abhanden gekommen und wir dadurch in einen unerträglichen Zustand innerer Leere geraten sind. Er führt aber auch aus, warum das geschehen ist, ja im Namen der Evolution des menschlichen Bewußtseins vielleicht sogar geschehen mußte: »Die Götter von Hellas und Rom gingen an der gleichen Krankheit zugrunde wie unsere christlichen Symbole: Damals wie heute entdeckten die Menschen, daß sie sich nichts darunter gedacht hatten ... Ich bin der Überzeugung, daß die zunehmende Verarmung an Symbolen einen Sinn hat. Diese Entwicklung hat eine innere Konsequenz. Alles, worüber man sich nichts dachte und was dadurch eines sinngemäßen Zusammenhanges mit dem sich ja weiterentwickelnden Bewußtsein ermangelte, ist verlorengegangen« (»*Grundwerk*«, Band 2, S. 87).

Das Eintauchen in die Symbole der Astrologie beziehungsweise der Träume hilft uns dabei, den von JUNG postulierten Individuationsweg zu gehen, uns mit der unbewußten Psyche und deren allmählicher Aufhellung auseinanderzusetzen. JUNG selbst beschreibt in seinen »*Briefen*« (Band 2) den Zusammenhang zwischen Astrologie und dem kollektiven Unbewußten: »Die Astrologie besteht aus symbolischen Konfigurationen, ebenso wie das kollektive Unbewußte, mit welchem sich die Psychologie befaßt: Die Planeten sind die ›Götter‹, Symbole der Mächte des Unbewußten ...«

Wenn wir davon ausgehen, daß die Tierkreiszeichen die astrosymbolischen Entsprechungen der archetypischen Kräfte des *kollektiven Unbewußten* darstellen, erkennen wir die wertvolle Funktion der Astrosymbole als Wegweiser und Brückenbauer, um die genannte innere Leere zu überwinden. Der Unterschied zu dem früheren Bewußtseinszustand einer *unbewußten Identifizierung* mit den Symbolen – über die laut JUNG allerdings nicht nachgedacht, die nicht bewußtgemacht wurde – liegt in einer größeren Bewußtheit und der Freiheit des Individuums gegenüber den Mächten des Unbewußten.

2. Das kollektive Unbewußte

Den einst am Himmel thronenden Mächten glaubten sich unsere Vorfahren ausgeliefert; sie brauchten einen *äußeren* Vermittler (Priester, Medizinmann, Schamane), um Zugang zu diesen Mächten zu finden oder um sie günstig zu stimmen. Nun, nach den Bilderstürmen der Aufklärung und der Reformation, können diese Kräfte neu entdeckt werden. Die Urgewalten, die sich bei den Germanen, Römern oder alten Griechen in den *Göttern* verdichteten, sollen nun in der Psyche wiederentdeckt werden. Noch einmal JUNG zu diesem Thema: »Es bedurfte schon einer beispiellosen Verarmung an Symbolik, um die Götter als psychische Faktoren, nämlich als Archetypen des Unbewußten, wiederzuentdecken« (»*Grundwerk*«, Band 2, S. 96).

Und genau hier liegt der Wert der Not beziehungsweise der eben zitierten psychischen Verarmung: Der Druck der Leere und Sinnlosigkeit nötigt uns, in uns wiederzufinden, was wir in der Außenwelt verloren haben – den Bezug zum größeren Ganzen, in dem unser Ich-Bewußtsein als Teilfunktion eingebettet ist. Die Astrosymbole, die ja nicht durch rationale Akrobatik »erfunden« wurden, sondern dem Kollektivbewußtsein unserer Vorfahren entstammen und an den Himmel projiziert wurden, bieten bei der Suche des menschlichen Bewußtseins nach dieser überpersönlichen Dimension eine wertvolle Orientierungshilfe. »In deiner Brust sind deines Schicksals Sterne«, sagt Seni zu Wallenstein in SCHILLERS »*Die Piccolomini*« (II, 6, S. 118); Astrologie kann ein Schlüssel sein, diese inneren »Gestirne« im dunklen Weltenraum des Unbewußten zu erschließen. Sie vermittelt uns dabei zunächst ein differenziertes *Wissen* um die Archetypen, das dann im Alltag oder in den Träumen lebendig nachvollzogen werden kann.

»Unser Herz aber ›glüht‹, und geheime Unruhe benagt die Wurzeln unseres Seins« (ebd., S. 96), so beschreibt Jung den Zustand des modernen Menschen: Wir stehen in einer Zeit des Umbruchs, und es brodelt in unserem Inneren. Die »abgesetzten Götter« der Antike, die Seelenmächte des kollektiven Unbewußten, drängen mit Macht an die Oberfläche der bewußten Wahrnehmung, indem sie uns massiv auch in der Außenwelt (zum Beispiel über die nukleare Bedrohung oder Umweltkatastrophen) begegnen. Die großen Herausforderungen, vor denen die Menschheit an der Schwelle zum dritten Jahrtausend steht, zwingt dazu, neue Strategien, Denkweisen und Weltbilder zu entwickeln, soll der Fortbestand des Homo sapiens auf diesem Planeten gesichert sein. Dabei geht es aber in erster Linie um einen *inneren Prozeß*, dessen Gelingen oder Scheitern die äußere Situation maßgebend beeinflussen wird. Wir können es uns einfach nicht mehr leisten, so weiterzuwursteln wie bisher; allmählich werden wir uns der Dringlichkeit einer psychischen Erweiterung (über die Grenzen des Ichs hinaus!) und Erneuerung bewußt. JUNG dazu: »Die Beschäftigung mit dem Unbewußten ist uns eine Lebensfrage. Es handelt sich um geistiges Sein oder Nichtsein« (ebd., S. 97).

Wie mag es uns gelingen, diese anscheinend unvermeidlichen Wandlungen zu vollziehen, ohne von den Seelenmächten – weil allzu lange verdrängt – überschwemmt zu werden? Wie schützen wir die sich formende »Krone der menschlichen Persönlichkeit«, die bewußte Individualität? Wie verhindern wir bei alledem, daß die Flamme, die das Dunkel der abgrundtiefen seelischen Nacht erhellt, wieder ausgeblasen wird? Wie läßt sich ein Rückfall ins Unbewußte, ein Kapitulieren von seiner Sogkraft vermeiden? Astrologie, Traumarbeit, I Ging, Tarot und andere Hilfen auf dem Weg zu uns selbst gewinnen im Angesicht der Herausforderung unserer Zeit jene große Bedeutung zurück, die ihnen seit alters her zusteht. In der jüngeren Vergangenheit als »esoterische Spielereien« und Zeitvertreib abgetan und durch eine verflachende Darstellung in den Medien als billige Unterhaltung unter Wert verkauft, kann uns die ernsthafte Auseinandersetzung mit der Weisheit dieser Wege eine wertvolle Stütze und Orientierungshilfe sein. Vor allem dann, wenn das Bewußtsein mit den Inhalten des (kollektiven) Unbewußten konfrontiert ist.

JUNG bezeichnet die Menschen, die die Herausforderung annehmen und dem Sturm der unbewußten seelischen Kräfte standhalten, treffenderweise als Fischer, »… welche das, was im Wasser schwimmt, mit Angel und Netz fangen« (ebd., S. 97). Das Wasser steht hier als Symbol für das Unbewußte, der Fischer ist der Mensch, der sich darum bemüht, die Inhalte des Unbewußten, der inneren »Fische« zu integrieren.

Um uns ein Bild von den verschiedenen Ebenen des Bewußtseins zu machen, lassen wir vor unserem geistigen Auge Eisberge im Meer erscheinen. Die aus dem Wasser ragenden Spitzen können wir mit unserem Ich-Bewußtsein gleichsetzen, während der ungleich größere Teil des Eisbergs – verborgen unter der Wasseroberfläche – den Bereich der unbewußten Psyche darstellt. Und wie sich der Eisberg unter Wasser immer weiter ausdehnt, existieren auch in der Innenwelt immer Ich-fernere Seelenteile – bis hin zu einer Ebene, auf der alle die scheinbar voneinander getrennten, einzelnen Erhebungen miteinander zu einem einzigen großen Gebirge verbunden sind. Die individuellen Ausformungen des Eisgebirges unter der Wasseroberfläche symbolisieren das persönliche Unbewußte, und doch wurzeln diese individuellen Eisberge allesamt in einem gemeinsamen Fundament, das wir mit dem *kollektiven Unbewußten* JUNGS gleichsetzen. In diesem tiefsten Seelenbereich sind jegliche individuellen Erscheinungen zu einer Einheit verbunden.

Unsere Tiefe auszuloten heißt in diesem Sinne, die Basis des gemeinsamen Menschseins, aus der jede Individualität gleichsam wie die Spitze eines Eisbergs herausragt, wiederzuentdecken. Im Bereich des Unbewußten werden wir den Bezug zum Mitmenschen beziehungsweise zum Kollektiv der Menschheit wiederfinden. Wahre Verinnerlichung stellt somit keine Flucht

2. Das kollektive Unbewußte

und Absonderung von der Welt dar, sondern macht es überhaupt erst möglich, den uns allen gemeinsamen Ursprung zu entdecken. Ob wir dabei von Gott, kosmischer Intelligenz oder kollektivem Unbewußten sprechen – wir dürfen nicht vergessen, daß wir nicht wissen können, was sich tatsächlich, lebendig-energetisch hinter diesen Bezeichnungen verbirgt. Wir sollten uns davor hüten, einmal gefundene Begriffe einfach zu übernehmen, ohne ihre tiefere Bedeutung zu ergründen! Beten wir bloß nach, was früher einmal andere durchaus bewegt haben mag, bleiben wir draußen vor dem Tor stehen. Erst hinter dieser Tür wartet das eigentliche Sein darauf, entdeckt zu werden.

Machen wir uns also klar, daß wir uns definitiv nicht vorstellen können, was das Unbewußte ist, und daß es uns gar nicht bewußt sein kann – sonst dürften wir es nicht als »unbewußt« bezeichnen. Aber *dennoch,* auch ohne unser Wissen, Wollen und Dazutun *existiert* neben der bewußten Empfindung des Ichs dieses dunkle und geheimnisvolle »Nicht-Ich«. Es begleitet uns auf Schritt und Tritt und wird uns in dem Maße *unbewußt* leiten und (ver-)führen, in dem wir es noch nicht mit dem Feuer unseres Bewußtseins erhellt oder zumindest geahnt, erspürt haben. Die Symbole und das Ordnungssystem der Astrologie wie die Traumbilder fungieren als Netz, Angel und Boot auf unserer Reise und unserem »Fischzug« durch die Gewässer der Seele. Um auf dem riesigen Ozean der inneren Welten durch Tiefen und Untiefen hindurchzufinden und die Passage zum anderen Ufer nicht aus den Augen und dem Sinn zu verlieren, sind uns die Träume Kompaß wie Navigation, die astroenergetischen Konstellationen benutzen wir gleichsam als Meereskarten, um das Schiffchen unseres kleinen Ichs heil in den Hafen zu bringen.

Lama ANAGARIKA GOVINDA, dessen Lebenswerk es war, den tibetischen Buddhismus in seiner ganzen Tragweite und Tiefe dem westlichen Bewußtsein zu vermitteln, spricht in diesem Zusammenhang vom *allumfassenden Tiefenbewußtsein,* »das die moderne Psychologie zum ›Unbewußten‹ degradiert und somit zum Feind aller Vernunft, zur dunklen Quelle unkontrollierbarer Triebe abgestempelt hat, um sich um so mehr dem begrenzten Oberflächenbewußtsein seines Intellektes zu verschreiben, das sich in den flüchtigen Interessen seiner momentanen Existenz erschöpft und so den Zusammenhang mit der lebendigen Tiefe, dem Quell aller göttlichen Kräfte, verliert« (»*Schöpferische Meditation und Multidimensionales Bewußtsein*«, S. 165).

Damit ist sicherlich nicht die Arbeit von JUNG gemeint, der sich ja gerade durch die »Rehabilitierung« des Unbewußten ausgezeichnet hat und den Menschen die Perspektive einer allumfassenden Seinsebene zurückgab. Doch die Gefahr, daß die von ihm geprägten Begriffe des *Unbewußten* und des *kollektiven Unbewußten* verflachen, ist in unserer heutigen, ober-

flächlichen Zeit nicht von der Hand zu weisen, wie MEDARD BOSS in seiner
»*Indienfahrt eines Psychiaters*« feststellt: »Seit langem ist es kein Geheimnis
mehr, daß das verehrungswürdige Grundkonzept der modernen Psychologie, ›das Unbewußte‹, ein eher unkritischer und obskurer Begriff ist« (S. 19).
Wir laufen also Gefahr, das *kollektive Unbewußte* zu unterschätzen oder
einseitig als ausschließliche »Dunkelkammer« anzusehen. Daneben existieren erhabene und lichte Erfahrungsebenen, die wir dennoch der Sphäre
des JUNGSCHEN kollektiven Unbewußten zurechen können, da sie in keiner
Weise als persönlich zu bezeichnen sind. Sinnvoll erscheint es mir in diesem
Zusammenhang, den Begriff des Unbewußten zu differenzieren und den
des *Überbewußtseins,* vor allem als Bezeichnung für erleuchtete beziehungsweise erleuchtende Bewußtseinsebenen (in der fernöstlichen Mystik
Samadhi- oder *Satorizustand* genannt) hinzuzufügen. In der Astrologie
würde dieser Ebene der WASSERMANN entsprechen, während SKORPION am ehesten die dunklen archaischen Bereiche des kollektiven Unbewußten verkörpert und FISCHE den Aspekt der Einheit hinzufügt.

Viel besser als tausend Worte vermitteln uns (bewußt erlebte) Naturbeobachtungen eine Ahnung von der Dimension des kollektiven Unbewußten.
Der Blick zum nächtlichen Sternenhimmel, ein Urlaub am Meer, eine
Schiffsreise über den Ozean, aber auch ein Spaziergang allein im Wald oder
ein Sonnenuntergang können Saiten in uns zum Erklingen bringen, deren
Töne aus unserer Tiefe ins Bewußtsein aufsteigen. Wie sehr uns ein Naturschauspiel berührt, hängt natürlich von unserer Offenheit ab, von unserer
Bereitschaft, uns beeindrucken zu lassen. Es ist ein Unterschied, ob ich
eingestimmt bin auf das Erlebnis oder es nur nebenbei registriere. Der
Sternenhimmel, der über uns prangt, während wir in Gedanken versunken
Probleme wälzen oder auf dem Weg zur Kneipe lautstarke Diskussionen
führen, wird uns sicherlich weniger inspirieren als ein nächtlicher Gang in
meditativer Stille.

Nicht zuletzt sind es die Träume, die uns durch ihren Bilderreichtum
die Tiefendimension unseres Wesens spüren lassen. Auch in den Träumen
weisen häufig die Natursymbole auf kollektive Motive und Wahrheiten hin.

Die beiden folgenden Träume von Seminarteilnehmern stehen beispielhaft
dafür, wie sich das kollektive Unbewußte in Traumbildern auszudrücken
vermag:

»Zusammen mit anderen entdecke ich ein außerirdisches Raumschiff und
begegne den Außerirdischen. Sie haben menschliche Gestalt und sind uns
sehr wohlgesinnt. Mich überkommt eine tiefe Rührung, und ich muß weinen. Das Innere des Raumschiffs ist hauptsächlich mit Holz verkleidet und
mit Holzmasken und anderen Verzierungen geschmückt. Es wirkt sehr
antik, die Masken muten afrikanisch und indisch an und stellen wohl

2. Das kollektive Unbewußte

Gottheiten und Dämonen dar. Mir kommt der Gedanke, daß die Außerirdischen etwas mit der Entwicklung der Menschheit auf diesem Planeten zu tun haben könnten. Daß sie damals, als die indischen Religionen sich formten, hier waren und gelehrt haben. Die Menschen könnten die Außerirdischen damals für Götter gehalten haben.

Der Rückflug der Außerirdischen steht kurz bevor, was uns allen sehr leid tut, da uns eine tiefe Freundschaft verbindet. Einer von uns, ein Mann, hat eine besonders innere Verbindung zu den Außerirdischen – sie wurde ihm anscheinend von den Außerirdischen ermöglicht. Sozusagen als Abschiedsgeschenk an uns darf er diese Verbindung, diese innere Antenne zu ihnen, behalten; diese Fähigkeit wird ihm nicht wieder genommen.«

Der Träumer wird durch die außerirdischen Wesen mit dem »überirdischen« beziehungsweise »jenseitigen« Bereich des kollektiven Unbewußten konfrontiert und erhält durch den Besuch im Raumschiff Einblick in die Götter- und Dämonenwelt früherer Epochen. Über das kollektive Unbewußte tragen wir dieses Erbe in uns, sind jedoch gefordert, die »antiken«, die mittlerweile überholten Vorstellungen, Welt-, Gottes- und Menschenbilder zu überwinden. Die altertümliche Innenverkleidung eines so modernen Raumschiffs mutet schon seltsam an. Es sind damit die alten Hüllen gemeint, die im Träumer, aber auch in der Psyche der gesamten Menschheit noch fallen müssen. Individuum und Kollektiv sind aufgefordert, gerade jetzt, am Beginn einer neuen Epoche, neue Weltbilder zu entwickeln und sich von den alten Göttern zu verabschieden. Günstig für den Träumer ist, daß er nicht mit den Außerirdischen fliegt, sondern weiß, daß er hier auf dem Boden der Realität bleiben muß. Das bedeutet aber nicht, daß nun keine Verbindung zu diesen überirdischen Ebenen mehr möglich ist. Im Gegenteil, gerade wenn wir genügend Realitätsbezug besitzen, kann das Schöpfen aus den archetypischen Quellen des kollektiven Unbewußten große Kreativität freisetzen, ohne den Betreffenden von der Realität zu isolieren. Die Traumperson mit der »inneren Antenne« stellt eine Seite im Träumer dar, die auch nach dem Abflug der jenseitigen Wesen in Kontakt mit diesem Bereich bleibt. Das ist eben gerade die Kunst, die uns Menschen heutzutage abverlangt wird, daß wir einerseits die alten Götter entlassen, das heißt loslassen können, ohne uns andererseits ganz von dieser »Wiege unserer Kultur« abzutrennen.

Der nächste Traum führt uns ins Weltall, das als Traumsymbol häufig unseren Bezug zum kollektiven Unbewußten darstellt. Bedenklich ist in diesem Fall, daß die Träumerin ohne genaues Ziel durch die Endlosigkeit des Alls schwebt. Das weist auf die Gefahr eines gewissen Realitätsverlustes hin. Wäre ihr Traumziel die Erde, könnten wir daraus schließen, daß sie nach dem Eintauchen in die Dimension des kollektiven Unbewußten nun wieder zur Alltagebene zurückfindet. Das ist aber nicht eindeutig der Fall!

Sie muß sich fragen, in welchen Lebensbereichen ihr ein Stück »Selbstbewußtsein« verlorengegangen ist, wo sie den Boden unter den Füßen verloren hat und zum Traumzeitpunkt der Faszination der Kollektivkräfte zu unterliegen drohte.

»Ich fliege in einem Raumschiff durch das Weltall. Es ist, als schwebte ich frei durch den Raum, keine Begrenzung. Vor mir im Dunkel des Weltraums befindet sich unsere Galaxie mit einer intensiv leuchtenden Lichtkugel in der Mitte und ihren Spiralarmen darum herum. Ein atemberaubender Anblick. Wir fliegen auf die andere Seite der Galaxis zu, über das Ziel bin ich mir jedoch nicht im klaren. Es soll wohl auf irgendeinem Planeten eine Versammlung abgehalten werden.«

Auch dieser Traum hat neben der individuellen Bedeutung für die Klientin noch einen kollektiven Aspekt. Schließlich sind wir alle gefordert, auf dem Weg der Individuation uns mehr und mehr aus kollektiven Verhaltens-, Denk- und Glaubensmustern zu lösen. Wie gesagt – eine Rückbindung an die Tiefschicht unserer gemeinsamen Herkunft ist unbedingt notwendig, setzt allerdings ein selbstbewußtes, ein emanzipiertes Bewußtsein voraus, wollen wir nicht wieder auf überholte Entwicklungsstufen zurückfallen.

Um das »Licht« unseres Ich-Bewußtseins zu bewahren und zu stärken, ist eine Auseinandersetzung mit dieser durch uns hindurchtönenden Urkraft unerläßlich. Die Faszination, die von ihr ausgeht, läßt der oben erzählte Traum erahnen. Im Schlaf, speziell in den Tiefschlafphasen, tauchen wir immer wieder in diese Sphäre ein, um uns seelisch wie körperlich zu regenerieren und Inspirationen zu empfangen. Insbesondere künstlerisch tätige Menschen schöpfen aus diesem Bereich, der vor allem sensiblen Naturen meist recht nahe ist. Probleme entstehen dann, wenn die Faszination des »Überirdischen« zu einer Ablehnung der irdischen Existenz führt. Wenn wir meinen, der spirituelle Weg bestünde darin, sich immer mehr von den alltäglichen Dingen abzuwenden und in »jenseitige« Dimensionen vorzudringen, vergessen wir dabei doch, daß wir ja gerade deshalb auf die Erde gekommen sind, um durch die Erfahrungen mit der irdischen Realität zu wachsen. Statt davor zu fliehen, sollen wir die stoffliche Welt überwinden beziehungsweise meistern!

Die Faszination, die vom kollektiven Unbewußten ausgeht, spiegelt häufig die Sehnsucht des Menschen wider, zurückzukehren in den Mutterschoß und sich »höheren Mächten« zu überlassen, ohne Eigenverantwortung übernehmen zu müssen. Im Entwicklungsweg eines Individuums erkennen wir gleichnishaft die Evolution des Menschheitsbewußtseins. Die biblische Vertreibung aus dem Paradies bedeutet für den einzelnen Menschen wie für die gesamte Menschheit einen fortwährenden Prozeß der Lösung aus dieser Symbiose beziehungsweise aus der seelischen Abhängigkeit vom kollektiven Unbewußten.

Bei JUNGS Begriff des *kollektiven Unbewußten* sollten wir bedenken, daß dieser Terminus für all jene Bereiche steht, die über die persönliche Ebene hinausgehen. In den Vorstellungen religiöser oder esoterischer Traditionen sind das die Bereiche des Jenseits: ein Jenseits, das eben dadurch charakterisiert ist, daß es, wie JUNGS *kollektives Unbewußtes*, die Individualität, die Grenze des persönlichen Erlebens und Fühlens, überschreitet. Dieses »andere Ufer« vereint nun Licht- und Schattenreiche in sich. Himmel und Hölle sind die beiden Pole dieser überirdischen Welt, deren einzelne Ebenen entsprechend der jeweiligen Lehre noch weiter differenziert werden können. Im allgemeinen unterteilt man hier in einzelne Dimensionen, die von finsteren Bereichen (Höllenwelten) bis hin zu den lichten Sphären des reinen Geistes reichen. Die sind jedoch nicht absolut vom Diesseits zu trennen, sondern wirken – wie eben auch das kollektive Unbewußte – in das irdische Dasein hinein. Je nach Bewußtseinslage stehen wir unbewußt mit einer dieser »jenseitigen Ebenen« in Verbindung. Sich weiterzuentwikkeln heißt dementsprechend auch, Impulse aus höheren Sphären zu erhalten. Als Mensch sind wir – ob wir das wollen oder nicht – immer auch Medium für die kollektiven Kräfte, die im Hintergrund wirken. Individuation bedeutet dann, daß wir die Beziehung zu den kollektiv wirksamen Energien realisieren und unsere Individualität »herausschälen«.

3.
Jungs Typenlehre und die vier Elemente

Bei unserem Vorhaben, JUNGS Ansätze zur Lösung der Lebensrätsel mit den astrologischen Methoden und Symbolen in einen Zusammenhang zu bringen, darf auch ein kurzer Blick auf seine Typenlehre nicht fehlen. Ein Vergleich mit den astroenergetischen *Elementen* bietet sich schon deshalb an, weil beiden Modellen das Vierersystem gemeinsam ist. Handelt es sich dabei möglicherweise um die gleichen Prinzipien, die nur unterschiedliche Bezeichnungen tragen? Hat JUNG durch seine Forschungen die *vier Elemente* auf psychischer Ebene neu entdeckt?

Wenden wir uns zunächst den vier Elementen der Astrologie zu, bei denen es um weit mehr als nur um deren irdische Erscheinung geht. Hinter dem Wasser, der Erde, der Luft und dem Feuer – wie wir sie in ihrer sinnlich wahrnehmbaren Version tagtäglich erfahren – verbergen sich die grundlegenden energetischen Wesenskräfte, die als »Energiesubstanzen« nicht weiter differenzierbar sind. Das gleiche sagt auch JUNG, wenn er postuliert, daß sich seine vier *Typen* nicht weiter reduzieren lassen. Andererseits spricht er aber auch davon, daß ein solches Modell nur Annäherungscharakter haben kann: »Natürlich sind diese vier Kennzeichen für menschliche Verhaltenstypen nur vier Gesichtspunkte unter vielen anderen (wie etwa Willenskraft, Temperament, Vorstellungsgabe, Gedächtnis und so weiter). Sie sind keineswegs absolut zu nehmen, aber ihre einfache Natur empfiehlt sie als Kennzeichen für eine Klassifizierung« (»*Der Mensch und seine Symbole*«, S. 61).

Eine Auflösung dieses Widerspruchs bietet uns das astrologische Ordnungssystem: Die vier Elemente gelten als die unteilbaren Grundsubstanzen unserer Welt, die ihre Differenzierung in den zwölf Tierkreiszeichen finden (siehe dazu auch Kapitel I.6: »Die Teile des Ganzen«).

Bei diesen Betrachtungen dürfen wir natürlich nicht den Fehler begehen, die Modelle, so stimmig sie auch sein mögen, mit der lebendigen Wirklichkeit des Daseins zu verwechseln. Alle Bezeichnungen, Einteilungen und Definitionen können deshalb immer nur ein Annäherungscharakter an die eigentliche Realität der Psyche haben. JUNG legte großen Nachdruck auf diese Feststellung: »Es gibt eben keine Möglichkeit, über das Wesen der Psyche abschließende Aussagen zu machen« (ebd., S. 59). Behalten wir diese Einschränkung im Auge, können uns Modelle als Orientierungshilfe in der lebendigen Wirklichkeit dienen.

Die vier Typen JUNGS ergeben sich aus den von ihm postulierten vier grundsätzlichen Bewußtseinsfunktionen: Denken, Intuition, Fühlen und Empfinden. Er sagt dazu: »Wenn ich das Wort ›Gefühl‹ im Gegensatz zu ›Denken‹ gebrauche, beziehe ich mich auf ein Werturteil, zum Beispiel angenehm oder unangenehm, gut oder böse usw. Nach dieser Definition ist Gefühl keine Emotion (die ja unwillkürlich kommt), sondern eine *rationale,* das heißt ordnende Funktion wie das Denken, wogegen die Intuition eine *irrationale,* wahrnehmende Funktion ist. Intuition als ›Ahnung‹ ist nicht das Produkt eines willkürlichen Aktes, sondern ein unwillkürliches Geschehen, das von inneren und äußeren Umständen abhängt. Intuition ist eher wie eine Sinneswahrnehmung, die insofern auch ein irrationales Geschehen darstellt, als sie wesentlich von objektiven Reizen abhängt, die ihr Vorhandensein physikalischen, nicht geistigen Ursachen verdanken … Die *Empfindung* (das heißt Sinnenwahrnehmung) sagt, daß etwas existiert; das *Denken* sagt, was es ist; das *Gefühl* sagt, ob es angenehm oder unangenehm ist; und die *Intuition* sagt, woher es kommt und wohin es geht.« (ebd., S. 61)

Versuchen wir nun, beide Systeme aufeinander zu beziehen. Die rationale Funktion des Denkens entspricht am ehesten dem Erdelement. Die Erdenergie ist die formende Grundkraft unserer Welt; formend und strukturierend auf materieller *und* psychischer Ebene. Innerhalb der Psyche ist die Ratio als der Sitz des analytischen Denkens der Vertreter des Erdelements.

Intuition, nach JUNG die nichtrationale Bewußtseinsfunktion, spielt sich zwar ebenfalls im Kopf ab, ist jedoch dem willentlichen, rationalen Denken nicht zugänglich. Die Geistesblitze der Intuition fliegen uns gleichsam aus

3. Jungs Typenlehre und die vier Elemente

der geistigen Sphäre zu, wie Vögel vom Himmel herabschweben und sich auf den Ästen eines Baumes niederlassen. Das entsprechende Element wäre somit die *Luftenergie* als das Reich der Gedankenwelt an sich, das nicht mit der *Funktion* des Denkens zu verwechseln ist.

Schwieriger wird die astroenergetische Zuordnung der beiden verbleibenden Typen oder Bewußtseinsfunktionen. Da JUNG das *Fühlen* als *bewertend* definiert, legt das die Entsprechung zum *Feuerelement* (Prinzip des Differenzierungsvermögens) nahe. Das Feuer steht für das bewertende Erkennen und ist deshalb das Bewußtseinsprinzip an sich. Im JUNGSCHEN Sinne wäre das Feuerelement als rational zu bezeichnen, da es dem Bewußtsein zugeordnet ist. Durch seinen engen Bezug zu und seine Abhängigkeit von Triebimpulsen und Emotionen wird es in der *energetischen Astrologie* aber viel mehr als eine *nicht*rationale Kraft angesehen.

Schließlich bleiben die Funktion des *Empfindens* auf der einen und das *Wasserelement* auf der anderen Seite übrig. Aus astrologischer Sicht meint dieses Element mehr als die rein körperliche Sinneswahrnehmung (die ja dem Erdelement entspricht). Es ist hier vielmehr ein seelisches Berührtsein angesprochen, das in den GOETHES Worten »Seele des Menschen, wie gleichst du dem Wasser ...« treffenden Ausdruck findet. Der von JUNG als *Empfinden* bezeichnete psychische Vorgang wird umgangssprachlich auch *Gefühl* oder *Fühlen* genannt. Hier wird deutlich, wie wichtig eine Definition der Begriffe ist, um nicht aneinander vorbeizureden. In der Astrologie sprechen wir jedenfalls vom *Gefühlsbereich,* wenn das *Wasserelement* gemeint ist.

JUNG konnte nicht rational begründen, warum er gerade diese vier Funktionen als die Grundfunktionen herausfand. In der Vierheit erkannte er die Totalität der Kraftausrichtungen des irdischen Plans, die sich beispielsweise in den vier Himmelsrichtungen, den vier Jahreszeiten, den vier Armen des Kreuzes, den vier Feldern des gewöhnlichen Koordinatensystems oder den vier Elementen offenbart. Die Vier ist die Zahl der irdischen Ebene. Ihre geometrische Figur ist das Quadrat, das ebenfalls als Symbol für die Erdseite der Wirklichkeit dient.

Die nachfolgenden weiteren Beispiele sollen die Bedeutung der Zahl Vier für eine energetische Grundstruktur unterstreichen.

Die vier kosmischen Kraftausrichtungen:
1. die Schwerkraft (= Erdelement; die Last und Bodenständigkeit des irdischen Daseins)
2. die Zentrifugalkraft (= Wasserelement; der Impuls, sich zu entziehen, zu fliehen)
3. die Erdrotation (= Feuerelement; wenn wir vor emotionaler Erregung ins »Rotieren« kommen)

4. die Drehung der Erde um die Sonne beziehungsweise die »Revolution« (= Luftelement; die Umwälzungen und Revolutionen des Daseins).

Die vier Naturreiche:
1. das Menschenreich (= Luftelement als Symbol für das Geistprinzip)
2. das Tierreich (= Feuerelement als Symbol für den Instinkt-, den Triebbereich)
3. das Pflanzenreich (= Wasserelement als Symbol des Seelischen)
4. das Mineralreich (= Erdelement als Symbol der Form und Materie).

Die hier zugeordneten Elemente geben jeweils den Schwerpunkt des betreffendes Naturreichs an. Jede übergeordnete beinhaltet natürlich auch die Elementenentsprechungen der nachrangigen Ebenen. Das Menschenreich beinhaltet eben auch den Triebbereich, Seele und Form, während der Tierwelt das Luftelement (im Sinne des Menschengeistes) abgeht, die Pflanzenwelt neben dem Geist auch die Triebkraft entbehrt und das Mineralreich in erster Linie eben Materie bedeutet.

Die vier Charaktertypen nach FRITZ RIEMANN:
1. Phlegmatiker   (= Erdelement)
2. Sanguiniker   (= Luftelement)
3. Choleriker   (= Feuerelement)
4. Melancholiker   (= Wasserelement).

Der Psychotherapeut und Autor JÜRGEN VOM SCHEIDT schreibt in seinem Buch »*Der Weg ist das Ziel*« (Band 2) vom *vierfachen Sinn* der Welt und postuliert vier grundlegende Lebensbereiche:
1. Beziehungen   (= Luftelement)
2. Arbeit   (= Erdelement)
3. Selbst   (= Feuerelement)
4. Transzendenz   (= Wasserelement).

Die Buddha-Familien im tibetischen Buddhismus:
1. die blaue VAJRA-Familie der »spiegelgleichen Weisheit« (Wasserelement)
2. die gelbe RATNA-Familie der »Weisheit des Gleichmutes« (Erdelement)
3. die rote PADMA-Familie der »Weisheit des unterscheidenden Gewahrseins« (Feuerelement)
4. die grüne KARMA-Familie der »Weisheit des alles vollbringenden Handelns« (Luftelement).

(Da die Tibeter neben den uns bekannten vier Elementen auch den Raum als Element klassifizieren – in der Esoterik als Ätherelement bekannt –, existiert als fünfte Entsprechung noch die weiße BUDDHA-Familie der »Weisheit des allumfassenden Raumes«.)

3. Jungs Typenlehre und die vier Elemente

Als Ergänzung zu JUNGS Modell bietet die Astrologie die Möglichkeit, eine individuelle Verteilung der vier Elemente und eine Differenzierung in Anlage- und Aufgabewerte (durch eine entsprechende Auswertung im Horoskop) vorzunehmen. Während sich die jeweiligen *Anlagewerte* aus der Summe der Planetenpositionen im Tierkreis (je nach Elementenzugehörigkeit der betreffenden Tierkreiszeichen) ergibt, errechnen sich die *Aufgabenanteile* aus deren Häuserstellungen (je nach Elementenzugehörigkeit des betreffendes Hauses). Durch diese Differenzierung läßt sich *tendenziell* – für die individuelle Psyche kann es kein exaktes, allgemeingültiges Punktesystem geben! – ablesen, wie sich die in diese Inkarnation »mitgebrachten« Elementenquantitäten zu den Werten verhalten, die uns als Aufgabenstellung erwarten. Überwiegt der Anlageteil eines Elements, soll das entsprechende Prinzip in diesem Leben weiter in den Hintergrund treten. Unter umgekehrten Vorzeichen sind wir dazu aufgefordert, dem betreffenden Element mehr Raum zur Entfaltung zu gewähren. Natürlich drückt die errechnete Punktzahl nicht aus, auf welchem Niveau jemand diese elementare Seite lebt. Wir können allerdings davon ausgehen, daß wir entsprechende Bewußtseinsfunktionen betonter Elemente häufiger und lieber »anwenden« als die weniger bekannter Elemente. Wir fühlen uns einfach sicherer und sind dann sozusagen »in unserem Element«.

Die verschiedenen astrologischen Richtungen bieten unterschiedliche Auswertungen der Elemente an. Den astroenergetischen Auswertungsmodus (Elementenanalyse nach HANS TAEGER) findet der interessierte Leser im JUNGFRAU-Band.

Parallel zu den Typen erkannte JUNG zwei gegenläufige Arten, der Welt zu begegnen und mit den vier Bewußtseinsfunktionen umzugehen. Er nannte sie *Introversion* und *Extroversion*. Wie die Elementenverteilung können auch diese Werte individuell aus dem Horoskop abgeleitet werden. TAEGER definiert die Summe der Elementenwerte von Feuer und Luft als Extroversionsanteile, die Summe der Werte von Erde und Wasser als die Introversionsanteile des Horoskopeigners.

Durch die Kombination dieser beiden Pole mit den vier Typen fand JUNG weitere Differenzierungen und erhielt nun acht verschiedene Charaktere. In der Astrologie findet dieser Vorgang seine Entsprechung in der Verbindung der *vier Elemente* mit den drei *Phasen* (kardinal, fix, labil), wie in Kapitel I.6 bereits dargestellt. War JUNG auf dem Weg, mit Hilfe seiner psychologischen Forschung den Tierkreis gleichsam neu zu errichten oder wiederzuentdecken?

4.
Die Synchronizität

Wie bereits an mehreren Stellen (insbesondere in Kapitel I.11) erwähnt, deuten wir in der energetischen Astrologie und Traumarbeit Horoskope, Träume, Orakel und Alltagsgeschehen als *sinnvolle Entsprechungen*. Diese *Gleichzeitigkeit* von inneren und äußeren Gegebenheiten ohne erkennbaren Kausalzusammenhang bezeichnete C. G. JUNG mit dem Begriff der *Synchronizität*. Er beschreibt dieses Phänomen wie folgt:

»Meine Beschäftigung mit der Psychologie unbewußter Vorgänge hat mich schon vor vielen Jahren genötigt, mich nach einem anderen Erklärungsprinzip (neben der Kausalität) umzusehen, weil das Kausalprinzip mir ungenügend erschien, gewisse merkwürdige Erscheinungen der unbewußten Psychologie zu erklären. Ich fand nämlich zuerst, daß es psychologische Parallelerscheinungen gibt, die sich kausal schlechterdings nicht aufeinander beziehen lassen, sondern in einem anderen Geschehenszusammenhang stehen müssen. Dieser Zusammenhang erschien mir wesentlich in der Tatsache der relativen Gleichzeitigkeit gegeben, daher der Ausdruck ›synchronistisch‹. Es scheint nämlich, als ob die Zeit nichts weniger als ein Abstraktum, sondern vielmehr ein konkretes Kontinuum sei, welches Qualitäten oder Grundbedingungen enthält, die sich in relativer Gleichzeitigkeit an verschiedenen Orten in kausal nicht zu erklärenden Parallelismus manifestieren können, wie zum Beispiel in Fällen von gleichzeitigem Erscheinen von identischen Gedanken, Symbolen oder psychischen Zuständen« (*»Das Geheimnis der goldenen Blüte«*).

Im Gegensatz zu JUNGS einschränkender Definition, nach der die synchronistischen Vorgänge als *besondere* Ausnahmeerscheinungen gelten, sind aus astroenergetischer Sicht *alle* äußeren und inneren Phänomene *auch* als *Synchronizitäten* anzusehen. Wenn wir davon ausgehen, daß die Konstellationen der Gestirne in einer sinnvollen Entsprechung zum Alltags- und Traumgeschehen stehen, dann bedeutet das in bezug auf JUNGS Modell eben, daß es keine Einschränkung geben kann und *alle* Ereignisse in einem synchronistischen Zusammenhang zueinander stehen. Mit dem Unterschied freilich, daß sich die angesprochenen »sinnvollen Zufälle« dem Ich-Bewußtsein nicht immer in der gleichen Deutlichkeit und Dramatik offenbaren.

Die *speziellen* synchronistischen Phänomene JUNGS stellen eine *Verdichtung* der *allgemeinen* Synchronizität des Daseins dar. Treten auf verschiedenen Ebenen gleichzeitig in konzentrierter Form bestimmte Symbole einer Entsprechungslinie auf, trifft die Definition des Psychologen zu. Solchermaßen aktivierte Synchronizitäten manifestieren sich vor allem in Krisenzeiten, wenn der Betreffende an einem Scheideweg seines Lebens

4. Die Synchronizität

steht und die erforderliche Weichenstellung große Bedeutung für sein weiteres Leben hat.

Mehr oder weniger deutliches In-Erscheinung-Treten der Synchronizität ändert jedoch nichts an deren *allgemeiner* und *umfassender* Gültigkeit. Daß man sich dieser Vorgänge in wichtigen Lebensphasen stärker bewußt ist, mag sich vor allem durch die verstärkte Auseinandersetzung mit und Aufmerksamkeit für den betroffenen Bereich erklären. VERENA KAST schreibt dazu: »Synchronizität wird in der Regel dann erlebt, wenn eine ausgesprochen emotionell betonte Lebenssituation zu bestehen ist, also zum Beispiel in Umbruchssituationen, wenn neue archetypische Konstellationen in unserem Leben sich bemerkbar machen. Synchronizitätserlebnisse ereignen sich oft im Zusammenhang mit dem Tod« (»*Die Dynamik der Symbole*«, S. 157).

Eine Träumerin berichtete mir in diesem Zusammenhang folgendes kurzes Traumstück:

»Ich laufe mit einem Strauß Blumen in der Hand über einen Friedhof und suche das Grab meines Bruders.«

Diesen Traum hatte die damals junge Frau während der Kriegsjahre. Ihr Bruder war zu dieser Zeit in der Armee. Kurze Zeit später erhielt sie von der Mutter die Nachricht vom Tod des Bruders.

Die inneren Vorgänge der Träumerin und das äußere Geschehen befanden sich in einem Zustand der *Synchronizität*. Was sich in der Seele ereignete und durch den Traum bildhafte Gestalt annahm, geschah zum gleichen Zeitpunkt in der Realität. Die Gleichzeitigkeit eines inneren und äußeren Geschehens ohne kausale Verbindungen – der Bruder starb ja nicht, *weil* die Schwester davon träumte, und sie erfuhr von seinem Ableben erst nach dem Traum! – stellt nach JUNG das grundlegende Merkmal synchronistischer Phänomene dar.

VERENA KAST formuliert ihre Vorstellung einer allgemeinen »synchronistischen Weltsicht« so: »Natürlich gibt es Situationen im Zusammenhang mit Tod, mit Liebe, mit Umbrüchen usw., in denen die archetypischen Konstellationen wesentlich deutlicher erlebbar sind als in Zeiten größerer Ruhe und wo sich auch die Synchronizitätserlebnisse häufen. Ich meine jedoch, daß sie uns nur auffallen, wenn es sich um Extremsituationen handelt« (ebd., S. 161/162).

Für das *objektive* Naturgesetz einer allgemeinen Synchronizität der Erscheinungen ist eben nicht ausschlaggebend, ob sie uns auch *subjektiv* bewußt sind. Ebensowenig, wie wir die Existenz all der vielen Menschen in dieser Welt leugnen können, obwohl wir uns der allermeisten Zeitgenossen nicht bewußt sind, ist die generelle Unbewußtheit der synchronistischen Lebensprozesse kein Kriterium für deren Existenz oder Nicht-Existenz. Im Gegenteil! Betrachten wir unser Dasein aus einer synchronistischen Weltsicht, wird uns allmählich deutlich werden, was schon immer (auch ohne unsere bewußte Realisation) ablief: Alle Erscheinungen in dieser Welt befinden sich ungeachtet der kausalen Zusammenhänge auch in einer synchronistischen Entsprechung zueinander!

Beziehen wir das Horoskop mit in die Betrachtung ein, dann tritt die *energetische* Ebene als drittes Element hinzu. Auf unser Beispiel bezogen: Neben dem Tod des Bruders (äußere Realität) und dem Traum der Schwester (seelische Wirklichkeit) steht auch die *archetypische* Ebene (dargestellt in den Konstellationen des Horoskops und der Transite) in einer sinnvollen Entsprechung dazu. Oder anders ausgedrückt: *Die individuelle Zeitqualität findet ihre (synchronistische) Analogie sowohl in den Träumen als auch im Alltagsgeschehen.* Im Lebensplan der Träumerin war (von Geburt an!) festgeschrieben, daß sie zu jenem vorbestimmten Zeitpunkt eine spezifische Erfahrung zu machen hatte. Astrosymbolisch gesehen könnte es sich in ihrem Falle beispielsweise um eine SATURN-MARS-Konstellation gehandelt haben (SATURN tritt häufig als Todesengel und MARS als Bruderthema auf!), die *parallel* zum realen Ableben des Bruders und dem Traum bestand. Damit meine ich nicht, daß das äußere Geschehen von vornherein exakt determiniert gewesen sein muß. Andere mögliche Entsprechungen wären denkbar – etwa, daß die Träumerin damals mit einem Mann verheiratet gewesen wäre, der, für sie unbewußt, die Bruderrolle gespielt und sich dann von ihr getrennt hätte. Zeitlich und inhaltlich vorgegeben ist jeweils das *Grundthema* (siehe Kapitel I.10 über das Horoskop als Lebensplan), und wir können sicher sein, daß sich dazu im Traum wie im Alltag synchrone Entsprechungen einstellen werden. Doch die Kulisse und das Niveau der Synchronizität hängen von unserem bisherigen Lebens- und Entwicklungsweg ab. Und diesen können wir zum Teil auch selbst mitbestimmen!

Vor allem die Träume bringen uns die Grundtendenz beziehungsweise die Grundstimmung einer bestimmten Lebensphase nahe. In ihrer bildhaften Sprache möchten sie unser Bewußtsein darüber informieren, wie sich die Archetypen (als Transite) Ausdruck in unserem Dasein verschaffen (wollen). Ich erinnere mich an eine Phase, die mir als Feuer-betonter Mensch nicht sehr behagte, die sich aber als folgerichtige und notwendige Stufe auf meinem Entwicklungsweg herausstellte. Astroenergetisch gesehen hatte ich gerade einen SATURN-Transit im Quadrat zu meinem Natal-MARS zu durchleben. Diese Konstellation fordert dazu auf, seine Aktivitäten zurückzunehmen, innezuhalten, zu prüfen und die wesentlichen Dinge zu erkennen. Es ist deshalb auch eine Zeit der Neuorientierung. Beeindruckende Träume – etwa von Sonnenuntergängen, Verkehrsstaus und ähnlichem – machten mir unmißverständlich klar, daß jetzt keine Zeit war, »über die Stränge zu schlagen«, sondern daß es darum ging, die Kraft zu bündeln.

4. Die Synchronizität

Und auch im Außen konzentrierte sich meine Aktivität mehr und mehr auf einen Punkt: Bücherschreiben war jetzt angesagt. »Rechtzeitig« zum Beginn meines neuen großen Projekts funktionierten die gewohnten Arbeitsstrukturen nicht mehr so wie früher; ein Staraufgebot von Widerständen machte mir klar, daß ein Wandel der Prioritäten angezeigt war. Anstatt vielen kleinen Aufgaben nachzugehen, sollte ich meine Energie jetzt konzentriert auf das neue Projekt richten.

Das Synchronizitätsprinzip hilft auch, Mißverständnisse bei der Traumdeutung auszuräumen. Ein beliebtes Argument der Zeitgenossen, die an der Bedeutung der Träume zweifeln, sind die sogenannten Tagesreste, die häufig unsere Traumhandlung bestimmen. Dabei handelt es sich meist um nacherlebte Szenen aus der Alltags- und Fernsehwirklichkeit der Vortage. Besagte Skeptiker, aber auch viele Traumfreunde, behaupten, daß solche Träume nichts weiter seien als ein nochmaliges Abspulen der Tagesereignisse. Es kann aber nicht angehen, daß es zweierlei Träume gibt, nämlich solche mit und andere ohne Bedeutung!

Unter Berücksichtigung der Synchronizität stehen Alltag und Traum auch hier nicht in einem kausalen Zusammenhang, sondern sie entsprechen sich. Das heißt: Ich träume nicht von einem Indianerüberfall, *weil* ich am Vorabend einen Western sah, sondern äußerer wie innerer Film hatten dieselbe Botschaft zu überbringen. Denke ich synchronistisch, muß ich auch die Alltagsgeschehnisse mit in diese Betrachtungsweise einbeziehen. Also: *Alle Ereignisse des täglichen Lebens stehen in einem sinnvollen Zusammenhang mit meiner inneren Situation.* Eine Seminarteilnehmerin beispielsweise, die sich von ihrem Mann trennte und bei einer Freundin vorübergehend Quartier fand, berichtete von einem ermutigenden Synchronizitätserlebnis. Just in dem Moment, als sie am Einzugstag die Wohnung der Bekannten betrat, hörte sie im Radio einen Popsong mit dem (übersetzten) Titel: »Heut ist der erste Tag vom Rest meines Lebens«. Wahrlich ein deutlicher synchronistischer Wink mit dem Zaunpfahl, der die Richtigkeit ihrer Entscheidung unterstrich.

Ein weiteres Argument, das häufig von Menschen gebracht wird, die die Bedeutung der Träume (als individuell stimmige Botschaften) anzweifeln, bezieht sich auf die Außenreize beziehungsweise die körperlichen Reaktionen während des Schlafens. Da werden beispielsweise Verdauungsstörungen oder Fieberzustände des Träumers als Ursache bestimmter Traumbilder angesehen. Vor dem Hintergrund unseres Wissens um die allgemeine Synchronizität ergibt sich auch hier ein ganz anderes Bild. Träumt ein Fieberpatient etwa von einem Großbrand, dann steht dieses innere Flammenmeer in einer sinnvollen Entsprechung zu dem Körperfeuer seines Fiebers. Egal, ob das Fieber die Bilder einer Traumglut bewirkte – beide Ebenen, Physis und Psyche, reagieren *entsprechend* auf eine energetische Konstellation, die der Betreffende derzeit durchlebt. Astroenergetisch wird bei fieberhaften Zuständen und Feuersymbolen im Traum häufig ein MARS-Transit festzustellen sein. Wer gerade ein Thema mit dem Feuerelement zu bewältigen hat, wählt (meistens unbewußt) verschiedene Entsprechungen aus, um die ihm bestimmte Erfahrung zu machen und dazuzulernen.

Machen wir uns noch einmal bewußt: Wenn wir die Ausdrucksweisen der Welt in synchronistischem Zusammenhang sehen, dann sind nicht nur die Träume, sondern auch das Alltagsgeschehen und die Körperreaktionen symbolisch zu deuten. Bei dem Patienten mit Verdauungsstörungen mag ein entsprechender »Verstopfungstraum« zwar durch die körperliche Verfassung veranlaßt worden sein, traumhafte wie reale Verstopfung sind jedoch Ausdruck einer seelischen Blockade mit entsprechendem energetischen Hintergrund – etwa einem Spannungsaspekt zwischen SATURN und MOND. Die astroenergetische Konstellation kann natürlich nicht als Rechtfertigung dienen! Sie zeigt vielmehr auf, daß der Leidtragende auf diesem Lernfeld tatsächlich ein Thema zu bewältigen und zu lösen hat.

Das Erkennen des Synchronizitätsprinzips versetzt uns in die Lage, innerhalb eines gewissen Rahmens die Entsprechungsebene der – mit zwingender Notwendigkeit eintreffenden – Lebensrätsel mitzubestimmen. Wenn auf unserem Lebenslehrplan die Auseinandersetzung mit Tod und Sterbeprozessen steht (= SKORPION-PLUTO-Archetyp), könnte eine Reise durch Länder wie Indien oder Nepal eine »freiwillige« Entsprechung darstellen – etwa wenn das SCHÜTZE-Haus (neuntes Haus) oder -Zeichen mitbetroffen ist. Setzen wir uns tatsächlich mit dem dort so offenkundigen Elend, Schmutz, Krankheit und Tod innerlich auseinander, wird das den Anforderungen eines PLUTO-Transits beziehungsweise einer SKORPION-Lebensphase (Felderwanderung) gerecht. Natürlich kann man ein solches Lebensrätsel auch zu Hause bearbeiten und lösen, etwa wenn wir uns im Rahmen einer Therapie auf die Konfrontation mit den inneren Höllenwelten, das heißt verdrängten Wesensteilen, einlassen und dadurch wirkliche Veränderung möglich machen.

Versuchen wir aber statt dessen, auch in einer solchen Phase unseren oberflächlichen Lebenswandel fortzusetzen, und kommen wir den Anforderungen der Zeit nicht von uns aus entgegen, müßten sich eben andere Entsprechungen einstellen. Je nach unserer Lebenslage und unserem Bewußtseinsstand könnte das zum Beispiel den Verlust einer engen Bezugsperson, Eifersucht oder Suchtprobleme, entsprechende Krankheiten, sexuelle Abhängigkeiten und anderes bedeuten. Welche Lebensbereiche insbesondere davon betroffen sind, sagt uns das astrologische Haus, in dem sich der Transit ereignet, und seine Verbindungen zu den weiteren Konstellationen unseres Geburtshoroskops. Als ich eine solche PLUTO-Phase zu bewältigen hatte (transitierender PLUTO im siebten Haus im Spannungsaspekt zur Natal-VENUS), war es in erster Linie die Partnerschaftsebene, auf der ich diesem »Stirb-und-werde«-Archetypen begegnete. Eine langjährige, stabil erscheinende Beziehung ging damals auseinander, und ich war plötzlich mit inneren Abgründen (PLUTO) konfrontiert und sah meine alten, unverheilten Wunden.

Entscheidend ist in jedem Falle, ob wir der Aufforderung zur Lösung des *allgemeinen Lebensrätsels,* das sich hinter den *konkreten* Problemstellungen verbirgt, nachkommen. Kein bösartiger Gott, Magier oder mißgünstiger Mitmensch ist für unser Mißgeschick verantwortlich! Die Lehre von der Synchronizität wirft uns immer wieder auf uns selbst zurück und zeigt, daß niemand anderer als wir selbst Verantwortung für unser Glück oder Unglück trägt.

Der Gedanke, daß die inneren und äußeren Geschehnisse in einer sinnvollen Entsprechung der Synchronizität zueinander stehen, ist bereits fast zweihundert Jahre vor C. G. JUNG von dem deutschen Philosophen GOTTFRIED WILHELM LEIBNIZ ausgesprochen worden. Er stellte fest, daß Körper und Seele zwar ihren eigenen Gesetzen folgten, aber als Repräsentanten desselben Universums doch miteinander übereinstimmen müßten.

VERENA KAST, die dem eingeschränkten Synchronizitätsverständnis JUNGS nicht folgen kann, schreibt: »Jung postuliert es nur in Ausnahmefällen, eben dann, wenn eine besondere archetypische Konstellation erlebbar ist. Mir leuchtet das wenig ein, und zwar deshalb, weil Archetypen in einem gewissen Sinne immer konstelliert sind.«

Auch aus astrologischer Sicht können wir bestätigen, daß eben zu jeder Zeit irgendwelche Transite wirksam sind. Es gibt keine »Transite-freie« Zeit, so wie es Schulferien gibt, wenngleich Intensität und Anforderungsbereiche natürlich variieren.

Selbstverständlich behält neben der Synchronizität auch die Kausalbeziehung zwischen den Erscheinungen ihre Gültigkeit. Niemand wird das ernsthaft bestreiten. Wenn ich beispielsweise ins Wasser falle, bin ich naß. Die Tatsache meines Mißgeschicks (Ursache) steht mit der Wirkung (Nässe) in einem kausalen Zusammenhang. Doch *warum* fiel ich gerade heute ins Wasser? Vielleicht, weil ich ausgerutscht bin. *Warum* aber rutschte ich ausgerechnet heute aus? Möglicherweise, weil ich mich zu weit an die Uferböschung des Flusses vorgewagt habe. *Warum* war ich gerade heute unvorsichtiger als sonst? Die letzte Antwort auf diese Fragen bietet nicht das Kausalitätsprinzip. Steht mein reales Malheur aber vielleicht in einer *Entsprechung* zu einem *inneren* »Ausrutscher«? Ist etwa eines meiner Vorhaben ins Wasser gefallen oder droht auf diese Weise zu enden? Die Synchronizität wäre in diesem Falle ein Warnsignal, den gleichen Fehler nicht auf einer, vielleicht wesentlich gefährlicheren Ebene zu wiederholen.

Wir sehen, Kausalität und Synchronizität schließen sich gegenseitig keinesfalls aus, sondern wirken nebeneinander, jeweils auf einer anderen Ebene. Das Kausaldenken läßt uns die vordergründige Ursache erkennen, während die synchronistische Sicht den Hintergrund, die Bedeutung einer Gegebenheit, beleuchtet. Was ist passiert? Ich bin ins Wasser gefallen und wurde naß. *Warum* ist es heute geschehen? Weil ein innerer Ausrutscher dadurch seine äußere Entsprechung fand. Warum diese »grobe« Synchronizität? Um das Bewußtsein auf das innere Pendant aufmerksam zu machen! Vielleicht stehe ich gerade vor einer wichtigen Entscheidung geschäftlicher oder privater Natur. Wenn ich den Fall ins Wasser in diesem Zusammenhang als Orakel betrachte, würde das eine gründliche Überprüfung des Vorhabens nahelegen.

Als meine Frau und ich vor Jahren einen Hauskauf ins Auge faßten, schlugen uns am Tag der Hausbesichtigung abbröckelnde Dachziegel Beulen ins Dach unseres geparkten Autos. Sprichwörtlich bekamen wir hinsichtlich unseres Vorhabens »eine aufs Dach«. Da ich zu dieser Zeit gerade am »Bilderbuch der Träume« arbeitete, in dem auch die Redensarten in die Traumdeutung einbezogen werden, war ich für sprichwörtliche Botschaften besonders empfänglich. Sollten wir damit von einer höheren Instanz (der Stein des Anstoßes kam von oben!) »eine aufs Dach bekommen« haben, um uns zu warnen? Jedenfalls stand das Vorhaben für uns damit unter keinen guten Vorzeichen. Mit dem Dach, das im übertragenen Sinne für die schützende Hülle der Denkfunktion steht, war es anscheinend nicht zum besten bestellt. Waren wir in der Angelegenheit zu blauäugig? Wir über*dachten* das Ganze also noch einmal gründlich, ließen das alte Bauwerk von Fachmännern begutachten und kamen zu dem Entschluß, davon abzulassen. Die späteren Entwicklungen haben uns recht gegeben.

Die Beschädigung des Wagens war durch die herabfallenden Ziegel *kausal* bedingt. Der *eigentliche,* dahinterliegende Sinn dieses (wie *jedes* anderen!) Geschehens läßt sich aber nur anhand der *Entsprechungen* ergründen. In unserem Falle hatte die Synchronizität die Funktion eines »Warnschusses«. Ein Beispiel dafür, daß Fehlentscheidungen leichter vermieden werden können, wenn wir Ereignisse und Träume in synchronistischen Zusammenhang mit unseren Vorhaben bringen.

Das synchronistische Denken ist ein ganzheitliches Denken, das im Gegensatz zur trennenden Ratio wieder zusammenfügt, was zusammengehört. Die starre, rational gezogene Grenze zwischen innen und außen wird dadurch überwunden und ein sinnvoller Zusammenhang zwischen den Erfahrungsebenen geschaffen. Das Synchronizitätsprinzip ist dem kausalen Denken übergeordnet. In der Logik des Tierkreises findet diese Tatsache ihre Entsprechung in der Anordnung beider Prinzipien: Der WASSERMANN als »Minister« der synchronistischen Ebene folgt nach dem

4. Die Synchronizität

STEINBOCK, der das Kausalprinzip repräsentiert. Die Erfahrungsebene des WASSERMANN geht über die Weltsicht des STEINBOCK hinaus, indem sie die Grenze von Raum und Zeit überwindet. Damit ist natürlich das jeweilige Prinzip an sich gemeint und nicht gesagt, daß WASSERMANN-Geborene ihre Rätsel besser bewältigen würden als ihre STEINBOCK-Mitmenschen! (Selbstverständlich ist auch hier der Reifegrad entscheidend.)

Im Zeitalter des WASSERMANN wird das Denken in Entsprechungen, also das Synchronizitätsprinzip verstärkt ins Bewußtsein des einzelnen dringen. Nicht zuletzt spielen auch die Erkenntnisse der modernen Physik eine entscheidende Rolle dabei, den evolutionären Bewußtseinssprung vom mechanistischen Weltbild des Mittelalters zu einem ganzheitlicheren Verständnis des Kosmos zu vollziehen.

Dritter Teil

Die astroenergetische Traumarbeit

Bevor wir uns der Darstellung der astroenergetischen Traumarbeit anhand zweier Fallbeispiele zuwenden, soll kurz die Entwicklung dieser neuen Traumdeutungsmethode geschildert werden. Die astrologische Seite wurde mir durch Hans Taeger und seine Astroenergetik nahegebracht. Bei der Entwicklung meines eigenen Stils im Umgang mit dieser Methode erwiesen sich vor allem die von mir ins Leben gerufenen Neu- und Vollmondseminare als Meilensteine. Ich realisierte bald, daß mein zentrales Anliegen nicht allein darin bestehen konnte, astrologisches Wissen zu vermitteln. Vielmehr wollte ich einen Rahmen schaffen, in dem die (durch den Neumond oder Vollmond »aktivierten«) Tierkreiszeichen im eigenen Dasein bewußter erkannt werden konnten. Anders ausgedrückt ging es mir vor allem darum, das latent vorhandene Gespür für die Archetypen wiederzufinden. In den Seminaren dienen uns verschiedene Medien dazu, einen inneren Zugang zu der jeweiligen Tierkreisenergie zu erschließen. Über Musik, Meditation, Imaginationen, das Malen von inneren Bildern, Gespräche mit den Teilnehmern sowie passende Übungen versuchten und versuchen wir, uns an die Energie »anzuschließen«, die der aktuellen Zeitqualität entspricht und (sinnigerweise) im Mittelpunkt des Seminars steht. Als besonders spannend erweisen sich dabei die Schilderungen der Mitwirkenden über ihre Empfindungen und ihre Lebenssituation, wie sie sich zum Zeitpunkt des Seminars darstellte. Angeregt durch und eingestimmt auf das Tierkreisprinzip, das gerade von der SONNE (und bei Neumond ebenfalls vom MOND) durchwandert wird, versuchen wir, einen Zusammenhang zwischen der astroenergetischen Konstellation auf der einen und der realen Lebenswirklichkeit auf der anderen Seite herzustellen.

Als Orientierung beim Betrachten von Ereignissen und Gemütszuständen diente uns in erster Linie der jeweilige SONNEN-Stand, der als Deutungshintergrund das Geschehen in einem bestimmten Licht erscheinen ließ. Unter dieser »*solaren* Beleuchtung« erhielten die unterschiedlichsten Situationen plötzlich einen klareren, deutlich nachvollziehbaren Sinn. Wir wurden angeregt, das Erlebte neu zu bewerten und einzuordnen.

Um dem Leser zu demonstrieren, wie stark der jeweilige *Blickwinkel* die Bewertung und Deutung einer Sache modifiziert, schlage ich folgende Übungen vor:

Blättern Sie in Ihrem Fotoalbum, und suchen Sie nach Fotos, die Sie

Die astroenergetische Traumarbeit 263

vor unterschiedlichen Kulissen zeigen. Versuchen Sie herauszufinden, in welches »Licht« Sie jede dieser Umgebungen rückt beziehungsweise welche Seite Ihres Wesens dadurch besonders betont und spürbar wird.

Oder: Machen Sie einen Spaziergang oder Stadtbummel, und spüren Sie bewußt in sich hinein, was in Ihnen vorgeht, welche unterschiedlichen Seiten Ihrer Seele durch die verschiedenen Szenerien (etwa Friedhof, Spielplatz, Kaufhaus, Wald) angerührt werden.

Oder: Versuchen Sie, bewußt die differierenden Verhaltens-, Gedanken- und Gefühlsmuster wahrzunehmen, die die Begegnung mit unterschiedlichen Menschen in Ihnen auslöst.

Das gleiche können Sie beispielsweise mit Eigenkreationen (wie Bilder, Gedichte, Kompositionen) ausprobieren, die Sie aus verschiedenen Blickwinkeln betrachten. Besehen wir unsere künstlerischen Versuche mit den Augen eines Künstlers, dessen Werke wir nicht sonderlich schätzen, läßt das den Wert unserer eigenen Produktionen ansteigen. Blicken wir jedoch aus der Perspektive eines hochverehrten Meisters auf genau dieselben Erzeugnisse, werden sie uns nun in einem ganz anderen Licht erscheinen und uns vielleicht wie müder Abklatsch vorkommen.

Diese Analogien können zeigen, wie sehr gerade der Hintergrund, der Kontext des betrachteten Objekts sowie der Blickwinkel des Betrachters die Bewertung (subjektiv) färbt.

Das nachfolgende Beispiel aus einem WIDDER-(Neumond-)Seminar soll die astroenergetische Betrachtungsweise unserer alltäglichen Erfahrungen illustrieren:

Gisela, eine Frau mittleren Alters und WIDDER-Geborene, berichtete von einer gewissen Unzufriedenheit, die sie unter anderem darauf zurückführte, daß sie mit ihrem Mann uneins war, welches Lampenmodell für das Wohnzimmer angeschafft werden sollte. Bei näherer Beleuchtung und unter Berücksichtigung des WIDDER-Prinzips stellte sich heraus, daß ihr gerade die WIDDER-Eigenschaften *Durchsetzungsvermögen* und *Kampfgeist* abgingen. Im Verlauf des Gesprächs wurde immer deutlicher, daß das Lampenproblem als Medium fungierte, um diese Eigenschaften aus ihr herauszulocken. Sie gab zu, daß es ihr zur Zeit wesentlich schwerer fiel, um des lieben Friedens willen auf ihre Position zu verzichten, und daß sie sich eigentlich wunderte, daß ihr an der von ihr favorisierten Leuchte soviel lag. Nach astroenergetischem Verständnis liegt die Sache klar auf der Hand: Gerade im Monat des WIDDER ist die kämpferische Seite, also der Durchsetzungswille, in besonderem Maße »aktiviert«; er läßt sich nicht so leicht wegdrängen, wie Gisela das vielleicht zu anderen Zeiten möglich ist. Kein Wunder, daß ihr die Lampe soviel bedeutete, steckte doch eigentlich (als abstraktes Prinzip) ihre *Willenskraft* dahinter, die sich vehementer als sonst zu Wort meldete, um sich auf diesem Weg mehr Raum zur Entfaltung zu verschaffen. Allmählich *leuchtete* Gisela die tiefere Bedeutung der Lampenaffäre ein. Vor dem Hintergrund unserer Überlegungen zum WIDDER-Archetypen ging ihr »ein Licht auf«, und sie realisierte, daß es weniger um die Lampe als vielmehr darum ging, zu sich zu stehen. Das bedeutete für sie, notfalls auch eine Auseinandersetzung mit dem Gatten zu riskieren, anstatt ihr *Begehren* wie so oft zu verdrängen.

Warum ist es überhaupt dazu gekommen? Sie erzählte von dem äußerst temperamentvollen Wesen, das sie als Kind hatte. Bei einer WIDDER-Geborenen überrascht das nicht, sondern zeigt eher, daß sie sich in kindlicher Weise ihrem Wesen gemäß auszudrücken versuchte. Die Eltern waren jedoch mit dieser massiven Emotionalität überfordert und unterdrückten die temperamentvolle Seite der Tochter, anstatt ihr bei der Integration der Triebkraft zu helfen. So lernte sie die Regel: Wenn ich brav bin, werde ich geliebt und akzeptiert, und wenn ich böse bin (das heißt, wenn ich meinen eigenen Impulsen folge und mich nicht sofort mit Mamas oder Papas Interessen identifiziere), werde ich abgelehnt. Da elterliche Ablehnung für ein kleines Kind kaum zu ertragen ist, beginnt es zu verdrängen.

Hier wird ein Umstand sichtbar, der sich prägend auf Generationen von Menschen ausgewirkt hat: Die autoritäre Erziehung, die die Bedürfnisse des kleinen Kindes weder kannte noch achtete, hat vor allem dafür gesorgt, den WIDDER-Archetypen zu verdrängen. Doch ist es auch immer eine Frage der individuellen Konstellation, wie das einzelne Kind damit umgeht und zurechtkommt. Für Gisela mit WIDDER-SONNE sicher ein *zentrales* Thema, das sie angehen muß, wenn sie zu sich selbst (also zum SONNEN-Prinzip) finden will.

Um der Teilnehmerin zu helfen, die rationalen Erkenntnisse auch zu erfahren, wurde ein Rollenspiel vorgeschlagen. Isabel, eine selbstbewußte junge Frau, übernahm den Part des Ehemanns, Gisela spielte sich selbst. Die Übung war nur von kurzer Dauer, was die Betroffenheit jedoch nicht minderte. Bereits nach wenigen Anläufen, dem »Gatten« die bevorzugte Lichtquelle schmackhaft zu machen, ließ Gisela sich verunsichern, da Isabel sehr bestimmt ihre ablehnende Haltung zum Ausdruck brachte und mit rationalen Argumenten wie Geldverschwendung aufwartete. Selbst erstaunt darüber, wie schnell sie sich hatte abwimmeln lassen, erkannte Gisela den inneren Mechanismus, der ihr immer wieder die Niederlagen beschertete: die Unterdrückung des lebendigen Aggressionspotentials beziehungsweise des Impulses, für ihre Interessen zu kämpfen. Als Ursache dieser psychischen »Kastration« dürfen wir die verinnerlichten Werte und Gebote der Eltern vermuten. Sie treten immer dann in Aktion, wenn die gesteckte Grenze (»ich darf nicht wollen«) überschritten wird. Solche Komplexe und unbewußten Verhaltensautomatismen gilt es zuerst einmal bewußt zu erle-

Die astroenergetische Traumarbeit

ben, wie es der Teilnehmerin in dieser kleinen Übung und aufgrund unseres Vorgesprächs möglich war. Weitere Schritte müssen natürlich folgen, um die ungünstigen inneren Weichenstellungen allmählich so zu verändern, daß das seelische »Getriebe« wieder zum Wohle der Entwicklung funktioniert.

Dieses Beispiel zeigt zum einen, daß sich die Archetypen in den alltäglichen, meist unspektakulären Situationen und Erfahrungen ausdrücken. Zum anderen wird deutlich, wie uns das Wissen um die Zeitqualität (durch die Beschäftigung mit den astroenergetischen Symbolen) dabei helfen kann, an die aktuellen Themen heranzukommen, die bewußtgemacht und bearbeitet werden wollen. Entscheidend dabei ist natürlich immer, inwieweit das Gesagte für den Betreffenden Sinn ergibt und plausibel erscheint. Es kann ja nicht darum gehen, jemandem etwas aufzudrängen oder einzureden, wofür keine Bereitschaft besteht oder was schlichtweg ohne Belang für den Betroffenen ist.

Weitere Beispiele können Sie den einzelnen Tierkreisbänden entnehmen.

Es soll nun keineswegs der Eindruck erweckt werden, daß alle Erlebnisse gleich astrosymbolisch zugeordnet und ausgedeutet werden konnten oder daß alle Seminarteilnehmer das gleichermaßen bewußt hätten nachvollziehen können. Vielmehr handelt es sich um einen allmählichen Prozeß der Bewußtseinsentwicklung, sozusagen um einen inneren Sonnenaufgang. Seine unterschiedlichen Stadien spiegeln gleichnishaft die Wachzustände wider, die wir Menschen zu unterschiedlichen Zeiten haben.

Bei unserem Anliegen, die Astrosymbolik und Zeitqualität wirklich zu erkennen, erwies sich die Vorstellung als besonders hinderlich, die Tierkreisarchetypen und ihre Entsprechungen seien irgendwo *außerhalb* der gewohnten Alltagssphäre angesiedelt. Befragt nach den Ereignissen der letzten Tage oder Wochen, kam zunächst häufig die ratlose Antwort: »Nichts Besonderes«. Solange wir in unseren Vorstellungen von der Wirklichkeit gefangen sind, befinden wir uns im Zustand eines »Dornröschenschlafs«, und die eigentliche Realität unseres Daseins bleibt uns verborgen. Um aus dieser »inneren Sonnenfinsternis« herauszufinden, wollen wir mit dem »Lichtstrahl des Bewußtseins« die eigenen mehr oder minder dunklen Lebens- und Seelenräume ausleuchten. Angewandte Astrologie bedeutet eben nicht, den äußeren Himmel mit Teleskopen nach Planeten und Tierkreiszeichen abzusuchen, sondern den Blick auf das eigene Leben zu richten und in der eigenen Erlebniswelt nach Spuren zu suchen. Solange Astrologie, Alltag und Innenwelt nichts miteinander zu tun haben, kann sich die segensreiche Wirkung dieser Methode als Lebenshilfe kaum entfalten.

Wenn wir das Dasein also unter astroenergetischen Gesichtspunkten betrachten, dann vor allem deshalb, um eine neue, bewußtere *Perspektive* zu gewinnen und die *gleiche* Welt (die Astrologie bringt keine »neuen

Welten« ins Spiel!) mit anderen, offeneren Augen zu sehen. Dort wo man vorher die einzelnen Bäume »vor lauter Wald« nicht sah, ermöglicht die astroenergetische Weltsicht eine differenziertere Wahrnehmung der Dinge. Wohlgemerkt: Es bleibt derselbe »Wald«, den wir zu durchschreiten haben, was sich verändert, sind die »Lichtverhältnisse«!

Zurück zur Entwicklung der astroenergetischen Traumdeutung. Parallel zu meinen Forschungen zur Astroenergetik begann ich eine intensive und langjährige Therapie bei der Traumtherapeutin HILDEGARD SCHWARZ. Ich erkannte bald, daß die Arbeit mit den Träumen ein wichtiges Gegengewicht zur bewußtseinsorientierten astrologischen Tätigkeit bildete. Während die Astrologie das Verlangen meines (SCHÜTZE-)SONNEN-Wesens nach Erkenntnis befriedigte, brachten mich die Träume meinem MOND-Bereich (Gefühls- und Naturseite/Anima) näher und stellten eine – für geistig arbeitende Menschen unabdingbare! – *Erdung* dar. Sie bewahrte mich davor, vom Boden der (inneren wie äußeren) Tatsachen abzuheben. Im Laufe der Zeit wuchs die Idee, auch die nächtlichen Seelenbilder vor dem Hintergrund der (astrologisch definierten) Zeitqualität zu untersuchen.

Wesentliche Orientierung lieferte uns auch auf dieser Ebene in erster Linie die *SONNEN-Position im Tierkreis zur Zeit des Traumes*. Der naheliegende Gedanke, auch die Stellung des MONDES oder anderer Planeten mit in die Deutung einzubeziehen, wurde allerdings vorerst zurückgestellt. Da der Selbsterfahrungsaspekt (= solares Prinzip!) bei der energetischen Astrologie und Traumarbeit im Vordergrund steht (und daher astrologisches Wissen keine Voraussetzung für eine Teilnahme am Seminar sein darf), verzichten wir für die Deutung zunächst auf die Einbeziehung weiterer Planetenpositionen. Dadurch werden eine astro-*logische* Überforderung der Teilnehmer und eine zu große Kopflastigkeit verhindert; es kann sich ein intuitives Verständnis der Ereignisse, Träume und des Horoskops entwickeln.

Bevor weitergehende astrologische Differenzierungen in der Traumarbeit sinnvoll eingesetzt werden können, ist es zunächst einmal nötig, das Prinzip dieses methodischen Ansatzes zu verstehen und die angepeilte *solare* Bewußtseinsebene (im Sinne der Individuation) zu erreichen, um praxisorientiert damit arbeiten zu können. Es ist zudem fraglich, ob es die angestrebte Selbstfindung überhaupt fördert, wenn man die (Seelen-)Blume, die zur Entfaltung gebracht werden soll, in immer kleinere Bestandteile zerpflückt. Das Resultat eines solchen Vorgehens schildert GOETHE im *»Faust«* (Teil 1, Szene Studierzimmer): »Wer will was Lebendiges erkennen und beschreiben, sucht erst den Geist herauszutreiben, dann hat er die Teile in seiner Hand, fehlt leider! nur das geistige Band«.

Zusätzliche astrologische Informationen, etwa das »Sternzeichen« oder der Aszendent eines Träumers, werden – wo sinnvoll – in den Fallbeispielen

Die astroenergetische Traumarbeit

der Tierkreisbände genannt, sind jedoch allgemein genug gehalten, um auch von den Nicht-Astrologen nachvollzogen werden zu können. Weiterführende Werke, die auf diesem Einführungsband und den Tierkreisbänden aufbauen und etwa den *lunaren* Blickwinkel (MOND-Position) erweiternd in die astroenergetische Traumdeutung einbeziehen, mögen folgen, wenn die Zeit dafür reif geworden ist.

Bei unserer astroenergetischen Suche nach dem Sinn und der individuell stimmigen Botschaft der Träume stellte sich bald heraus, daß wir zunächst dem gleichen Irrtum wie bei der Deutung äußerer Ereignisse unterlagen. Zuerst untersuchten wir auch die Träume nach dem *Besonderen* und glaubten, zum Beispiel im LÖWE-Monat besonders viele LÖWE-Symbole in den Träumen entdecken zu müssen. Die Ergebnisse der Untersuchung einer Vielzahl von Traumerlebnissen zeigten jedoch, daß dies nicht zwangsläufig der Fall sein muß. Schließlich stellte sich heraus, daß die astroenergetische Traumbetrachtung als zusätzliches und besonderes Element eben einen *speziellen Blickwinkel* in die Deutung einbringt: Sie orientiert sich an der aktuellen Position der SONNE im Tierkreis zum Traumzeitpunkt.

Es geht bei dieser methodischen Vorgehensweise also zunächst nicht vorrangig um das *eigene* Sternzeichen (individueller Aspekt), sondern um die vorherrschende, kollektiv gültige Zeitqualität. Erst als zweiten Schritt der Deutung beziehen wir die persönlichen Konstellationen ein und fragen uns, wie ein Individuum (mit einer speziellen energetischen Situation) auf diese für alle Erdbewohner gültige Qualität einer bestimmten Zeitspanne reagiert.

Die Einbeziehung der SONNEN-Position erwies sich bei unserer Suche nach dem Traumschwerpunkt als geeignete Deutungshilfe, die (je nach Tierkreiszeichen) den Rahmen absteckte, innerhalb dessen nach dem roten Faden zu suchen war. Es ist eben viel einfacher, einen Fisch in einem kleinen Teich zu lokalisieren als ihn im Meer aufzuspüren. So hat die Überprüfung einer stattlichen Anzahl von Träumen ergeben, daß es wesentlich zur Erhellung der Traumbotschaft beigetragen hat, zum Beispiel Träume im ZWILLINGE-Monat vom *Standpunkt* des ZWILLINGE-Zeichens aus zu betrachten und im *Zusammenhang* mit den verschiedenen ZWILLINGE-Themen (Gegensatzproblematik, Kommunikation, Denken und Gedanken, Pubertät und so weiter) zu sehen. Und das gilt natürlich ebenso für die anderen Tierkreiszeichen.

Auf die äußere Ebene übertragen können wir feststellen, daß je nach *Einfallswinkel* der Sonnenstrahlen das Land, die Häuser, Berge, Täler, Bäume, Menschen, Wiesen, Gewässer in ein bestimmtes Licht getaucht werden, die Welt auf diese Weise unterschiedlich beleuchtet wird und ihre verschiedenen Gesichter zeigt. Bei Sonnenaufgang herrscht eben eine ganz andere *Stimmung* als am Mittag, bei Sonnenuntergang oder gar um Mitternacht. Wenn wir diese Erkenntnis nun auf das innere SONNEN-Wesen übertragen, dann gibt uns die (astronomisch exakt bestimmbare) Tierkreisposition der SONNE jenen *spezifischen Blickwinkel* an, aus dem das Licht der Bewußtseinskraft derzeit auf unser Leben scheint. Die »Bewußtseinsstrahlen« *beleuchten* sonnengleich die inneren und äußeren Regionen des Daseins – vergleichbar dem Lichtkegel einer Taschenlampe, dem wir mit unseren Blicken folgen, anstatt in das darum herum herrschende Dunkel zu starren. Dieses »solare Wellenreiten« zu neuen Ufern der bewußten Erkenntnis geht mit der allmählichen Stärkung und Erweiterung des Bewußtseins einher.

Weitere Inspirationen zu diesem Themenkomplex finden Sie im Kapitel I.5 und im LÖWE-Band.

Die astroenergetische Traumarbeit zeigt, wie die Archetypen als Regisseure die Traumbotschaften prägen und gestalten. Das Zeichen, das gerade von der SONNE durchwandert wird, arbeitet sozusagen als »Regisseur vom Dienst«; seine Themen (Entsprechungen) spielen jetzt die zentrale Rolle. Zu jedem Zeitpunkt sind natürlich auch die restlichen elf »Kollegen« vertreten, doch deren Einfluß ist von zweitrangiger Bedeutung. Nehmen wir als Beispiel den Zeitraum des LÖWE-Monats (23. 7. bis 23. 8.); der LÖWE-Regisseur gibt jetzt den Ton an. Die Abläufe im Traum haben seine Inhalte und Aufgabenstellungen als Hintergrund. Gleichzeitig sind auch die anderen Tierkreiszeichen und ihre *Entsprechungen* in wechselnden Einsätzen mit von der Partie auf unserer privaten Traumbühne. Astrologisch wird das durch die permanente Anwesenheit aller Planeten (als »energetische Bindeglieder« zu den Tierkreisarchetypen) im Zodiak angezeigt. Sie verschwinden während ihrer unaufhörlichen Tierkreisumrundung ja niemals von der Bildfläche. Wie die Planeten in unserem Sonnensystem gegenüber dem Zentralgestirn eine untergeordnete Rolle spielen, liefern die übrigen Tierkreiszeichen die Nebenaspekte, die »Kulisse« in der Traumbotschaft. Wie die Fallbeispiele zeigen werden, bedarf es natürlich einiger Übung, um die zentrale Aussage (SONNEN-Thema) vom »Bühnenbild« eines Traumes differenzieren zu können.

Zusätzlich zur astroenergetischen Traumdeutung anhand der SONNEN-Position haben wir die Möglichkeit, die einzelnen Traumsymbole astrologisch zu deuten. Durch die Nutzung des Astrosymbolsystems erhalten wir zusätzliches Material; es liefert auf unserer Spurensuche nach dem verborgenen Sinn der Träume wertvolle Hinweise. Darüber hinaus ermöglichen uns Inhalt und Bedeutung der ermittelten Tierkreis- beziehungsweise Planetenentsprechungen ein tieferes Verständnis der Traumbotschaften. Kommt uns beispielsweise im Traum ein Reisekoffer abhanden, erscheint das verlorene oder gestohlene Gepäckstück in Verbindung mit dem dazugehörigen Astrosymbol (hier der STIER) in einem klareren Licht. Entsprechende Fragestellungen aus dem STIER-Bereich helfen uns, das Koffersymbol zu beleuchten: Sind uns auf der Lebensreise *Besitztümer* auch im Sinne von *Fähigkeiten, Talenten* und *Sicherheiten* abhanden gekommen? Haben wir nicht gut genug auf unsere *Energiereserven*, unsere *Werte* geachtet? Mangelt es uns an der Fähigkeit, uns und unsere Besitztümer zu *schützen*? Sind wir vielleicht ein Luftikus und haben zuwenig *Erdung*? Astrologisch Fortgeschrittene mögen durch Einbeziehen der STIER-Ebene im Geburtshoroskop (STIER-Zeichen, zweites Haus, ERDE-Position, das Erdelement im allgemeinen, Transite, Aspekte) den Blickwinkel noch erweitern. Der Verlust eines Koffers – real oder im Traum – kann astrologisch einem aktuellen oder »chronischen« Spannungsaspekt zum STIER-Bereich entsprechen.

Ist es uns gelungen, beispielsweise ein Defizit in diesem Bereich zu diagnostizieren, kann uns das »astroenergetische Kochbuch« (siehe Kapitel I.2 und den STIER-Band) verschiedene »STIER-Rezepte« anbieten, die geeignet sind, diesen energetischen »Vitaminmangel« auszugleichen. In erster Linie wird das natürlich eine innere Auseinandersetzung mit STIER-Themen sein, doch können auch äußere Dinge hilfreich mit einbezogen werden. So kann ein Urlaub in einem STIER-Land (zum Beispiel Österreich), STIER-Speisen (Kartoffeln) oder die Ausübung von STIER-Hobbys (Gartenarbeit und anderes) unterstützend zu einer notwendigen *Erdung* beitragen.

Als weiteres Beispiel mag uns das Traumbild des Hundes dienen. Ein junger Mann, Ende Zwanzig, wird in seinen Träumen öfter von Hunden verfolgt und bedroht, vor denen er dann meistens die Flucht ergreift. Übersetzen wir das Hundesymbol, das die (domestizierte) Triebnatur verkörpert, in die astrologische Sprache, haben wir es mit einem Ausdruck des WIDDER-MARS-Prinzips zu tun, das dem Träumer augenscheinlich Probleme bereitet. Es verwundert nicht, im Horoskop des jungen Mannes einen schwierig gestellten MARS zu entdecken, der in psychologischer Hinsicht als *Triebproblematik* erscheint. Die Angst vor dem Traumhund (und lange Zeit auch vor realen Hunden) ist Ausdruck eines allgemeinen WIDDER-MARS-Defizits in der Psyche des Klienten. Weitere Bestätigungen dafür lieferte er durch eine erkennbar ablehnende Haltung gegenüber WIDDER-Entsprechungen auf anderen Erfahrungsebenen. Ihm sind *Streit* und *Kampf* zuwider, und er hat zum Beispiel den Kriegsdienst (MARS = römischer Kriegsgott) verweigert. Natürlich muß es nicht von vornherein auf ein inneres Problem deuten, wenn jemand den Dienst mit der Waffe ablehnt, denn es gibt ja in der Tat gute Gründe dafür. Entscheidend für die Bewertung von Handlungen und Einstellungen ist jedoch insbesondere die grundlegende (meist unbewußte) *Motivation*. Die Träume des jungen Mannes lassen den Schluß zu, daß zumindest ein Grund für diesen Entschluß auf seine MARS-Problematik zurückzuführen ist. Der Kontext seiner Lebenssituation bestätigt das: Der Träumer erkennt daß seine Schwierigkeiten mit *Sexualität, Entscheidungen* oder *Auseinandersetzungen* lediglich verschiedene Ausdrucksweisen ein und desselben Archetypen darstellen. Kein Wunder, daß er auch auf anderen Seinsebenen die jeweiligen WIDDER-Entsprechungen ablehnt: WIDDER-Städte wie *Berlin* sind ihm zu stressig und zu unsicher, das WIDDER-Getränk *Schnaps* ist zu hochprozentig, *Rennwagen* nur etwas für Machos, und an *Kakteen* findet er auch keinen Gefallen, um nur einige Beispiele dafür zu nennen, wie sich die inneren Komplexe in äußeren Abneigungen (oder Vorlieben) widerspiegeln.

Die Flucht im Traum geht auf das FISCHE-NEPTUN-Prinzip zurück; dieses Untertauchen läuft dem *Kampfgeist* des MARS an sich zuwider. Eine solche »Verwässerung« der MARS-Kraft beim Klienten findet ihre astroenergetische Entsprechung in einer Konjunktion von MARS und NEPTUN in seinem Geburtshoroskop.

Die unterschiedlichen Lebenslagen erfordern unterschiedliche Antworten. Zuweilen ist Rückzug, manchmal aber auch Kampf angesagt – für ein situationsgerechtes Verhalten kann es deshalb kein Patentrezept geben. Vielmehr gilt es, der äußeren Konstellation durch eine *innere Entsprechung* zu begegnen, das heißt mit Verstand und vor allem Gespür die *psychischen Schalthebel* in die angemessene Position zu bringen. Besagter Klient sollte sich jedenfalls einmal Gedanken darüber machen, ob die *Angriffe* der Traumhunde vielleicht als Annäherungsversuche der Triebseite aufzufassen sind, vor der davonzulaufen nicht gerade der Weisheit letzten Schluß darstellt. Letztlich ist es der WIDDER-MARS-Archetyp, der sich mit Vehemenz in das Bewußtsein des jungen Mannes drängen will, um angeschaut, akzeptiert und integriert zu werden. Davor zu fliehen kommt einer Flucht vor der eigenen *Triebseite* gleich, die den Träumer schwächt, statt ihn zu schützen, da er ja vor der eigenen *Kraft* und *Potenz* davonläuft. Daß er eine gute Portion dieser Energie derzeit dringend benötigt, läßt ein Blick auf seine Lebenssituation erkennen: Er durchlebt gerade eine existentielle Krise, ist arbeitslos, muß in einigen Wochen die gekündigte Wohnung verlassen und hat eine Trennung hinter sich. In dieser Lage gilt es für ihn, alle zur Verfügung stehenden Kräfte zu mobilisieren, sein Leben in die eigene Hand zu nehmen und für die Durchsetzung seiner (existentiellen) Anliegen zu *kämpfen*. Der Anschluß an die WIDDER-Seite ist nötig, um in ihm den *Willen* und die Kraft zum *Überleben* zu stärken.

Wenden wir uns wieder der *solaren* Ebene zu, also der Traumdeutung anhand der *Sonnenposition im Tierkreis*. Es wird dadurch ein spiritueller, ein esoterischer Faktor in die tiefenpsychologische Traumarbeit einbezogen, dessen Charakter und Wirkweise sich nicht so leicht rational vermitteln läßt. Wie soll auch eine begrenzte psychische Teilfunktion wie die Ratio in der Lage sein, das unbegrenzte, ganzheitliche Wesen des inneren SONNEN-Prinzips (das *höhere Selbst*) zu begreifen? Das wäre so, als wollte sich der Planet Erde anmaßen, die Sonne als »Herrscher im Sonnensystem« abzusetzen und darauf bestehen, daß sich nun alles um sie, die Erde, zu drehen habe.

Rein theoretisch haben wir das mittelalterliche ptolemäische Weltbild – die Erde als Mittelpunkt der Welt, um den sich die Sonne dreht – bereits seit Jahrhunderten überwunden. Theoretisch! Denn die psychische Realität der Menschheit läßt darauf schließen, daß wir bewußtseinsmäßig noch im ptolemäischen Denken wurzeln: Die Ratio (als Entsprechung des Erdelements) ist vorherrschend, die solare Kraft des Selbstbewußtseins noch ziemlich unterentwickelt. Die Dinge des Lebens bewältigen wir noch vorrangig mit dem Verstand (Erde) statt mit dem Selbstbewußtsein (Sonne), wobei letzteres nicht als Dimension des Wissens mißverstanden werden darf. Im Gegenteil: Wir haben es hier mit dem spirituellen Wesenskern unseres Selbst zu tun, der die Ebene des Denkens bei weitem überragt und nur intuitiv erfaßt werden kann. Bewußtsein bedeutet in diesem Sinne eine *ganzheitliche Erkenntnisreaktion* im Gegensatz zum rein intellektuellen Erfassen durch das Denken.

Ein weiteres Gleichnis sei mir an dieser Stelle gestattet, um aufzuzeigen, wie die Träume (MOND-Bereich) auf wunderbare Weise als Mittler des *Geistwesens* (SONNE) fungieren. Wie der Mond die grellen, für unser Auge unerträglich hellen Strahlen der Sonne abgemildert reflektiert, ist auch das MOND-Prinzip unserer Psyche, die *Seele* oder *Anima*, der *Vermittler* und *Übersetzer* des inneren SONNEN-Archetypen. Widergespiegelt durch den Mond, können wir das Sonnenlicht ohne Schaden ansehen. Die Seele bildet demgemäß das Bindeglied zwischen dem Geistprinzip der solaren Dimension und dem irdisch-stofflichen Dasein. Sie hat eine Brückenfunktion, die den indirekten Austausch zwischen der spirituellen und der materiellen Wesensseite des Menschen ermöglicht. Ohne den dazwischengeschalteten seelischen Transformator würde die irdische Hülle in der Hitze des »solaren Kraftfeldes« verglühen.

Die Betrachtung der Träume unter astroenergetischen Gesichtspunkten macht andere bewährte Deutungsansätze – vor allem von JUNG entwickelte – nicht überflüssig. Statt dessen werden diese, wo es sinnvoll erscheint, mit einbezogen; wir arbeiten unter anderem mit der *Subjekt-* und *Objektstufendeutung* und untersuchen Träume auch auf ihren *kompensatorischen* Charakter hin. Das astrologische Ordnungssystem versetzt uns darüber hinaus in die Lage, die verschiedenen Aspekte der Traumdeutung den Archetypen beziehungsweise Tierkreiszeichen zuzuordnen, wie dies im ersten Teil dargestellt wurde. Das Wissen darum, daß etwa der *kompensatorische* Aspekt der Träume astroenergetisch dem WAAGE-VENUS-Prinzip (als Archetyp des Ausgleichs und der Harmonie) entspricht, läßt neue Zusammenhänge erkennen. Vor allem während kollektiver (im WAAGE-Monat, beim MOND-Durchlauf durch die WAAGE) oder individueller WAAGE-Phasen (Transiten auf die VENUS oder durch das siebte Haus) wäre der kompensatorische Aspekt besonders zu beachten.

Wenn wir die Traumarbeit durch die *energetische Astrologie* ergänzen, dann ist das so, als würden wir eine zusätzliche Lichtquelle in einem Raum anbringen, die wir *bei Bedarf* anknipsen können. Ist eine Traumbotschaft von vornherein klar ersichtlich, kann man natürlich auf eine astroenergetische Untersuchung verzichten.

Vor allem bei Träumen, die von intensiven Gefühlen geprägt sind, die es erst einmal »im Herzen zu bewegen« gilt, sind vorschnelle Deutungen fehl am Platz. Umgekehrt kann in Fällen, in denen der Träumer über das Gefühl nicht an die Traumbotschaft herankommt, die Einbeziehung entsprechender Astrosymbole (im Sinne einer *meditativen* Betrachtung) einen Weg zur Traumempfindung eröffnen und zur Aktivierung der Intuition dienen.

Wenn wir Träume (oder Alltagsgeschehen) astroenergetisch beleuchten, setzt das voraus, daß wir uns vorher auf das jeweilige Tierkreiszeichen (in dessen Monat der Traum oder das Ereignis in Erscheinung getreten ist) und seine Entsprechungen einstimmen. Eine Sensibilisierung für diesen bestimmten Archetypen ist unbedingt notwendig, wenn wir herausfinden wollen, wie er in die Traumbotschaft (oder Lebenslage) hineinwirkt. Unvorbereitet läßt sich die archetypische Ebene, die wir astrologisch anvisieren, kaum erspüren und ergründen. Nehmen wir als Beispiel die Adventszeit als unverzichtbare Einstimmung auf das Weihnachtsfest: Um das kosmische Ereignis der Auferstehung der Lichtkraft (Wintersonnwende) innerlich nachvollziehen zu können, müssen wir uns in irgendeiner Weise darauf vorbereiten und aufnahmefähig werden. Gefühle brauchen Zeit, zu wachsen und sich zu entfalten, sollen sie als »große Gefühle« unser Herz bewegen.

In den Seminaren stellen wir deshalb der Traumbearbeitung eine erste Phase der »Initiation«, der Bewußtmachung des betreffenden Tierkreiszeichens, voran. Diese kleine »Einweihung« in die Sphäre und Wirkweise eines Archetypen erfolgt über verschiedene Medien (wie passende Musik, Imaginationen, Übungen, inhaltliche Ausführungen) und vollzieht sich gleichzeitig auf unterschiedlichen Ebenen. Wie intensiv der einzelne auf diese Stimulierung reagiert und wie nah er dieses Prinzip an sich heranläßt, ist natürlich vor allem eine Frage des individuellen Bewußtseinsstands und der Aufnahmebereitschaft. Letztere hängt sicher auch davon ab, ob der Betreffende mit dem jeweiligen Thema gut zurechtkommt oder seine Schwierigkeiten damit hat.

Die astroenergetische Traumarbeit

In den Tierkreisbänden wird der Notwendigkeit einer gründlichen Einstimmung auf das Tierkreiszeichen – als Voraussetzung für die anschließende astroenergetische Traumbetrachtung – umfassend Rechnung getragen. Anhand vieler Beispiele sowie auf zahlreichen Entsprechungsebenen wird der jeweilige Themenkomplex eingeführt und dann mit Hilfe der Traumbeispiele praktisch umgesetzt. Den Fallbeispielen dieses Einführungsbuches können aus Platzgründen natürlich nur stichpunktartige Charakterisierungen der Tierkreiszeichen vorangestellt werden.

Wenn wir (mehr oder minder) auf ein Thema eingestimmt sind, können wir es auch in seinen mannigfachen »Verkleidungen« leichter erkennen. Eine anregende Einstimmung wirkt in die seelischen Regionen hinein; der jeweilige Archetyp wird um so deutlicher, in Bilder eingekleidet, als Phantasie oder Traumbotschaft in Erscheinung treten. Ähnlich einer »Programmierung« der Träume – mancher Leser hat es vielleicht schon versucht, um im Traum Antworten auf bestimmte Fragen zu erhalten – wirkt eine astroenergetische Einführung stimulierend. Wenn wir dann, am nächsten (Seminar-)Morgen, mit der Bearbeitung der Träume beginnen, wird der entsprechende Deutungshintergrund (der Archetyp und seine zentralen Themen) präsent sein.

Da die energetische Astrologie einen möglichst lebendigen Bezug zu den astrologischen Inhalten anstrebt, ist es am günstigsten, wenn die Zeitqualität dem gesetzten (Seminar-)Thema entspricht und zum Beispiel das WAAGE-Prinzip beziehungsweise WAAGE-Träume im WAAGE-Monat bearbeitet werden. Gehen wir etwa im STEINBOCK-Monat daran, WAAGE-Träume zu deuten, wird das, energetisch gesehen, *unwillkürlich* durch den »Filter« des STEINBOCK-Prinzips erfolgen. Der Traum ist natürlich noch derselbe wie drei Monate zuvor, doch wir selbst und die Welt haben uns in dieser Zeit verändert. Ein Blick in die Natur zeigt das gleichnishaft. Damit soll nicht gesagt werden, daß es grundsätzlich ungünstig wäre, Träume einer bestimmten Zeit auch im Licht anderer Archetypen zu betrachten. Wir sollten uns allerdings darüber im klaren sein und nicht wundern, wenn in der frostigen Winterstimmung des STEINBOCK ein »herbstlich-luftiges« WAAGE-Thema nun mit größerem Ernst erlebt wird. Diese Tatsache ist eigentlich gar nicht so erstaunlich, wenn wir uns vor Augen halten, wie häufig unsere Reaktionen auf und Einstellungen zu ein und derselben Angelegenheit wechseln. Vor allem die Jahreszeiten wecken unterschiedliche Wünsche, Bedürfnisse, Gedanken, Gefühle.

Der Stand der SONNE zum Traumzeitpunkt gibt das *zentrale* Thema an, das den Träumer je nach individueller Prägung berührt. Das heißt allerdings nicht, daß diese *eigentliche* Botschaft sich auch als solche deutlich äußert!

Bei der Lösung der Lebensrätsel wird es uns nicht zu leicht gemacht, denn sonst würde unser Interesse an den Rätseln schnell erlahmen. Das macht ja gerade den Reiz einer Aufgabe aus, daß ihre Auflösung nicht zu schwierig, aber auch nicht zu einfach ist. Es ist nun auch nicht so, daß die Themen, Dinge, Situationen, Menschen, um die es vor dem Hintergrund eines bestimmten Tierkreisarchetypen geht, nicht auch schon vorher (zu anderen Zeitqualitäten) vorhanden gewesen wären! Es geht vielmehr um den variierenden Blickwinkel, aus dem wir zu bestimmten Zeiten auf etwas schauen. Die Schwerpunkte, die Wahrnehmungsbereiche ändern sich! Ein und dieselbe Partnerschaft beispielsweise mag im WIDDER-Monat auf ihre Lebendigkeit hin, im STIER-Monat auf ihre Beständigkeit, im LÖWE-Monat auf ihre Kreativität *schwerpunktmäßig* zu betrachten sein. Die anderen Aspekte treten dann (zeitweilig) in den Hintergrund, sind nicht in gleichem Maße »bewußtseinsfähig«. Das Wesen der jeweils »neugeborenen« Ereignisse wird in erster Linie durch den SONNEN-Stand zum Zeitpunkt ihres Erscheinens geprägt.

Tritt die SONNE in das Wirkungsfeld eines Zeichens ein, wird dieser Bereich für unser Bewußtsein quasi neu erschaffen. Denn aus subjektiver Sicht existieren für uns nur die Dinge, Situationen, Mitmenschen, Prinzipien, die sich im Lichtkegel unseres Bewußtseins befinden. Und dieser Lichtkreis ist nicht statisch, sondern verändert – mit der Sonnenstellung – seine Position, ob wir das bemerken oder nicht! Worum es sich auch handelt – die *objektive Präsenz* eines Gegenstands oder einer Person ist in der subjektiven Welt des Menschen immer nur begrenzt enthalten – bei stetig variierenden Bewußtheitsgraden. Je unbekannter ein Objekt ist, desto weniger existiert es in der subjektiven Wirklichkeit der einzelnen Menschen. Der amtierende US-amerikanische Präsident beispielsweise ist sicherlich im subjektiven Bewußtsein einer größeren Anzahl von Individuen präsent als unser unscheinbarer Nachbar um die Ecke. Doch dann gibt es Zeiten, in denen der Staatsmann relativ in Vergessenheit gerät und bislang kaum registrierte Personen durch irgendein Ereignis ins Zentrum unseres Bewußtseins gelangen.

Realisieren wir, was jeweils im Mittelpunkt unseres »Bewußtseinslichtes« steht, erhöhen wir dadurch die »Wattzahl« dieser Lichtquelle und stärken unser Bewußtsein. Wenn die SONNE ein Tierkreiszeichen durchläuft, ist das (und die damit verbundenen Bereiche und Aufgaben) um so *bewußtseinsfähiger*. Jetzt tun wir uns leichter mit der Bewußtwerdung in diesem speziellen Erlebnisfeld – wie wir auch im Frühling, wenn das Leben in der Natur neu erwacht, dem lebendigen Prinzip der Neugeburt des WIDDER näher sind, als wenn wir im tiefsten Winter darüber nachsinnen. Mit dem Volksmund können wir feststellen: »Die Sonne bringt es an den Tag!«

Zum Abschluß des theoretischen Teils dieses Kapitels sei noch einmal zusammengefaßt, welche Informationen beziehungsweise Voraussetzungen für die astroenergetische Traumarbeit *zusätzlich* gegeben sein müssen:
1. Das (möglichst) genaue Traumdatum zur Feststellung der SONNEN-Position im Tierkreis (eventuell auch weiterer Konstellationen). Dabei ist zu bedenken, daß das jeweilige Tierkreiszeichen und seine Themenschwerpunkte so lange aktuell sind, wie sich die SONNE in dem Zeichen befindet; Näheres dazu siehe unter I.5: »Die Sonnenwanderung«.
2. Ein Wissen, besser: Bewußtsein, um die Qualitäten und Ausdrucksformen des zum Traumzeitpunkt vorherrschenden Tierkreiszeichens (bestimmt durch den SONNEN-Stand im Tierkreis).
3. Eine Einstimmung als Sensibilisierung für das Thema, also die Entwicklung eines *Gespürs* dafür, die Botschaft der Archetypen in der individuellen Bildergeschichte der Träume zu erkennen.

Die Richtigkeit der astroenergetischen Trauminterpretationen kann natürlich nur die Träumerin/der Träumer selbst bestätigen, denn nur sie/er als unbewußte(r) Schöpfer(in) dieser Traumbilder kann letztlich darüber befinden, ob eine Deutung anspricht und berührt oder Spekulation bleibt und verworfen werden sollte. Schließlich und endlich stellt auch dieser methodische Ansatz, der uns helfen soll, die Träume und damit uns selbst besser zu verstehen, ein Gerüst dar, das für den Aufbau des (Seelen-)Hauses gute Dienste leisten kann, aber nicht als Selbstzweck mißverstanden werden darf. Bis wir zu unserem Selbst gefunden und die Weisheit der Seele erschlossen haben, kann die astroenergetische Traumarbeit als Wegweiser dienen, um zum Ziel der Ganzwerdung zu gelangen.

1. Fallbeispiel: Traum im STIER-Monat

Das STIER-Prinzip in Stichpunkten

Planet: ERDE; Prinzip der Ausformung und des Wachstums, der Nahrung und Ernährung, Entfaltung, Bewahrung und Erhaltung, Ordnung, des physischen Körpers, der körperlichen Sinnlichkeit, Materie, Erde, Schwerkraft, Basis, des Realitätssinns, der Standfestigkeit, Sicherheit, Genußfähigkeit, des Besitzes.

Traum vom 23. April: »Mutters Kochtopf«

»Ich bin mit meinen Eltern und dem Bruder beim Gottesdienst, der aber im Freien abgehalten wird, und zwar im Hof eines ländlichen Anwesens nahe der Dorfkirche meines Heimatortes. Nach der Andacht hätte der Pfarrer gerne, daß ich ihm etwas transportiere, doch ich bin schon damit beschäftigt, weiße Schreibkreidestücke vom Boden aufzuklauben und sie auf dem Fensterbrett abzulegen. Inzwischen hat sich der Platz geleert, und ich bin allein. Ich mache mich auf die Suche nach meinen Eltern. Unterwegs kehre ich in eine Gaststätte ein, um zu pausieren. Drinnen esse ich ein mitgebrachtes Brot und unterhalte mich mit Klaus, einem guten Bekannten, den ich nach Jahren wieder einmal sehe. Ich freue mich darüber und sage halb im Scherz, daß ich mich mehr um ihn hätte kümmern sollen. Jetzt habe ich einen Kochtopf in den Händen, der meiner Mutter zu gehören scheint. Ich würde ihn gerne loswerden, da es sehr umständlich ist, ihn herumzuschleppen, und da er mich behindert. Kurz darauf bin ich ihn dann auch irgendwie losgeworden, habe ihn abgestellt und stehe nun vor dem Haus meiner Eltern. Es ist bereits Nacht. Ich trete ein, und mir wird bewußt, daß heute Heiliger Abend ist und ich gar kein Geschenk dabeihabe. Meine Mutter und Schwester finde ich im Wohnzimmer, sie sind schon etwas angeheitert. Vater ist nicht zu Hause.

In der nächsten Traumszene ist eine junge Frau bei mir zu Gast, mit der ich vor längerer Zeit ein kurzes Verhältnis hatte. Wir schmusen und kuscheln miteinander, was sehr schön ist. Es macht mir auch gar kein schlechtes Gewissen.«

Die Lebenssituation des Träumers

Der Träumer ist Familienvater und von Beruf Lehrer; wir wollen ihn Gerhard nennen. Seit längerer Zeit arbeitet er mit Hilfe der Träume an seiner seelischen Entwicklung und Persönlichkeitsentfaltung. Sein Horoskop weist eine Betonung der MOND-Seite auf, die in seiner Kindheit unter anderem darin zum Ausdruck kam, daß die weiblich-mütterlichen Aspekte in der Familie dominierten und die Entstehung einer übermächtigen *Anima* begünstigten. Die männlich-väterlichen Qualitäten des SATURN-Prinzips (Disziplin, Realitätsbezug, Distanzierungsvermögen, Klarheit) blieben dadurch unterentwickelt. Energetisch gesehen besteht hier ein Ungleichgewicht zwischen den Polen SATURN und MOND (= Vater-Mutter-Dualität). Das energetische Defizit auf der Vaterseite bewirkt, daß die Ausdrucksformen des (damit ebenso im Ungleichgewicht befindlichen) Mutterprinzips »verwunschen« sind. Launenhaftigkeit, mimosenhafte Empfindlichkeit, symbiotische Beziehungstendenzen bei mangelnder Abgrenzungsfähigkeit stellen einige problematische Entsprechungen dar, die es hier zu lösen gilt.

1. Fallbeispiel: Traum im STIER-Monat

Gerhard ist sich dessen mittlerweile bewußt, doch es bedarf viel Geduld, Ausdauer und eines großen Energieeinsatzes, diese innere Disharmonie wieder ins Lot zu bringen und in erster Linie die bislang schlummernden, in der Kindheit nicht geweckten männlichen Eigenschaften in sich zu entdecken, zu aktivieren und in sein Persönlichkeitsgefüge zu integrieren.

Doch das Leben bietet immer wieder neue Gelegenheiten, unsere Schwachpunkte zu erkennen und daran zu arbeiten. Im Leben des Träumers hatte die selbstbewußte Ehefrau die Rolle der dominierenden Mutter übernommen. Unbewußt hat er eine Frau angezogen und zu seiner Frau gemacht, auf die sich das individuelle Mutterthema gut projizieren ließ. Die Kämpfe in der Ehe boten für ihn eine ideale Kulisse, sich mit dem dominierenden (inneren) Mutterkomplex auseinanderzusetzen. Im vergangenen WIDDER-Monat war die Ehe einer besonders harten Bewährungsprobe ausgesetzt, die beide Partner für eine gewisse Zeit entzweite. Aber gerade im Aushalten dieser inneren Streßsituation bot sich Gerhard die Chance, sich vom MOND-Bereich zu emanzipieren. Distanz zu ertragen und den Partner loslassen zu können bedeuteten für Gerhard auch, unpassende Vorstellungen von der Beziehung und kindliche Wünsche über Bord zu werfen. Schließlich strebte er ja an, auf der Suche nach seiner Identität freier und selbstbewußter zu werden und für die eigenen Bedürfnisse und sein Wohlbefinden selbst sorgen zu können, also seelisch unabhängiger zu werden. Das Bemühen um eine echte Partnerschaft – mit sich selbst wie mit seiner Frau – ist ein Hauptthema Gerhards, dessen Verlauf sich wie ein roter Faden durch die Träume zog.

Astroenergetische Spurensuche

Wenn wir einen Traum betrachten, versuchen wir zunächst festzustellen, an welchem Punkt seiner Entwicklung der Träumer gerade steht. Durch die Einbeziehung der Astrologie finden wir die aktuelle Zeitqualität zum Traumzeitpunkt heraus: Hier handelt es sich um den STIER-Monat. Zuerst ermitteln wir die *kollektiven* Anforderungen und Möglichkeiten dieser Periode im Jahreslauf (»Wonnemonat Mai«), wie das für unseren Fall oben stichpunktartig dargestellt wurde. Anschließend suchen wir nach Zusammenhängen zwischen der (kollektiv gültigen) Zeitqualität und dem *individuellen* Alltags- und Traumgeschehen des Träumers. Haben wir uns mit den STIER-Themen vertraut gemacht, lesen wir den Traum ein zweites Mal und versuchen zunächst, Ausdrucksformen des STIER-Archetypen darin zu finden. Wir fragen uns, wie der Traum vor dem Hintergrund des STIER-Prinzips im Kontext der geschilderten Lebenssituation des Träumers zu verstehen sein könnte. Im persönlichen Gespräch mit dem Träumer tut man sich damit natürlich wesentlich leichter und kann – immer mit Blick auf den STIER – Fragen zum Traum, zur Person des Träumers, seiner

Gegenwart, Vergangenheit und seinen Zukunftsperspektiven stellen. Bei den Fallbeispielen, die in den Tierkreisbänden dargestellt werden, habe ich sozusagen stellvertretend für den Leser die Träumer befragt und die Ergebnisse als Anregungen für eigene Versuche mit der astroenergetischen Traumarbeit festgehalten.

Bei dem vorliegenden Traumtext springen zwei Bilder ins Auge, die den STIER-Themen *Nahrung* und *Ernährung* entsprechen. Zum einen stellen wir fest, daß der Träumer ein Stück *Brot* in einer *Gastwirtschaft* verzehrt, einem Ort der *Bewirtung*, aber auch der Kommunikation. Weiterhin taucht plötzlich Mutters *Kochtopf* auf, der dem Träumer so wesentlich erschien, daß er ihn als Traumüberschrift wählte. Außerdem ist von einem *Bauernhof* die Rede, einem Platz, der auf die *Erdbezogenheit* und *Naturverbundenheit* des STIER-Archetypen verweist. Das Prinzip des *Sammelns* und *Bewahrens* klingt im *Aufsammeln* und *Verstauen* der Kreidestücke an, und die Schlußszene drückt schließlich eine gute Portion *körperlicher Sinnlichkeit* aus.

Die Interpretation des Traumes

Haben wir uns durch die Betrachtung der astroenergetischen Zusammenhänge auf die Zeitqualität eingestimmt, gehen wir daran, den Traum im Gespräch mit dem Träumer zu beleuchten. Um Gerhard Gelegenheit zu geben, den für ihn wesentlichen Aspekt herauszustellen, lassen wir ihn eine Überschrift für den Traum auswählen. Die Entscheidung für »*Mutters Kochtopf*« läßt bereits vermuten, daß der Akzent auf dem STIER-Thema *Nahrung* und *Ernährung* liegt. Der Gottesdienst am Traumanfang deutet schon an, daß es hier weniger um physische, sondern eher um geistige Nahrung geht. Wie schon die Bibel sagt, lebt der Mensch ja nicht vom Brot allein, sondern unser Wohlergehen ist wesentlich davon abhängig, welche geistige und seelische Nahrung wir zu uns nehmen. Wenn hier gleich zu Anfang des Traumes über die Kulisse des Gottesdienstes der Glaube ins Spiel gebracht wird, dann dürfen wir dieses Thema im weitesten Sinne verstehen. Es handelt sich um alle bewußten wie unbewußten Glaubenssätze, die ja sehr entscheidend für unsere psychische *Ernährung* und das seelische *Wachstum* sind. Dazu gehört zum Beispiel auch, ob wir eine gesunde Portion Egoismus und Abgrenzungsfähigkeit mitbringen und die Fähigkeit, das irdische Leben mit seinen vielfältigen Erscheinungen zu *genießen*. Im STIER-Monat, der ja auch als Wonnemonat Mai bekannt ist, zeigt uns die Natur die »Freude« der Pflanzen am *Wachsen* und *Gedeihen*. Keine Blume würde allen Ernstes auf den Gedanken kommen, ihre Existenzberechtigung in Frage zu stellen oder gar den eigenen Pflanzenkörper zu leugnen. Im Gegenteil: Das Erdzeichen STIER führt uns die schöne Seite des irdischen Lebens vor Augen. Die Kehrseite davon, der SKORPION, wird uns dann ein halbes Jahr später im November begegnen.

1. Fallbeispiel: Traum im STIER-Monat

Wie stand oder steht es nun mit Gerhards STIER-Qualitäten? Kann er ohne Schuldgefühle *genießen*? Er erinnert sich, daß er als Kind an einen alttestamentarischen, jähzornigen und strafenden Gott glaubte. Der Träumer erlebte diesen Gott als immer und überall präsent, psychologisch gesehen als drohendes Über-Ich beziehungsweise Gewissen, welches das lebhafte Kind, das er war, immer wieder einschüchterte und blockierte. Sicher auch deshalb, weil er sich von den Eltern nicht geliebt fühlte und in seiner Existenz in Frage gestellt sah. Kein Wunder also, daß er die Lektion, sich über seinen Körper, seine Sinne freuen zu können, in der prägenden Phase der frühen Kindheit nicht erlernen konnte. *Wohlbefinden*, *Lebensgenuß* und *Körperlichkeit* waren lange Zeit von hohen geistigen Idealen überdeckt. Schuldgefühle verhinderten, daß die Seelenpflanze genug *Nahrung* bekam und Lebensfreude *wachsen* konnte.

Alles in allem entnehmen wir der (hier stark verkürzt wiedergegebenen) Beschreibung von Gerhards Vergangenheit, daß er die *lebensbewahrende* und *-bejahende* Seite der STIER-Energie in der sensiblen frühkindlichen Entwicklungsphase ungenügend integriert hatte. Die Mutter kompensierte den Mangel an emotionaler Zuneigung durch äußere Überbehütung, die dem notwendigen Experimentierdrang des Kindes enge Grenzen setzte. Das Leben erschien dem Klienten in erster Linie als lebensgefährlich. Dem natürlichen Gang der Dinge, der naturgemäßen Entwicklung des lebendigen Lebens, mußte der Träumer mit starken Vorbehalten begegnen. Daraus erwuchs ein Übermaß an Lebensangst und Unsicherheit, mit dem das Kind fertig zu werden hatte und das es der Schattenseite des STIER näherbrachte.

Mutters Kochtopf steht hier als Symbol für die geistig-seelische Kost, die der Träumer »mit der Muttermilch« in sich aufgenommen hat. Daß der Träumer dieses Gefäß als belastend und hinderlich für das eigene Vorwärtskommen empfindet, ist ein großer Schritt nach vorne und deutet eine Lösung von den verinnerlichten Werten und Glaubenssätzen der Mutter an. Außerdem *verspeist* er ein mitgebrachtes *Brot*, das hier als Sinnbild für *Seelenspeise*, das biblische »Manna«, zu sehen ist; er wird allmählich zum seelischen *Selbstversorger*. So ist er nicht einmal auf die Bewirtung in der Gaststätte angewiesen und widmet sich dem Gespräch mit einem ehemaligen guten Bekannten. Nach Freund Klaus befragt, schildert uns der Träumer einen lebensfrohen jungen Mann, der durch lange und weite Reisen das Leben von verschiedenen Seiten kennengelernt hat und es sich überall *gutgehen* ließ. Der Träumer bewunderte seinen Mut und die Leichtigkeit, mit der Klaus sein Leben anging, was er an sich selbst wegen seines übergroßen *Sicherheitsbedürfnisses* bislang vermißte. Doch mittlerweile hat sich etwas in Gerhard verändert. Die *ausdauernde* Beschäftigung mit den Träumen trägt erste Früchte. Neue Einsichten und Wertmaßstäbe beginnen sich (im Sinne des STIER-Archetypen) zu *festigen* und als neue *Gewohnheit* die alte Unselbständigkeit des Kindes abzulösen, das an Mutters Kochtopf hing. Unser Klient bemerkt im Traum, daß er die eigene Klaus-Seite (im Sinne der Subjektstufendeutung, siehe Kapitel I.4) lange Zeit vernachlässigt hatte. Doch es ist nie zu spät, sich abgeschobenen oder verdrängten Seelenteilen wieder zuzuwenden und neue *Nahrung* aus ihrer Wiedergeburt zu schöpfen.

Im realen Leben hatte sich Gerhard in heftigen Auseinandersetzungen mit der Ehefrau zu bewähren und STIER-Tugenden wie *Abgrenzungsfähigkeit, innere Sicherheit* und *Stabilität* unter Beweis zu stellen. Im gleichen Maße galt es, das übergroße, auf die Frau als Nachfolgerin der Mutter projizierte *Sicherheitsbedürfnis* zu überwinden, der Weisheit des STIER zu folgen und eine innere *Schwerkraft* als *Ruhepol* zu entwickeln. Statt das eigene Befinden vom Verhalten und den Reaktionen des anderen abhängig zu machen, will uns die STIER-Lektion im kosmischen Lehrplan vermitteln, uns nicht so leicht aus der Ruhe und dem Rhythmus bringen zu lassen. Wir benötigen auch ein entsprechend »dickes Fell«, um unseren Weg zu gehen.

Daß der Träumer wieder zu diesen *erdverbundenen* Kräften seiner Psyche Zugang findet und sie in sein Weltbild integriert, zeigt uns bereits die Anfangsszene. Der Gottesdienst findet nicht in einer dunklen Kirche hinter grauen Mauern statt, sondern auf einem *Bauernhof*. Das, was der Träumer von sich und der Welt hält, wird wieder *bodenständiger*. Er beginnt, sich stärker an den natürlichen Zyklen zu orientieren, wie dies ja die Landwirtschaft tut, statt sich alles vom Kopf diktieren zu lassen. Das schließt auch die Entwicklung von *Sinnlichkeit* und *Genußfähigkeit* mit ein. Diese von der Kirche lange Zeit verteufelten Tugenden stellen doch die »Kraftvorräte« für die dunklen Momente des Lebens und für die Bewältigung der Lebensrätsel. Der Slogan »Der nächste Winter kommt bestimmt« ruft uns auf, die Feste der (inneren wie äußeren) Natur zu feiern und Erdenergie »aufzutanken«, wenn die Zeit dafür da ist.

In der letzten Szene des Traumes beherzigt Gerhard diesen Grundsatz und genießt den körperlichen Kontakt mit einer jungen, lustbejahenden Frau, mit der er vor Jahren ein kurzes Verhältnis hatte, das jedoch Schuldgefühle in ihm erzeugte. Hier dient sie als Symbol der lustbetonten Seite der Seele (Anima) des Träumers. In dem Maße, in dem der Träumer die Aufnahme von Schuldgefühlen aus »Mutters Kochtopf« stoppt, nimmt die Abhängigkeit von der äußeren und inneren Frau ab, und er findet zur Lebenslust zurück. Das Dasein *aus sich selbst heraus genießen* zu können macht unabhängig von den »Kochtöpfen« der Mitmenschen, deren Speiseplan nicht selten unbekömmlich für uns ist.

Die Bitte des Pfarrers, der Träumer möge für ihn etwas transportieren, läßt sich im Gesamtzusammenhang als ein »Transformieren« verstehen und unterstreicht die dargestellte Wandlung des energetischen *Speiseplans*, der jetzt auch das »STIER-Menü« enthält.

1. Fallbeispiel: Traum im STIER-Monat

Wenden wir uns dann mit Blick auf den STIER der Kreide zu, die Gerhard so sorgsam vom Boden aufklaubt, erhalten wir noch weitere Anregungen zum Thema. Zum einen ist es der *Ordnungssinn* des STIER-Prinzips, dem der Träumer Rechnung trägt. In der Tat hatte er vieles in sich zu ordnen, das durcheinandergeraten war, und manches *einzusammeln*, das er verloren hatte. Im »*Duden-Herkunftswörterbuch*« erfahren wir über die Kreide: »Lat. creta ›Kreide‹ ist vermutlich als (terra) creta ›gesiebte Erde‹ zu deuten.« Im übertragenen Sinne läßt sich dahinter das verfeinerte Erdelement des STIER erkennen, an dessen Läuterung der Träumer ja arbeitet. Und wenn wir Redensarten zum Thema »Kreide« betrachten, können wir ebenfalls einige interessante Rückschlüsse ziehen. Die Wendung »bei jemand in der Kreide stehen« könnte auf den diskutierten Schuldkomplex des Träumers verweisen, gegen den er jetzt angeht. Er legt die »angekreideten«, schwer auf seinen Schultern lastenden Schuldgefühle ab und hat jetzt selbst Kreide, das heißt Kredit im Sinne von *Energiereserven*. Das Märchen vom »Wolf und den sieben Geißlein« weist uns zudem darauf hin, daß Kreide in der Kehle (ein Mittel, dessen sich nicht nur der Wolf im Märchen, sondern in der Realität auch Sänger bedienen) einen feineren Stimmausdruck schafft. Auch hier der Hinweis auf eine Transformation: Der vormals zu rauhe Umgang mit sich selbst wird zu einem weicheren und einfühlsameren. Wenn wir Märchen, Redensarten oder lexikalische Deutungen im Sinne der Amplifikation, der Anreicherung des Traummaterials, einbeziehen, sind das neben der Astrologie weitere Quellen der Inspiration; entscheidend für die Gültigkeit dieser Aussagen ist natürlich die Stimmigkeit für den Träumer.

Abschließend wollen wir uns der Traumszene zuwenden, in der der Träumer das Haus der Eltern betritt. Es ist kein gewöhnliches Datum, sondern der Heilige Abend. Um so peinlicher muß es für Gerhard sein, mit leeren Händen zu erscheinen. Doch wie er kurz darauf erkennen muß, herrscht nicht gerade »Heilig-Abend-Stimmung« im elterlichen Wohnzimmer. Er erinnert sich in diesem Zusammenhang an die Schwierigkeiten der Eltern mit diesem Fest.

Natürlich kann es an dieser Stelle nicht darum gehen, das Karussell der Schuld weiterzudrehen und nun die Eltern anzuklagen, doch ist es wichtig, die lange Zeit verdrängten Emotionen zu- und freizulassen. Der Vater in unserem Traumbeispiel ist nicht anwesend, und auch Mutter und Schwester sind in alkoholisiertem Zustand und nicht wirklich präsent. Schmerzhaft, sich das zuzugestehen, doch drückt dieses Bild aus, worunter Gerhard zu leiden hatte. Im Kontext seiner Lebenssituation gesehen, drückt der Traumtext aus, daß sein Bedürfnis nach geistig-seelischer *Nahrung* – durch den Heiligen Abend symbolisiert – nicht von seiner Familie gestillt werden konnte. Aber alles hat zwei Seiten! So erkannte der Träumer, daß ihn dieser Mangel entscheidend auf dem Individuationsweg weitergebracht hat.

Wird »Mutters Kochtopf« endgültig zurückgegeben, sind wir der äußeren Bedürftigkeit nach Seelennahrung wie Anerkennung, Liebe, Trost entwachsen und beginnen, uns an die einzig beständige Nahrungsquelle, den immerwährenden Strom energetischer Nahrung (»Prana«) unseres Schöpfers, anzuschließen.

Nebenaspekte des Traumes

Als Traumkulissen, die das STIER-Thema näher definieren und individuell modifizieren, erscheinen hier Gottesdienst und Pfarrer auf der Traumbühne. Diese Vertreter des SCHÜTZE-Archetypen zeigen an, daß es sich bei dem STIER-Thema *Ernährung* um *geistige Nahrung* handelt. Ferner bringen sie, wie oben dargestellt, die Glaubenssätze und das Weltbild des Träumers ins Spiel, die wir im Zusammenhang mit dem STIER-Thema gedeutet haben.

Freund Klaus, ein ZWILLINGE-Geborener, steht stellvertretend für das ZWILLINGE-Prinzip des leichten und lockeren Umgangs mit dem Leben, das dem Träumer selbst lange Zeit abgegangen ist. Außerdem weisen die ZWILLINGE darauf hin, daß immer beide Seiten einer Medaille angesehen werden sollten. Für den Träumer bedeutet das, sich mit der von ihm bis dato ungelebten »luftig-leichten« Seite des Daseins auseinanderzusetzen.

Der Heilige Abend fällt in den STEINBOCK-Monat. Dieser Archetyp steht für Enttäuschung, gefühlsmäßige Frustration und die Schuldgefühle des Klienten, gleichzeitig aber auch für den Antrieb zur Suche nach dem Wesentlichen und zur Verwirklichung des Selbst. Soviel zu den wichtigsten »Nebenaspekten«, die nicht das zentrale Thema bilden, sondern das Hauptthema modifizieren.

2. Fallbeispiel: Traum im FISCHE-Monat

Das FISCHE-Prinzip in Stichpunkten

Planet: NEPTUN; Prinzip der Auflösung, Loslösung, des Endes eines Zyklus, Loslassens, Sichfallenlassen-Könnens, der Grenzenlosigkeit und Durchlässigkeit, des All-eins-Seins, Einfühlungsvermögens, der inneren Losgelöstheit, Imagination und Inspiration, des Urvertrauens, der Transzendenz, Esoterik, Mystik, Medialität, aber auch der Illusion, Täuschung, Flucht und des Suchtverhaltens.

Traum von Anfang März: »Fahrrad verkehrt«

»Ich bin mit meinem Fahrrad unterwegs. Es funktioniert umgekehrt: Wenn ich bremse, dann fährt es. Unter meine Arme geklemmt habe ich mehrere Bücher, die mich behindern und herunterzufallen drohen. Hinter mir kommt die Müllabfuhr.«

Die Lebenssituation des Träumers

Der Träumer, nennen wir ihn Peter, ist in den Vierzigern. Er lebt von seiner Frau getrennt und ist beruflich in einer leitenden Position tätig, in der er viel herumkommt. Nach der Trennung von seiner Frau folgte eine Phase intensiver Beschäftigung mit verschiedenen Bereichen der Esoterik, die ihm neue Sichtweisen des Lebens vermittelte, gleichzeitig aber auch seine innere Befindlichkeit durch »esoterischen Rationalismus« überdeckte. Inzwischen ist er in dieser Hinsicht kritischer und realitätsbewußter geworden. Allmählich dämmert ihm, daß es der persönlichen Entwicklung nicht gerade förderlich ist, die einzigartige Lebensstruktur eines Individuums in ein Korsett von kollektiven Normen einzuzwängen. Solche psychischen Zwangsjacken finden wir heutzutage reichlich unter dem Deckmäntelchen der Spiritualität oder Esoterik. Es macht eben keinen Unterschied, welche Ideologie Verhaltensmaßregeln aufstellt oder unter welchem Namen sie verkauft werden. Jeder Anspruch auf absolute Gültigkeit der eigenen Aussagen bringt die Anhänger dieses Dogmas in eine Abhängigkeit, anstatt zur inneren Freiheit (Individuation) beizutragen.

Astroenergetische Spurensuche

Um das zentrale Thema herauszuarbeiten, wollen wir uns wieder dem SONNEN-Stand zum Traumzeitpunkt zuwenden. Von Peter wissen wir, daß es sich um den FISCHE-Monat handelt; wir betrachten den Text nun unter diesem Aspekt. Da wir auf den ersten Blick kein FISCHE-Symbol in der Traumhandlung entdecken können – was nicht unbedingt verwundert, wenn wir bedenken, daß FISCHE das am schwierigsten zu fassende Zeichen im Tierkreis ist –, werden wir Träumer und Traumtext anhand der genannten Stichworte befragen und nach der FISCHE-Botschaft *fischen*. Da wir über Peters *Esoterikthema* informiert sind, werden wir dieses FISCHE-Motiv bei unserer Untersuchung berücksichtigen. Weiterhin werden uns folgende Fragestellungen beschäftigen: Soll etwas *losgelassen* werden und/oder zu einem *Ende* kommen? Werden *Illusionen*, Täuschungen oder *Fluchtverhalten* sichtbar? Geht aus dem Text hervor, wie es um das *Urvertrauen* beziehungsweise die *Hingabefähigkeit* des Träumers bestellt ist? So oder ähnlich könnten Fragen lauten, die uns zum Kern einer Traumaussage im FISCHE-Monat führen sollen.

Die Interpretation des Traumes

Zunächst einmal ist es als ein gutes Zeichen für die Persönlichkeitsentwicklung des Träumers zu werten, daß er mit dem Fahrrad, also aus eigener Kraft, auf dem Lebensweg unterwegs ist. Doch die seltsame Funktionsweise des Rades, das nur fährt, wenn man die Bremse betätigt, läßt vermuten, daß sein Vorwärtskommen behindert wird. Gibt es noch etwas, das *los-* oder *fallengelassen* werden müßte? Wirken etwa falsche oder *illusionäre* Vorstellungen, Werte oder Dogmen als Hindernisse? Das nächste Bild gibt uns darüber Auskunft: Es sind Bücher, die, unter beide Arme geklemmt, den Radfahrer behindern und aus der Balance zu bringen drohen. Bücher an sich, als ZWILLINGE-MERKUR-Entsprechung, sind natürlich nicht das Problem, doch in diesem Zusammenhang wirken sie unpassend und hinderlich. Um das nachzuvollziehen, kann der Leser gerne selbst einmal ausprobieren, auf diese Weise seinen Drahtesel zu steuern.

Deuten wir die Bücher symbolisch, haben wir es ganz allgemein mit Theorien, mit Gedankengebilden und Informationen zu tun. Es handelt sich um geistige Nahrung, die uns in konservierter Form begegnet. Wie geht es dem Träumer damit? Der Traumtext spricht eine klare Sprache und fordert Peter buchstäblich dazu auf, die umständlich mitgeführten Bücher, die sein Fortkommen erschweren, *loszulassen*. »Weg mit dem Ballast, den du unnötigerweise mit dir herumschleppst!« hören wir den Traumregisseur im Hintergrund sagen. Und um diese Mahnung zu unterstreichen, schickt er gleich ein Müllauto hinterher, das den Buchmüll postwendend aufsammeln und abtransportieren könnte. Das brauchen wir natürlich nicht allzu wörtlich zu nehmen, denn es sind weniger die realen Bücher damit gemeint als vielmehr übernommenes Gedankengut. Intellektuelle Anregungen können sehr befruchtend sein, wenn es uns gelingt, neue Botschaften herauszufiltern und in uns aufzunehmen, die der Situation und unserem einzigartigen Wesen gerecht werden. Geistiger Ballast hingegen oder seelisch unverträgliche Kost sollte wie die unverdaulichen Anteile der physischen Nahrung ausgeschieden und von der »inneren Klospülung« aus unserer Psyche entfernt werden.

Der Träumer wird durch die beim Radfahren völlig überflüssigen Bücher daran gehindert, effektiv in die Pedale zu treten. Außerdem wird auch der verdrehte Fahrmechanismus verständlich, denn irgendwie ist Peter durch das verinnerlichte (Buch-)Wissen, besser gesagt durch die theoretischen (und pseudospirituellen) Verhaltensregeln, verunsichert. Daß die Bremse das Vorwärtskommen bewirkt, zeigt, wie sehr ihn die übernommenen Lebenstheorien bremsen. Nur eine *illusionäre* Sichtweise des Lebens kann eine solche Einstellung fördern, denn Bremsen sind, wie jeder weiß, zum Stoppen da! Während Peter also glaubte, allein mit Hilfe des Intellekts (für den das Büchersymbol steht) im Leben weiterzukommen, blockierte er in

2. Fallbeispiel: Traum im FISCHE-Monat

Wirklichkeit gerade dadurch seine Bewegungsfähigkeit und -freiheit. Anstatt sich auf das lebendige Leben *einzulassen*, suchte er Zuflucht und Halt in einer rationalen Vorstellungswelt, in der beängstigende oder bedrängende Gefühle keinen Platz hatten.

Die FISCHE-Lektion des Lebens lehrt indes, sich dem Leben *hinzugeben* und den lebendigen inneren Regungen Raum zu schaffen beziehungsweise Aufmerksamkeit zu widmen. Dazu gehören auch die sogenannten negativen, schmerzhaften oder »dunklen« (unerlösten) Emotionen. Sie verdrängen wir nur allzugern, amputieren damit aber gleichzeitig ein Stück Lebendigkeit. Gerade nach einer Trennung vom Partner sind Gefühle wie Trauer, Wut und Verzweiflung eher die Regel als die Ausnahme. War für Peter die Esoterik ein *Fluchtweg*, um den Trennungsschmerz durch geistige Ideale und Jenseitsvorstellungen zu übertünchen? Er muß für sich selbst entscheiden, wie weit er dieser Traumbotschaft folgen will.

Dieser Traum läßt, wie gesehen, bereits den Ausweg aus dem Dilemma erkennen und ist deshalb dafür prädestiniert, in der Phantasie weitergesponnen zu werden. Dabei kommt es vor allem darauf an, die entstehenden Gefühle *bewußt* zu spüren und auf die Lebenssituation zu übertragen. Es ist nicht verwunderlich, daß Peter die erlösende Vorstellung begrüßte, all die Schmöker von sich zu werfen und die neugewonnene Armfreiheit zu genießen. Wer diese Veränderung mit dem Träumer innerlich nachvollziehen will, kann ebenso in den Traum eintauchen, zuerst den Anfangszustand erfühlen, dann die Befreiungstat erleben. Er sollte am besten auch mit den Armen und Händen die Wegwerfbewegung kraftvoll ausführen, um anschließend um so deutlicher die Erleichterung zu spüren. Es erstaunt nicht, daß eine Entkrampfung nach einer vorherigen Verspannung um so intensiver empfunden wird, denn gerade die Gegensätze tragen ja am stärksten zur Bewußtwerdung bei.

Damit der Bücherballast auch richtig und endgültig entsorgt wird, ist Peter die Müllabfuhr auf den Fersen. Schließlich kann er nicht den Weg für andere damit gefährden, indem er die »Schinken« einfach auf die Straße wirft. Hat er erst einmal *losgelassen* und seine unterdrückten Gefühle dadurch *erlöst*, kann er dann auf neue, spielerische Weise mit Wissen und Theorien umgehen. Dieser Traum und Peters Einsichten dazu lassen hoffen!

Nebenaspekte des Traumes

Bei der astrologischen Untersuchung der Traumsymbole entdecken wir verschiedene archetypische Ausdrucksweisen. So symbolisiert das Unterwegs-Sein mit dem individuellen Fortbewegungsmittel Fahrrad den Einsatz der eigenen Kräfte und ist WIDDER/MARS zuzuordnen. Daß die Fahrtechnik verdreht ist, sozusagen kopfsteht, deutet auf das WASSERMANN-

Prinzip der Paradoxie. Um dem Träumer zu zeigen, wo sein individuelles FISCHE-Thema (hier in erster Linie das Loslassen) liegt, erscheint der ZWILLINGE-Archetyp (Wissen, Theorien, Denken und Gedanken) in Gestalt der Bücher.

Ich möchte an dieser Stelle noch einmal betonen, daß eine wesentliche Voraussetzung für das Einfühlen in die Traumbotschaft unter astroenergetischen Gesichtspunkten die gründliche Einstimmung auf das jeweilige Tierkreiszeichen ist. Dies ist den einzelnen Tierkreisbänden vorbehalten; unter anderem ermöglichen das ausführliche »Checklisten«, anhand derer die zentrale Bedeutung der Träume leichter ergründet werden kann.

Vierter Teil

Die astroenergetische (Traum-)Deutung der Seinsbereiche

Wie wir im zweiten Teil des Buches festgestellt haben, sind die Tierkreiszeichen als die Urbausteine des Daseins grundsätzlich nicht rational zu erfassen. Sowenig sich der weite Ozean in einer Teetasse unterbringen läßt, sowenig ist unser Verstand in der Lage, die Dimension dieser Urenergien zu begreifen. Gleichwohl sind wir hautnah mit ihren *Auswirkungen* beziehungsweise *Entsprechungen* konfrontiert. Jenseits unserer Sinnenwelt beheimatet, wirken diese energetischen Urkräfte durch ihre Schöpfungen unaufhörlich in die für uns erreichbaren Erfahrungsebenen hinein; letztlich ist der gesamte Kosmos dem Zusammenwirken der Archetypen zu verdanken!

Die *Richtung* dieses Wirkens kann als Bewegung von oben nach unten beziehungsweise von innen nach außen beschrieben werden. Die Esoterik spricht hier vom »Fall« des *Geistprinzips* (auch als *Gottesfunken, Wesensessenz* oder *höheres Selbst* bezeichnet), das von der Ebene des reines Geistes bis hinunter in die irdisch-grobstoffliche Dimension führt. Die *Urbilder* erschaffen physische und psychische Formen, die unserer sinnlichen Wahrnehmung zugänglich sind. Die archetypischen Kräfte selbst bleiben freilich hinter ihren Erscheinungen verborgen, dem *Schleier der Maya*, den kein Sterblicher je aufheben kann, wie es am Tempel der Mondgöttin *Isis* geschrieben steht. Erblicken kann die sterbliche Seite unseres Wesens, zu der auch die Ratio zu rechnen ist, jedoch die *Ausdrucksformen* der Urenergien. Wenn wir uns mit ihnen beschäftigen, ist das eine Bewegung in die umgekehrte Richtung: vom Konkreten zum Abstrakten, von außen nach innen, von unten nach oben.

Auf diese Weise wollen wir vorgehen, wenn wir uns die vielfältigen Erscheinungen in dieser Welt ansehen. Wir wollen Berufe, Tiere, Länder, das Zeitgeschehen, Charaktertypologien und vieles mehr nach astrologischen Ordnungskriterien unterteilen und deuten, Zusammenhänge herstellen und die jeweilige Ausdrucksform auf das archetypische Urmuster zurückführen. Diese Methode wenden wir aber nicht nur auf die äußeren Ebenen an, sondern gleichermaßen bei der Arbeit mit den Träumen. In der energetischen Astrologie und Traumarbeit sehen wir sowohl die seelischen als auch die stofflichen Erscheinungen als *Symptome* der Archetypen an. Diese Sichtweise führt dazu, daß wir ein Traum- oder Phantasiebild in gleichem Maße als *wirklich* anerkennen wie die Ereignisse oder Gegenstände, die uns umgeben. *Alle* Erscheinungen sind symbolische Ausdrucksformen einer tieferen, inneren Wirklichkeit, auch wenn für die beiden Ebenen der Physis und der Psyche verschiedene Regeln und Gesetzmäßigkeiten gelten!

In unserem irdischen Dasein werden wir täglich und nächtlich mit Symptomen konfrontiert. Versuchen wir dann, unsere Probleme ausschließlich auf dieser Wirkungsebene zu lösen, wird es uns ergehen wie dem Kopfwehpatienten, der seine Symptome auf den Magen verlagert, weil er sein Leiden ausschließlich durch Schmerztabletten in den Griff zu bekommen suchte. Diese Art von Symptomverschiebung praktizieren wir im Alltag häufig – meist ohne uns dessen bewußt zu sein. Wenn wir vor einem Problem davonlaufen, geraten wir nicht selten vom »Regen in die Traufe« und müssen erkennen, daß ein Wechsel der Kulisse oder der Mitspieler allein keine Lösung ist. Statt dessen sollten wir uns den (inneren) Verfolgern stellen, denn was uns da eigentlich im Traum oder Alltag nachjagt, spiegelt unsere inneren Widersprüche und Komplexe wider. Ob es sich dabei um ein berufliches, eheliches oder sonstiges Thema handeln mag – in jedem Fall haben wir es mit *Auswirkungen* zu tun, deren Ursprung *in* uns liegt und deshalb auch nur innerlich gelöst werden kann.

Eigentlich müßten wir der Kulisse und den Mitspielern dankbar sein, weil sie sich als »Auslösereize« (Stein des Anstoßes) zur Verfügung stellen. Das geschieht natürlich in der Regel ebenso unbewußt und unwillkürlich, wie auch wir selbst Medium für notwendige Erfahrungen unserer Mitmenschen sind.

Diese Sichtweise stellt gerade in bedrängenden Situationen eine große Herausforderung dar. Es ist nicht gerade eine leichte Übung, dem Vermieter, der eben das Kündigungsschreiben wegen Eigenbedarfs zugestellt hat, oder der Justiz, die den Führerschein wegen eines Verkehrsverstoßes eingezogen hat, auch noch dankbar dafür zu sein. Was uns in unserer Bewegungsfreiheit einschränkt oder bedrängt, mögen wir verständlicherweise nicht gerne. Haben sich die damit einhergehenden emotionalen Wogen aber wieder geglättet, tun wir gut daran, nach Sinn und Hintergrund solcher deutlichen Symptome zu suchen. Vielleicht stimmt es nicht mit der Beziehung zum Partner, mit dem ich die Wohnung gemeinsam bewohne, die wir nun plötzlich zu verlieren drohen. Möglicherweise kommt durch diesen Schock die Beziehung wieder in Schwung, oder es wartet etwas viel Besseres auf die unglücklichen Mieter, das bislang nur noch nicht in Erscheinung getreten ist. Es heißt ja nicht umsonst: »Gottes Wege sind wunderbar.«

Wenn wir anerkennen, daß die äußeren und inneren Erscheinungen eine individuelle Botschaft zu vermitteln haben – auch wenn diese symbolisch verschlüsselt sein mag –, dann wirft uns diese Erkenntnis unweigerlich auf uns selbst zurück. Mut, Geduld und Vertrauen sind bei der Begegnung mit uns selbst unverzichtbare Wegbegleiter.

Massive Widerstände oder Alpträume, die sich einem Vorhaben in der Außenwelt entgegenstellen, sind als »Rotlicht« zu werten. Sie fungieren als Warnsignale dafür, daß wir zu weit von unserem Weg abgekommen sind oder abzukommen drohen. Unsere Seele gibt uns immer wieder Anstöße, den eingeschlagenen Kurs zu ändern, wenn wir uns zu weit von unserem Wesenskern entfernt haben. Das geschieht über die Träume, spontane Phantasien, durch Gefühle, aber auch durch »arrangierte« Situationen, die dann äußerer Ausdruck einer inneren Befindlichkeit sind.

Reagieren wir nicht freiwillig auf die zarten Traumimpulse, die uns zum Innehalten oder Handeln animieren wollen, muß die Seele gröbere »Geschütze« auffahren, zu denen auch schmerzhafte Erfahrungen wie Krankheit, Unfall oder Verlusterlebnisse gehören. Aus Sicht der unsterblichen Geistseele ist eine individuelle Inkarnation in Frage gestellt, wenn die seelische Entfaltung, das heißt die *eigentlichen* Aufgaben dieser irdischen Existenz, sträflich vernachlässigt werden. Für unser zeitloses inneres Wesen sind die Bewertungskriterien für ein »gutes Leben« nicht etwa materieller Reichtum, Ruhm, Ehre und dergleichen. Wäre dem so, müßten zumindest alle »Traumarbeiter« zu Lottomillionären werden. Nichts wäre leichter für die Seele, die ja in zukünftiges wie vergangenes Sein blicken kann, die Lottozahlen vorherzuträumen. Doch materieller Reichtum spielt vor dem Hintergrund der Ewigkeit und der Evolution eine absolut untergeordnete Rolle. Es sei denn, dieses Thema ist von grundlegender Bedeutung für die Lösung unseres Lebensrätsels. Wenn wir sensibler werden für die wesentlichen Dinge und Notwendigkeiten unseres Daseins, müssen wir vom »Schicksal« nicht erst mit Gewalt zu unserem Glück gezwungen werden.

Vor diesem Hintergrund wollen wir verstehen lernen, was uns die verschiedenen Erscheinungen zu sagen haben, um aus einer größeren Freiheit heraus *Kulisse* und *Niveau* unserer (notwendig zu absolvierenden!) Lebenserfahrungen mitbestimmen zu können.

Dieser Teil des vorliegenden Buches stellt die astroenergetische Deutung der einzelnen Lebensbereiche und Erfahrungsebenen vor und zeigt auf, wie sie sich im Traum darstellen können. Die Tierkreisbände führen diese Arbeit fort und fügen den theoretischen Grundlagen viele praktische Beispiele hinzu.

1.
Der menschliche Körper in der Astrologie und im Traum

Während der menschliche Körper (wie die Gesamtheit aller physischen Ausdrucksformen!) vor allem dem Gestaltprinzip des STIER-Archetypen zugeordnet wird, lassen sich seine unterschiedliche Teile und Regionen wiederum in »Untergruppen« aufteilen. Diese Teilbereiche werden ebenfalls – ganz im Sinne der holographischen Sichtweise (siehe Kapitel I.11) – durch die untergeordneten Tierkreisentsprechungen näher definiert. In den verschiedenen Funktionen, Organen beziehungsweise Elementen des stofflichen Leibes erfahren wir die archetypische »Handschrift« sozusagen *hautnah*.

Wenn die Seele es für notwendig erachtet, uns über den STIER-Bereich eine Botschaft zukommen zu lassen, dann ist der Körper ein Medium dafür. Die Psychologie bezeichnet es als *Körpersprache,* wenn sich eine seelische Regung oder ein Komplex »leibhaftig« ausdrückt. Aus der Körperhaltung lassen sich dann beispielsweise Rückschlüsse auf den seelisch-geistigen Habitus ziehen, während die oft genauso unbewußt ablaufende Mimik und Gestik emotionale Betroffenheit verrät. Insgesamt stellt die Wesensart des Körpers einen Reflex unseres Innenlebens dar. Hautfarbe beziehungsweise Rassenzugehörigkeit, Gesichtsausdruck, Haare und Frisur, spezifische Körper- und Gesichtsformen (die sogar eigene »Wissenschaften« hervorgebracht haben wie die Chirologie) wurden uns nicht zufällig mitgegeben, sondern als sinnvolle Entsprechung unseres Seins und unseres Lebensrätsels mit in die Wiege gelegt.

Bei der Deutung der Körpersymbolik stellen wir zunächst die *prinzipielle* Bedeutung der einzelnen Bezirke fest, bevor wir den Einzelfall untersuchen. Wenn wir beispielsweise in der Sehfunktion der Augen *allgemein* das Bewußtseinsprinzip LÖWE entdecken, dann gibt der *individuelle* Zustand unserer Sehorgane in der Realität wie im Traum Auskunft darüber, wie es für den einzelnen mit dem LÖWE- beziehungsweise SONNEN-Prinzip, das heißt mit unserer Bewußtseinslage, bestellt ist. Sind wir real oder in der Traumsituation kurzsichtig oder gar blind, benötigen wir eine neue Brille? Wir können uns dann im übertragenen Sinne fragen, wo wir etwa bei einer wichtigen Entscheidung kurzsichtig reagieren, oder ob wir ein Problem nicht sehen wollen, weil wir im sprichwörtlichen Sinne auf beiden Augen blind sind.

Es soll hier nicht der Eindruck erweckt werden, daß körperliche Leiden als »Strafen« für irgendwelche Fehlhaltungen zu sehen seien. Vielmehr *kompensieren* sie häufig seelische Fehlhaltungen und erlauben uns auf

1. Der menschliche Körper in der Astrologie und im Traum

diese – wenngleich oft schmerzhafte – Weise, doch noch die nötigen Erfahrungen zu machen und zu integrieren. Daß zum Beispiel aus einer physischen Blindheit eine psychische Erleuchtung werden kann, ersehen wir am Beispiel der blinden Traumtherapeutin HILDEGARD SCHWARZ. Sie offenbart dem Leser in ihrem ersten Buch »*Mit Träumen leben*«, daß sie durch die Erblindung erst wirklich »sehend« wurde, daß sie lernte, mit »inneren Augen« zu schauen.

Das bedeutet nun aber nicht, daß wir auf Heilanwendungen oder Therapien verzichten sollten. Im Gegenteil! Die Krankheiten fordern uns dazu heraus, parallel zur Behandlung des Körpers auch die Seele zu heilen. Da reicht es natürlich nicht, nur die Symptome anzugehen!

Eine Synthese von Astrosymbolik, Traumaussagen und der Körpersymptomatik vermag auch in diesem Bereich die Lösung der Rätsel zu erleichtern. Plagt mich etwa real oder im Traum eine Lungenentzündung, dann kann mir das Wissen um die astroenergetische Bedeutung der Lungenfunktion weiterhelfen. Als MERKUR-ZWILLINGE-Entsprechung kann ein Lungenschaden auf eine Kontakt- beziehungsweise Kommunikationsstörung (auf seelischer Ebene wie in der realen Beziehung zum Gegenüber) hinweisen.

Die Beschäftigung mit dem menschlichen Körper muß auch die Krankheitsentsprechungen einbeziehen. Dabei gibt uns das im Traum oder real erkrankte körperliche Organ Auskunft über die korrespondierende innere Wesensseite, die aus dem Gleichgewicht geraten ist. Ob die Seele nun zu der »Holzhammermethode« der physischen Leiden greifen muß, hängt in erster Linie davon ab, wie früh oder spät wir auf die subtileren, inneren Warnsignale der Gefühle, Ahnungen oder Träume reagieren. Wenn wir eine Krankheit im Traum auskurieren, uns zu einem Traumheiler begeben oder uns in einem Traumsanatorium aufhalten, ist das ein ermutigendes Zeichen dafür, daß wir im Begriff sind, das innere Gebrechen – eventuell bevor es sich im Körper niederschlägt – auszuheilen.

Andererseits existieren natürlich auch sogenannte angeborene Krankheiten und körperliche, seelische oder geistige Behinderungen. Da diese Leiden augenscheinlich nicht durch Disharmonien dieser Existenz erworben wurden, scheint es sich um das unverarbeitete Erbe früherer Inkarnationen zu handeln, das in der aktuellen Verkörperung entsprechend durchlebt, durchlitten und dadurch zumindest im karmischen Sinne auskuriert werden soll.

2.
Tierentsprechungen

Neben den Traumpersonen bevölkern auch Tiere unsere inneren Landschaften. Ihre *symbolische* Bedeutung ist dabei kaum zu verkennen – wer hat schon privat oder beruflich mit Löwen, Krokodilen oder Haifischen zu tun? Aber auch unsere Haustiere sind im seltensten Fall konkret gemeint; Hund, Katze oder Hamster treten in der Traumbotschaft meist stellvertretend für animalische Wesensaspekte auf oder sind im sprichwörtlichen Sinne zu verstehen. Die Tiergattungen beziehungsweise -rassen geben uns dann im einzelnen Auskunft über die Art der symbolisierten Instinkte, Triebregungen oder Emotionen. Es dürfte einleuchten, daß eine Maus eine andere Botschaft übermittelt als ein Elefant oder eine Wespe, obwohl doch alle dem Tierreich angehören. Vertreter der Vogelwelt »erheben« uns gleichsam über das Tierische, und wir befinden uns mit den (Traum-)Vögeln in den luftigen Regionen der Gedankenwelt.

Zur Entschlüsselung der Tiersymbolik müssen wir zunächst in Erfahrung bringen, welchem (astrologischen) Prinzip das jeweilige Tier oder seine Gattung entspricht. Anschließend übertragen wir die allgemeine Bedeutung dieses Symbols auf die Lebenssituation und den Traumkontext, um zu einer individuellen Bewertung zu gelangen. Haben wir beispielsweise die allgemeine Bedeutung eines Krokodils entschlüsselt und sind dabei auf den Bereich archaischer Triebregungen beziehungsweise den »verschlingenden Aspekt« des Unbewußten gestoßen, wird das weitere Traumgeschehen zeigen, wie wir momentan damit umgehen. Die Bandbreite reicht hier von einem Gefressenwerden einerseits bis hin zur Beherrschung und Bezwingung dieser inneren Urgewalten, die in der astrologischen Sprache als SKORPION-PLUTO bezeichnet werden. Ein Blick in das Horoskop mit besonderem Augenmerk auf die SKORPION-Aspekte kann für weitere Klarheit sorgen, vor allem wenn entsprechende Transite erkannt werden – etwa die monatliche Konjunktion des MONDES mit dem Natal-PLUTO oder ein Planetendurchlauf durch das SKORPION-Haus.

Um das Prinzip herauszufinden, das ein Tier stellvertretend ausdrückt, ist eine Unterscheidung der einzelnen Tierreiche sinnvoll. Dem Menschen am nächsten stehen die Säugetiere, während die Welt der Insekten dem menschlichen Wesen äußerst fremd ist. Sie werden nicht durch ein Gehirn, sondern durch ein nervales Netz wie kleine Roboter gesteuert. Bei den Fischen hilft uns das Lebenselement bei der Deutung auf die Sprünge. Als Wasserwesen sind sie eng mit dem Unbewußten beziehungsweise dem Gefühlsbereich verbunden, wogegen der Flug des Vogels häufig für die Dimension des Geistes und der Gedanken steht. Als nächsten Schritt ordnen wir das

2. Tierentsprechungen

betreffende Tier innerhalb seiner Gattung der jeweiligen »Unterart« zu. Gehört es zu den Wasserwesen, dann macht es schon einen Unterschied, ob wir es mit einem Goldfisch oder einem Haifisch zu tun haben. So verschieden die Wasserbewohner sind, so unterschiedlich auch die inneren Regungen, für die sie als Symbole durch das Traummeer schwimmen. Und schließlich stellen wir uns die Frage: Was geschieht mit diesem Wesen in der Traumhandlung, wie sind die Einstellung und der Bezug des Traum-Ichs zu diesem Tier?

Die Tierreiche finden ihre astroenergetischen Entsprechungen in den vier Elementen: die Wassertiere im Wasserelement als Regungen des persönlichen oder kollektiven Unbewußten; die Vögel im Luftelement der geistigen Regionen (der Tierbereich mit der geringsten »Animalität«, wenn man einmal von »animalischen Gedanken« absieht); die Säugetiere als Warmblüter mit der höchsten tierischen Bewußtseinsform dem Feuerelement und die Insekten als die »ungeistigsten« Wesen dem Erdelement. Richten wir dann unser Augenmerk auf die einzelnen Tiere selbst, geben uns folgende Merkmale nähere Auskunft über die symbolische Bedeutung: ihre Beziehung zum Menschen oder anderen Tieren, ihre Ernährungsweise, ihr Familien- oder Liebesleben, ihr soziales Verhalten, ihre Eigenheiten und Auffälligkeiten (zum Beispiel der Stachel bei einer Wespe!), Farbe, »Bekleidung« (Pelz, Gefieder, Schuppen), Fähigkeiten wie Schnelligkeit oder hervorragender Geruchssinn, Handicaps (wie die Blindheit beim Maulwurf) und so fort. Aber auch die Mythen liefern uns Deutungsmaterial. Vielen Tieren wurde in der Menschheitsgeschichte eine mythische Verklärung zuteil, deren Symbolhaftigkeit im kollektiven Menschheitsbewußtsein gespeichert ist – wie etwa die Katzengottheit des alten Ägypten oder der Stierkult der minoischen Ära auf Kreta.

Der Volksmund bietet uns in seinen Sprichwörtern und Redensarten Hinweise dafür, ob ein Traumtier möglicherweise sprichwörtlich zu deuten ist wie die bekannte »Katze im Sack« oder der »geschenkte Gaul«. Und schließlich erkennen wir durch die Zuordnung des jeweiligen Tieres zu einem Tierkreiszeichen sein archetypisch-abstraktes Prinzip, für das er symbolisch steht. Es ist dann nicht mehr vorrangig beispielsweise ein Hund, der uns widerstrebt, sondern das WIDDER-MARS-Prinzip, das er verkörpert. Ein Blick ins Horoskop wird weitere Zusammenhänge erkennen lassen.

3.
Pflanzenentsprechungen

Es mag zunächst befremden, daß der Traumregisseur auch Elemente aus dem Pflanzenreich benutzt, um etwas über uns auszusagen. »Was hat eine Eiche oder ein Kohlkopf mit mir zu tun?« werden wir uns vielleicht fragen. Betrachten wir den menschlichen Organismus näher, so finden wir im *vegetativen Nervensystem* die »pflanzliche« Entsprechung. Dieses »Organ« steuert die unbewußten Körperfunktionen und stellt das Bindeglied zwischen seelischer und körperlicher Ebene dar. Pflanzen geben uns also symbolisch Auskunft über die *vegetative* Seite unserer Psyche – und hier vor allem über die Wachstums- und Stoffwechselprozesse. Hemmungen des Pflanzenwachstums im Traum deuten auf seelische Barrieren, wie überhaupt der Zustand der Traumpflanzen (eventuell auch der realen Wohnungs- oder Gartenpflanzen) ein Indikator für die innere *Natur* ist. Nicht selten werden wir zur »psychischen Biotoppflege« aufgefordert, denn die »Innenweltverschmutzung« muß ebenso bereinigt werden wie die unserer Umwelt. Der katastrophale Zustand der äußeren Natur ist somit symbolischer Ausdruck für die kollektive Verpestung der Menschheitsseele. Daß Pflanzen für die zarten Seiten der Psyche stehen, zeigen Redewendungen wie »empfindlich sein wie eine Mimose« oder »zittern wie Espenlaub«. Auf der anderen Seite haben wir das Unkraut, das im sprichwörtlichen Sinne nicht vergeht und beispielsweise für seelische Auswüchse, aber auch positiv für Robustheit und Unverwüstlichkeit stehen kann.

Das Pflanzenreich, das von seinem Wesen her dem KREBS-Archetypen entspricht, läßt sich nach astrologischen Kriterien wieder in verschiedene Gattungen unterteilen. Kaktus, Rose und Knoblauch sind vor allem Ausdruck des KREBS-Archetypen; in zweiter Linie können wir sie aber auch dem WIDDER (Kaktus), LÖWE (Rose) und SKORPION (Knoblauch) zuordnen. Dieses Wissen versetzt uns in die Lage, Zimmerpflanzen als Wohngenossen auszuwählen, deren »Unterschwingung« sich (auf unbewußter Ebene) anregend auf entsprechende innere Wesensseiten auswirkt. Gerade KREBS- oder MOND-betonte Menschen werden auf Pflanzen gut ansprechen, und Transite zum Beispiel über den MOND im Geburtshoroskop können bestimmte Pflanzengeschöpfe als Begleitung nahelegen. Das können Heilkräuter sein, deren Wirkung momentan besonders vorteilhaft ist, oder es kann ein Baum sein, dessen Energie wir gerade dringend brauchen. Auch Träume raten uns zuweilen einen bestimmten Umgang mit dem Naturreich an und zeigen den Zustand unseres vegetativen Wesens auf. Blüht und gedeiht unser Traumgärtlein, dann geht es der Seele gut, während eine vertrocknende Natur warnend auf ein ausgedörrtes Gefühlsleben hinweisen kann. Umgekehrt können uns Vorlieben oder Abneigungen gegenüber bestimmten Pflanzen Auskunft über unseren Bezug zu dem dahinterstehenden Archetypen geben.

4. Mineralentsprechungen

Das Naturreich mit der niedrigsten Bewußtseinsebene ist die Welt der Mineralien. Gehen wir davon aus, daß diese sogenannte unbelebte Natur ja gleichermaßen aus pulsierenden Atomen und Molekülen mit unterschiedlichen Schwingungsmustern besteht, wird die vielfach behauptete Wirkung der Minerale auf den Menschen nachvollziehbar. Daß Minerale, Metalle, Edel- und Halbedelsteine einzelnen Tierkreiszeichen zugeordnet werden, ist weitläufig bekannt. Da diese Zuordnungen jedoch nicht einheitlich erfolgen, fragt man sich zu Recht, welcher Stein denn nun dem eigenen Sternzeichen entspricht und nicht nur vom Händler an den Mann gebracht werden will. Oft ist es aber nicht damit getan, die Steine ausschließlich unter dem Aspekt der Sonnenposition auszusuchen, etwa wenn gerade ein Transit auf die Betonung eines anderen Archetypen verweist oder eine ungelebte Wesensseite Anregungen braucht.

Die Wirkung der Minerale auf uns ist natürlich wesentlich subtiler als beispielsweise die unserer Mitmenschen. Entsprechend differenzierend müssen wir bei der Auswahl von Metallen oder Edelsteinen vorgehen, wenn sie eine spürbare und sinnvolle Wirkung ausüben sollen. Nicht jeder ist gleichermaßen sensibel für diese Schwingungsebene, und nicht selten entspricht es eher einer Mode, sich mit »seinem Stein« zu schmücken, denn einer Einsicht in dessen Wirkweise.

Die Mineralien bilden den Gegenpol zur Pflanzenwelt. STEINBOCK-SATURN ist der Archetyp dieser kristallisierten Natur. Versteinerungen im Traum – von Menschen, Tieren oder Pflanzen – weisen häufig auf seelische Verhärtungen beziehungsweise Erstarrungen hin, können manchmal aber auch Festigkeit bedeuten. Sollen Metalle oder Steine therapeutisch eingesetzt werden, kann es ratsam sein, das Horoskop und/oder die Träume zu befragen, wenn uns nicht eindeutige Gefühle das Tragen eines bestimmten Steines nahelegen.

Die symbolisch-energetische Bedeutung der Minerale umfaßt die ganze Palette des Tierkreises; als bekannteste Vertreter stehen das Silber (KREBS-MOND) und das Gold (LÖWE-SONNE) im Vordergrund des Interesses. Taucht ein Metall oder Edelstein im Traum auf, so kann uns seine Tierkreisentsprechung Auskunft über die symbolische Bedeutung geben. Nicht selten erkennen wir in der Traumbotschaft oder im Märchen goldene oder silberne Gegenstände, die auf die männlich-sonnenhafte Energie des

LÖWE-Archetypen oder auf das weiblich-mondhafte KREBS-Prinzip hinweisen.

5. Länder, Orte und soziale Umfelder

Aus astrologischer Sicht haben wir es hier mit der sogenannten *Astrogeographie* zu tun, die die verschiedenen Länder, Regionen und Orte bestimmten Tierkreisarchetypen zuordnet. Wo das Gründungsdatum einer Stadt oder eines Landes bekannt ist, kann ein (für diesen Zeitpunkt erstelltes) Horoskop über die energetische Struktur dieses »Staatsgebildes« informieren, das in einer sinnvollen Entsprechung zu der »Schwingung« des jeweiligen geographischen Bereichs steht. Auch hier gehen wir wieder von einer »Hauptenergie« aus, die aber noch weiter differenziert werden kann. Jede Region ist ebenso wie die politischen Gebilde von ihrem Wesen her einem bestimmten Tierkreiszeichen schwerpunktmäßig zuzuordnen; Landschaft, Menschenschlag, Sprache, Gesellschaftsstruktur, politische Prioritäten, Bodenschätze, Art der Bewirtschaftung und Bebauung und vieles mehr legen davon ein sichtbares Zeugnis ab. Andererseits existieren in jedem Land natürlich auch viele Unterschiede, die wir als »Unterschwingungen« wahrnehmen können – bis hin zur individuellen »Sphäre« beziehungsweise »Ausstrahlung« eines jeden Platzes. Gleichnishaft könnten wir uns das etwa an einer Sinfonie oder Oper deutlich machen, die ein Hauptthema hat, in dem wiederum mehrere Unterthemen eingebettet sind und zugleich auch jeder einzelne Mitwirkende als Teil des Ganzen seine eigene Aura verbreitet.

Nehmen wir als Beispiel die WIDDER-Nation *Deutschland*; zunächst seien einige für die Staatsgründung wesentliche Daten genannt, die das zentrale WIDDER-Thema erkennen lassen. 28. 3. 1849: Proklamation der deutschen Reichsverfassung durch die Frankfurter Nationalversammlung; 21. 3. 1871: Eröffnung des ersten Reichstags des deutschen Kaiserreichs in Berlin; 16. 4. 1871: die Verfassung des deutschen Kaiserreiches tritt in Kraft, Berlin wird Hauptstadt. Alle drei Daten fielen in WIDDER-Monate!

Die astrologischen Erkenntnisse müssen sich natürlich im realen Leben eines Volkes wiederfinden und nachvollziehen lassen. Da die energetische Astrologie dem SONNEN-Thema entscheidende Bedeutung beimißt, seien hier in aller gebotenen Kürze folgende Entsprechungen des »Sternzeichens« der deutschen Nation, des WIDDER (SONNE im WIDDER im Staatshoroskop!), erwähnt: Zwei *Weltkriege* gingen von deutschem Boden aus; *Mobilität* hat oberste Priorität, *Straßenbau* und *Verkehr* werden über die Natur (= KREBS-Bereich) gestellt (Deutschland ist derzeit einziges Land

5. Länder, Orte und soziale Umfelder

der Welt ohne generelle Geschwindigkeitsbeschränkungen auf Autobahnen); das *aggressiv-ungeduldige* Wesen der deutschen Volksseele (diszipliniertes Schlangestehen wie in England ist hier kaum vorstellbar). Schließlich können wir uns vor dem astroenergetischen Hintergrund bewußter fragen, was unser Status als Erdenbürger, Angehöriger eines bestimmten Volkes, Bewohner einer bestimmten Stadt und dergleichen über unser Wesen, Karma und die momentanen Aufgaben zu sagen hat.

Die *Traumorte* lassen sich wieder auf den beiden Ebenen der Subjekt- und Objektstufe betrachten. Zum einen werden konkrete Aussagen über äußere Situationen getroffen (Objektstufe), wenn etwa ein Traum, der am Arbeitsplatz spielt, uns eine Botschaft über diesen Bereich überbringen will, oder wenn Wohnungen, Häuser und Grundstücke von uns bekannten Personen die Kulisse für Beziehungsthemen abgeben. In diesem Sinne ist auch ein Traumort aus unserer Vergangenheit zu werten, der als Bühne dafür dienen mag, vergangene Zeiten im Licht des neuen Bewußtseins und der aktuellen Lebenslage zu sehen. Sehr häufig spielt die Umgebung der Traumhandlung aber auch eine symbolische Rolle und beschreibt beispielsweise unsere Gefühlslage oder die unterschiedlichen *Seelenräume*. Der Zustand der Traumlandschaft oder des Traumhauses geben uns dann Auskunft über die inneren Befindlichkeiten.

Überlegen wir zunächst, was das Land, die Stadt oder dieser spezielle Platz, den wir im Traum betreten, real oder symbolisch für uns bedeutet. Fremde Länder und Gegenden verweisen nicht selten auf Innenräume, die uns selbst bislang fremd waren, und zeigen uns, daß wir jetzt Neuland betreten. Das gleiche gilt für unbekannte Kammern, Etagen oder gar Säle, die wir staunend und freudig erregt im Traumhaus entdecken. Verbinden wir ganz bestimmte Erlebnisse, eventuell auch aus der Kindheit, mit der Traumumgebung, werden wir diese mit in die Deutung einfließen lassen. Eine Wiese der Kinderzeit etwa, auf der es grünt und blüht, die belebt ist von Schmetterlingen, Käfern, Bienen und Vögeln, will möglicherweise die Glückseligkeit, die Lebendigkeit der Kindheitstage in unseren grauen, rationalen Erwachsenenalltag hineinbringen.

Zum anderen lohnt sich auch die Beleuchtung der kollektiven Symbolhaftigkeit der Traumszenerie, also der allgemeinen Bedeutung von Bergen, Meer, Wüste, Großstadt, Wald, Feld oder wo es uns sonst noch hin verschlagen haben mag. Im gleichen Maße gilt das natürlich auch für Länder- oder Städteangaben im Traum, deren astroenergetische Zuordnung uns weitere Informationen über den versteckten Sinn liefert. Statte ich im Traum etwa *Griechenland* einen Besuch ab, bewege ich mich im Umfeld des STIER-Archetypen. Ich selbst habe durch meinen STIER-MOND einen guten inneren Draht zu diesem Land und träume in der Regel dann von einem Griechenlandurlaub, wenn ich gerade erholungsbedürftig bin; dazu sei angemerkt, daß die Themen *Erholung* und *Lebensgenuß* STIER-Entsprechungen sind. Natürlich läßt sich das astrogeographische Wissen auch auf reale Urlaubsreisen anwenden; wir werden das Land unserer Wahl vor dem astroenergetischen Hintergrund bewußter erleben beziehungsweise bei der Urlaubsplanung auch solche Gesichtspunkte berücksichtigen.

6.
Gegenstände

Zu dieser Kategorie gehören alle physischen Objekte, die einzeln aufzuführen den Rahmen sprengen würde. Um nur einige beispielhaft zu nennen: Speisen und Getränke, Werkzeuge, Fahrzeuge, Waffen, Spielzeug, Gebrauchsgegenstände und so fort. Jede dieser Rubriken ist wiederum einem Tierkreis-Archetypen zuzuordnen, der übergeordnete Gültigkeit hat. Nehmen wir als Beispiel die »Spielzeugabteilung« als Ausdruck des ZWILLINGE-Prinzips. Die individuellen Merkmale der verschiedenen Spiele und Spielwaren legen als weitere Unterteilungskriterien die Zugehörigkeit zu den »untergeordneten Prinzipen« fest: Psychospiele = SKORPION, Kampfspiele = WIDDER, Sandkastenspiele = STIER, Zauberspiele = FISCHE und so weiter. Gleichermaßen läßt sich auch mit den anderen Rubriken verfahren, was wir uns an dieser Stelle jedoch ersparen wollen.

In Alltag und Traumleben haben wir es mit einer Vielzahl von Gegenständen zu tun, die uns irgendwie tangieren und zu denen wir in unterschiedlichen Beziehungen stehen. Auch diese physischen Gebilde stehen symbolisch für innere Wahrheiten. Wir brauchen nur einmal einen Blick auf die Dinge werfen, mit denen wir uns zu Hause umgeben, die wir angesammelt haben, um Aufschluß über uns selbst zu bekommen. Ebenso verkörpern die Objekte, die uns im Traum begegnen, Bereiche aus dem großen Spektrum unseres Selbst. Dabei sind die Dinge an sich als wertneutral anzusehen; erst der Kontext, in dem uns beispielsweise ein Schwert, ein Fahrzeug oder bestimmte Kleidungsstücke erscheinen, und ihre Verbindung zu unserer Lebenssituation erlauben eine wertende Deutung. Ob wir passende Kleider tragen, verschlissene, gestohlene, oder ob wir die Jacke unseres Kollegen im Traum ganz selbstverständlich als die eigene anziehen, verleiht der Traumbotschaft jeweils völlig andere Akzente.

Welche symbolische Rolle ein (Traum-)Gegenstand spielt, läßt sich durch die astroenergetische Zuordnung erkennen. Im Sinne der Amplifikation erweitern wir dadurch zudem unser Bewußtsein über das Objekt unseres Interesses. Daß ein Schwert ein Kampfgerät ist und mit Aggression und der Durchsetzung der eigenen Belange in Verbindung zu bringen ist, wissen wir auch ohne Astrosymbolik. Wenn wir aber den WIDDER-MARS-

6. Gegenstände

Archetypen zuordnen, lassen sich weitere Zusammenhänge finden und auf andere Ebenen übertragen: das Thema der *Geburt*, der *Initiationen* und *Anfänge*, die *Libido* beziehungsweise die *Energetik* an sich. Das Schwert wird dann zum Sinnbild dafür, wie sich der WIDDER-Archetyp in unserem Leben auswirkt, und das kann sich in allen Lebensbereichen entsprechend manifestieren. Ist das Schwert im Traum rostig und stumpf, werden wir im *Kampf* um unsere Interessen schlechte Karten haben und sollten uns fragen, wo die Ursache dafür liegt. Hatten wir vielleicht eine schwierige und langwierige *Geburt*? Mußten wir unsere *Aggressionen* allzu massiv verdrängen? Sind wir in der *Trotzphase* übermäßig frustriert worden? Solche und andere Fragen, die natürlich durch Traumbestandteile und -handlung modifiziert werden, führen uns auf die richtige Fährte zur individuell stimmigen Traumlösung.

Alle Gegenstände haben neben ihrer materiell-zweckmäßigen und der symbolischen Bedeutung auch eine *energetische* Dimension. Die Dinge *wirken* auf uns ein, ob wir es wissen oder nicht. Je nach Beeinflußbarkeit und Sensibilität werden wir von ihnen berührt und indoktriniert. Also beispielsweise, wenn der Besitz von Waffen (WIDDER-Prinzip) den Grad unserer Aggressivität beeinflußt oder die Kleider, die wir tragen, und das Auto, das wir fahren, uns unmerklich manipulieren. Gehen wir bewußt mit den Dingen des Lebens um und lernen, ihre Wirkung auf unsere Seele zu erkennen und zu steuern, werden wir uns entweder mit Dingen umgeben, die uns wohltun und unsere Entwicklung fördern, oder wir werden dem »Psychoterror« der Gegenstände trotzen. Unsere Abhängigkeiten zeigen, wie sehr wir Sklaven dieser scheinbar leblosen Objekte sind. Den Wert eines teuren Autos setzt sein Besitzer zum Beispiel häufig mit dem eigenen Wert gleich – um den es aber schlecht bestellt ist, wenn er ganz an dieses Statussymbol gebunden ist.

Auch Horoskop und Träume geben uns Auskunft darüber, welche Gegenstände für uns förderlich und welche abträglich sind. Für den einen kann etwa der Erwerb eines Eigenheims (STIER-Energie) ein wichtiger Schritt zur Stabilisierung und Erdung sein, während es für andere Zeitgenossen, die in dieser Inkarnation lernen sollen, *Erdschwere* (im Sinne von finanziellen Verpflichtungen, Schulden, Zwängen) abzubauen, vielleicht ein Hindernis auf dem Weg darstellt.

7.
Sprichwörter und Redensarten

Die Weisheit der Volksseele, das heißt des kollektiven Bewußtseins einer Volksgemeinschaft, drückt sich nicht zuletzt in ihren Sprichwörtern und sprichwörtlichen Redensarten aus. In ihnen verdichten sich Lebenserfahrungen, moralische Werte, Ratschläge und Regeln, die in ihrer Gesamtheit die ganze Bandbreite der archetypischen Ausdrucksweisen des Tierkreises ausmachen. Die Zuordnung eines Sprichworts oder einer Redewendung vertieft das Verständnis der Astro-, Traum- und Alltagssymbole. In konzentrierter beziehungsweise kristallisierter Form vermitteln uns diese Sprachbilder einen Eindruck vom Wesen des jeweiligen Archetypen und sagen uns, wo seine Gefahren und Stärken liegen. Die Sprichwörter machen uns zudem mit den zwangsläufigen Folgen bestimmter Ursachen vertraut, die wir auf die jeweiligen Tierkreiszeichen beziehen können. Wenn es etwa heißt: »Wo gehobelt wird, fallen Späne«, dann erfahren wir, daß Handlungen Konsequenzen nach sich ziehen; wenn wir daher etwas bewirken, also »hobeln« wollen, müssen wir einkalkulieren, daß dies nicht ohne »Späne« (Schwierigkeiten, innere Schrammen und blaue Flecken) bleiben wird. Dieses Sprichwort drückt ein »Naturgesetz« aus, das wir unter dem Aspekt des WIDDER-Prinzips (das entschlossene Tun, das eben nicht so glatt geht, wie wir uns das wünschen) oder des STEINBOCK-Archetypen (Ursache und Wirkung) aus betrachten können.

Im Gegensatz dazu enthalten die Redensarten weder Wertung noch moralisches Urteil und beschreiben plastisch menschliches Verhalten. Wenn wir »das Kind mit dem Bade ausschütten«, dann handeln wir unüberlegt, zu abrupt und machen uns nicht die Mühe zu differenzieren. Diese Gefahr wohnt dem WIDDER-MARS-Prinzip inne, dem wir diese Wendung zuordnen. Wenn wir solche Wendungen zu Bildern werden lassen, kann sich das Verständnis der Astrosymbole vertiefen, und wir entwickeln allmählich ein immer besseres Gespür.

Sprichwörter und Redensarten tauchen ebenfalls häufig in Traumbotschaften auf. Diese für die Traumdeutung wichtige Erkenntnis habe ich zusammen mit der Traumtherapeutin HILDEGARD SCHWARZ in unserem »*Bilderbuch der Träume*« ausführlich beschrieben und anhand vieler Fallbeispiele belegt. Der Traumregisseur greift gerne auf diese aussagekräftigen Sprachbilder zurück, die sozusagen als »Wink mit dem Zaunpfahl« eindringliche Nachrichten transportieren. Dabei kann es für den Traum genügen, wenn die gemeinte Redewendung nur angedeutet wird, um uns den Spaß bei der Rätsellösung nicht zu verderben. So kann ein Stück Leber in der Hand des Traum-Ichs ausreichen, um die Frage aufzuwerfen, ob und wo einem denn die sprichwörtliche »Laus über die Leber gelaufen« sein könnte. Der weitere Traumkontext und die Lebenssituation zur Zeit des Traumes werden uns darüber Auskunft geben.

Sprichwörter und Redensarten tauchen in jedem Lebensbereich auf. Indem sie die unterschiedlichsten Dinge des Lebens in einer bildhaften Sprache charakterisieren, stellen sie eine große Hilfe bei der Erhellung der Symbolbedeutung dar. Spielt eine Traumhandlung etwa auf dem Dachboden, führt das damit anklingende sprichwörtliche »Dachstübchen«, mit dem der Verstand gemeint ist, schnell auf die richtige Fährte. Und daß ein Haus als Symbol für unsere Persönlichkeitsstruktur stehen kann, entnehmen wir der liebevollen Bezeichnung »altes Haus« für einen guten Bekannten. Immer wenn wir einem Traumobjekt ratlos gegenüberstehen, kann uns der sprichwörtliche Bereich zusätzliches Material zur Deutung liefern.

8. Zitate, Gedichte, Bücher, Filme, Musik

Diese Medien befördern neben ihrer vordergründigen – über die Sprache oder Bilder transportierten – Botschaft auch *energetische* Inhalte. Jeder hat so seine Lieblingsautoren, -bücher, -filme und -musikstücke, während andere Richtungen verschmäht werden. Diese Werke spiegeln in der Regel verschiedene Tierkreiszeichen wider. Meist lassen sich Schwerpunkte ausfindig machen, die sich wie ein roter Faden durch den Text ziehen und als Zuordnungskriterien in Frage kommen. In dem Klassiker *»Don Quijote«* von MIGUEL DE CERVANTES beispielsweise besteht das Leitmotiv in der archeypischen Auseinandersetzung zwischen Phantasie und Wirklichkeit. Es handelt sich um eine grundlegende Spannung (Opposition) zwischen KREBS und STEINBOCK, der wir in den Abenteuern des »Ritters von der traurigen Gestalt« literarisch begegnen.

Während astroenergetische Entsprechungen von Zitaten oder kürzeren Gedichten relativ leicht zu finden sind (etwa beim BISMARCK-Zitat: »Vertrauen ist eine zarte Pflanze. Ist es zerstört, kommt es so bald nicht wieder«, das eine KREBS-Thematik beschreibt, oder dem GOETHE-Gedicht »Selige Sehnsucht«, einer Allegorie der »Stirb-und-werde-Thematik« des SKORPION), enthalten große Werke der Weltliteratur wie zum Beispiel GOETHES *»Faust«* mehr oder minder die gesamte Palette der archetypischen Konstellationen. Solche Kreationen sind ein nahezu unerschöpflicher Born archetypisch-symbolischer Aussagen, die den unterschiedlichsten Tierkreiszeichen entsprechen. Gerade der *»Faust«* bietet eine Vielzahl von Wendungen mit tiefer Aussagekraft, man denke nur an »Zwei Seelen wohnen, ach, in meiner Brust«.

Wenn wir auf Spitzfindigkeiten verzichten, lassen sich die verschiedenen Literatur-, Musik- oder Filmsparten relativ leicht astrosymbolisch einordnen. *Kriegsliteratur* oder -filme, Hard Rock und Heavy metal entsprechen dem WIDDER, Heimatromane und Kochbücher ebenso wie Heimatfilme und Volksmusik dem STIER. Natürlich können wir für jedes Tierkreisprinzip literarische, filmische und musikalische Genüsse höheren oder niederen Niveaus feststellen. Trotzdem sind einfach gestrickte Kriegsromane oder -filme ebenso wie zum Beispiel SCHILLERS *»Räuber«* der WIDDER-Literatur zuzurechnen. Je nach Bewußtseinslage wird sich der einzelne von einer ihm entsprechenden Ebene angezogen fühlen. Der eine wird die gröbere Ausdrucksform der WIDDER-Energie, der andere eine subtilere und differenziertere wählen, die dann beim Lesen, beim Filmeschauen oder Musikhören »zugeführt« werden. Und was der eine dem Freiheitskampf des stereotypen Roman- oder Filmhelden entnimmt, bezieht der intellektuell Anspruchsvollere etwa über klassische Gestalten des Sturm und Drang wie den Räuber Karl Moor oder einen Götz von Berlichingen.

Falls wir nicht zur richtigen Zeit durch intuitives Gespür auf das richtige Buch, den entsprechenden Film und die passende Musik aufmerksam werden, kann das Wissen um die unterschiedlichen *energetischen Qualitäten* der verschiedenen Werke unser Bewußtsein dafür schärfen, was wir derzeit besonders brauchen. Es ist eher die Regel als die Ausnahme, daß gerade die defizitären Bereiche meistens gemieden werden. Eigentlich logisch, denn sonst litten wir ja nicht unter Mangelerscheinungen. Beispielsweise lehnen Menschen mit übergewichtigem *Erdelement* Bereiche des *Wasserelements* oft sehr entschieden ab; das zeigt sich bei ihrer Auswahl von Literatur oder des TV-Programms zum Beispiel dadurch, daß sie Wirtschaftsmagazine, naturwissenschaftliche Abhandlungen oder sonstige »realistische« Publikationen verschlingen, während Esoterik, Tiefenpsychologie, Märchen und Mythen als Hokuspokus vorschnell abgelehnt werden. Darin spiegelt sich nicht selten eine Angst vor den ungreifbaren, unkontrollierbaren Seelenmächten, die auch Raum benötigen und einfordern. Das bewußte Erkennen einer solchen Problematik kann die Bereitschaft fördern, es auch einmal mit »fremdartiger Kost« zu versuchen und sich – bezogen auf unser Beispiel – von den »unrealistischen« Märchenhandlungen berühren und verzaubern zu lassen.

Gerade bei Literatur- oder Filmfreunden und -sachkundigen (in der Regel MERKUR-ZWILLINGE-betonte Zeitgenossen) kann es häufiger vorkommen, daß Zitate, Buch- oder Filmtitel oder Passagen daraus in die Traumbotschaft eingewoben sind. Vielleicht wird uns im Traum ein bestimmtes Buch nahegelegt, dessen Inhalt für uns derzeit besonders bedeutsam ist oder dessen Titel und Handlung symbolisch zu verstehen sind. Begegnet uns beispielsweise ein Schüler der magischen Künste im Traum, kann es nicht schaden, sich einmal GOETHES *»Zauberlehrling«* zu

Gemüte zu führen. Wählen wir aus einer Traumbibliothek etwa SHAKESPEARES Werk »*Der Widerspenstigen Zähmung*« aus, drängt sich die Frage auf, welcher Mitmensch oder welche innere Seite es nötig hat, gezähmt zu werden. Wenn wir bei der Suche nach einer Problemlösung steckenbleiben, kann ein Hinweis der Seele auf ein bestimmtes Buch oder entsprechende Passagen Aha-Erlebnisse und dadurch ein Weiterkommen bewirken. Traummusik gestaltet häufig den gefühlsmäßigen Hintergrund einer Traumbotschaft und beeinflußt dadurch die Deutung. Eine beschwingte Weise verlangt eben nicht nur in der Realität, sondern auch als Traummelodie nach einer anderen Interpretation als etwa ein Trauermarsch.

9.
Die Herkunft der Wörter

Die einzelnen Wörter unserer Sprache können selbst zum Gegenstand der astroenergetischen Untersuchungen werden, da sie als *Konzentrate* bestimmte Erfahrungen in verdichteter Form sprachlich-abstrakt wiedergeben. Wenn wir vor allem die »Schlüsselbegriffe« der Tierkreiszeichen näher ins Auge fassen und herausfinden, in welcher Handlung oder Begebenheit sie ihren Ursprung haben, gewinnen wir einen tieferen Bezug zum Wort selbst und erhalten außerdem zusätzliches Material zur Beschreibung des jeweiligen Tierkreisprinzips. Nehmen wir als Beispiel das Wort »Entscheidung«, ein Charakteristikum des WIDDER. Die etymologische Betrachtung führt uns zurück ins Mittelalter in die Zeit des Rittertums; das Wort geht auf den Vorgang zurück, das Schwert aus der Scheide zu ziehen, es also zu »ent-scheiden«. Das war natürlich meist ein kämpferisch-aggressiver Akt (WIDDER-Prinzip) – und das ist es schließlich in gewisser Weise auch, wenn wir eine Entscheidung zu treffen haben. Sich für eine Richtung zu entscheiden bedeutet ja gleichzeitig, andere Möglichkeiten auszuschließen und *mutig* und *entschlossen* den eingeschlagenen Weg zu gehen.

10.
Das I Ging

Das altchinesische Weisheits- und Orakelbuch *I Ging*, das die in dreitausend Jahren gesammelte Spruchweisheit Chinas enthält, besticht durch seinen Bilderreichtum und seine Symbolkraft. Ebenso wie die wortwörtliche Deutung unserer Träume zumeist keinen Sinn ergibt, bleiben uns die Antworten des I-Ging-Orakels verborgen, wenn wir sie nur oberflächlich betrachten oder eine uns genehme Interpretation »zurechtbiegen«. Vielmehr ist die Intuition des Orakelsuchers gefragt, durch inneres Eintauchen in die Bilderwelt einer uns fremden Kultur individuelle Antworten auf seine Frage und Lebenssituation herauszufinden. Unsere spontanen Assoziationen zu diesen Bildsymbolen aus dem alten China sind die eigentlichen Wegweiser bei der Orakeldeutung, während das logische Denken zunächst zurücktreten muß. Um die Antworten richtig einordnen zu können, sollten wir wissen, daß das Orakel immer auf unsere *eigentliche* Frage antwortet. Wenn wir uns beim besten Willen keinen Reim auf die Auskunft zu einer bestimmten Frage (die man in der Regel vor der Befragung des Orakels niederschreibt) machen können, bedeutet das nicht selten, daß diese Frage gar nicht unserem *wesentlichen* Anliegen entspricht. Das I-Ging-Orakel antwortet dann auf unser tiefstes inneres Begehren, das hinter dem Geäußerten steckt und uns selbst möglicherweise gar nicht bewußt ist. Um so mehr will dann die Orakelantwort dazu beitragen, die im Unbewußten des Fragestellers verborgene tatsächliche Problematik zu erschließen. Die richtige Frage zur rechten Zeit beinhaltet bereits die halbe Antwort!

Zum Verständnis der I-Ging-Botschaften kann die Astrologie beitragen, wenn wir die Hexagramme (die verschiedenen Orakelbilder) dem Tierkreis zuordnen. Finden wir den entsprechenden Tierkreisarchetypen heraus, der das zentrale Anliegen eines Hexagramms verkörpert, schlagen wir dadurch »zwei Fliegen mit einer Klappe«. Zum einen werden wir die Orakelantwort (im Zusammenhang mit unserem Horoskop) besser verstehen, wenn wir wissen, welcher Archetyp durch das gezogene Hexagramm vorrangig zu uns spricht. Die Inhalte der ermittelten Tierkreiszeichen helfen, die Orakelantworten zu interpretieren. Wir fragen uns dann, wie wir zu diesem Archetypen – in bezug auf die Fragestellung – stehen und wo seine Energie vonnöten ist, um einer Situation zu beggnen. Und zum anderen stellen die Kommentare des I Ging zu den Orakelbildern eine Quelle der Inspiration dar, die ein tieferes Verständnis der entsprechenden Tierkreisenergie ermöglicht.

Da die Sprache des I Ging selbst eine traumhaft-symbolische ist, erübrigt sich eine zusätzliche Trauminterpretation der jeweils gedeuteten Zeichen. Wer viel und häufig mit dem I Ging arbeitet, wird vielleicht feststellen, daß Zahlen, die im Traum auftauchen, das korrespondierende I-Ging-Hexagramm bezeichnen, das der Träumer in diesem Falle lesen sollte. Insgesamt stehen vierundsechzig Hexagramme zur Auswahl, die sich wiederum auf jeweils sechs verschiedenen Antwortebenen (Linien) ausdrücken. Die Linien zeigen uns, wo wir in bezug auf ein bestimmtes, durch das Hexagramm aufgezeigtes Thema stehen beziehungsweise worauf wir uns zubewegen. Möglicherweise erfährt der Träumer durch die Einbeziehung passender I-Ging-Symbole zusätzliche Impulse und Anregungen, um die Traumbotschaft zu entschlüsseln. I-Ging-Kenner, die beispielsweise gerade etwas Neues beginnen und die Zahl Drei im Traum erhalten, werden vielleicht durch das Unbewußte aufgefordert, Hexagramm Nummer drei – »die Anfangsschwierigkeit« – zu lesen. Natürlich können die Zahlen daneben auch noch andere Bedeutungen haben, die wir an dieser Stelle aber nicht weiterverfolgen wollen.

Im Traum eines I-Ging-Freundes können unter Umständen auch direkt Bilder aus dem Weisheitsbuch auftauchen. Der Traumregisseur verwendet schließlich am liebsten solche Symbole und Bilder, die für uns individuell bedeutsam sind. Auch das Orakel an sich kann in der Traumbotschaft erscheinen, vielleicht um den Träumer auf sich aufmerksam zu machen. Der JUNG-Mitarbeiter J. L. HENDERSON berichtet von einem solchen Traum; hier ein Auszug:

»Ein Orakel soll nun entscheiden, ob der Weg uns freizugeben sei oder andernfalls unser Leben verwirkt ist. Ich komme zuerst an die Reihe. Mit elfenbeinernen Stäbchen befragen die vier Chinesen das Orakel. Das Urteil lautet negativ, doch mir wird eine zweite Chance gegeben. Wie vorher mein Begleiter, so werde jetzt ich gefesselt beiseite geführt, während er meinen Platz einnimmt. In seiner alleinigen Gegenwart soll das Orakel ein zweites Mal über mich entscheiden. Diesmal ist es mir günstig. Ich bin gerettet« (*Der Mensch und seine Symbole*, S. 290).

Dazu ist anzumerken, daß im alten China das Orakel mit Schafgarbenstengeln befragt wurde, während man heute in der Regel aus Zeitgründen drei gleiche Münzen wirft. Der Therapeut riet dem Träumer des zitierten Traumes, doch versuchsweise einmal das I Ging-Orakel zu konsultieren, was er auch beherzigte. HENDERSON berichtet weiterhin davon, daß die Antwort derart treffend war und den Klienten so sehr verblüffte und berührte, daß er aus seiner Kopflastigkeit aufgerüttelt werden konnte.

Wer sich ausführlicher mit dem I Ging beschäftigen möchte, dem sei das Werk von RICHARD WILHELM, *»I Ging – Das Buch der Wandlungen«*, empfohlen.

11.
Die Bibel

Die Bibel, das Weisheitsbuch der Christenwelt, hat in esoterischen Kreisen selten den Stellenwert, den sie verdient. Es wird dabei häufig übersehen, daß die an archetypisch-symbolischer Weisheit so reiche Heilige Schrift nicht mit der Amtskirche gleichzusetzen ist. Vielmehr bietet die Bibel in ihrer mythischen Bildersprache einen Reichtum an Gleichnissen, die tiefe

Wahrheiten und esoterisches Wissen über das Wesen und die Evolution der Menschenseele enthalten. Vor allem der als Kirchenkritiker bekannt gewordene Priester und Psychotherapeut EUGEN DREWERMANN hat die biblischen Texte durch die tiefenpsychologische Deutung einem neuen, tieferen Verständnis zugängig gemacht und von der Objektstufe auf die Subjektstufe übertragen. Anstatt die reale Existenz der biblischen Hauptdarsteller und ihre Wundertaten in den Vordergrund zu stellen und beweisen zu wollen, können wir die Botschaften des Alten und Neuen Testamentes auf der Subjektstufe als die Sprache der Menschheitsseele verstehen.

In den Tierkreisbänden werden wir Zusammenhänge zwischen den biblischen Ereignissen und den Tierkreisarchetypen aufzeigen und die Bibeltexte auf ihre astroenergetischen Entsprechungen untersuchen. Gleichzeitig geben wir den Astrosymbolen durch die Bilder der Heiligen Schrift Bedeutung und Tiefe. Wenn wir zum Beispiel Moses auf den Berg Sinai begleiten, wo er die Tafeln mit den zehn Geboten von Gott entgegennimmt, begegnen wir dem STEINBOCK-Archetypen als wesentlichem »Antlitz Gottes« im Alten Testament. Es verwundert deshalb nicht, hier eine Vielzahl von STEINBOCK-Symbolen zu entdecken: Berg, Gesetz, Gebote – das heißt Verhaltensvorschriften, Pflicht, das Vaterthema, den Grundsatz »Auge um Auge, Zahn um Zahn«, also das Prinzip von Ursache und Wirkung, und anderes.

Im Neuen Testament rühren vor allem die Gleichnisse des CHRISTUS, dem Meister des FISCHE-Zeitalters, in ihrer lebendigen und unkomplizierten Weise die menschliche Seele an. Ähnlich wie aus den Psalmen sprechen hier »heilende Worte« zu uns.

In der gebotenen Kürze geben die Tierkreisbände Anregungen, unter astroenergetischen Gesichtspunkten die Bibel neu zu entdecken beziehungsweise selbst neu zu erforschen. Die christlichen Feste bekommen häufig einen neuen, tieferen Sinn, wenn wir feststellen, daß sie zumeist mit kosmischen Ereignissen zusammenfallen und deshalb auch *lebendig* auf die Seele einwirken. Christliche Feiertage erscheinen vor dem Hintergrund der Zeitqualität in einem neuen, »energetischen« Licht, das manche »Terminkorrekturen« notwendig zu machen scheint. Als Beispiel sei hier das Weihnachtsfest, also Christi Geburt zur Wintersonnenwende genannt, das im WIDDER-Band astroenergetisch gedeutet wird. Im Gegensatz zu der christlichen Terminierung dieses Festes im STEINBOCK-Monat wird die *Geburt des Lichtes* (Christus) als Ereignis zum Frühlingsbeginn astroenergetisch dem WIDDER-Monat zugeordnet.

Daß die astroenergetische Erkenntnis der besonderen Qualität einer jeden Zeit nicht im Gegensatz zur christlichen Weltsicht steht, belegt das nachfolgende Bibelzitat aus dem »Buch des Predigers« (Kap. 3, 1–4):

> Es gibt für alles eine Zeit,
> für jedes Ding da unterm Himmel eine Stunde.
> Für das Geborenwerden gibt es eine Zeit
> und eine Zeit fürs Sterben.
> Fürs Pflanzen gibt es eine Zeit
> und eine Zeit, Gepflanztes auszureißen.
> Fürs Töten gibt es eine Zeit
> und eine Zeit fürs Heilen.
> Fürs Niederreißen gibt es eine Zeit
> und eine Zeit fürs Aufbauen.
> Fürs Weinen gibt es eine Zeit
> und eine Zeit fürs Lachen.
> Fürs Klagen gibt es eine Zeit
> und eine Zeit fürs Tanzen.

Auch die Sprache der Bibel ist mit der Traumsprache eng verwandt. Biblische Bilder und Weisheiten tauchen daher öfter in den individuellen Traumbotschaften auf, denn schließlich sind die meisten von uns mit den wesentlichen Geschichten der Heiligen Schrift vertraut. Gerade die Inhalte, die uns besonders angerührt haben und eines unserer grundlegenden Lebensrätsel ansprechen, werden uns möglicherweise in unseren Träumen wiederbegegnen. Als Beispiel sei der Traum einer jungen Frau erwähnt, deren Freunde in der Traumhandlung ein goldenes Kalb gestohlen und damit die biblische Geschichte des »Tanzes um das goldene Kalb« für sie neu zum Leben erweckt hatten. Durch die Erinnerung an diese Bibelstelle wurde ihr die Traumbedeutung klar; sie erkannte das oberflächlich-materialistische Leben und Treiben der Freunde, das sie selbst lange Zeit mitgemacht hatte. Mittlerweile besann sie sich aber auch auf die inneren Werte und verweigerte, wie der Traum zeigte, bei diesem kollektiven »Tanz um das goldene Kalb« ihre Teilnahme. (Ausführlich ist dieser Traum im »*Bilderbuch der Träume*« gedeutet).

12.
Mythen, Märchen und Brauchtum

Mythen, Märchen und Brauchtum wurzeln im kollektiven Unbewußten eines Volkes beziehungsweise einer Volksgruppe und sind die adäquaten Ausdrucksmittel der Volksseele. In ihnen spiegelt sich das (unbewußte) Wissen um kosmische und archetypische Zusammenhänge wider, beispielsweise in den verschiedenen Bräuchen zur Sonnwendzeit.
Jeder von uns hat auf seinem Weg zur Selbstfindung die verschiedenen

»Stufen« zu erklimmen, die unsere Urahnen in den Mythen darstellten; der persönliche Bereich wird dabei weit überschritten. So entspricht etwa der mythische »Kampf mit dem Drachen« der archetypischen Aufgabe, den »verschlingenden Aspekt« des kollektiven Unbewußten zu bezwingen und zu integrieren. Astrologisch gesehen handelt es sich um die Auseinandersetzung mit dem SKORPION-Archetypen beziehungsweise mit seiner planetaren Entsprechung, dem »Höllenhund« PLUTO, der als Wächter der Unterwelt (der Psyche) fungiert.

Die enge Verbindung zwischen den Astrosymbolen und den Menschheitsmythen ist naheliegend, da die Planetennamen der römischen Mythologie entliehen sind. Ob Kriegsgott MARS oder Liebesgöttin VENUS im astroenergetischen Pantheon auftritt – wir haben es dabei auch mit der Mythologie zu tun, die aus der astrologischen Deutung eigentlich nicht wegzudenken ist. Der Tierkreis – als astrologisches Symbol der grundlegenden archetypischen Konstellationen – bildet den Rahmen des mythologischen Geschehens. Beginnend mit der Geburt im Zeichen WIDDER, durchwandert die inkarnierte Seele die verschiedenen »Einweihungsstufen« (Tierkreiszeichen) in der irdischen Welt. Alle archetypischen Widersacher und hilfreichen Kräfte sind in den Querverbindungen der Tierkreisarchetypen dargestellt, was bedeutet, daß sich alle Mythen letztlich auf diese energetischen Beziehungen zurückführen lassen.

Erleichtert können wir feststellen, daß viele Schwierigkeiten, die uns an der Schwelle zu einer neuen Entwicklungsstufe begegnen, kollektiver Natur sind und nicht allein auf eigener Unfähigkeit oder Unvollkommenheit beruhen! Wenn wir erkennen, daß jede Seele – vor unterschiedlichen Kulissen – irgendwann einmal diese Erfahrungen zu machen hat oder hatte, fühlen wir uns nicht mehr so allein und »im Regen« stehend.

Die Betrachtung des Brauchtums unter astroenergetischem Aspekt kann dazu beitragen, dieses Brauchtum zu neuem Leben zu erwecken. Viele übernommene, mittlerweile jedoch nur noch oberflächlich praktizierte oder in Vergessenheit geratene Sitten könnten ihre eigentliche Bedeutung wiedererlangen. Die energetische Wirkung – eigentlich der Grund für die Entstehung spezieller Bräuche – könnte sich wieder in der menschlichen Psyche entfalten. Verbinden wir beispielsweise die Ostereier oder den Osterhasen der Frühlingszeit mit dem (dazugehörigen) WIDDER-Prinzip der *Geburt* und *Fruchtbarkeit,* erkennen wir das Anliegen: Wir sollen uns öffnen für all die jetzt neu erwachenden, »in der Luft liegenden« *Lebensimpulse.*

Die Volksmärchen sind durch den tiefenpsychologischen Deutungsansatz in der Gunst der Erwachsenenwelt gestiegen. Wir beginnen, *bewußt* zu realisieren, was uns als Kinder *unbewußt* an den Märchen fasziniert hat:

12. Mythen, Märchen und Brauchtum

vor allem, daß sie wesentlich mehr sind als nur erfundene Geschichten zur Unterhaltung unseres Nachwuchses. Parallel zur Entdeckung der Träume als persönliche Ratgeber erkennen wir in den Märchen allgemeingültige Themen und Entwicklungsschritte. Mit ihren phantastisch-wundersamen Begebenheiten, die mit der Logik des Verstandes nicht erfaßt werden können, finden die Märchenhandlungen direkten Zugang zur Seele. Wie die Träume stellen sie eine wichtige Möglichkeit der Kompensation in unserer heutigen kopflastigen Zeit dar.

Aus astrologischer Sicht können wir die Märchen unter zwei Kriterien betrachten: Wir können versuchen, das »Sternzeichen« eines Märchen herauszufinden. Damit ist das Tierkreiszeichen gemeint, das die zentrale Rolle innerhalb dieser Geschichte spielt, der Hauptaspekt sozusagen. Dabei lernen wir, das SONNEN-Thema herauszufiltern und Märchen wie Tierkreiszeichen durch die Beziehung aufeinander in einem neuen Licht zu sehen. Die Märchenhandlung gibt uns dann Auskunft über archetypische Herausforderungen, Aufgaben und Lösungsmöglichkeiten des jeweiligen Tierkreisprinzips. Beim »*Märchen vom Königssohn, der sich vor nichts fürchtet*« zum Beispiel ist das zentrale Thema der Handlung die Entwicklung der *triebhaften Naturkraft* (WIDDER-MARS), während wir im »Marienkind« (JUNGFRAU) in erster Linie mit den Auswirkungen einer streng moralisierenden Erziehung konfrontiert werden.

Weiterhin lassen sich die verschiedenen Nebenaspekte, Geschehnisse, Kulissen und Mitspieler astrosymbolisch übersetzen. Der Märchenheld beispielsweise tritt immer als Verkörperung des SONNEN-Wesens (LÖWE) auf (gleichgültig, ob in einem STIER-, WIDDER- oder anderen Märchen), und die böse Hexe steht als SKORPION-Entsprechung zwangsläufig im archetypischen Spannungsaspekt dazu – wie das astrologisch durch das *Quadrat* zwischen LÖWE und SKORPION ausgedrückt ist. Auf der Subjektstufe bedeutet es, daß wir den inneren Helden aktivieren müssen, um die Auseinandersetzung mit der verhexten (unerlösten) Seite aufnehmen zu können und auf dem Sonnenweg der Individuation weiterzukommen.

Das läßt sich natürlich auch auf die Arbeit mit Mythen übertragen.

Vor allem, wenn es sich um kollektiv bedeutsame Lebensthematiken handelt, erscheinen in unseren Träumen märchenhafte oder mythische Bilder, und manche Traumhandlungen erinnern an bestimmte Bräuche. Die Ablösung von den (äußeren wie inneren) Eltern stellt beispielsweise einen der grundlegenden Entwicklungsschritte auf dem Weg zum unabhängigen, eigenverantwortlichen Individuum dar. Wo wir in dieser schwierigen Übergangszeit gerade stehen, zeigen uns vor allem die Träume. Der folgende Traum einer jungen Frau mutet märchenhaft an:

»Mit einer Kutsche bin ich zu meiner Hochzeit im Schloß unterwegs.

Als wir an einem See vorbeikommen, kippt das Pferdegespann samt Kutsche um, und ich falle in den See. Ein Wassermann, der plötzlich auftaucht, zieht mich mit zu sich in die Tiefe. Es stellt sich dann im Verlaufe des Traumes heraus, daß ich zeitweise an Land darf, dem Wassermann aber verpflichtet bin und immer wieder zu ihm ins Wasser zurückkehren muß.«
Das Motiv einer Doppelexistenz im Wasser und auf Land begegnet uns in Märchen (zum Beispiel »*Die Nixe im Teich*«) ebenso wie in den Mythen verschiedener Kulturen, in denen eine Göttin oder Erdenfrau in die Unterwelt entführt wird, aber durch das Engagement von Göttern oder Menschen zeitweise auf die Erde zurückkehren darf (etwa Persephone, die Tochter der Göttin Demeter, die von Hades, dem Gott der Unterwelt, entführt wurde). Die Träumerin wird hier also mit einer grundlegenden Beziehungsproblematik konfrontiert.

Wenn wir den archetypischen Charakter einer märchenhaft oder mythisch verkleideten Traumbotschaft erkennen, werden uns die ganze Bedeutung und Tragweite unserer gegenwärtigen Lebensphase deutlicher. Möglicherweise bringen wir dann etwas mehr Geduld, Einfühlungsvermögen und eine angemessene Portion Ehrfurcht dem Leben gegenüber auf.

13.
Berufliche Entsprechungen

Neben Partnerschafts- und Gesundheitsproblemen gehören berufliche Entscheidungen zu den Gründen, aus denen Menschen am häufigsten einen Astrologen aufsuchen. Lassen sich durch die Berufsberatung per Horoskop berufliche Fehlentscheidungen verhindern? Es kommt darauf an, wie intensiv man vorgeht und ob ein Dialog mit dem Klienten zustande kommt. Man kann nicht jemandem per pauschaler Astrodeutung den »richtigen Job« präsentieren, der dann vielleicht für den Ratsuchenden gar nicht im Bereich des Möglichen liegt. Wie frustrierend! Außerdem dürfte ein bloßes Benennen passender Berufe (eventuell zusammen mit einigen für den Ratsuchenden unverständlichen astrologischen Formeln) nicht gerade eine nachhaltige Wirkung erzielen. Ein effektiver, astrologisch ausgerichteter Berufsfindungsprozeß sollte nicht nur einen Teilaspekt des Betreffenden ansprechen, sondern möglichst dem gesamten Wesen gerecht werden – und das geht nicht im Hauruckverfahren!

Die Vorstellung, daß man anhand des »Sternzeichens« auf den Traumjob schließen könnte, wird der menschlichen Individualität nicht gerecht. So mancher »gedämpfte« WIDDER würde bei dem Gedanken, sein weiteres Dasein als Rennfahrer oder Raubtierdompteur fristen zu müssen, gehörig zusammenzucken. Es sind in der Tat sehr unterschiedliche Ebenen, auf

13. Berufliche Entsprechungen

denen man ein bestimmtes Prinzip leben und erleben kann. Welche Dimension für den einzelnen in Betracht kommt, hängt zum einen von seinem Reifegrad und zum anderen von den weiteren Konstellationen ab, die alle berücksichtigt werden müssen. Die Bandbreite der Berufsentsprechungen des WIDDER-Prinzips, die vom Profi-Killer bis zum Pionier reicht, macht deutlich, daß nicht jede dieser Tätigkeiten für jeden WIDDER-Geborenen die Richtige sein kann.

Der *Aszendent* beispielsweise gibt uns Auskunft darüber, auf welche Art und Weise jemand sein Wesen (SONNE) auszudrücken vermag; die Häuserposition der SONNE macht uns deutlich, in welchem Bereich das SONNEN-Wesen am direktesten erlebt und gelebt werden kann. Inwieweit unsere Berufung, die uns ja auf diese Erde »gerufen« hat, überhaupt als Brötchenjob in Frage kommt, oder ob sie besser nebenberuflich oder in der Freizeit ausgeübt werden sollte, ist eine von vielen Fragen, die eine verantwortliche astrologische Berufsberatung zu berücksichtigen hat. Darüber hinaus ist die Lebenswirklichkeit in den seltensten Fällen eine geradlinige Angelegenheit. Die meisten Mitmenschen finden erst über (scheinbare) Umwege zu ihrer eigentlichen Bestimmung – einfach deshalb, weil es eine Frage der allmählichen Entwicklung ist. Auch im Rückblick auf meine bisherige berufliche Laufbahn kann ich das nur bestätigen. Der Zeitaspekt – nachzuvollziehen zum Beispiel über die SATURN-Transite – ist bei der Berufswahl eben auch zu berücksichtigen! Wenn die Zeit für eine berufliche Erweiterung, Verbesserung oder Veränderung noch nicht reif ist oder andere Themen gerade im Vordergrund stehen, kann es ratsam sein, auch einen unbefriedigenden Job noch nicht zu wechseln. Andererseits sollten wir die Gunst der Stunde nutzen, wenn alle Zeichen (und die Träume) darauf hindeuten, den Sprung in ein neues Betätigungsfeld zu wagen.

Das Berufskapitel in den Tierkreisbänden sollte aber nicht als »Leitfaden zur Berufsfindung« mißverstanden werden! Das würde der Einmaligkeit und Unverwechselbarkeit eines jeden Lesers nicht gerecht werden. Es bedarf erfahrungsgemäß einiger Zeit, um mit einem Ratsuchenden sein Berufsthema zu bearbeiten, denn es läßt sich ja nicht vom »restlichen Leben« trennen. Was hilft es uns, wenn wir bloß gesagt bekommen, was der richtige Job für uns ist? Würden Sie, liebe Leserin, lieber Leser, Ihr ganzes Leben radikal umkrempeln, nur weil Ihr Beruf nicht in der Rubrik Ihres Sternzeichens zu finden ist? Wäre es da nicht viel eindringlicher und glaubwürdiger, wenn mehrere Träume untermauern, daß Ihr derzeitiger Job zu Ihnen paßt oder auch nicht!?

Das Berufekapitel soll (wie die anderen auch) dazu anregen, die verschiedenen Berufe astroenergetisch zu beleuchten und das jeweilige Tierkreiszeichen auf *beruflicher* Ebene wiederzufinden. Das *kann* natürlich den einen oder anderen Leser dazu animieren, über seine – möglicherweise unbefriedigende – Berufslage zu reflektieren.

Wenn zum Beispiel WIDDER-Berufe aufgeführt und *gedeutet* werden, so gilt das für WIDDER-betonte Menschen im weiteren Sinne (Sonne im WIDDER beziehungsweise WIDDER-Haus, MARS am Aszendent, WIDDER-Aszendent etc.) sowie für alle, für die das WIDDER-Thema über einen entsprechenden Transit (etwa auf den MARS im Horoskop) gerade aktuell ist und über die Berufsebene integriert werden soll. Ob wir unser »Sternzeichen« überhaupt im Berufsbereich ausleben sollen, wäre aus dem Lebensplan des Horoskops herauszuarbeiten! Auf jeden Fall ist es interessant zu erkennen, welcher inneren Konstellation unsere beruflichen Aktivitäten entsprechen, welche Seite unseres Wesens – eventuell auch kompensatorisch – durch den Beruf in erster Linie ausgedrückt oder angesprochen wird.

Auch im Traum werden wir mit den unterschiedlichsten Berufen konfrontiert. Ob Arzt, Polizist, Schreiner oder Künstler – wir sollten uns fragen, welche Botschaft die Berufsbezeichnungen für uns haben. Auf der Objektstufe betrachtet, können sie uns auffordern: »Geh mal wieder zum Arzt!« oder: »Achte darauf, nicht mit den Ordnungshütern in Konflikt zu kommen!« Meistens werden wir die geträumten Vertreter bestimmter Berufe jedoch auf der Subjektstufe deuten und als innere Wesensseiten ansehen, um die Botschaft zu verstehen. Der Arzt tritt dann als Symbol für unsere eigenen Heilkräfte auf, die Traumpolizei verkörpert die Ordnungsinstanz der Psyche, Künstler versinnbildlichen die musischen Seiten und Ambitionen, Lehrer die erzieherischen Tendenzen und so fort. Welche Rolle diese Traumpersonen gerade spielen, ob wir eine gute Beziehung zu ihnen haben oder etwa von einem strengen Oberlehrer dominiert werden, zeigt uns der weitere Kontext des Traumes. Wir erkennen daraus, ob die unterschiedlichen Aspekte der Psyche miteinander harmonieren oder im Spannungsverhältnis zueinander stehen.

Die berufliche »Kostümierung« einer Traumfigur gibt uns Auskunft über das jeweilige astroenergetische Prinzip, das hinter dieser Verkleidung steckt. So gesehen machen die Träume detaillierte Aussagen über den aktuellen Stand der Horoskopkonstellationen, wobei die Berufsbezeichnung natürlich nicht das einzige Unterscheidungsmerkmal darstellt. Ein Prediger oder Missionar beispielsweise verkörpert im Traum wie in der Realität das JUPITER-Prinzip. Welches »Glaubensgewand« JUPITER trägt, das heißt, welcher Art die indiuduellen Glaubenssätze des Träumers sind und mit welchem Lebensbereich sie vor allem verknüpft sind, sagen uns das Tierkreiszeichen und das Haus JUPITERS.

14. Bekannte Persönlichkeiten und Charaktere

Die menschlichen Charakterzüge beziehungsweise Charaktere sind Ausdruck der Tierkreisarchetypen auf der Verhaltensebene. »Reinformen« kann es dabei nicht geben, da sich die Urbilder immer in individuellen Kombinationen – wie jede einzelne Schneeflocke ihre unverwechselbare Kristallstruktur hat – artikulieren. Wenn wir daher etwa vom WIDDER-Typ sprechen, dann ist damit ein energetischer Schwerpunkt in diesem Bereich gemeint, der ergänzt wird durch die weiteren elf Prinzipien, die dann mehr oder minder im Hintergrund wirken. Die Planeten im WIDDER-Zeichen oder -Haus markieren den speziellen Wesensteil (Planet) oder Lebensbereich (Haus), der den Stempel dieses Archetypen trägt. Bei WIDDER-Geborenen (SONNE im WIDDER-Zeichen) sind das *Selbst* der Betroffenen und ihr zentrales *Lebensthema* vom WIDDER-Archetypen *anlagemäßig* geprägt. Steht die SONNE im ersten Haus (WIDDER-Haus), sind es die *Umfelder* und *Aufgaben* mit WIDDER-Entsprechung (Beispiele siehe WIDDER-Band), über die der einzelne direkten Zugang zu seinem SONNEN-Wesen erlangt; das jeweilige Tierkreiszeichen wirkt dabei modifizierend. Wer die VENUS im WIDDER hat, der reagiert von seiner Anlage her (soweit diese nicht verdrängt wurde!) eben auf der *Beziehungsebene* nach Art des WIDDER, während sich bei dem Zeitgenossen mit WIDDER-MERKUR die Klassifikation WIDDER-Typ auf den *intellektuellen Bereich* beschränkt. Wenn wir von einem bestimmten Tierkreiszeichentyp sprechen, müssen wir also zuerst die Ebene bestimmen, für die diese Definition gilt. Ist der Typ ermittelt, werden wir möglicherweise feststellen, daß diese Seite bislang gar nicht so zum Zug kam, wie es im Horoskop geschrieben steht. Bevor wir dann die astrologische Aussage anzweifeln, sollten wir erst einmal in uns hineinhorchen, ob aus den entlegenen Winkeln des Unbewußten nicht vielleicht doch eine bestätigende Stimme zu vernehmen ist.

Es kann also keinen reinen WIDDER-Typ geben. Jeder WIDDER-betonte Mensch lebt – je nach indivdueller Konstellation – auf anderen Seinsebenen auch STIER-, ZWILLINGE- oder sonstige Charakterzüge. Es wäre sehr einseitig, hätten wir nicht von allen Archetypen einige Wesensmerkmale »geerbt«, auch wenn die Verteilung dieser Wesenszüge sehr unterschiedlich ausfällt: Was der eine zuviel hat, ist beim anderen Mangelware.

In den Tierkreisbänden wird aufgezeigt, wie der Charakter eines Individuums aussehen könnte, der eine Betonung dieser speziellen Energie mitbekommen hat. Zur Verdeutlichung dienen dabei unter anderem die Beispiele bekannter Persönlichkeiten des öffentlichen Lebens, die auf künstlerischer, politischer oder anderer Ebene direkt oder indirekt als Medium des jeweiligen Tierkreisarchetypen fungieren. Da ein ausführliches Charakterstudium der einzelnen Prominenten den Rahmen der Bände sprengen würde, beschränkt sich die Deutung auf das betreffende Tierkreiszeichen. Vielleicht werden einst Biographien auf astroenergetischer Grundlage verfaßt – sicher eine reizvolle Aufgabe für die künftige Astroforschung.

Die vorgestellten und in bezug auf ihre SONNEN-Position analysierten Prominenten sind so gewählt, daß die Zusammenhänge zwischen der jeweiligen Persönlichkeit und dem betreffenden Tierkreiszeichen deutlich hervorgehen. Das heißt jedoch nicht, daß das Sternzeichen bei jedem so klar zum Ausdruck kommen muß! Wie sich jemand verhält, hängt weniger von der SONNE, sondern in der Regel vom *Aszendenten* ab. Das mag für manche Leser zunächst verwirrend klingen, doch ist es eine wesentliche Aufgabe der Astrologie, die verschiedenen Bereiche voneinander zu unterscheiden. Und die wohl wesentlichste Differenzierung ist zwischen SONNE und *Aszendent* vorzunehmen. In der Regel identifizieren wir uns zunächst mit der Aszendentenebene, da sie den Bereich des irdischen Ichs repräsentiert, während die SONNE das höhere Selbst beziehungsweise unsere eigentliche Wesensmitte – die wir erst finden müssen – darstellt. Es verwundert daher nicht, daß wir beim »Sternzeichenraten« eher den Aszendenten unseres Gegenübers ausfindig machen als sein SONNEN-Zeichen. Um das Sternzeichen der Geburt aufzuspüren, brauchen wir Informationen über den Betreffenden, beispielsweise, womit er sich am ehesten identifizieren kann, wie seine zentralen Vorlieben und Neigungen aussehen, und so fort. Und das läßt sich häufig nicht so einfach ergründen!

Das SONNEN-Zeichen ist uns – auf welchem Niveau auch immer – so selbstverständlich, daß es uns zunächst wie einem Fisch erginge, der, nach seinem Lebenselement Wasser befragt, nur irritiert mit dem Kopf schütteln würde. Der Fisch ist so innig mit seinem Element verbunden, daß er es gar nicht bewußt registriert; ebenso sind wir mit unserem Sternzeichen »verschmolzen«, nur eben zunächst auf einer unbewußten Ebene. Wenn in spirituellen Lehren immer wieder betont wird, daß wir schon deshalb keine Vorstellung von Gott haben können, weil wir so *selbstverständlich* darin »eingebettet« sind, dann bezeichnet das Tierkreiszeichen unserer Geburt eben die Nische im »großen Bett Gottes«, in der wir uns »eingekuschelt« haben, ohne daß es uns bewußt wäre. Es liegt also in der Natur der Sache, daß wir die *ganzheitliche* SONNEN-Ebene nur mit ganzheitlich ausgerichteten inneren Organen wie der Intuition erfassen können.

Wenn wir mit Hilfe der Astrologie nachvollziehbare Aussagen über bekannte Persönlichkeiten machen wollen, dann setzt das einige Informationen über das Leben, Wirken und Empfinden der Betreffenden voraus.

14. Bekannte Persönlichkeiten und Charaktere

Ein Mensch mit ZWILLINGE-SONNE kann dieses wesentliche Charakteristikum beispielsweise in einer schriftstellerischen Tätigkeit ausdrücken. Da es erfahrungsgemäß aber auch eine Vielzahl von Autoren gibt, die unter anderen »Sternen« geboren sind – wie auch viele ZWILLINGE-Geborene anderen, »untypischen« Berufen nachgehen –, müssen wir schon genauer hinschauen und differenzieren. Um das SONNEN-Zeichen zu bestimmen, müssen wir nach dem zentralen Lebensthema (das den Menschen in seiner *Ganzheit* betrifft!) Ausschau halten, das sich hinter einer beruflichen oder sonstigen Tätigkeit verbergen mag. Bei der Schriftstellerei beispielsweise wäre die Frage nach der Botschaft, die der einzelne Autor vermitteln will, ein Hinweis auf sein Sternzeichen. Vergleichen wir einige bekannte Schriftsteller vor dem Hintergrund ihres Sternzeichens miteinander, hilft uns die Kenntnis ihres SONNEN-Zeichens, ihrem zentralen Anliegen näherzukommen.

Dem SCHÜTZE-Geborenen RAINER MARIA RILKE (geboren am 4. 12. 1875) war die Dichtkunst Ausdrucksmittel seines *spirituellen* Strebens (SCHÜTZE-Thema), während der STEINBOCK-Geborene HENRY MILLER (26. 12. 1891) vor allem schrieb, um seine *Lebensrealität ungeschminkt* (STEINBOCK) darzustellen. Die Werke von J. W. VON GOETHE (28. 8. 1749), dem deutschen Dichterfürsten und JUNGFRAU-Geborenen, bestechen durch ihre *Klarheit* und *Reinheit* (JUNGFRAU-Themen); zudem war GOETHE auch *naturwissenschaftlich* sehr ambitioniert, was sich zum Beispiel in seiner Farblehre ausdrückte. Das Lebenswerk des amerikanischen Literaturnobelpreisträgers ERNEST HEMINGWAY (21. 7. 1899) krönt – für einen KREBS-Geborenen (Wasserelement) sicher nicht zufällig! – die Erzählung »Der alte Mann und das Meer«. Und der britische Romanautor SIR ARTHUR CONAN DOYLE (22. 5. 1859), der durch seine Sherlock-Holmes-Kriminalgeschichten Weltruhm erlangte, verarbeitete sein grundlegendes ZWILLINGE-Thema der *Polarität* des Lebens, indem er die gegensätzlichen Romanhelden Sherlock Holmes und Dr. Watson schuf. Den *intuitiven* Zug des Luftzeichens ZWILLINGE verlieh er seiner Hauptfigur Sherlock Holmes, die mit »schlafwandlerischer Sicherheit« die kniffligsten Fälle löste.

Wie wir sehen, ist bei der Deutung des Geburtszeichens – hier am Beispiel verschiedener Schriftsteller – nicht nur die Ausdrucksform an sich (hier die allen gemeinsame Schreiberei) zu werten, sondern auch der Gehalt, das eigentliche Anliegen, die Ausstrahlung der Werke, um den Lebensschwerpunkt (Sternzeichen) darin zu entdecken. Und das ist, wie gesagt, kein leichtes Unterfangen! Niemand kann in einen anderen Menschen hineinsehen und seine geheimsten Winkel und Absichten so leicht durchschauen. Keiner kennt seinen Nächsten besser als der sich selbst – auch wenn es oftmals einen anderen Anschein haben mag!

Die Kenntnis des Sternzeichens eines Prominenten oder Unbekannten versetzt uns allerdings in die Lage zu erahnen, womit sich dieser in erster Linie identifiziert und woraus er sein Selbstbewußtsein bezieht. Je unbekannter uns der Betreffende ist, desto unbestimmbarer die Ebene, auf der das jeweilige Tierkreiszeichen erlebt und gelebt wird. Trotzdem – die Kenntnis des Sternzeichens erlaubt uns, die Äußerungen einer Person in einem anderen Licht zu sehen und so manches Täuschungsmanöver zu erfassen. Bei aller Vorsicht, die bei verallgemeinernden Aussagen geboten ist, können bei Berücksichtigung des Sternzeichens die Äußerungen des Betreffenden doch bewußter eingeordnet und gewisse Tendenzen leichter durchschaut werden. Beispielsweise würde ich einem im JUNGFRAU-Monat geborenen Politiker eher Glauben schenken, wenn er sich für soziale Belange einsetzt, als etwa einem WIDDER-Geborenen. Nicht, daß die JUNGFRAU an sich »besser« wäre als der WIDDER, doch kann sich erstere eben wesentlich stärker mit sozialen Problemen identifizieren als der ichbezogene WIDDER. Natürlich finden sich auch WIDDER-Geborene, die aufgrund ihrer seelischen Reife ein größeres Sozialverhalten an den Tag legen als Personen mit »unterentwickeltem« JUNGFRAU-Prinzip; bei einem etwa gleichen Reifegrad trifft das aber nicht zu. Engagieren sich WIDDER-Geborene im sozialen Bereich, dann meist nicht in erster Linie wegen einer grundsätzlichen sozialen Einstellung, sondern aus anderen Gründen, die dem WIDDER entsprechen (und natürlich durchaus gerechtfertigt sein können!). Es soll hier nicht der Eindruck geweckt werden, daß alle WIDDER-Geborenen unsozial eingestellt wären. Es geht vielmehr darum zu erkennen, daß deren zentrales Lebensthema im Gegensatz zur sozialen Thematik des JUNGFRAU-Archetypen steht. Möglicherweise ist es gerade die Aufgabe von sozial engagierten WIDDERN, sich wieder mehr um die eigenen Belange zu kümmern, etwa wenn sich herausstellt, daß das Engagement von der eigenen Person und eigenen Problemen abgelenkt hat. *Definitive* Aussagen sind aber nur im Zusammenhang mit der Lebenswirklichkeit eines Individuums möglich! Je besser wir den Betreffenden kennen, desto eher sind wir in der Lage, das Niveau zu bestimmen, auf dem das Sternzeichen gelebt wird. Und da wir die intimsten Kenntnisse immer noch über uns selbst besitzen, sollten wir die Astrologie vor allem auf uns selbst beziehen.

Wenn wir bekannte Persönlichkeiten astrologisch zuordnen wollen, müssen wir zwei Deutungsebenen voneinander unterscheiden. Zum einen können wir uns vor allem bei den Medienstars fragen, was sie symbolisieren, für welches Prinzip sie *stellvertretend* stehen. Das muß dann noch gar nichts über ihre realen Charakterzüge aussagen! Lassen wir solche Symbolfiguren über die Medien auf uns wirken, verbinden wir uns in gewissem Maß mit der von ihnen verkörperten Energetik. Frauen, die sich etwa mit

14. Bekannte Persönlichkeiten und Charaktere

dem VENUS-Symbol MARILYN MONROE identifizieren, oder Männer, die das MARS-Symbol ARNOLD SCHWARZENEGGER bevorzugen, schließen sich so ein Stück weit an diese Kraft an. Wie günstig oder abträglich ihnen das ist, darüber soll hier nicht diskutiert werden. Gerade die massenhafte Identifikation mit bestimmten Vorbildern, verleiht diesen Idolen immenses energetisches Gewicht. Indem sie als Projektionsflächen fungieren, bündeln sie die auf sie projizierten Kräfte in ihrer Person. Das kann unwillkürlich geschehen, wenn die Volksseele einen neuen Helden braucht, aber auch durch kollektive Manipulationen und Massensuggestionen bewirkt werden. Ein abschreckendes Beispiel dafür sind die Größen des deutschen Nationalsozialismus, die es verstanden haben, die Volksseele entsprechend ihren Wünschen zu indoktrinieren.

Es geht hier natürlich nicht darum, einen Prominenten zu idealisieren oder sich im Übermaß mit ihm zu identifizieren. Zum Zweck der *Demonstration* bei astroenergetischen Studien kann es aber lehrreich sein, sich kurzzeitig in bestimmte Rollen oder Persönlichkeiten hineinzuversetzen. Zudem geht von ihnen (durch die Aufwertung aufgrund der Aufmerksamkeit der Massen verursacht) eine energetische Wirkung aus, die etwas mit uns als Zuschauer oder Zuhörer macht und bestimmte Gefühle, Gedanken oder Bilder auslöst. Und gerade bei *seelischen Defiziten* kann eine vorübergehende lockere Identifikation mit einem Vertreter dieser Wesenskraft die korrespondierende Seite in unserer Psyche hervorlocken helfen – etwa MARILYN MONROE als Medium für die VENUS-Energie beziehungsweise die weiblich-verführerische Seite in der Frau. Wie der berühmte Mensch wirklich beschaffen ist, spielt bei dieser Betrachtungsweise eine eher untergeordnete Rolle, da es hier um den Symbolgehalt geht. Daß unter diesen Umständen viele Stars Probleme haben, sich selbst treu zu bleiben und das eigene So-Sein nicht mit der Projektion beziehungsweise der Rolle zu verwechseln, ist offenkundig.

Anders liegt der Fall, wenn wir dem wahren Wesen der Personen des öffenlichen Lebens auf die Spur kommen wollen. Wir fragen uns dann, was ihr eigentlicher Lebensschwerpunkt ist oder war und wie sich dieser ausgedrückt hat beziehungsweise gelebt wurde. Diese Betrachtungsweise verweist uns wieder auf die SONNE; wir müssen Verhalten und Schicksal der Betreffenden dann auf ihr Sternzeichen hin untersuchen – wie es oben bereits diskutiert wurde.

Auch im Traum beggnen uns gelegentlich Größen aus Unterhaltung, Kunst, Sport oder Politik. In der Regel ist hier die Objektstufendeutung auszuschließen, da wir selten eine reale Beziehung zu diesen Mitmenschen haben. So stellt sich auch hier wieder die Frage, für welche *Seite in uns* diese Persönlichkeit symbolisch in Erscheinung getreten ist. Die »Branche«, der die jeweilige Berühmtheit angehört, läßt weitere Schlüsse auf ihre Bedeutung zu. Und falls uns – neben dem individuellen Eindruck, den sie bei uns hinterläßt – auch noch ihre astroenergetische Entsprechung bekannt ist, sind wir dem betreffenden Seelenteil schon sehr nahe, der da als Bundeskanzler, Rockstar, Fußballprofi oder Filmgröße zu uns spricht.

15.
Historische Entsprechungen, Zeitgeschehen, Alltagserfahrungen

Wie wir im Kapitel über die *Transite* gesehen haben, hat jeder Zeitpunkt (Zeitquantität) seine individuelle Zeitqualität. Das schlägt sich im persönlichen Lebenslauf wie – in kollektiver Hinsicht – im Zeitgeschehen und in der *Weltgeschichte* nieder. Alle individuellen und historischen Ereignisse sind Entsprechungen bestimmter astroenergetischer Konstellationen, die in Erscheinung treten, *wenn ihre Zeit gekommen ist*. Die Dauer dieser Phasen wird von den jeweils beteiligten »Planeten« angezeigt. Wie die Stunden-, Minuten- und Sekundenzeiger unserer Zeitmeßgeräte fungieren die verschiedenen Gestirne als (unterschiedlich schnelle) Zeiger der »Weltuhr«: Der MOND-Umlauf beschreibt Stundenintervalle, SONNE, MERKUR, VENUS, MARS zeigen Tageseinheiten an; Zeiträume von Wochen oder Monaten markieren JUPITER und SATURN, Jahreszyklen URANUS, NEPTUN und PLUTO. Die Menschheitsepochen beziehungsweise *Welt-Zeitalter* beruhen auf der unmerklichen »Wanderung« des *Frühlingspunktes* (rückläufig durch den Tierkreis); ein Zeitalter hat danach eine Dauer von etwa zweitausend Jahren.

Wenn wir in den Tierkreisbänden persönliche Alltagserfahrungen von Seminarteilnehmern einerseits und kollektives Zeitgeschehen andererseits vor dem astroenergetischen Hintergrund betrachten, dann wollen wir uns in erster Linie wieder auf der SONNEN-Ebene bewegen. Wie in der astroenergetischen Traumdeutung betrachten wir die Ereignisse aus dem Blickwinkel des jeweils aktuellen Tierkreiszeichens, also beispielsweise im WIDDER-Monat vom Standpunkt des WIDDER. Wir werden dabei sehen, daß es eben nicht gleichgültig ist, wann etwas geschieht, sondern daß die gegenwärtige Zeitqualität bestimmend ist. Oder anders ausgedrückt: Die zentrale, die ganzheitliche Bedeutung der Geschehnisse wird durch den SONNEN-Lauf symbolisch dargestellt.

Wenn wir die Ereignisse, die uns und unseren Mitmenschen widerfahren oder von denen die Medien berichten, astroenergetisch deuten und umfassend würdigen wollen, müssen wir jedoch den Kontext der Lebenswirklichkeit des betroffenen Individuums oder der Gruppe berücksichtigen. In den Tierkreisbänden müßte deshalb eigentlich den Erlebnissen der Teilnehmer so viel Raum gegeben werden wie der Auslegung der Träume. Das ist in einem Werk, das so viele verschiedene Bereiche einbezieht, natürlich nicht zu leisten. Da aber auch nicht auf diese interessante Rubrik verzichtet werden sollte, mag sich der Leser von den kurzen Schilderungen inspirieren lassen, die eigenen Themen im jeweiligen Monat aufzuspüren – auch wenn er meine Deutungen nicht hundertprozentig nachvollziehen kann. Das ist – wie gesagt – schon deshalb nicht möglich, da nur jeder selbst wissen kann, wie wichtig eine bestimmte Erfahrung für ihn ist. Was für den einen ein zentrales Thema darstellt, mag für einen Außenstehenden gar nicht so deutlich in Erscheinung treten und nicht unbedingt ähnlich empfunden werden.

Ein Beispiel: Eine Teilnehmerin, von Beruf Ausbilderin in einer handwerklichen Fortbildungsstätte, berichtete von einer Beobachtung im KREBS-Monat. Angeregt durch das KREBS-Seminar (Themen sind beispielsweise Seele, Gefühle, Nähe, Mütterlichkeit) erkannte sie, wie sich das KREBS-Prinzip an ihrem Arbeitsplatz manifestierte. Während der Vorführungen an den verschiedenen Maschinen rückten ihr die Lehrlinge dieses Kurses besonders *nahe*. Sowohl äußerlich – die jungen Leute standen ihr förmlich auf den Füßen – als auch innerlich spürte sie eine größere *Nähe* als sonst. Anders als vorher hatte sie jetzt das Gefühl, eine »Kurs*mutter*« zu sein.

Welche Bedeutung kann ein solches Beispiel für den Leser haben? Zum einen soll es demonstrieren, daß sich die astrologischen Konstellationen – hier speziell der SONNEN-Stand – auch tatsächlich *energetisch* manifestieren, wenn ihre Zeit da ist. Wollen wir die Astrologie an der Wirklichkeit messen, dann bieten sich persönliche Beispiele eben besonders dafür an. Dabei ist natürlich ein jeder gefordert, die eigenen Lebensumstände und Kulissen zu betrachten. Selbstverständlich können Fallbeispiele, die in Büchern abgedruckt werden, nicht die lebendige innere Betroffenheit der Beteiligten ersetzen. Auch bei ausführlichster Darstellung können wir nur erahnen, welche Bedeutung ein Ereignis für die betreffenden Menschen hatte. Es ist eben so, daß zehn Individuen ein und dieselbe Situation auf zehnfach verschiedene Weise erleben und bewerten.

Ähnlich geht es uns mit der astroenergetischen Deutung des aktuellen Zeitgeschehens oder historischer Begebenheiten unter Berücksichtigung des SONNEN-Standes (zum Zeitpunkt des Ereignisses); wir brauchen zahlreiche Hintergrundinformationen, um das eigentliche, das zentrale Thema und damit das SONNEN-Zeichen zu definieren. Nicht selten wird jedoch die Öffentlichkeit über bestimmte Vorfälle oder Geschehnisse bewußt in die Irre geführt, etwa wenn bei Umweltkatastrophen (zum

Beispiel bei Chemie- oder Atomunfällen) die tatsächliche Bedrohung für die Bevölkerung heruntergespielt wird. Teilweise ist auch das, was uns die Medien oder Geschichtsbücher vermitteln, tendenziell verfärbt, und wir werden eher mit subjektiven Ansichten (eines Individuums oder einer Gesellschaft) statt mit objektiven Tatsachen konfrontiert. Und schließlich können wir häufig die volle Bedeutung eines Ereignisses erst Jahre später aus der Rückschau ermessen und erklären.

Kurzum – wenn wir ein Geschehen, an dem wir nicht selbst beteiligt waren und über das wir nur Teilinformationen besitzen, interpretieren wollen, bewegen wir uns im Bereich der Hypothesen und Annahmen. Dennoch: Das Wissen um die *Qualität* dieses Zeitpunkts vermittelt uns Anhaltspunkte, die zu einem tieferen Verständnis führen können. Wir stellen die Planetenkonstellationen für den Zeitpunkt der Geburt eines Ereignisses fest und kennen seine Bedeutung zumindest in astroenergetischer Sprache, die es dann zu übersetzen gilt. Auch hier wollen wir uns bei den Fallbeispielen der Tierkreisbände wieder auf den SONNEN-Stand konzentrieren, damit der Leser das Gesagte nachvollziehen kann. Wie ein Geschehen nach außen hin auch dargestellt oder der Öffentlichkeit verkauft wird – der Blick auf das betreffende SONNEN-Zeichen vermag mehr Licht in diese Angelegenheit zu bringen. Je umfassender wir über eine Sache informiert sind, desto ausführlicher und zutreffender wird die Deutung sein. Das funktioniert wie bei der Traumdeutung oder der Horoskopdeutung: Je mehr persönliche Daten zur Verfügung stehen, desto anschaulicher können die Interpretationen ausfallen.

Bei der astroenergetischen Ereignisdeutung differenzieren wir zwei Betrachtungsebenen. Zum einen liefert uns die SONNEN-Position bei *Beginn* eines Geschehens die *ganzheitliche* Bedeutung. Und zum anderen wird alles bereits Existierende in den verschiedenen Tierkreismonaten jeweils von unterschiedlichen Seiten her beleuchtet. Eine Situation also, die im SCHÜTZE-Monat eingetreten ist, wird im STEINBOCK-Monat von dieser Seite her erhellt. Das kann bedeuten, daß ein Vorhaben, das (dem begeisterungsfähigen SCHÜTZE-Archetypen entsprechend) möglicherweise etwas blauäugig begonnen wurde, von der desillusionierenden Kraft des STEINBOCK nun auf den Boden der Tatsachen heruntergeholt wird. Damit ist die Sache nicht automatisch vom Tisch, sondern kann vielmehr realistischer betrachtet oder »zurechtgestutzt« werden.

Die astroenergetische Ereignisdeutung wird ein wesentlicher Forschungsbereich der Zukunft sein. Dabei kann es nicht darum gehen, künftiges Geschehen exakt vorauszusagen. Vielmehr soll das Wissen um die Zeitqualität dazu beitragen, die Gegenwart besser verstehen und einordnen zu können, um Schlüsse daraus zu ziehen. Die Deutung des SONNEN-Stan-

15. Historische Entsprechungen, Zeitgeschehen, Alltag

des als Uhrzeiger der zentralen und ganzheitlichen Deutungsebene wird dabei eine entscheidende Rolle spielen.
Zukunftsprognosen, die sich am Ist-Zustand orientieren und verschiedene Möglichkeiten aufzeigen, in welche Richtung sich – gemäß den Planetenzyklen – die Dinge entwickeln können, werden dazu beitragen, Fehlplanungen und Umwege zu reduzieren. Und die Berücksichtigung der Astrologie beim Geschichtsstudium läßt uns vor allem *wiederkehrende Zyklen* zeitlich genauer erfassen. Jede »Wiederholung« von Generationskonstellationen (Uhrzeiger: URANUS, NEPTUN, PLUTO) fördert ähnliches (Konflikt-)Potential zutage, wenn auch in immer neuen Zusammenhängen. Beim Vergleich der wiederkehrenden Perioden, ihrer einzelnen Erscheinungen und Reaktionen sind Stagnation, Rückschritt oder Evolution deutlicher zu erkennen.

Mit folgenden astroenergetischen Fragestellungen können wir an die Ereignisse der Historie herangehen:
o In welches Zeitalter fällt das Geschehnis (vergleichbar mit dem *Titel* eines Buches)?
o Welches Tierkreisprinzip ist innerhalb dieses riesigen Zeitraums von etwa zweitausend Jahren derzeit dominierend (die einzelnen *Buchkapitel*), also in welchem »Abschnitt« des Zeitalters befinden wir uns? (Siehe dazu Kapitel I.11.)
o Wie sind die Positionen der »Generationsplaneten« (URANUS, NEPTUN, PLUTO; entspricht den »*Unterkapiteln*«)?
o Wie ist die SONNEN-Position (im Tierkreis) des zu untersuchenden Ereignisses – die jeweilige »*Passage*«, die wir gerade mit unserem Bewußtsein beleuchten?

Als Beispiel soll hier kurz das Ereignis der Umweltgipfelkonferenz in Rio/Brasilien (Anfang Juni 1992) astroenergetisch untersucht werden. Die »kosmische« Hauptüberschrift aller Ereignisse in den nächsten etwa zweitausend Jahren liefert das WASSERMANN-Zeitalter, das als Deutungskriterium über allen anderen Zeitintervallen steht. Wenn wir das *Menschheitskollektiv* als eine wesentliche Entsprechung des WASSERMANN-Geistes zur Bewertung heranziehen, dann stellt der Umweltgipfel einen Meilenstein in der Menschheitsgeschichte dar. Und das schon deshalb, weil es überhaupt möglich wurde, daß sich »die Vertreter dieser Welt« miteinander an einen Tisch setzen, um über *grenzüberschreitende* Probleme zu sprechen. Dies gilt trotz aller Unvollkommenheit und zum Teil mangelnder Kooperationsbereitschaft einiger Nationen – wir sollten nicht zuviel verlangen von einer Menschheit, die noch in den »Kinderschuhen« ihrer Entwicklung steckt!
Damit sind wir, als dem nächsten Beurteilungskriterium, bereits beim Abschnitt eines Zeitalters angelangt. Zweifellos befinden wir uns noch im

Anfangsstadium des WASSERMANN-Zeitalters, was sich nicht nur dem Augenschein nach, sondern auch rechnerisch feststellen läßt. Dividieren wir die Gesamtdauer eines Zeitalters (= ein Umlauf des Frühlingspunkts durch ein Tierkreiszeichen) von etwas über zweitausend Jahren durch die zwölf Tierkreiszeichen, dann erhalten wir als Resultat knapp zweihundert Jahre (auf ein Jahr genau läßt sich das sicherlich nicht feststellen!), innerhalb derer ein bestimmtes »Kapitel geschrieben wird«. Die ersten zweihundert Jahre des WASSERMANN-Zeitalters – und damit der *Beginn* – sind geprägt von der Qualität des WIDDER als dem Archetypen des Anfangs. Und diese Periode gestaltet sich alles andere als wohlgeordnet und strukturiert! Vielmehr ist es ein Ringen um das Neue und eine chaotische Fülle von neuen Impulsen, die erst integriert und umgesetzt werden müssen. Es ist das »Kleinkindalter« des WASSERMANN-Zeitalters, und die Menschheit befindet sich im Stadium des Ausprobierens (durch Versuch und Irrtum), sie lernt die »Grundbegriffe« dieses neu in Erscheinung tretenden Archetypen. Das Geschehen der Gegenwart läßt sich – plus-minus hundert Jahre – unter die große astroenergetische Überschrift *WIDDER-Phase des WASSERMANN-Zeitalters* einordnen. Das ist die kosmische Dimension aller Vorgänge in dieser Zeitspanne.

Im nächsten Deutungsschritt wenden wir uns den *Transiten* der »Generationsplaneten« zu, hier am Beispiel des PLUTO. Als Archetyp des »Stirb und werde« konfrontiert uns diese Energie von 1984 bis 1995 (in diesem Zeitraum durchläuft der PLUTO das Zeichen SKORPION) um so heftiger mit der Notwendigkeit des *Wandels* und der *Regeneration*. Die Auflösung alter verkrusteter Ego-Strukturen, die der Weiterentwicklung des Menschheitsbewußtseins im Wege stehen beziehungsweise ein Zusammenfinden der Menschen bislang verhinderten, wird als Überlebensfrage erkannt. Die kritische Situation der Umwelt (Zerstörung und Vergiftung der natürlichen Lebensgrundlage als einer Ausdrucksform des PLUTO-Transits) ist somit ein (unfreiwilliger) Antriebsimpuls und die äußere Entsprechung der Tatsache, daß sich der Mensch mit seiner inneren Umweltvergiftung auseinanderzusetzen hat.

Wenden wir uns anschließend der SONNEN-Position zu und der *individuellen* Ebene des Bewußtseins. Wie bei der astroenergetischen Traumarbeit stellen wir zunächst fest, in welchem Tierkreiszeichen sich die SONNE befindet, während ein bestimmtes Ereignis *in Erscheinung tritt*. Dieser spezielle solare Blickwinkel *beleuchtet* das Geschehen und zeigt die zentrale, die ganzheitliche Bedeutung an. Der Umweltgipfel in Rio fand im ZWILLINGE-Monat statt, was uns (im Sinne der Synchronizität – siehe unter I.11 und II.4) darauf hinweist, daß die eigentliche Bedeutung in der *Kontaktaufnahme* und dem *Miteinander-Reden* der Staatsoberhäupter dieser Welt besteht. Das labile Luftzeichen ZWILLINGE hat keinen Bezug zu verbindlichen Beschlüssen, und so waren die Ergebnisse dieser Konfe-

15. Historische Entsprechungen, Zeitgeschehen, Alltag

renz auch kaum mehr als wohlmeinende Erklärungen. Weiterhin wurde der Interessenkonflikt zwischen *kurzfristigen, gegenwartsbezogenen* (hauptsächlich wirtschaftlichen) Interessen und den Erfordernissen eines zukunftsorientierten Umweltschutzes deutlich. Dieser Gegensatz von gegenwärtigen Interessen und Zukunftsperspektiven spiegelt das *Polaritätsprinzip* der ZWILLINGE wider. Und da sich die ZWILLINGE im Hier und Jetzt bewegen, werden Ereignisse im ZWILLINGE-Monat kaum zukunftsorientierte Beschlüsse hervorbringen. Das Hin und Her der ZWILLINGE-Energie zwischen den verschiedenen Interessenlagen bildet jedoch die wesentliche Voraussetzung dafür, daß wir zum gegenüberliegenden SCHÜTZE-Archetypen, das heißt zur Synthese, gelangen.

»Synthese« ist das Zauberwort bei der Lösung vieler Lebensrätsel. Wenn wir die Zusammenhänge erkennen, die in unserer individuellen wie kollektiven Lage bestehen, und unseren persönlichen Beitrag zum Evolutionsprozeß leisten, werden wir die anstehenden Veränderungen in schöpferischer Weise vollziehen.

Literaturhinweise

Zur Traumarbeit:

ANN FARADAY: *Deine Träume – Schlüssel zur Selbsterkenntnis.* Fischer TB-Verlag, Frankfurt/Main 1980.
SIGMUND FREUD: *Die Traumdeutung.* Fischer TB-Verlag, Frankfurt/Main 1991.
PATRICIA GARFIELD: *Der Weg des Traum-Mandala.* Ansata Verlag, Interlaken 1981.
HELMUT HARK: *Träume als Ratgeber.* Walter Verlag, Olten 1983.
HELMUT HARK: *Der Traum als Gottes vergessene Sprache.* Walter Verlag, Olten 1985.
JÜRGEN VOM SCHEIDT: *Das große Buch der Träume.* Heyne Verlag, München 1985.
HILDEGARD SCHWARZ/NORBERT TEUPERT: *Das Bilderbuch der Träume. Neue Möglichkeiten des Verstehens.* Ariston Verlag, Genf 1992.
HILDEGARD SCHWARZ: *Mit Träumen leben – Einsichten.* Verlag Darmstädter Blätter, Darmstadt 1981.
HILDEGARD SCHWARZ: *Aus Träumen lernen.* Knaur Verlag, München 1987.

Zur Astrologie:

STEPHEN ARROYO: *Astrologie, Psychologie und die vier Elemente.* Hugendubel Verlag, München 1982.
ROBERT HAND: *Das Buch der Transite.* Hugendubel Verlag, München 1984.
ROBERT HAND: *Planeten im Composit. Die Astrologie der Beziehungen.* Papyrus Verlag, Hamburg 1982.
BRUNO HUBER/LOUISE HUBER: *Lebensuhr im Horoskop. Die Altersprogression.* Astrologisch-psychologisches Institut, Adliswil 1990.
NIKOLAUS KLEIN/RÜDIGER DAHLKE: *Das senkrechte Weltbild. Symbolisches Denken in astrologischen Urprinzipien.* Hugendubel Verlag, München 1986.
PETRA NIEHAUS (Hrsg.): *Sternenlichter.* Astro-(Jahres-)kalender. Verlag Petra Niehaus, Aachen.
WOLFGANG REINICKE: *Praktische Astrologie – So stellen Sie Ihr Horoskop selbst.* Ariston Verlag, 6. Auflage, Genf 1991.
FRITZ RIEMANN: *Lebenshilfe Astrologie. Gedanken und Erfahrungen.* Pfeiffer Verlag, München 1976.
FRANK RINDERMANN/MAX BALTIN: *Astrobits. Grundlagen der Astroenergetik.* Verlag Petra Niehaus, Aachen 1984.
DANE RUDHYAR: *Die astrologischen Zeichen. Der Rhythmus des Zodiak.* H. Hugendubel Verlag, München 1983.

Dr. Arman Sahihi: *Das neue Lexikon der Astrologie.* Ariston Verlag, Genf 1991.
Barbara Schermer: *Astrologie Live.* Verlag Petra Niehaus, Aachen 1991.
Hans Taeger: *Astroenergetik. Die zwölf kosmischen Energien.* Papyrus Verlag, Hamburg 1983.
Hans Taeger: *Horoskope-Lexikon in drei Bänden.* Hermann Bauer Verlag, Freiburg 1991.

Zu C. G. Jung

Franz Alt (Hrsg.): *Das C. G. Jung-Lesebuch.* Walter Verlag, 6. Auflage, Olten 1988.
Jolande Jacobi: *Die Psychologie von C. G. Jung.* Fischer TB-Verlag, Frankfurt/Main 1978.
C. G. Jung: *Erinnerungen, Träume, Gedanken.* Walter Verlag, Olten 1985.
C. G. Jung: *Gesammelte Werke.* 20 Bände. Walter Verlag, Olten 1981 bis 1993.
C. G. Jung: *Grundwerk.* 9 Bände. Walter Verlag, Freiburg 1984.
C. G. Jung: *Der Mensch und seine Symbole.* Walter Verlag, Olten 1979.
Verena Kast: *Die Dynamik der Symbole – Grundlagen der Jungschen Psychotherapie.* Walter Verlag, Olten 1990.

Sonstige empfehlenswerte Literatur zu den Lebensrätseln

Franz Alt: *Jesus, der erste neue Mann.* Piper Verlag, München 1989.
Fritjof Capra: *Das Tao der Physik.* 7. Auflage, Scherz Verlag, München 1985.
Marilyn Ferguson: *Die sanfte Verschwörung – Persönliche und gesellschaftliche Transformation im Zeitalter des Wassermann.* Sphinx Verlag, Basel 1982.
Jane Roberts: *Das Seth-Material. Ein Standardwerk esoterischen Wissens.* Ariston Verlag, 3. Auflage, Genf 1989.
Jane Roberts: *Gespräche mit Seth. Von der ewigen Gültigkeit der Seele.* Ariston Verlag, 8. Auflage, Genf 1990.
Jürgen vom Scheidt: *Der Weg ist das Ziel.* Bände 1 und 2. Droemer Knaur Verlag, München 1990.
Henry G. Tietze: *Imagination und Symboldeutung – Wie innere Bilder heilen und vorbeugen helfen.* Ariston Verlag, Genf 1983.
Chögyam Trungpa: *Feuer trinken, Erde atmen – Die Magie des Tantra.* Eugen Diederichs Verlag, Köln 1982.
Richard Wilhelm: *I Ging – Das Buch der Wandlungen.* Eugen Diederichs Verlag, Köln 1956.
Richard Wilhelm/C. G. Jung: *Das Geheimnis der goldenen Blüte.* 18. Auflage, Walter Verlag, Olten 1987.

Die Titel der Tierkreisreihe zum vorliegenden Einführungsband, ebenfalls von NORBERT TEUPERT (erscheinen fortlaufend bis Ende 1996):
DER WIDDER und seine Lebensrätsel.
DER STIER und seine Lebensrätsel.
DIE ZWILLINGE und ihre Lebensrätsel.
DER KREBS und seine Lebensrätsel.
DER LÖWE und seine Lebensrätsel.
DIE JUNGFRAU und ihre Lebensrätsel.
DIE WAAGE und ihre Lebensrätsel.
DER SKORPION und seine Lebensrätsel.
DER SCHÜTZE und seine Lebensrätsel.
DER STEINBOCK und seine Lebensrätsel.
DER WASSERMANN und seine Lebensrätsel.
DIE FISCHE und ihre Lebensrätsel.

Seminarhinweis

Leser, die sich für Seminare oder Einzelberatungen des Autors interessieren oder eine Horoskop-Graphik erstellen lassen wollen, wenden sich bitte an folgende Adresse:

Norbert Teupert
Postfach 160 144
95427 Bayreuth

SACHBÜCHER AKTUELLER ESOTERIK

DIE KUNST WAHRZUSAGEN
PUNKTE, DIE IHR LEBEN BESTIMMEN
Von Bernd A. Mertz

Neuartig ist das in diesem Buch erstmals vorgestellte Wahrsagesystem, das zwei Orakelmethoden vereint und damit zu wesentlich besseren Resultaten kommt: die alte orientalische Punktierkunst – die eigentliche Kunst des Wahrsagens – und die pythagoräische Zahlenmagie, mit deren Hilfe die Antworten präziser ausfallen. Bernd A. Mertz hat eine verblüffend treffsichere Wahrsagemethode entwickelt, mit der auch auf schwierige Lebensfragen sinnvolle Antworten zu erhalten sind. Man gelangt zu einem oder mehreren von insgesamt 16 Bildsymbolen, deren Deutungsaussage individuell auf die jeweilige Frage bezogen wird. Besonderer Vorteil dieser Methode: Man braucht keine Vorkenntnisse, sondern nur Bleistift und Papier! 200 Seiten, 20 Abbildungen, geb., ISBN 3-7205-1791-8.

DIE HOHE KUNST DES KARTENLEGENS
DAS KARTENLEGE-LEXIKON: 32 KARTEN, 10 000 ANTWORTEN
Von Gerhard von Lentner

In diesem Buch wird Ihnen ein System nahegebracht, das aus dem alten China stammt und das der Autor in China kennengelernt und jahrelang studiert hat. Verwendbar sind alle 32 klassischen Karten, die wir hierzulande kennen: Patience-, Rommé-, Skat- oder französische Jaßkarten. Dieses neuartige Lexikon der Kunst des Kartenlegens führt alle Konstellationen vor, die sich aus einem aus 32 Spielkarten ausgelegten Blatt ergeben können. Es ist ein Nachschlagewerk mit zehntausend Antworten auf jede mögliche Kartenkonstellation. Moderne Parapsychologie hat bestätigt, was die alten Chinesen lange zuvor erkannt hatten: Dem Sensitiven dient das Kartenlegen als Konzentrationsmittel, sich selbst und seine Situation zu erkennen und sich Zukunftstendenzen bewußtzumachen. 900 Seiten, 32 zum Teil farbige Abbildungen, geb., ISBN 3-7205-1263-0.

PENDEL UND WÜNSCHELRUTE
DAS HANDBUCH DER MODERNEN RADIÄSTHESIE
Von Georg Kirchner

Die Radiästhesie hat die jahrhundertelang als unerklärlich geltenden Kräfte nachgewiesen, die – für jedermann sichtbar – im Spiel sind, wenn Pendel und Wünschelrute sich bewegen, drehen, kippen. Den erstaunlichen Phänomenen, die dabei auftreten, ist in diesem Buch ein Fachmann in sachkundiger Weise nachgegangen, der die »Sprache« der Radiästhesie anhand zahlreicher Beispiele erläutert. Der Autor gibt auch präzise Anleitungen für Selbstversuche auf den verschiedensten Anwendungsgebieten. Pendel und Rute werden heutzutage im Bereich der Charakterkunde und Medizin, der Geologie und Archäologie, der Graphologie und Kunst wie auch im Verkehrswesen und in der Kriminalistik erfolgreich eingesetzt. 328 Seiten, 34 Abbildungen, ISBN 3-7205-1153-7.

DIESE FASZINIERENDEN BÜCHER ERHALTEN SIE IM BUCHHANDEL

Ein umfangreiches, farbiges Bücher-Magazin mit sämtlichen Titeln unseres auf Medizin, angewandte Psychologie und Esoterik spezialisierten Verlagsprogramms können Sie gratis anfordern bei

ARISTON VERLAG · GENF/MÜNCHEN

CH-1211 GENF 6 · POSTFACH 6030 · TEL. 022/786 18 10 · FAX 022/786 18 95
D-81379 MÜNCHEN · BOSCHETSRIEDER STRASSE 12 · TEL. 089/724 10 34

SACHBÜCHER AKTUELLER ESOTERIK

Nostradamus – Seher und Astrologe
Entschlüsselte Geheimnisse und ungelöste Rätsel
Von Wulfing von Rohr

Wulfing von Rohr legt hier ein Quellenbuch mit textkritischen Analysen aller Centurien sowie der Begleittexte vor. Sein Buch stellt Ihnen erstmals die Deutungen der bekanntesten Nostradamus-Interpreten im Vergleich vor. Er geht dabei ausführlich auf die besonders ominösen Themen »1999«, »Dritter Weltkrieg« und »Jahrtausendwende« ein und wirft Fragen auf wie: Welche Berechtigung haben Katastrophenprognosen? Welche Gefahren sind damit verbunden? Die vollständige Wiedergabe aller Centurien im Originaltext sowie der Schriften an Nostradamus' Sohn César und an König Heinrich II. samt deutscher Übersetzung ermöglichen es Ihnen, sich Ihr eigenes Bild zu machen. Dieses Buch ist wissenschaftlich fundiert und dennoch spannend geschrieben. Zusammen mit der hier erstmals entwickelten Nostradamus-Astrologie ist es das derzeit umfassendste Nostradamus-Buch am Markt. 320 Seiten, 30 Abbildungen, geb., ISBN 3-7205-1789-6.

Nostradamus – Zukunftsbilder einer anderen Wirklichkeit
Von Wolfram Eilenberger und Viktor Schubert

In diesem Buch gelingt es zwei Frühbegabten der Wissenschaft, erstmals mit den Methoden modernster Naturwissenschaft die inneren Strukturen der prophetischen Texte des Nostradamus aufzudecken. Quantentheorie, Relativitätstheorie und Evolutionsforschung werden herangezogen, um zu zeigen, daß die gereimten Vierzeiler (Quatrains) als bestbelegte ASW-Zeugnisse der Kulturgeschichte keineswegs in Widerspruch zu einer streng rationalen Weltsicht stehen. Die Interpretation der Texte des Nostradamus wird hohen philologischen Ansprüchen gerecht. Selbst kritische Leser werden sich ihrer Anziehungskraft nicht entziehen können. Sie ergeben die Stichhaltigkeit vieler Prophezeiungen, von Großbritanniens Aufstieg zur Weltmacht 1680 bis zum Zerfall des kommunistischen Machtsystems 1991 und verleihen den bis 2020 prognostizierten Ereignissen Gewicht. 240 Seiten, geb., ISBN 3-7205-1771-3.

Engel – Die unsichtbaren Helfer der Menschen
Von Dr. Paola Giovetti

Von Skeptikern belächelt, leben die Engel-Lichtwesen in allen Kulturen als Helfer der Menschen fort. Pressestimmen: »Die italienische Geisteswissenschaftlerin geht dem Phänomen Engel nach und läßt dabei keinen Aspekt aus. Kritisch untersucht sie die theologische und die anthropologische Seite des Themas, zeigt Engel in Kunst und Kultur, in christlichen und nichtchristlichen Traditionen. Sie bietet die Ergebnisse zeitgenössischer Umfragen zu Engelerfahrungen und die Entdeckung des Engels in uns durch die Tiefenpsychologie« *(Die Welt)*. »Ein zeitgemäßes Buch als Quelle der Freude und Heiterkeit« *(Status für Ärzte)*. »Es ist, im wahren Sinn des Wortes, ein wunderbares Buch, kenntnisreich und umfassend, mit vielen schönen und oft überraschenden Bildern« *(Madame)*. 270 Seiten, 60 größtenteils farbige Abbildungen, geb., ISBN 3-7205-1669-5.

Diese faszinierenden Bücher erhalten Sie im Buchhandel

Ein umfangreiches, farbiges Bücher-Magazin mit sämtlichen Titeln unseres auf Medizin, angewandte Psychologie und Esoterik spezialisierten Verlagsprogramms können Sie gratis anfordern bei

ARISTON VERLAG · GENF/MÜNCHEN

CH-1211 GENF 6 · POSTFACH 6030 · TEL. 022/786 18 10 · FAX 022/786 18 95
D-81379 MÜNCHEN · BOSCHETSRIEDER STRASSE 12 · TEL. 089/724 10 34